U0451417

自然资源保护和利用丛书

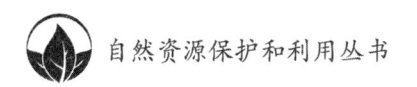

自然资源和不动产统一确权登记理论与实践

自然资源部自然资源确权登记局 编

商务印书馆
The Commercial Press

图书在版编目（CIP）数据

　　自然资源和不动产统一确权登记理论与实践/自然资源部自然资源确权登记局编.—北京：商务印书馆，2023
　　（"自然资源保护和利用"丛书）
　　ISBN 978-7-100-22410-9

　　Ⅰ.①自… Ⅱ.①自… Ⅲ.①自然资源—资源管理—研究—中国②不动产—登记制度—研究—中国　Ⅳ.①F124.5②D923.24

　　中国国家版本馆 CIP 数据核字（2023）第 074803 号

权利保留，侵权必究。

"自然资源保护和利用"丛书
自然资源和不动产统一确权登记理论与实践
自然资源部自然资源确权登记局　编

商 务 印 书 馆 出 版
（北京王府井大街36号 邮政编码 100710）
商 务 印 书 馆 发 行
北 京 冠 中 印 刷 厂 印 刷
ISBN 978 - 7 - 100 - 22410 - 9

2023年11月第1版　　　　开本 710×1000　1/16
2023年11月北京第1次印刷　印张 27 1/2
定价：138.00元

《自然资源和不动产统一确权登记理论与实践》

主　编：田文彪

副主编：胡善顺、邱烈飞、赵　燕、申胜利

编　委：（按姓氏笔画排序）

王亦白、刘喜韬、何欢乐、张国庆、尚　宇、姜武汉

"自然资源与生态文明"译丛
"自然资源保护和利用"丛书
总序

（一）

新时代呼唤新理论，新理论引领新实践。中国当前正在进行着人类历史上最为宏大而独特的理论和实践创新。创新，植根于中华优秀传统文化，植根于中国改革开放以来的建设实践，也借鉴与吸收了世界文明的一切有益成果。

问题是时代的口号，"时代是出卷人，我们是答卷人"。习近平新时代中国特色社会主义思想正是为解决时代问题而生，是回答时代之问的科学理论。以此为引领，亿万中国人民驰而不息，久久为功，秉持"绿水青山就是金山银山"理念，努力建设"人与自然和谐共生"的现代化，集聚力量建设天蓝、地绿、水清的美丽中国，为共建清洁美丽世界贡献中国智慧和中国力量。

伟大时代孕育伟大思想，伟大思想引领伟大实践。习近平新时代中国特色社会主义思想开辟了马克思主义新境界，开辟了中国特色社会主义新境界，开辟了治国理政的新境界，开辟了管党治党的新境界。这一思想对马克思主义哲学、政治经济学、科学社会主义各个领域都提出了许多标志性、引领性的新观点，实现了对中国特色社会主义建设规律认识的新跃升，也为新时代自然资源治理提供了新理念、新方法、新手段。

明者因时而变，知者随事而制。在国际形势风云变幻、国内经济转型升级的背景下，习近平总书记对关系新时代经济发展的一系列重大理论和实践问题进行深邃思考和科学判断，形成了习近平经济思想。这一思想统筹人与自然、经济与社会、经济基础与上层建筑，兼顾效率与公平、局部与全局、当前与长远，为当前复杂条件下破解发展难题提供智慧之钥，也促成了新时代经济发展举世瞩目的辉煌成就。

生态兴则文明兴——"生态文明建设是关系中华民族永续发展的根本大计"。在新时代生态文明建设伟大实践中，形成了习近平生态文明思想。习近平生态文明思想是对马克思主义自然观、中华优秀传统文化和我国生态文明实践的升华。马克思主义自然观中对人与自然辩证关系的诠释为习近平生态文明思想构筑了坚实的理论基础，中华优秀传统文化中的生态思想为习近平生态文明思想提供了丰厚的理论滋养，改革开放以来所积累的生态文明建设实践经验为习近平生态文明思想奠定了实践基础。

自然资源是高质量发展的物质基础、空间载体和能量来源，是发展之基、稳定之本、民生之要、财富之源，是人类文明演进的载体。在实践过程中，自然资源治理全力践行习近平经济思想和习近平生态文明思想。实践是理论的源泉，通过实践得出真知：发展经济不能对资源和生态环境竭泽而渔，生态环境保护也不是舍弃经济发展而缘木求鱼。只有统筹资源开发与生态保护，才能促进人与自然和谐发展。

是为自然资源部推出"自然资源与生态文明"译丛、"自然资源保护和利用"丛书两套丛书的初衷之一。坚心守志，持之以恒。期待由见之变知之，由知之变行之，通过积极学习而大胆借鉴，通过实践总结而理论提升，建构中国自主的自然资源知识和理论体系。

（二）

如何处理现代化过程中的经济发展与生态保护关系，是人类至今仍然面临的难题。自《寂静的春天》(蕾切尔·卡森, 1962)、《增长的极限》(德内拉·梅多斯, 1972)、《我们共同的未来》(布伦特兰报告, 格罗·哈莱姆·布伦特兰, 1987) 这些经典著作发表以来, 资源环境治理的一个焦点就是破解保护和发展的难题。从世界现代化思想史来看, 如何处理现代化过程中的经济发展与生态保护关系, 是人类至今仍然面临的难题。"自然资源与生态文明"译丛中的许多文献, 运用技术逻辑、行政逻辑和法理逻辑, 从自然科学和社会科学不同视角, 提出了众多富有见解的理论、方法、模型, 试图破解这个难题, 但始终没有得出明确的结论性认识。

全球性问题的解决需要全球性的智慧, 面对共同挑战, 任何人任何国家都无法独善其身。2019 年 4 月习近平总书记指出, "面对生态环境挑战, 人类是一荣俱荣、一损俱损的命运共同体, 没有哪个国家能独善其身。唯有携手合作, 我们才能有效应对气候变化、海洋污染、生物保护等全球性环境问题, 实现联合国 2030 年可持续发展目标"。共建人与自然生命共同体, 掌握国际社会应对资源环境挑战的经验, 加强国际绿色合作, 推动"绿色发展", 助力"绿色复苏"。

文明交流互鉴是推动人类文明进步和世界和平发展的重要动力。数千年来, 中华文明海纳百川、博采众长、兼容并包, 坚持合理借鉴人类文明一切优秀成果, 在交流借鉴中不断发展完善, 因而充满生机活力。中国共产党人始终努力推动我国在与世界不同文明交流互鉴中共同进步。1964 年 2 月, 毛主席在中央音乐学院学生的一封信上批示说"古为今用, 洋为中用"。1992 年 2 月, 邓小平同志在南方谈话中指出, "必须大胆吸收和借鉴人类社会创造的一切文明成果"。2014 年 5 月, 习近平总书记在召开外国专家座谈会上强调, "中国要永远做一个学习大国, 不论发展到什么水平都虚心向世界各国人民学习"。

"察势者明, 趋势者智"。分析演变机理, 探究发展规律, 把握全球自然资源治理的态势、形势与趋势, 着眼好全球生态文明建设的大势, 自觉以回答中国之问、世界之问、人民之问、时代之问为学术己任, 以彰显中国之路、中国之治、中国之理为思想追求, 在研究解决事关党和国家全局性、根本性、关键性的重大问题上拿出真本事、取得好成果。

是为自然资源部推出"自然资源与生态文明"译丛、"自然资源保护和利用"丛书两套丛书的初衷之二。文明如水, 润物无声。期待学蜜蜂采百花, 问遍百家成行家，从全球视角思考责任担当，汇聚全球经验，破解全球性世纪难题，建设美丽自然、永续资源、和合国土。

（三）

2018年3月，中共中央印发《深化党和国家机构改革方案》，组建自然资源部。自然资源部的组建是一场系统性、整体性、重构性变革，涉及面之广、难度之大、问题之多，前所未有。几年来，自然资源系统围绕"两统一"核心职责，不负重托，不辱使命，开创了自然资源治理的新局面。

自然资源部组建以来，按照党中央、国务院决策部署，坚持人与自然和谐共生，践行绿水青山就是金山银山理念，坚持节约优先、保护优先、自然恢复为主的方针，统筹山水林田湖草沙冰一体化保护和系统治理，深化生态文明体制改革，夯实工作基础，优化开发保护格局，提升资源利用效率，自然资源管理工作全面加强。一是，坚决贯彻生态文明体制改革要求，建立健全自然资源管理制度体系。二是，加强重大基础性工作，有力支撑自然资源管理。三是，加大自然资源保护力度，国家安全的资源基础不断夯实。四是，加快构建国土空间规划体系和用途管制制度，推进国土空间开发保护格局不断优化。五是，加大生态保护修复力度，构筑国家生态安全屏障。六是，强化自然资源节约集约利用，促进发展方式绿色转型。七是，持续推进自然资源法治建设，自然资源综合监管效能逐步提升。

当前正值自然资源综合管理与生态治理实践的关键期，面临着前所未有的知识挑战。一方面，自然资源自身是一个复杂的系统，山水林田湖草沙等不同资源要素和生态要素之间的相互联系、彼此转化以及边界条件十分复杂，生态共同体运行的基本规律还需探索。自然资源既具系统性、关联性、实践性和社会性等特征，又有自然财富、生态财富、社会财富、经济财富等属性，也有系统治理过程中涉及资源种类多、学科领域广、系统庞大等特点。需要遵循法理、学理、道理和哲理的逻辑去思考，需要斟酌如何运用好法律、经济、行政等政策路径去实现，需要统筹考虑如何采用战略部署、规划引领、政策制定、标准规范的政策工具去落实。另一方面，自然资源综合治理对象的复杂性、系统性特点，对科研服务支撑决策提出了理论前瞻性、技术融合性、知识交融性的诉求。例如，自然资源节约集约利用的学理创新是什么？动态监测生态系统稳定性状况的方法有哪些？如何评估生态保护修复中的功能次序？等等不一而足，一系列重要领域的学理、制度、技术方法仍待突破与创新。最后，当下自然资源治理实践对自然资源与环境经济学、自然资源法学、自然地理学、城乡规划学、生态学与生态经济学、生态修复学等学科提出了理论创新的要求。

中国自然资源治理体系现代化应立足国家改革发展大局，紧扣"战略、战役、战术"问题导向，"立时代潮头、通古今之变，贯通中西之间、融会文理之壑"，在"知其然知其所以然，知其所以然的所以然"的学习研讨中明晰学理，在"究其因，思其果，寻其路"的问题查摆中总结经验，在"知识与技术的更新中，自然科学与社会科学的交融中"汲取智慧，在国际理论进展与实践经验的互鉴中促进提高。

是为自然资源部推出"自然资源与生态文明"译丛、"自然资源保护和利用"丛书这两套丛书的初衷之三。知难知重，砥砺前行。要以中国为观照、以时代为观照，立足中国实际，从学理、哲理、道理的逻辑线索中寻找解决方案，不断推进自然资源知识创新、理论创新、方法创新。

（四）

文明互鉴始于译介，实践孕育理论升华。自然资源部决定出版"自然资源与生态文明"译丛、"自然资源保护和利用"丛书系列著作，办公厅和综合司统筹组织实施，中国自然资源经济研究院、自然资源部咨询研究中心、清华大学、自然资源部海洋信息中心、自然资源部测绘发展研究中心、商务印书馆、《海洋世界》杂志等单位承担完成"自然资源与生态文明"译丛编译工作或提供支撑。自然资源调查监测司、自然资源确权登记局、自然资源所有者权益司、国土空间规划局、国土空间用途管制司、国土空间生态修复司、海洋战略规划与经济司、海域海岛管理司、海洋预警监测司等司局组织完成"自然资源保护和利用"丛书编撰工作。

第一套丛书"自然资源与生态文明"译丛以"创新性、前沿性、经典性、基础性、学科性、可读性"为原则，聚焦国外自然资源治理前沿和基础领域，从各司局、各事业单位以及系统内外院士、专家推荐的书目中遴选出十本，从不同维度呈现了当前全球自然资源治理前沿的经纬和纵横。

具体包括：《自然资源与环境：经济、法律、政治和制度》，《环境与自然资源经济学：当代方法》（第五版），《自然资源管理的重新构想：运用系统生态学范式》，《空间规划中的生态理性：可持续土地利用决策的概念和工具》，《城市化的自然：基于近代以来欧洲城市历史的反思》，《城市生态学：跨学科系统方法视角》，《矿产资源经济（第一卷）：背景和热点问题》，《海洋和海岸带资源管理：原则与实践》，《生态系统服务中的对地观测》，《负排放技术和可靠封存：研究议程》。

第二套丛书"自然资源保护和利用"丛书基于自然资源部组建以来开展生态文明建设和自然资源管理工作的实践成果，聚焦自然资源领域重大基础性问题和难点焦点问题，经过多次论证和选题，最终选定七本（此次先出版五本）。在各相关研究单位的支撑下，启动了丛书撰写工作。

具体包括：自然资源确权登记局组织撰写的《自然资源和不动产统一确权登记理论与实践》，自然资源所有者权益司组织撰写的《全民所有自然资源资产所有者权益管理》，自然资源调查监测司组织撰写的《自然资源调查监测实践与探索》，国土空间规划局组织撰写的《新时代"多规合一"国土空间规划理论与实践》，国土空间用途管制司组织撰写的《国土空间用途管制理论与实践》。

"自然资源与生态文明"译丛和"自然资源保护和利用"丛书的出版，正值生态文明建设进程中自然资源领域改革与发展的关键期、攻坚期、窗口期，愿为自然资源管理工作者提供有益参照，愿为构建中国特色的资源环境学科建设添砖加瓦，愿为有志于投身自然资源科学的研究者贡献一份有价值的学习素材。

百里不同风，千里不同俗。任何一种制度都有其存在和发展的土壤，照搬照抄他国制度行不通，很可能画虎不成反类犬。与此同时，我们探索自然资源治理实践的过程，也并非一帆风顺，有过积极的成效，也有过惨痛的教训。因此，吸收借鉴别人的制度经验，必须坚持立足本国、辩证结合，也要从我们的实践中汲取好的经验，总结失败的教训。我们推荐大家来读"自然资源与生态文明"译丛和"自然资源保护和利用"丛书中的书目，也希望与业内外专家同仁们一道，勤思考，多实践，提境界，在全面建设社会主义现代化国家新征程中，建立和完善具有中国特色、符合国际通行规则的自然资源治理理论体系。

  在两套丛书编译撰写过程中，我们深感生态文明学科涉及之广泛，自然资源之于生态文明之重要，自然科学与社会科学关系之密切。正如习近平总书记所指出的，"一个没有发达的自然科学的国家不可能走在世界前列，一个没有繁荣的哲学社会科学的国家也不可能走在世界前列"。两套丛书涉及诸多专业领域，要求我们既要掌握自然资源专业领域本领，又要熟悉社会科学的基础知识。译丛翻译专业词汇多、疑难语句多、习俗俚语多，背景知识复杂，丛书撰写则涉及领域多、专业要求强、参与单位广，给编译和撰写工作带来不小的挑战，丛书成果难免出现错漏，谨供读者们参考交流。

编写组

目　　录

第一章　统一确权登记概述……………………………………………1

第一节　统一确权登记的提出与展开………………………………1
第二节　改革开放以来我国不动产登记的制度变迁与功能作用……12
第三节　新时代自然资源确权登记的改革进程与目的意义…………21
第四节　统一确权登记的职责定位与发展方向………………………25

第二章　自然资源确权登记制度与实践………………………………34

第一节　自然资源确权登记性质与定位………………………………34
第二节　自然资源确权登记范围与对象………………………………38
第三节　自然资源确权登记内容与方法………………………………41
第四节　自然资源确权登记制度建设与试点探索……………………45
第五节　自然资源确权登记实践与重点问题探析……………………53

第三章　不动产登记制度与实践………………………………………79

第一节　我国不动产登记基本制度……………………………………79
第二节　世界主要不动产登记制度比较分析…………………………104
第三节　我国不动产登记常见业务类型实证分析……………………115
第四节　不动产登记重点难点问题及其对策探讨……………………176
第五节　优化不动产登记营商环境实践探索…………………………219

第四章　地籍调查制度与实践 ························ 226

第一节　地籍调查概述 ························ 226

第二节　不动产地籍调查 ························ 237

第三节　自然资源地籍调查 ························ 258

第四节　地籍调查实践案例 ························ 271

第五章　自然资源权属争议调处制度与实践 ························ 283

第一节　自然资源权属争议调处概述 ························ 283

第二节　自然资源权属争议调处制度与工作实践 ························ 289

第三节　自然资源权属争议调处典型案例分析与启示 ························ 309

第六章　不动产登记信息平台建设与应用 ························ 330

第一节　信息平台工作概况 ························ 330

第二节　自然资源和不动产登记业务办理系统 ························ 342

第三节　数据库建设 ························ 355

第四节　信息应用服务系统 ························ 387

第七章　不动产登记人员队伍建设 ························ 396

第一节　人员队伍是确权登记事业发展的重要保障 ························ 396

第二节　不动产登记人员队伍建设面临的形势 ························ 399

第三节　不动产登记人员队伍建设的主要举措 ························ 403

第四节　以作风建设为抓手加强不动产人员队伍建设 ························ 414

参考文献 ························ 421

后记 ························ 425

第一章 统一确权登记概述

第一节 统一确权登记的提出与展开

一、统一确权登记的提出

建立和实施不动产统一登记制度,是党的十八届二中全会和十二届全国人大一次会议通过的《国务院机构改革和职能转变方案》确定的改革任务。2013年11月,国务院第31次常务会议明确由国土资源部负责指导监督全国土地、房屋、林地、草原、海域等不动产统一登记职责,并提出实现登记机构、登记簿册、登记依据和信息平台"四统一"的改革目标。按照党中央、国务院统一部署,2014年《不动产登记暂行条例》(以下简称《暂行条例》)正式颁布,2015年职责机构整合到位,2016年"发新停旧"全面完成,2017年所有省份不动产登记机构接入国家级信息平台,不动产登记"四统一"目标全面实现。

2013年11月,《中共中央关于全面深化改革若干重大问题的决定》首次提出"对水流、森林、山岭、草原、荒地、滩涂等自然生态空间进行统一确权登记";2015年9月,中共中央、国务院印发的《生态文明体制改革总体方案》进一步提出,"对水流、森林、山岭、草原、荒地、滩涂等所有自然生态空间统一进行确权登记","推进确权登记法治化"。2016年11月,中央全面深化改革领导小组第二十九次会议审议通过的《自然资源统一确权登记办法(试行)》指出：要坚持资源公有、物权法定和统一确权登记的原则，对水流、森林、山岭、草原、荒地、滩涂以及探明储量的矿产资源等自然资源的所有权统一进行确权登记，形成归属清晰、权责明确、监管有效的自然资源资产产权制度；要坚持试点先行，以不动产登记为基础，依照规范内容和程序进行统一登记。

2018年3月，党的十九届三中全会通过《深化党和国家机构改革方案》，十三届全国人大一次会议审议通过《国务院机构改革方案》。根据方案，组建自然资源部，其主要职责中明确列入"统一调查和确权登记"。"统一确权登记"在国家层面正式提出，确权登记事业发展迎来了新的机遇。

2013~2018年，这五年是统一确权登记从初步提出到正式确立的关键时期，内涵不断丰富，外延不断清晰，已经由最初单纯的不动产统一登记逐步衍生为不动产登记和自然资源确权登记二者并重。应当说，这两类确权登记密不可分，不动产登记重点解决的是私权（土地使用权、房屋所有权等）的保护问题，自然资源确权登记重点解决的是公权（自然资源所有权）的行使、保护、监管边界划定问题，但在法理上都是产权登记，都是对物权的确认和保护，在登记内容、登记簿册等方面紧密关联，都需要以地籍调查、信息系统、平台建设等为技术支撑。不动产登记是统一确权登记的逻辑起点。

二、与市场经济相伴随的不动产登记

产权，被誉为"市场经济的基础、社会文明的基石、社会向前发展的动力"；而不动产登记则是保障不动产交易安全、保护权利人财产权利的基本制度。不动产权利的归属和公示对国家治理、人民生活影响巨大，如果没有不动产登记制度，财产权就无法得到有效保护，活跃的市场交易难以出现，平稳有序的社会秩序亦难形成。可以说，不动产登记是与市场经济相伴随的一项重要制度。

（一）不动产登记在我国的由来

虽然我国的不动产登记由来已久，古代就已经有了地籍或者土地登记，但是现代意义上的不动产登记制度则是从中华民国开始建立，且由于时局动荡，基本未能实际执行。新中国成立以后，土地改革运动助推了土地登记制度的建立，人民政府在对农村土地清丈、划界中向农民发放了土地证，还对城市的土地和房屋颁发了城市房屋所有权证。但20世纪50年代后期以后，随着高度集中的计划经济体制的建立，民事经济生活也出现了行政化、政治化的态势，原先推行的房地产登记工作逐渐放松，特别是经过"文革"，房地产管理几乎不复存在，机构被撤销，工作完全废弛，不动产登记制度实质上已经破坏殆尽。

改革开放以后，我国开始恢复与创建各项法律制度，特别是随着社会主义市场经济体制的逐步确立，基于经济建设和社会管理的需要，登记作为行政管理手段逐渐恢复。我国不动产分散登记的历史带有浓厚的计划经济色彩，不同部门各取所需，结合各自行政管理需要陆续建立登记制度，并成为管理中的一个环节；当时的登记工作是为了强化行政管理，实际上确实给行政管理相关工作带来了方便。随着经济社会发展，特别是市场经济对归属清晰、权责明确的产权制度要求越来越高，分散登记逐渐暴露出弊端。一是容易造成重复登记和发证。不同部门登记的范围、标准等存在重叠、冲突，即便是同一部门的不同层级按照统一标准分级登记发证，也可能造成同一宗不动产的重复发证。二是影响不动产交易安全。房、地分别登记容易导致房屋和土地分离，给抵押市场和交易带来风险，特别是部门分割造成的重复登记，对不动产交易安全的影响就更大。三是增加了管理成本。不同部门办理登记业务，都要建立专门的登记机构、队伍、场所等，导致行政资源浪费；各类登记分别进行，导致工作大量重复，降低行政效率。四是不便民利民。权利人如果拥有不同的不动产类型，要跑多个部门办理登记，增加了负担，并且登记信息分散管理不利于公众查询和信息共享。

不动产登记是计划经济向市场经济转型的产物。市场经济条件下，不动产登记虽然也是行政管理的一部分，但更为重要的是，保护人民群众财产权益、便民利企是其要旨所在，而分散登记恰恰背道而驰。伴随着私权的兴起与发展，经过多年酝酿，《中华人民共和国物权法》[①]（以下简称《物权法》）于2007年

[①] 随着《中华人民共和国民法典》自2021年1月1日起施行，《中华人民共和国民法通则》《中华人民共和国担保法》《中华人民共和国合同法》《中华人民共和国物权法》等九部法律同时废止。

颁布实施，其中第十条明确规定："国家对不动产实行统一登记制度。统一登记的范围、登记机构和登记办法，由法律、行政法规规定。"不动产统一登记制度的建立有了法律基础；直到《物权法》出台7年之后的2013年，不动产统一登记改革才进入快车道，各项制度真正得以正式建立和实施。

可以说，不动产登记制度作为成熟的市场经济国家普遍实施的一项基本的物权保护制度，是社会主义市场经济体制改革的产物，是落实全面依法治国的必然要求，也是全面深化改革的重要内容。就我国当前来说，城镇居民拥有的房地产、农村居民的宅基地和承包地等不动产是最普遍、价值最高、最重要的公民财产。保护公民财产权最重要的是保护不动产物权。市场经济条件下，不动产是市场交易的重要标的物，通过当事人的申请和不动产登记机构的审核、确认，明确界定不动产物权归属，并以此为依据来保护权利人的合法权益，是落实宪法和法律公平保护公民财产权的客观需要，也是依宪施政、依法行政的重要内容。与此同时，在明晰产权的前提下，通过不动产登记的物权公示作用，有利于促进不动产交易在市场上公开、公平、公正地进行，为交易安全提供有效保障，是全面深化改革的基础，对其他改革也具有引领和推动作用。

（二）不动产和不动产登记的概念界定

1. 不动产的概念

不动产与动产相对而言，其概念系舶来品，都属于"物"的范畴。不动产一般是指不可移动的物或财产，除此之外为动产。不动产与动产的划分，古罗马时代的《法学阶梯》中就进行了规定："物实际上分为可动物和不动物。"（江平、米健，2004）动产与不动产的分类在物权法上具有十分重要的地位，自罗马法以来，大陆法系国家和地区都将财产区分为动产和不动产，并在此基础上建立起不同的物权变动模式，动产以交付作为物权变动的要件，而不动产以登记作为物权变动的要件。国外对不动产的界定，主要分为两种立法模式：一种为吸收主义。该立法模式下，房屋是土地的重要组成部分或者是地上权的组成部分，不动产等同于土地，如德国的不动产立法。另一种为分离主义。此种模式下，房屋不是土地的组成部分或地上权的组成部分，是独立的不动产，如日本的不动产立法。这两种模式的共性是均以土地为载体，区别是整体定义或将依附于土地建造的建构筑物等分别称为不动产。

我国最早主要是学界使用不动产一词，王利明（2005）认为："不动产，是指依其自然性质不能移动，或者一经移动便使其用途受到损害的物，包括土地、土地定着物、与不动产尚未分离的出产物等。"梁慧星（2004）认为："不动产，是指依自然性质或法律规定不可移动的物，包括土地、土地定着物、与土地尚未脱离的土地生成物、因自然或人力添附于土地并且不能分离的其他物。"我国立法上最早引入不动产概念的是1992年颁布的《中华人民共和国担保法》（以下简称《担保法》），该法第九十二条规定："本法所称不动产是指土地以及房屋、林木等地上定着物。本法所称动产是指不动产以外的物。"《物权法》没有对不动产的概念进行界定，但承认不动产与动产的区分；《暂行条例》规定："本条例所称不动产，是指土地、海域以及房屋、林木等定着物。"

综上，不动产是指土地、海域以及房屋、林木等定着物。结合不动产登记实践，具体包括：土地（耕地、林地、荒地、滩涂、建设用地及因自然淤积和人工填海、填湖形成的土地）；海域（被特定化的海域，即宗海及海上建筑物、构筑物）；地上定着物（定着于地表、地上、地下的房屋等建筑物、构筑物，包括房屋、车库、桥梁、铁路等）；森林和林木。

2. 不动产登记的概念

关于不动产登记，理论界特别是法学界主要有三种认识。第一种观点是把不动产登记界定为一种事实。该观点认为不动产物权登记是指经权利人申请国家专职部门将申请人的不动产物权变动事项记载于国家不动产物权登记簿的事实（孙宪忠，2008）。第二种观点认为不动产登记是一种行为。该观点认为不动产登记是指国家登记机构将不动产物权的设立和变动的事项记载于不动产登记簿并供公众查阅（王利明，2007）。第三种观点是一种折中的观点，即认为不动产登记既是一种行为又是一种事实，是指经当事人申请国家专门机关将物权的变动事实记载在国家设计的专门簿册上的事实或行为（王洪亮，2000）。我国立法对不动产登记的界定始于《暂行条例》，其第二条规定："本条例所称不动产登记，是指不动产登记机构依法将不动产权利归属和其他法定事项记载于不动产登记簿的行为。"

结合我国现行规定，应当从以下五个方面理解我国不动产登记的概念：一是不动产登记依权利主体单方或双方申请登记为原则,"依嘱托、依职权登记"例外;二是不动产登记的客体包括土地、海域以及房屋、林木等定着物;三是不动产登记的本质是权利登记,即对各类不动产权利进行登记并记载于不动产登记簿;四是不动产登记产生物权变动的法律后果,除土地承包经营权、地役权等少数情形外,不动产物权变动以办理登记并记载于不动产登记簿为依据,未经登记则不发生物权的法律后果;五是不动产登记机构的行政属性,国家和地方层面均由行政机关负责登记,《中华人民共和国民法典》(以下简称《民法典》)第二百一十条第一款规定:"不动产登记,由不动产所在地的登记机构办理。"

(三)不动产登记的制度特点

1. 不动产登记是物权公示方法

最具代表性的不动产登记是对不动产物权的登记,以记载物权变动的结果。物权变动有的基于法律行为(最典型的是买卖合同),有的基于法律行为以外的原因(依法律文书、人民政府的征收决定、继承、合法建造房屋等法律事实)。我国民事立法大多继受自大陆法系。在基于法律行为发生的不动产物权变动中,大陆法系的立法模式主要有意思主义(以《法国民法典》和《日本民法典》为典型代表)和形式主义之分(以《德国民法典》为代表的物权形式主义和以《瑞士民法典》为代表的债权形式主义),前者只要意思表示一致即可,后者则需要通过特定行为予以公示。在基于法律行为的物权变动中,我国原则上选择了债权形式主义,不动产物权变动非经登记不发生效力是一般性规定,但在土地承包经营权、地役权等用益物权上采取了意思主义。我国不动产物权变动立法模式,可以被概括为"债权形式主义为原则,意思主义为例外"或者"登记生效主义为原则,登记对抗模式为例外"。

我国和各国立法在非基于法律行为的不动产物权变动上基本一致,无须登记即可发生效力,登记只在进行物权处分时成为必要。在基于法律行为的不动产物权变动中,登记在债权形式主义和意思主义模式中扮演的角色有共同点也有差异。债权形式主义中,债权行为是引起物权变动的决定因素,登记是不动产物权变动的生效要件和物权表征及公示方法;意思主义中,单有债权行为即可引起物权变动，登记只是物权公示方法。综合来看，不动产登记一直扮演着公示不动产物权的共同角色，债权形式主义中的登记直接关系到权利人本人的利益，意思主义中的登记间接关系到本人的利益。即使是非基于法律行为的物权变动，经登记方可处分不动产，会迫使权利人先行登记，从而实现物权公示。

2. 不动产登记是行政确认行为

新中国成立以来，曾长期强化不动产登记的行政管理属性。原《物权法》的出台虽然改变了传统看法，但从《暂行条例》第二条看，不动产登记具有行政行为的基本特征，仍应属公法上的行政行为。第一，从登记机构的性质看，均为行使公权力的行政机关。国家层面由自然资源部负责，地方层面则基本由自然资源主管部门作为不动产登记机构。第二，"依法"划定了登记机构职权行使的边界，使不动产登记具有法定性和强制性。第三，从程序运行和机构职责看，给登记行为留有行政裁量空间，登记审查是核心环节，决定登记或不予登记。第四，不动产登记法律法规具有公法性质。此外，虽然登记行为大多依申请而启动，其结果也产生私法效果，但不能以一项行为产生私法效果就否认其公法属性。总之，不动产登记系行政行为不容置疑，主要因相对人的申请由登记机构作出，经审核查验后记载登簿，体现了公权力对私权利的介入；登记的不动产物权及相关事项，任何机关、团体及个人非经法定程序不得撤销，并可在受到侵犯时获得行政救济。

从行政行为的类型来看，不动产登记属于行政确认。首先，不动产登记不是行政许可。从《中华人民共和国行政许可法》第二条规定、国务院法制办公室《行政许可法疑难问题解答（一）》第1条以及《行政许可法疑难问题解答（二）》第13条看，不动产登记不涉及准予申请人从事特定活动，不是行政机关对经济和社会事务的管理行为，不应纳入行政许可范畴。其次，不动产登记不同于行政确权。行政确权的实质是行政裁决中的权属纠纷裁决，《中华人民共和国土地管理法》（以下简称《土地管理法》）第十四条中的"处理"实为行政裁决。不动产登记与行政确权之间存在紧密联系。例如，单位与个人就土地使用权发生争议时，应当先由乡级或者县级以上政府处理，再由登记机构登簿核发权证，这也许正是二者出现混淆的原因之一。最后，不动产登记是行政确认行为。行政确认是行政主体对相对方的法律地位、法律关系和法律事实进行甄别，给予确定、认可、证明并予以宣告的具体行政行为。不动产登记与行政确认高度一致：在行为目的上，是确认和证明不动产物权关系或相关法律事实的存在；在法律效果上，使当事人申请登记事项得到官方确认、产生法律效力；在功能作用上，证明登簿的法律关系和法律事实已经过登记机构的审查与确认，使公众更有理由确信为真实。有关立法解释在涉及登记时也多使用"确认"，如《行政许可法疑难问题解答（一）》第1条。

3. 不动产登记簿具有核心地位

《民法典》第二百一十六条第一款规定，"不动产登记簿是物权归属和内容的根据"；《暂行条例》第二章专门规定"不动产登记簿"。不动产登记簿是指不动产登记机构依法制作的用于记载不动产权利归属和其他法定事项的专门簿册，其法律特征具有官方性、统一性、确定性、公开性、永久性，在不动产登记制度中处于核心地位。不动产登记簿与不动产登记之间的关系为：前者是登记的结果和结论，后者是登记行为的过程；前者体现结果的静态，后者反映行为过程的动态。申请人最为重视的是静态的登记结果。

三、生态文明背景下的自然资源确权登记

（一）加强生态文明建设迫切需要开展自然资源确权登记

党的十八大以来，以习近平同志为核心的党中央把生态文明建设作为统筹推进"五位一体"总体布局的重要内容，提出构建产权清晰、多元参与、激励约束并重、系统完整的生态文明制度体系。改革开放以后，我国经济长期高速发展，在此过程中积累了诸多亟待解决的各类问题，这正是生态文明建设发挥作用的主要着力点所在。这些问题表现在：一是自然资源的管理机构形式多样，不同层级的人民政府及相关部门在一定程度上代行部分自然资源所有者权利，导致所有权人不到位、权益不落实，所有者权利与监管者权力之间边界不明，可能造成管理和保护的缺位；二是长期以来，自然资源所有权不登记，产权归属不清，"公地悲剧"时有发生，有的地方通过围湖造田、毁林开荒、随意建设等方式不断侵占、破坏自然资源，造成国有资产大量流失，生态环境遭到破坏；

三是自然资源分散管理时期，林地与草地、林地与耕地、水流与湿地等资源分类标准不一，导致各类自然资源家底不清，部分权利还存在严重的交叉重叠。

开展自然资源统一确权登记，是加强生态文明建设、贯彻新发展理念、推动经济社会高质量发展的重要基础性工作之一，所要解决的正是所有者不到位、所有权边界模糊等问题，以期起到支撑自然资源有效监管和严格保护，保障国家生态安全和资源安全的作用。通过开展自然资源确权登记，可以清晰界定产权主体和职责履行主体、职责代理履行主体，明晰权利边界和权利内容，建立起涵盖自然状况、权属状况和公共管制要求等内容的自然资源登记系统，既能明确谁所有、谁管理、谁担责，防止为追求经济利益违规审批和开发利用自然资源，又能防范对国有自然资源的蚕食，避免对集体自然资源的侵害，还能显化各类自然资源及其权利状况，为生态文明建设相关改革提供数据支撑和产权保障。

应当看到，在加强生态文明建设的大背景下，开展自然资源确权登记有其必要性、紧迫性和关键性。首先，是构建系统完整的生态文明制度体系的必然要求。涵盖森林、草原、湿地、荒漠、海洋、水流、耕地等领域的自然资源确权登记结果是完善转移支付制度、健全生态保护补偿机制的前提，也是我国建设社会主义生态文明社会需要重点关注的问题，更是从技术和制度创新层面推进社会主义生态文明建设的必然要求。其次，是进一步推进自然资源产权制度改革的迫切需要。当前我国正在健全国家自然资源管理体制、整合分散的全民所有自然资源资产所有者职责，自然资源确权登记的开展，为破解自然资源资产管理权责界限不清晰所导致的监管混乱、化解各部门之间以及中央与地方之间的权益纠纷、遏制大量国有自然资源资产流失提供了重要的业务和技术支撑。再次，是实施自然资源资产核算与干部离任审计的必要前提。中央提出要进行自然资源资产核算与评估、探索编制自然资源资产负债表、对领导干部实行自然资源资产离任审计，这些工作都需要一个客观、真实、准确的基础和基数。开展自然资源确权登记是实现自然资源资产核算与评估、编制负债表的基础，也是进行领导干部离任审计必不可少的前提条件。最后，是实现可持续发展的客观需要。为了实现社会可持续发展，必须保护、管理、利用好自然资源，特别是市场机制难以配置、经济效益低而生态价值高的自然资源，其前提就是摸清家底。只有开展自然资源确权登记，才能明晰其类型、范围、所有权主体、受限状况等事项。

（二）自然资源确权登记的概念及其特点

我国现行法律法规没有对自然资源确权登记的概念作出界定，只是相关政策文件中明确了它的对象及适用范围。自然资源部联合相关部门印发的《自然资源统一确权登记暂行办法》（以下简称《暂行办法》）第三条规定，自然资源统一确权登记的范围是"对水流、森林、山岭、草原、荒地、滩涂、海域、无居民海岛以及探明储量的矿产资源等自然资源的所有权和所有自然生态空间统一进行确权登记"。鉴于自然资源确权登记的特殊性，本书比照不动产登记的定义方式对其概念进行界定：自然资源确权登记是指不动产登记机构将水流、森林、山岭、草原、荒地、滩涂、海域、无居民海岛以及探明储量的矿产资源等自然资源的所有权和其他法定事项记载于不动产登记簿并向社会公示的行为。具体而言，自然资源确权登记具有以下特点：

（1）自然资源确权登记的核心是划清"四条边界"。明晰产权是建立自然资源权利秩序的基础，开展自然资源确权登记的核心是划清"四条边界"，即：划清全民所有和集体所有之间的边界；划清全民所有、不同层级政府行使所有权的边界；划清不同集体所有者的边界；划清不同类型的自然资源边界。

（2）自然资源确权登记的权利主体具有抽象性、公权性。其权利主体是自然资源所有权人，具体就是全民自然资源所有权人和集体自然资源所有权人。集体自然资源所有权已在不动产登记中作出安排，因此，自然资源确权登记所涉主体是国有自然资源的所有权人、所有者职责履行主体和所有者职责代理履行主体。国有自然资源所有权人在登记簿上记载为全民，在法律上具有抽象性；所有权代表行使主体为自然资源部或由中央委托省级和市（地）级政府代理行使所有权，这两类登记主体既区别于民事财产权主体，又具有公权性。

（3）自然资源确权登记的客体具有空间性、变化性。其客体是土地及土地上附着的多种自然资源要素或者单一自然资源要素组合而成的特定的自然生态空间。在自然生态空间范围内，土地上附着的林木、草、河流、水域、湿地等自然状况是随着外界自然环境的影响而发生变化的。

（4）自然资源确权登记的本质是自然资源国家所有权的登记。属于集体所有的自然资源已经被集体土地所有权等不动产登记覆盖，不再重复登记。因此，自然资源确权登记主要是落实全民所有自然资源的权利，自然资源确权登记的权利对象是国家自然资源所有权。

（三）自然资源确权登记和不动产登记的联系与区别

自然资源确权登记和不动产登记既有密切关联，又有一定区别。在制度逻辑上，是先有不动产登记，后衍生出自然资源确权登记；在对象范围上，各自登记的自然资源和不动产均属于《民法典》上"物"的范畴，二者概念中存在诸多重叠，但有各自不同或明显偏重之处。

1. 自然资源确权登记和不动产登记的紧密联系

一是两者法律属性基本相同。两者统一于《民法典》规定的不动产登记制度。《民法典》第二百零九条规定："依法属于国家所有的自然资源，所有权可以不登记。"从所有权上看，自然资源国家所有权与其他所有权是并列关系；在立法逻辑上，自然资源确权登记属于《民法典》第二编"物权"第二章第一节"不动产登记"的范畴。二是自然资源确权登记属于特殊的不动产登记。按照《暂行办法》第五条的规定，自然资源确权登记以不动产登记为基础，登记对象是自然资源中不可移动的不动产，其本质仍属于不动产登记，只是已经纳入《暂行条例》的不动产权利不再重复登记。三是自然资源确权登记和不动产登记主要体现为"信息衔接"。在不动产登记信息管理基础平台的基础上，开发、建设、使用全国统一的自然资源信息系统，实现自然资源确权登记信息和不动产登记信息的有效衔接。

2. 自然资源确权登记和不动产登记的明显区别

自然资源确权登记是生态文明建设的基础性制度，偏重于协调处理好自然资源保护、监管、利用之间的关系；不动产登记则是建立市场经济体系的基础性制度，旨在定分止争、保障交易安全。两者主要有以下五个方面的区别：一是登记目的不同。前者主要是服务生态文明建设，划定"四条边界"，明晰所有者权益，支撑自然资源的保护和监管；后者主要是维护社会主义市场经济秩序，保护权利人合法权益，保障交易安全，提高交易效率。二是客体不尽相同。自然资源是天然存在的、因自然因素形成和生长的，所对应的概念是人工的。不动产与动产相对应，是不可移动的物，除自然形成不可移动的物外，还包括人工添附于土地形成的不可移动的物。不动产包括不可移动的自然资源（如土地、海域、森林、林木等）。自然资源中的土地、森林、草原、滩涂等则属于不动产，但经过人工修建的房屋、桥梁、铁路等不属于自然资源。三是登记的权利类型不同。前者主要是对法定的自然资源的所有权进行登记；后者主要包括集体土地所有权、建筑物所有权、森林及林木所有权、建筑物区分所有权，土地承包经营权、建设用地使用权、宅基地使用权、居住权、地役权、海域使用权等用益物权，以及担保物权的登记。四是登记内容不同。前者以自然资源登记单元为基本单元，记载自然资源的自然状况、权属状况，并关联不动产权利、排污许可信息以及公共管制要求；后者主要是以不动产单元为基本单元，记载不动产的自然状况、权属状况等。五是启动方式、登记管辖和登记程序不同。前者主要由政府和部门组织推动，依职权或嘱托而非依申请启动，登记管辖采取属地登记与分级登记相结合，包括通告、地籍调查、审核、公告、登簿等程序；后者是由当事人启动为原则，依职权和嘱托启动为例外，登记管辖按照属地原则进行，包括申请、受理、审核、登簿等程序。

第二节 改革开放以来我国不动产登记的制度变迁与功能作用

一、改革开放以来我国不动产登记的制度变迁

党的十一届三中全会以后，改革开放的浪潮席卷神州大地，随着国家经济建设的发展、社会主义市场经济的确立，我国经济社会发生了翻天覆地的变化，市场交易日益频繁，人民群众对财产权保护的需求更加迫切，催生了制度变迁。在此期间，创造出更多形式的物权种类，他物权发展迅速，出现了土地承包经营权、宅基地使用权等用益物权以及抵押权、留置权等担保物权，物权制度从此活跃起来，变得极为丰富（王利明，2000），不同类型不动产的登记制度应运

而生。从大的历史脉络看，我国不动产的登记制度经历了启蒙、停滞、回归、建立、发展、完善等阶段。改革开放以后，我国不动产统一登记改革具体表现为从无到有、从发端到成熟，再到推动实现法治化、规范化、标准化、信息化，主要分为各类不动产的分散登记阶段、不动产统一登记进入立法阶段、不动产统一登记制度建立实施阶段、不动产统一登记提质增效阶段四个阶段。

（一）各类不动产的分散登记阶段

改革开放后至2007年《物权法》出台前，我国物权制度中关于不动产（土地、房屋等）的登记规定散见于诸多单行民事法律法规中，如《土地管理法》、《中华人民共和国城市房地产管理法》（以下简称《城市房地产管理法》）、《中华人民共和国城镇国有土地使用权出让和转让暂行条例》（以下简称《城镇国有土地使用权出让和转让暂行条例》），由此拉开了我国各类不动产分散登记的大幕。当时，我国各类不动产的登记处于"九龙治水"的局面，各部门依据不同的法律法规履行各自登记职责，发放不同的权利证书。负责不动产登记的主管部门主要包括土地、房地产、农业、渔政、地质矿产、林业等部门，分别对各自行政管理领域内产生的物权或者准物权进行登记管理。

这一阶段，我国涉及不动产登记的法律法规有很多。在土地登记方面，1986年通过的《土地管理法》确定了土地登记制度，国家土地管理局1989年颁发的《土地登记规则》[①]系统规定了对国有土地使用权、集体土地所有权、集体土地使用权和他项权利等各类土地权利的登记；在房地产登记制度方面，城乡建设环境保护部1987年颁布的《城镇房屋所有权登记暂行办法》[②]对房屋所有权登记问题进行了规定，1994年出台的《城市房地产管理法》首次确立了土地使用权和房屋所有权登记发证制度，1995年出台的《担保法》就房地产的抵押权登记作出了规定，《中华人民共和国森林法》（以下简称《森林法》）、《中华人民

---

① 根据原《国土资源部规章制定程序规定》（国土资源部令第1号），随着2008年2月1日《土地登记办法》的正式实施，《土地登记规则》自动失效。根据2017年12月29日《国土资源部关于修改和废止部分规章的决定》（国土资源部令第78号），《土地登记办法》废止。

② 根据2011年1月26日住房和城乡建设部《关于公布住房和城乡建设部规范性文件清理结果目录的公告》（住房和城乡建设部公告第894号），该文件已失效。

共和国草原法》(以下简称《草原法》)、《中华人民共和国农村土地承包法》(以下简称《农村土地承包法》)、《中华人民共和国海域使用管理法》(以下简称《海域使用管理法》)等分别针对森林和林地、草原、农村承包土地、海洋资源等各类不动产确立了相应的登记制度。有的学者指出,以行政管理为目的的不动产登记制度,不能满足不动产进入市场经济进行交易的需要,不能满足根据物权公示原则和物权交易客观公正原则对物权进行保护的需要(孙宪忠,2001)。事实上,分散登记导致各个职能部门职责交叉,群众办事多处跑,环节多、时间长、负担重,重复登记等时有发生,财产权得不到有效保护。

(二)不动产统一登记进入立法阶段

随着我国社会主义市场经济运行日趋成熟,以往各类不动产分散登记的弊端逐步暴露,特别是法律依据分散、登记范围不明、登记机构较多、登记程序繁杂、各自为政等问题愈发凸显,社会各界强烈呼吁建立不动产统一登记制度。2007年出台的《物权法》是我国法制进程中的重大事件,我国首次在法律层面规定了不动产统一登记制度,该法第十条第二款规定:"国家对不动产实行统一登记制度。统一登记的范围、登记机构和登记办法,由法律、行政法规规定。"可以说,这是适应我国现代经济社会发展需要,从法律制度方面对社会需求的积极回应,指明了不动产统一登记的方向,对构建相关制度作出了原则性规定,具有里程碑意义。当然,这一阶段,不动产统一登记制度并未真正建立起来,但各部门在基本的登记类型、登记规范上进行了有益探索,积累了一些经验。

(三)不动产统一登记制度建立实施阶段

时隔6年,2013年,作为全面深化改革的重要内容和政府职能转变的重要举措,我国不动产统一登记开启了"破冰之旅",党中央、国务院明确要求建立和实施不动产统一登记制度。2013年3月,《国务院机构改革和职能转变方案》明确提出"建立不动产登记制度";同年11月,国务院常务会议决定"由国土资源部门负责指导监督全国土地、房屋、草原、林地、海域等不动产统一登记职责"。2014年5月,国土资源部地籍管理司加挂不动产登记局的牌子,组织各地积极推进不动产统一登记改革。

2015年3月,《暂行条例》的正式实施标志着不动产统一登记制度正式建立。作为不动产统一登记的核心法律依据,对规范登记行为、强化政府职责、提高登记质量以及增强登记的严肃性、权威性和公信力具有重要意义,意味着我国公民的不动产权利将受到更为全面、权威的保护,意味着我国的法治化有了新的进步,意味着我国的国家治理体系和治理能力的进步。此后,围绕《暂行条例》相继出台了40余个规章和配套文件,基本形成了不动产登记制度体系。

(四)不动产统一登记提质增效阶段

2018年,自然资源部正式挂牌,其内设自然资源确权登记局承担统一确权登记工作,也开始了不动产统一登记提质增效的新阶段。同年5月,在全国组织开展不动产登记窗口作风问题专项整治,聚焦作风、业务、廉政三个方面的11类重点问题开展专项整治,窗口作风有效转变,业务基础不断夯实,服务意识、廉政意识进一步增强,服务水平不断提升。2019年2月,《国务院办公厅关于压缩不动产登记办理时间的通知》(国办发〔2019〕8号)印发,明确以为企业和群众"办好一件事"为标准,采取信息共享、流程和人员"三个集成"方式,优化不动产登记办理流程,压缩办理时间;同年3月,自然资源部重点针对流程相对复杂、业务办理量大的26种不动产登记类型,制作并印发了26张流程优化图,指导各地通过"三个集成",优化从开始办理到领取证书的登记、交易和缴税全流程,全面推进"一窗受理、并行办理",着力解决办理环节多、流程不清晰、反复提交材料等问题,切实便民利企,登记财产营商环境水平也得以大力提升。2020年,自然资源部联合国家税务总局、中国银保监会加快推进"互联网+不动产登记",推广应用电子证照、强化登记税务及登记金融协同等,推动线上办理登记向更高层级发展。2021年,加快推进历史遗留问题导致的不动产"登记难",并纳入"我为群众办实事"实践活动,切实维护群众合法权益。

在此期间,2020年5月,我国《民法典》正式颁布,特别是其中的"物权"编对不动产统一登记制度进行确认,对原《物权法》的相关条款进行修改完善,进一步保证了不动产登记机构的统一,还在扩大可抵押不动产范围、新增居住权登记类型、拓宽预告登记等方面完善了统一登记内容。

二、不动产登记"四统一"的全面实现

不动产登记机构、簿册、依据和信息平台的"四统一",是不动产登记制度建立实施的核心要素,也是真正实现统一登记的主要标志。

(一)统一登记机构

1. 统一登记机构的作用和方式

统一登记机构是"四统一"的基础和前提。"四统一"中,簿册、依据和信息平台属于制度顶层设计,需要国家层面负责、地方具体落实,但统一登记机构则需要各司其职,由地方各级人民政府本着属地管理原则,整合不动产登记职责和机构。国家层面按照《暂行条例》第六条规定,自然资源部(原国土资源部)负责指导监督全国不动产登记工作。绝大部分地方按照上下对口的原则,由各级人民政府自然资源主管部门负责所辖区域的不动产登记工作。在此过程中,职责整合是基础,职责整合之后关键是落实职责、整合人员和机构,即把职责、人员、机构"三定";机构设置上,各地普遍采取"一局一中心"的架构,组织形式以"外挂"和"内设"两种模式为常态,以新设独立法人资格、由自然资源局归口管理的二级局为特例,一般设不动产登记中心承担事务性工作。

2. 登记机构的业务范围

不动产登记以县级登记机构、属地办理为一般原则,对特殊不动产作出例外规定。《暂行条例》落实了《民法典》及原《物权法》中的属地登记原则,同时明确了例外情形:一是对于跨县级行政区域的不动产登记,规定了分别办理、协商办理和指定办理;二是国务院确定的重点国有林区的森林、林木和林地,由自然资源部受理并会同有关部门办理;三是国务院批准的项目用海、用岛的不动产登记,由自然资源部受理;四是自然资源部委托北京市规划和自然资源委员会直接办理在京中央国家机关不动产登记。

3. 登记窗口建设

一是统一规范窗口建设标准,一般包括统一标识牌,科学设置收件受理、收费发证、档案查询以及税务、公证等窗口类型和数量,统筹人员配置,设计

宣传单、宣传栏等；二是切实便民利民，落实关于一件事只进"一门""一网""一窗"的要求，实现交易、登记、核税"一窗受理、并行办理"；三是加强窗口作风建设，解决登记服务中的态度问题、廉政问题，不断提升业务水平和服务质量。随着互联网技术的迅速发展，登记窗口建设也以线下为主向"线上+线下"的新模式不断演变。

（二）统一登记簿册

统一登记簿册是不动产登记制度的重要组成部分和登记机构开展工作的基本条件。原国土资源部印发了《关于启用不动产登记簿证样式（试行）的通知》（国土资发〔2015〕25号），与《暂行条例》同步实施。

1. 统一登记簿册的内容

《关于启用不动产登记簿证样式（试行）的通知》明确了不动产登记簿的统一样式和内容，由各登记机构自行制作；明确了不动产权证书和不动产登记证明的统一样式，并规定统一的印制标准；明确了不动产登记申请审批表的示范表格，供参照使用。

2. 新老证书的衔接

对于社会关注的原持有的"老证"如何处理的问题，《暂行条例》明确了"不变不换"和"颁发新证、停发老证"的原则，实现了平稳过渡和新旧证书的有效衔接。

3. 登记簿的效力

根据《民法典》第二百一十六条和第二百一十七条，不动产登记簿是物权归属和内容的根据，不动产权属证书是权利人享有该不动产物权的证明。改革过程中，曾有专家提出参照国外做法不再颁发证书，考虑到我国的国情、传统文化和习惯，最终确定颁发证书。长远来看，应当强化不动产登记簿的核心地位，突出登记簿的重要性。

4. 登记簿的制度体系

《暂行条例》以专章的方式从不动产登记簿的统一、内容、编制、介质、保管及救济措施等重点环节，建立起相应的制度体系。一是明确了登记机构应当设立统一的不动产登记簿；二是明确了不动产登记簿"物的编成"原则，以不动产单元为基本单位进行登记；三是明确了登记簿的内容包括不动产的自然状况、权属状况、权利限制、提示事项等；四是明确了登记簿应当采用电子介质，暂不具备条件的，可以采用纸质介质；五是强调了登记簿的公信力，登记机构应当依法将各类登记事项准确、完整、清晰地记载于登记簿；六是明确了登记簿的统一管理要求，由登记机构统一管理、永久保存并指定专人负责，也表明包括登记簿有别于一般档案资料，须由登记机构统一管理。

（三）统一登记依据

1. 形成登记制度体系

形成了以《民法典》为统领，以《暂行条例》为核心，以实施细则、操作规范等规章和规范为配套支撑的国家层面的不动产登记制度体系。此外，在国家做好顶层设计的基础上，部分省（自治区、直辖市）结合地方实际，出台了大量的地方性法规、政府规章和规范性文件予以细化补充。

2. 制度建设与制度执行并重

一方面，通过加快不同层次的登记立法和建章立制，实现改革于法有据、登记有法可依；另一方面，通过探索建立不动产登记错误赔偿制度、加强登记人员管理，持续规范登记行为，因登记错误给权利人造成损害的，由登记机构依法承担赔偿责任，推动制度有效执行。

（四）统一信息平台

信息平台是"四统一"的落脚点。建立不动产登记信息管理基础平台，旨在实现不动产审批、交易和登记信息在有关部门间依法互通共享，消除"信息孤岛"。为此，既需要建立国家、省、市、县四级信息平台，实现全国登记数据按照统一的标准实时汇交至国家平台，也需要完成原分散登记时形成的登记资料整理、移交，再造登记流程，促进信息平台上的不动产登记信息更加完备、准确、可靠。其目的在于：一是通过系统规范登记行为，实现各级登记机构登记业务申请、受理、审核、登簿、缮证、归档的全流程信息化；二是降低登记风险，通过系统自动比对提取信息，自动核查、提醒、限制等信息反馈，避免人为操作产生的疏忽和错误；三是为建立不动产登记信息公开查询信息系统奠定基础，统一、准确、权威的不动产信息查询有利于保证不动产交易安全、保护群众合法权益。

三、不动产登记的功能作用

（一）不动产登记的制度功能

不动产登记制度是国家保护权利人合法财产权、保障不动产交易安全的一项基础性制度。其制度功能主要在于：一是基于登记的权利表象作用，实现对不动产物权的确认和保护。登记制度的实质在于赋予不动产物权以权利外观，使不动产登记簿上记载的权利推定为正确，相应的权利人也被认为是法律确认的主体，从而起到定分止争的作用；由于物权的排他性，其他任何人都负有不得侵犯的义务。二是基于登记的物权公示作用，促进对交易秩序和交易安全的保障。物权公示是指权利的享有及变动须以可取信于社会公众的外部表现对外予以公示。登记作为不动产物权公示的方法，在静态角度，宣示权利归属，稳定财产关系，进而维护交易秩序；在动态角度，登记的不动产物权被赋予公信力，降低交易不确定性，使交易安全获得保证。三是基于登记信息的可查询，为交易成本的降低和交易效率的提高提供便利。不动产交易高效运行有赖于交易双方对各类信息的掌握，由于登记信息的可查询，既使当事人及时掌握有关信息，减少交易费用，又使当事人在信赖登记簿所记载内容的基础上合理作出决策。

与此同时，基于我国国情，不动产登记制度是推动国家治理现代化的重要辅助手段，具有相应的公法层面的功能。一是可为土地管理和税收征缴等工作提供一定的基础支撑。我国不动产登记从税收登记、产权登记走向多用途登记，信息平台的建成运行可为税收征管提供基础信息和支撑条件。二是可以为政府调控房地产市场提供一定的信息支撑。不动产登记能够准确掌握各地区乃至全国房地产交易信息，进而分析市场供需状况，以便于调控房地产市场，促进市场秩序健康稳定。三是可以依法为领导干部个人事项报告核查、监督执纪等工作提供相关信息。登记信息在国家有关部门之间的共享，可以及时、准确地获得公务人员拥有的不动产权利情况，有助于支撑财产申报核实、监督执纪等工作，倒逼公职人员廉洁从政、如实申报相关信息。四是可在全面深化改革中发挥引领和推动作用。发挥市场在资源配置中的决定性作用，就要通过统一登记形成全面、准确、可靠的不动产信息，避免交叉或冲突。社会一度对不动产登记存在误解误读，如认为不动产统一登记意味着开征房地产税、加大腐败打击力度，但是，事实上，征不征税、何时开征、征收多少以及是否实施公职财产公开等均属立法或政治决策范畴，与不动产登记没有直接关联。

（二）不动产登记的重要作用

（1）保护公民合法财产权，夯实社会主义市场经济基础。不动产登记制度的实施，最大限度地减少了土地、房屋权利重叠，林地和草原、土地和海域权利交叉，避免了多部门登记产生的错登、漏登乃至引发产权纠纷等情况，进而明晰不动产权利，不断夯实社会主义市场经济基础。通过权利人的申请，政府登记机构的审核、确认，将不动产物权记载在不动产登记簿上，明确界定物权归属，以此来保护公民合法权益。

（2）有效保障不动产交易安全，促进经济社会高质量发展。使用统一的不动产登记簿册和证书，对公民拥有的不动产权利进行规范、清晰、准确地记载和公示，有效维护了不动产安全和顺畅交易。《暂行条例》实施后，全面启用了新版不动产登记簿册、证书，不动产登记的"识别度"更高，让广大人民群众吃了"定心丸"，交易更加放心，激发了市场活力，有利于促进经济社会高质量发展。

（3）提升办事便利化程度，增强企业和群众改革获得感。不动产统一登记制度建立实施以来，登记、交易和缴税"一窗受理、并行办理"有效实施，办理流程进一步优化，全国绝大多数地区国有建设用地使用权及房屋所有权首次登记、转移登记等一般登记和抵押登记办理时间压缩至五个工作日以内。有的地方将交易职责与登记职责整合，有效解决了部门衔接不畅的问题，办理环节大为减少，办事效率明显提升；有的地方提出了"最多跑一次"便民承诺；还有的地方实行微信预约办、网上办、银行端办、自助办等便民措施，群众的改革获得感明显增强。

（4）推进信息共享应用，提高政府治理体系和治理能力现代化水平。建立统一的信息平台是推进政务服务便利化、提高治理能力现代化的有效手段。不动产登记信息共享应用不断拓展，深化与纪检监察、法院、民政、税务等部门的信息共享工作，为精准确定社会救助对象、支撑税收征管、解决执行难等提供可靠的基础数据。通过对接各级政府统一的数据共享交换平台，推进政务服务"一网通办"，企业和群众办证办事更加方便了。

（5）有效节约公共资源，降低制度性交易成本。通过建立一个机构、一支队伍、一个场所、一个系统，有效节约了政府的行政资源，降低了管理成本，也减少了分散登记时的信息不对称及推诿扯皮现象。对于企业、群众而言，"办一类事、只进一扇门"，只需要跑进一个大厅、交一份材料、适用一个标准，既保证了信息归集完整、降低交易风险，又减少了企业、群众办事的时间、费用等交易成本。

第三节 新时代自然资源确权登记的改革进程与目的意义

一、自然资源确权登记的改革发端及其演进

自然资源是全球生态系统的重要组成部分，是生态环境建设的重要载体。天人合一、人地和谐的生态文明观是中华优秀传统文化的精华，生态文明建设是新时代中国特色社会主义建设的鲜明特征。2013年11月，《中共中央关于全面深化改革若干重大问题的决定》明确指出："对水流、森林、山岭、草原、荒地、滩涂等自然生态空间进行统一确权登记，形成归属清晰、权责明确、监管有效的自然资源资产产权制度。"这标志着我国自然资源确权登记改革正式启动。

2015年9月，中共中央、国务院印发的《生态文明体制改革总体方案》提出："对水流、森林、山岭、草原、荒地、滩涂等所有自然生态空间统一进行确

权登记，逐步划清全民所有和集体所有之间的边界，划清全民所有、不同层级政府行使所有权的边界，划清不同集体所有者的边界。推进确权登记法治化。"2016年11月，中央全面深化改革领导小组第二十九次会议审议通过《自然资源统一确权登记办法（试行）》，并指出要坚持资源公有、物权法定和统一确权登记的原则，对水流、森林、山岭、草原、荒地、滩涂以及探明储量的矿产资源等自然资源的所有权统一进行确权登记；要坚持试点先行，以不动产登记为基础，依照规范内容和程序进行统一登记。这是党中央对自然资源确权登记改革目标、核心任务、改革路径的明确要求，是推进自然资源确权登记改革的重要遵循。

党的十九大以后，2018年3月，《深化党和国家机构改革方案》明确提出组建自然资源部，并在主要职责明确列出"统一调查和确权登记"。2019年4月，中共中央办公厅、国务院办公厅《关于统筹推进自然资源资产产权制度改革的指导意见》提出："加快自然资源统一确权登记。总结自然资源统一确权登记试点经验，完善确权登记办法和规则，推动确权登记法治化，重点推进国家公园等各类自然保护地、重点国有林区、湿地、大江大河重要生态空间确权登记工作，将全民所有自然资源资产所有权代表行使主体登记为国务院自然资源主管部门，逐步实现自然资源确权登记全覆盖，清晰界定全部国土空间各类自然资源资产的产权主体，划清各类自然资源资产所有权、使用权的边界。建立健全登记信息管理基础平台，提升公共服务能力和水平。"可以说，国家对自然资源统一确权登记作出了明确部署，旨在摸清自然资源家底，明晰国有自然资源产权，显化所有者权益，推动解决所有者不到位、权益不落实问题，服务自然资源精细化管理，夯实生态文明建设的产权基础。

二、自然资源确权登记的目标思路

（一）自然资源确权登记的主要目标

摸清产权家底、维护权益、支撑监管、化解纠纷是自然资源确权登记的主要目标。开展自然资源确权登记就是要支撑自然资源有效监管和严格保护，保障国家生态安全和资源安全。一是加强自然资源产权保护，维护所有者权益。通过自然资源确权登记，明晰权利边界和权利内容，防止对国有自然资源的蚕食，尽可能避免对集体自然资源的侵害。二是明晰权责主体，落实监管责任。通过自然资源确权登记，清晰界定产权主体和所有者职责履行主体、职责代理履行主体，并落实到每一个产权人和使用权人，明确谁所有、谁管理、谁担责，保护自然资源所有权人权益，压实生态保护责任。三是摸清自然资源产权家底，支撑生态文明体制改革。通过自然资源确权登记，解决产权不明的问题，建立自然资源登记系统，为生态文明建设相关改革提供支撑和保障。四是化解权利交叉重叠，维护群众合法权益。通过自然资源确权登记，显化自然资源登记范围内各类自然资源的权利状况，准确发现权利交叉重叠的类型、数量、范围，为自然资源所有权的实现与保护奠定基础。

（二）自然资源确权登记的基本思路

全面铺开、分阶段推进是自然资源确权登记的基本思路。一是建立登记"一个簿"，衔接自然资源管理上下游。要充分利用自然资源调查、开发利用及权利配置结果，再通过确权登记予以确认公示；明确自然资源权属状况和自然状况，为所有者权益保护和行使、实施自然资源有偿使用和生态修复制度等提供产权依据。二是形成产权"一张图"，支撑自然资源部"两统一"职责履行。要清晰界定自然资源资产的产权主体、产权边界，全面摸清各类自然资源的空间范围、面积、质量和数量，明确体现自然资源用途管制、生态保护红线、公共管制等监管要求，形成自然资源产权管理"一张图"，为统一行使全民所有自然资源资产所有者职责、统一行使所有国土空间用途管制和生态保护修复职责提供产权保障。三是构建信息"一张网"，提升生态保护监管和公共服务能力。信息不对称是自然资源监管难的一个重要原因，要建立自然资源登记信息"一张网"，实现与水利、林草、生态环境等部门信息互通共享，与不动产登记、公共管制信息相互关联，与相关监管部门及时共享自然资源动态变化信息，有效提高监管效能。

三、推进自然资源确权登记工作的重大意义

（一）推动生态文明体制改革，保持经济持续健康发展

生态文明的本质要求是实现自然资源的可持续发展，让人与自然和谐共处，让科学发展的价值观深入人心。树立自然"发展和保护相统一"的理念、"绿水青山就是金山银山"的理念，就必须进一步提高人民生活水平、促进经济持续健康发展、保持自然生态良性循环，而这需要必要的经济增速、适合的发展效率来推动，也有赖于自然生态良性循环作为基础和保障。为此，既要使自然资源成为有偿使用的资源，还要使有价值的自然资源发挥作用，进而实现生态财富的不断增值。推进自然资源确权登记，建立健全归属清晰、权责明确、保护严格、流转顺畅的自然资源产权制度，是完善生态文明制度体系的关键环节，对于推动生态文明体制改革、坚持和完善以公有制经济为主体的基本经济制度、促进我国生态环境改善和国民经济可持续健康发展具有重要意义。

（二）健全自然资源资产产权制度，保护产权人的合法权益

自然资源确权登记是自然资源资产产权制度的重要组成部分。产权明晰是高效实施自然资源资产管理的基本前提，是自然资源权利归属和权利流转秩序得以建立实现的必要条件。只有产权明晰，才能进一步完善自然资源的管理和保护制度，发挥支撑生态补偿机制有效实施的效用。推进自然资源确权登记，有利于丰富和健全自然资源资产产权制度，明确公共自然资源的"主人"，赋予其保护自然资源的动力，使其获得使用自然资源利益的同时，承担起保护自然资源的责任，进而实现自然资源的最佳配置和使用。一是明确自然资源的所有者和使用者，为自然资源监督管理确定责任主体，从而有效保护自然资源相关权利人的基本利益。二是重点明晰自然资源产权边界，如农业、林业、草原资源之间，矿产与土地、水资源之间的产权边界，同时理清国家和集体资源产权的边界。三是从落实生态补偿出发，除含有经济价值的矿产资源外，对于森林、草原、水资源的生态补偿机制的实施，其前提也是通过确权登记划定自然资源

的范围、明确自然资源的权属。

（三）推动自然资源资产化管理，实现其生态利用价值

对自然资源实行资产化管理，是合理开发、利用和保护自然资源的需要，是提高资源管理水平和经营效益的需要。推进自然资源确权登记，是实现自然资源资产化管理的前提和关键，有利于推动绿色 GDP 核算体系研究，编制自然资源资产负债表，实现量化生态绩效，为生态文明建设成效评价提供科学、直观的工具。一方面，有利于推动自然资源核算体系的建立，实行资源核算。对于已经确权登记的一定时间和空间内的自然资源资产，从实物、价值、质量等方面统计、核实和测算其总量及结构变化并反映其平衡状况，才能真正将其纳入国民经济核算体系，实现我国自然资源的有效保护，带来支撑国家、区域的可持续发展。另一方面，有利于发挥市场在自然资源合理配置中的积极作用，最大限度地调动市场主体的积极性。被登记为自然资源的产权主体和责任主体必将有效运用市场机制进行公共资源配置，从而使公共资源配置更加科学化、效率化、合理化。

第四节　统一确权登记的职责定位与发展方向

一、统一确权登记的职责定位

（一）统一确权登记的工作定位

权属清晰、权责明确是自然资源资产管理和生态环境监管的前提与基础。中央赋予自然资源部"两统一"职责，只有首先明确了权利归属，才能有效支撑资源保护与治理走上制度化轨道。就工作定位来看，统一确权登记解决的就是资源资产归属不清、权责不到位、权利交叉重叠、边界模糊的问题。自然资源和不动产统一确权登记在自然资源部整体工作链条中起着承上启下的重要作用，为政府和市场提供重要的服务保障，既要依据自然资源调查测绘成果、开

发利用及权利配置结果开展权属边界划定和登簿发证，又要用确权登记成果支撑所有者权益行使，为实施保护和开发提供产权依据。

当前和今后一段时期，自然资源和不动产统一确权登记工作都要以习近平新时代中国特色社会主义思想为指导，紧紧围绕统筹推进"五位一体"总体布局和协调推进"四个全面"战略布局，认真贯彻落实党的十九大和十九届历次全会精神，坚持以人民为中心的发展思想，突出国家立场，体现权责对等，以严起来的工作作风和讲认真的工作态度，按照正确的思想方法和工作方法，把握总体要求、工作重点、工作标准和工作节奏，勇敢担负起新使命，为加强自然资源管理做好支撑保障。

具体来讲，党中央、国务院明确自然资源部行使统一确权登记职责以来，不动产登记工作的关键是"巩固提升"。要保持企业、群众办理不动产登记业务的连续稳定，最大限度避免企业和群众私权的重登、漏登、交叉重复，提升登记质量和登记效率，保护合法权益、保障交易安全、便民利民，使之真正成为落实中央完善产权保护制度、依法保护产权的具体措施，夯实社会主义市场经济体制的基础。自然资源确权登记工作的关键是拓展延伸。要深入落实中央各项要求，在不动产登记的基础上拓展延伸，逐步划清全民所有、集体所有、不同层级政府行使所有权、不同类型自然资源之间的"四个边界"，落实自然资源所有权的权利主体、保护责任，调动相关主体保护自然资源的积极性，为实行最严格的生态环境保护制度、加强生态文明建设提供产权保障。

（二）从工作职责看业务内在关联

统一确权登记的工作定位需要通过相应的职责行使予以实现。依据《自然资源部机关各司局职能设置、内设机构和人员编制规定》（自然资党发〔2018〕26 号），自然资源确权登记局作为自然资源部的内设机构，是负责各类自然资源和不动产统一确权登记的职能部门，并规定了九个方面的主要职责，这是确权登记职责的权威表述。按照我国行政体系中上下对口、职责对应的基本模式，除了一些地区不存在特定业务类型外，绝大部分地方的自然资源主管部门自然资源和不动产统一确权登记的工作职责，也大致会比照自然资源部作出相应安排，只是部层面侧重政策制定，省层面侧重组织实施，市县层面侧重实际操作。

概括来看，统一确权登记所涉及的具体工作主要是自然资源确权登记、不动产登记、地籍调查、权属争议调处、信息平台建设与应用、人员队伍建设等，无论是自然资源部还是地方自然资源主管部门，均涉及上述工作（梁慧星，2004）。

上述工作相互之间有其内在逻辑。从大处着眼，自然资源确权登记和不动产登记分别是统一确权登记涵盖的两个方面核心业务工作。就不动产登记这方面工作或者从广义来看，在这个业务链条上，开展地籍调查是为不动产登记提供不动产的自然状况和权属状况；权属争议调处的结果是申请登记的权属来源资料；登记本身既需要借助登记信息系统开展，又需要在信息平台上保存和管理登记数据信息；人员队伍建设则是正常开展登记的组织保障。相应地，对于自然资源确权登记这方面工作而言，亦是如此。因此，从宏观层面看，自然资源确权登记和不动产登记这两方面在统一确权登记整体工作中居于"主"的层次，地籍调查、权属争议调处、信息平台建设与应用、人员队伍建设这四项工作可以视为前两方面工作的重要组成部分，虽也有其专业性和独立性，但在相互关系中居于"辅"的地位，主要是为前两方面工作提供技术支撑、产权基础、数据服务、人员保障等辅助性的支撑和保障。

二、不动产登记工作的发展方向

建立实施不动产登记制度是建立健全社会主义市场经济体制的必然要求，是贯彻落实《民法典》、规范不动产登记行为的客观需要，是维护不动产交易安全、保护权利人合法权益的重要举措，为建设现代化市场经济体系、推动经济社会高质量发展奠定坚实的产权保护基础。当前，不动产登记的主要任务在于：纵深推进，深化"三个集成"改革；回应社会关切，推动化解历史遗留问题导致的不动产"登记难"；延伸服务，助力支持乡村振兴；全类型覆盖，积极开展各类不动产登记；夯实业务基础，全面提升不动产登记数据质量。长远来看，要以习近平新时代中国特色社会主义思想为指导，坚持以人民为中心，践行利民惠企服务理念，进一步发挥"保护合法权益、保障交易安全、便民利民"的作用，持续推进不动产登记法治化、规范化、标准化、信息化，持续巩固深化改革成果，持续提升不动产登记质量和服务水平，切实保护广大人民群众的合法财产权益,真正提高人民群众的改革获得感、幸福感、安全感。

(一)提升不动产登记法治化水平

(1)牢固树立依法行政意识,为改革提供多层次、多维度的法治保障。着力完善不动产登记制度体系和实施体系,全面规范不动产登记行为。

(2)贯彻落实《民法典》,将实践经验做法及时上升为法律制度。积极回应实践需求,加快推进《不动产登记法》立法,推动《暂行条例》及实施细则、操作规范等配套制度修改完善,研究出台《不动产登记资料管理办法》,统一规范登记资料的归档、保管、查询、利用、数字化管理。

(3)以立法为支撑,开展全类型不动产登记。深化登记簿公示公信效力,充分发挥不动产登记保护权利的作用,全面保障合法财产权。拓展登记能力范围,不动产登记不局限于物权,探索开展其他不动产权利登记;完善新生物权及准物权登记,落实《民法典》要求,发挥预告登记功能,探索开展居住权登记等;不断完善土地、海域、房屋、林木等全类型不动产登记。

(二)持续推进不动产登记规范化

(1)规范登记业务办理流程。指导各地落实自然资源部印发的26种不动产登记流程优化图,不得设置没有法律法规依据的前置条件、办理环节、申请材料等,严格落实登记、交易和缴税"一窗受理、并行办理"。进一步规范受理、审核、登簿、发证,明确业务风险点和审核要求,依法依规有序开展不动产登记工作。

(2)规范评价评估体系。落实不动产登记"好差评"制度,优化评估方式方法,更好地发挥社会监督作用,以评促改、以评促优,通过评价评估科学引导不动产登记服务优化提升。

(3)规范解决历史遗留问题。压实地方政府主体责任,积极化解存量历史遗留问题导致的"登记难";严格控制新增,按照"谁审批,谁监管;谁主管,谁监管"等原则,向上游管理环节反映问题,促进各环节闭合监管,通过"交地即交证""交房即交证"等举措延伸登记服务,从源头控制新增遗留问题。

(4)规范登记人员队伍建设。探索建立不动产登记官制度,提升登记人员专业化水平，拓展职业发展空间和晋升渠道，加强业务、廉政教育，打造忠诚、干净、担当的不动产登记人员队伍，为事业发展提供基础保障。

（三）加快推进不动产登记标准化

（1）实现业务标准化。制定《不动产登记规程》，进一步推进不动产登记标准化建设，推动各地实行登记事项目录化、清单化管理，并将事项目录、办事指南等线上线下同源发布、同步更新，严格首问负责制、一次性告知、限时办结。以强化部门信息共享为基础，总结地方"同城同标"的经验做法，探索推进全国无差别受理、同标准办理。

（2）实现窗口标准化。人性化、标准化设置窗口，既要符合政务服务窗口的一般性要求，又要体现不动产登记工作的特殊性；合理配置综合受理、单一业务受理、咨询、发证等窗口数量，明确岗位职责分工。聚焦解决群众"急难愁盼"问题，鼓励设置绿色窗口、党员先锋岗窗口等。

（3）实现线上线下服务标准化。线上线下并行提供服务，统一标准、流程、申请材料，满足企业群众多样化的办事需求。加强线上线下窗口建设，避免进多网、进多窗、登录多次。规范办事指引、优化页面设计、简化办事流程，有序衔接线上线下办理环节，充分考虑老年人等特殊人群需求，设置导办、帮办、辅助办等措施，使登记流程更加简便易行、登记服务更加人性化。

（四）提升不动产登记信息化水平

（1）深化"互联网+不动产登记"。全面实施线上线下不动产登记、交易和缴税"一窗受理、并行办理"，实现网上申请一次受理、自动分发、并行办理、依法衔接、一网通办。加强部门间信息共享。信息共享集成到位的地方，由登记机构直接获取登记所需材料，申请人在网上验证身份，"刷脸"不见面办理，实现"一次不用跑""全程网办"。提升不动产登记"跨省通办"服务水平。

（2）推广电子证照及电子材料应用。落实《国务院办公厅关于加快推进电子证照扩大应用领域和全国互通互认的意见》（国办发〔2022〕3号）的要求，在不动产登记服务中推广使用电子签名、电子印章、电子合同、电子证书证明，电子材料可不再以纸质形式归档，规范电子资料管理使用。依托全国一体化政务服务平台,加快推进电子证照扩大应用领域和全国互通互认,推动解决标准规范不健全、互通互认机制不完善、共享服务体系不完备、应用场景不丰富等突出问题,实现更多政务服务事项网上办、掌上办、一次办。

(3)拓展登记信息网上查询服务。加大不动产登记信息网上查询工作力度,方便企业和群众查询不动产登记信息,防范交易风险。深化登记信息共享应用,积极支撑房地产市场调控、法院强制执行等工作,并为市场主体抵押贷款、积分落户、子女入学等提供便利。

三、自然资源确权登记工作的发展方向

自然资源确权登记作为我国加强生态文明建设的基础性工作,经过近年来的努力,现已初步建立制度框架。当前,要总结实践经验,加强理论研究,完善自然资源确权登记办法、操作指南和标准规范,加快推进重点区域自然资源确权登记工作,并指导地方做好本区域自然资源确权登记工作。长远来看,自然资源确权登记工作要认真贯彻中央生态文明建设改革部署,坚持以不动产登记为基础,以推进确权登记法治化为目标引领,以规范化、标准化为技术要求,以信息化建设为基础支撑,进一步强化改革协同、突出整体保护、服务管理需要。

(一)系统构建自然资源确权登记制度体系

(1)健全完善自然资源确权登记的技术标准。按照科学、简明、可操作的原则,研究制定登记规程,进一步明确工作方法,细化技术要求,优化工作流程,增强可操作性。健全完善地籍调查技术要求、登记单元代码编制规则、数据库建设和登记簿册等自然资源确权登记标准,并适时上升为行业标准,逐步形成自然资源确权登记技术标准体系,确保登记工作源头、过程、结果各环节、全流程规范统一,保障登记结果真实有效、权威公信。

(2)推动自然资源确权登记理论和实践成果上升为法律规范。着力将中央政策文件对自然资源确权登记的要求上升到法律层面进行巩固和规范。制定《不动产登记法》时,要明确规定自然资源确权登记,确保确权登记有法可依、登记程序有法可据、登记结果严肃权威。同时,积极关注并融合做好自然资源相

关法律法规的制定、修订工作，争取体现自然资源确权登记相关内容。

（二）有序推进重点区域自然资源确权登记工作

（1）坚持自上而下，有序推进。在工作部署上，自然资源部负责指导、监督全国自然资源确权登记，根据中央政府直接行使所有权的资源清单，每年选择一批重点区域开展自然资源确权登记工作。省级及以下层面，由省级人民政府抓总负责本区域自然资源确权登记，制订总体工作方案，统筹确定工作安排，分年度、分区域制订具体实施方案，积极推进本辖区内重点区域自然资源确权登记。

（2）增强改革的系统性、整体性、协同性。自然资源确权登记与生态文明建设相关领域改革的耦合性强、关联度高，要发挥好在自然资源管理链条中承上启下的作用，坚持"山水林田湖草沙是一个生命共同体"理念，以全国国土调查成果为统一底图，划清自然资源类型边界，避免重复调查导致资源类型划分交叉重复；与自然保护地优化整合、勘界定标协同推进，划定登记单元；充分衔接全民所有自然资源资产所有权委托代理工作，明晰产权主体，在登记簿上记载所有权人、所有者职责履行主体和职责代理履行主体；充分利用已有登记成果开展自然资源地籍调查，采取叠加方式划清全民所有和集体所有、不同集体所有者的边界，关联自然资源登记簿与不动产登记簿，为生态文明建设和自然资源管理提供产权支撑。结合相关改革推进，及时开展变更登记，确保登记成果的合法性、准确性和现势性。

（3）建立自然资源确权登记信息化的展现和管理应用方式。在不动产登记信息管理基础平台上，开发、扩展自然资源登记信息系统。通过健全完善全国统一的自然资源确权登记信息系统，实行四级登记机构自然资源登记信息统一管理，实现登记过程、登记结果信息化。深化与水利、林业和草原、生态环境等部门信息互通共享，支撑自然资源有效监管和严格保护。

四、本书体系架构和主要内容

本书的读者对象主要为社会公众和自然资源系统工作人员，因此，既要介绍统一确权登记的基础知识，还要阐明其基本法理和实务操作，突出理论性和实践性，让不同层次的读者都能学有所获、学以致用。全书共分为七章，采用先"总"后"分"、先"主"后"辅"的方式编排，以便读者既全面了解工作概况，又深入把握各项工作核心内容。具体而言，采取"一""二""四"的篇章布局，除概述部分单独列为第一章外，自然资源确权登记和不动产登记这两方面核心业务工作内容分别列为第二、第三章，地籍调查、权属争议调处、信息平台建设与应用、人员队伍建设这四项支撑保障工作内容分别列为第四、第五、第六、第七章。各章主要内容如下：

第一章，统一确权登记概述。首先，介绍统一确权登记的提出背景，并从不动产登记和自然资源确权登记这两个方面具体展开；其次，论述改革开放以来我国不动产登记的制度变迁，并分别从私法和公法两个维度阐明制度功能，介绍其重要作用；再次，阐述新时代自然资源确权登记改革的发端演进，指出主要目标和工作思路，并从宏观角度阐明其重大意义；最后，围绕统一确权登记职责定位，展望两条主线工作的发展方向，并简要介绍本书的体系架构与主要内容。

第二章，自然资源确权登记制度与实践。首先，论述自然资源确权登记系产权登记而非造册类的资产登记或行政调查登记，指出其具体三个工作定位；其次，指出自然生态空间是自然资源确权登记的范围与对象，国家自然资源所有权是其登记的权利；再次，具体介绍自然资源确权登记的内容与方法；然后，在认清自然资源确权登记在生态文明体系中地位的基础上，提出制度构建的总体思路，分析与相关改革的协同关系；最后，围绕工作重点选取五个实践案例，分别介绍自然资源确权登记的工作流程、河流确权登记的技术路径、登记审核方法、权属交叉重叠问题的解决路径、三维立体调查登记。

第三章，不动产登记制度与实践。首先，介绍我国不动产登记十项制度内容，阐述我国可以进行不动产登记的所有权、用益物权和担保物权等权利，并对八种法定登记类型进行分析；其次，对权利登记模式、契据登记模式、托伦斯登记模式进行比较，并介绍德国、法国、日本等国家的登记制度，进而提出对我国不动产登记制度建设的启示；再次，重点针对我国不动产登记制度实施过程中较为常见的九种业务类型，逐一进行实证分析；然后，对登记实践中的预告登记、非公证继承、租赁权登记等重点难点问题进行对策探讨；最后，阐述我国优化不动产登记营商环境的实践探索。

第四章，地籍调查制度与实践。首先，从地籍的概念和起源入手，阐述地籍调查的内涵、典型国家地籍调查制度以及我国地籍调查在自然资源管理特别是在统一确权登记工作中发挥的重要作用；其次，介绍地籍调查工作总体思路、主要内容、成果审核要求、单元代码设定与编码规则等，并从不动产和自然资源两个工作方向具体展开；最后，选取不同类型地籍调查案例，分析创新做法和工作成效，为实践工作提供借鉴。

第五章，自然资源权属争议调处制度与实践。首先，概述自然资源权属争议调处工作总体情况，以及党中央、国务院对社会治理现代化背景下的自然资源权属争议调处工作提出的新要求；其次，梳理不同权属争议调处方式的理论基础、权属争议调处制度的发展脉络、现行权属争议调处程序和实践探索；最后，解析权属争议调处典型案例，总结启示和经验。

第六章，不动产登记信息平台建设与应用。首先，详细阐述我国不动产登记信息平台的产生、建设情况和应用成效；其次，从支撑登记业务办理角度出发，分别介绍不动产登记信息系统和自然资源登记信息系统的架构、功能与系统运行关键环节；再次，介绍信息平台中三大数据库，即地籍数据库、不动产登记数据库和自然资源确权登记数据库的有关内容及相互关系；最后，围绕登记信息的互通共享与社会化应用展开论述。

第七章，不动产登记人员队伍建设。首先，主要介绍全国不动产登记队伍在制度落地实施、提升不动产登记能力和服务水平、推动化解因历史遗留问题导致的不动产"登记难"等方面做的大量工作和取得的积极成效；其次，列举目前不动产登记人员队伍面临的形势和存在的不足，介绍各级不动产登记机构为加强人员管理进行的努力探索；最后，坚持问题导向，提出以作风建设为抓手，加强不动产登记人员队伍建设的工作思路。

第二章 自然资源确权登记制度与实践

第一节 自然资源确权登记性质与定位

一、自然资源确权登记的性质

自然资源确权登记是对自然生态空间内各类自然资源所有权进行登记，划清全民所有和集体所有之间的边界，划清全民所有、不同层级政府行使所有权的边界，划清不同集体所有者的边界，划清不同类型自然资源的边界等（简称划清"四个边界"）。其本质是产权登记，主要解决全民所有自然资源所有权人不到位、权益不落实的问题，推动建立归属清晰、权责明确、保护严格、流转顺畅、监管有效的自然资源资产产权制度，进一步明确所有者、监管者及其责任。

（1）从习近平总书记重要指示精神看，自然资源确权登记制度设计的初衷是产权登记，明确所有者、监管者及其责任。2013年11月15日，习近平总书记在党的十八届三中全会上指出："我国生态环境保护中存在的一些突出问题，一定程度上与体制不健全有关，原因之一是全民所有自然资源资产的所有权人不到位，所有权人权益不落实。"2014年3月14日，习近平总书记在中央财经领导小组第五次会议上指出："湖泊湿地被滥占的一个重要原因是产权不到位、管理者不到位，到底是中央部门直接行使所有权人职责，还是授权地方的某一级政府行使所有权人职责？所有权、使用权、管理权是什么关系？产权不清、权责不明，保护就会落空，水权和排污权交易等节水控污的具体措施就难以广泛施行。"2016年11月1日，习近平总书记主持召开中央全面深化改革领导小组第二十九次会议指出，"要坚持资源公有、物权法定和统一确权登记的原则，对水流、森林、山岭、草原、荒地、滩涂以及探明储量的矿产资源等自然资源的所有权统一进行确权登记，形成归属清晰、权责明确、监管有效的自然资源资产产权制度"。习近平总书记的重要论述，明确了自然资源确权登记制度设计的初衷是产权登记，目的是明晰产权。

（2）统一履行全民所有自然资源资产所有者职责，必须通过产权登记解决国有自然资源保护和管理存在的产权问题。一是聚焦主体不清，明晰产权主体。根据《民法典》和各自然资源单行法等法律法规规定，国务院代表国家行使全民所有自然资源资产所有权，但是，具体由谁来代表行使、如何行使、行使的权利内容是什么，并不明晰。2018年国务院机构改革以前，国有自然资源所有者职责实际由国土资源、林业、海洋、水利、农业等相关管理部门按照资源类型代行，对于同一自然资源按照不同的管理环节或者功能用途，归口不同的部门管理，造成职责交叉，产权虚置弱化，所有者职责不清晰，所有者权益得不到落实。机构改革解决了部门多头管理的问题，要进一步明确产权主体和权利内容，需以明晰产权为核心的自然资源确权登记进行记载、公示。二是聚焦边界不明，划清"四条边界"。从所有权主体看，我国自然资源分为全民所有和集体所有，但一直没有划清国家所有中央政府直接行使所有权、国家所有地方政府行使所有权、集体所有集体行使所有权等各种权益的边界。通过自然资源确权登记，划清国家所有、集体所有、不同层级政府行使所有权、不同类型自然资源之间的"四个边界"，就能明确权责主体和权属界线。

（3）从生态文明体制改革的要求看，产权登记是自然资源确权登记的本质特征，明显区别于资产登记、调查登记。《生态文明体制改革总体方案》明确，我国生态文明体制改革的目标是，构建起由自然资源资产产权制度、国土空间开发保护制度、空间规划体系、资源总量管理和全面节约制度、资源有偿使用和生态补偿制度、环境治理体系、环境治理和生态保护市场体系、生态文明绩效评价考核和责任追究制度八项制度构成的生态文明制度体系，推进生态文明领域国家治理体系和治理能力现代化，努力走向社会主义生态文明新时代。建立统一的自然确权登记系统是自然资源资产产权制度的首要内容，产权明晰是首位的。经过多年努力，我国的自然资源调查体系逐步健全，资源家底已相对清楚，但是产权家底还不够清晰，这决定了自然资源确权登记在生态文明制度体系中的独特功能就是明晰产权。自然资源确权登记的原则是物权法定，是对自然生态空间内国家所有的各类自然资源"物"的产权登记，即物权登记，这是自然资源确权登记制度区别于资产登记、调查登记等生态文明领域其他制度的本质特征。

登记造册性的资产登记是摸清国有自然资源家底的一种方式，重点在于搞清自然资源实物或价值等状况。例如，全民所有自然资源清查，其成果不包含自然资源权属状况。而自然资源确权登记的成果形成则需要经过严格的地籍调查和权属核实程序，登记的主要内容是记载生态空间内各类自然资源的权属状况。

自然资源确权登记也不同于行政调查统计登记。行政调查统计登记是资源调查的范畴，重点在于弄清自然资源现状和变化情况，如第三次全国国土调查（以下简称"全国国土'三调'"）和各类自然资源专项调查。自然资源基础调查和专项调查是自然资源确权登记的基础，但调查的结果主要是对自然资源现状的记载，而非对自然资源物权归属的登记。

二、自然资源确权登记的定位

中央要求通过自然资源确权登记形成归属清晰、权责明确、监管有效的自然资源资产产权制度（表2-1），明确国土空间的自然资源资产所有者、监管者及其责任。因此，自然资源确权登记的功能是多样的，除明晰产权外，还有生态目标。

表 2–1 中央文件关于自然资源确权登记制度定位的表述

时间	文件名称	文件表述
2013 年	《中共中央关于全面深化改革若干重大问题的决定》	对水流、森林、山岭、草原、荒地、滩涂等自然生态空间进行统一确权登记，形成归属清晰、权责明确、监管有效的自然资源资产产权制度
2015 年	《中共中央 国务院关于加快推进生态文明建设的意见》	对水流、森林、山岭、草原、荒地、滩涂等自然生态空间进行统一确权登记，明确国土空间的自然资源资产所有者、监管者及其责任
2016 年	《国务院办公厅关于健全生态保护补偿机制的意见》	健全自然资源资产产权制度，建立统一的确权登记系统和权属明确的产权体系
2017 年	《中共中央办公厅 国务院办公厅关于创新政府配置资源方式的指导意见》	对水流、森林、山岭、草原、荒地、滩涂等所有自然生态空间统一进行确权登记。区分全民所有和集体所有，明确国家对全民所有的自然资源的所有者权益
2017 年	《中共中央办公厅 国务院办公厅关于划定并严守生态保护红线的若干意见》	将生态保护红线落实到地块，明确生态系统类型、主要生态功能，通过自然资源统一确权登记明确用地性质与土地权属，形成生态保护红线全国"一张图"
2019 年	中共中央办公厅、国务院办公厅印发《关于统筹推进自然资源资产产权制度改革的指导意见》	以完善自然资源资产产权体系为重点，以落实产权主体为关键，以调查监测和确权登记为基础，着力促进自然资源集约开发利用和生态保护修复
2019 年	中共中央办公厅、国务院办公厅印发《关于建立以国家公园为主体的自然保护地体系的指导意见》	进一步完善自然资源统一确权登记办法，每个自然保护地作为独立的登记单元，清晰界定区域内各类自然资源资产的产权主体，划清各类自然资源资产所有权、使用权的边界，明确各类自然资源资产的种类、面积和权属性质，逐步落实自然保护地内全民所有自然资源资产代行主体与权利内容
2021 年	中共中央办公厅、国务院办公厅印发《关于建立健全生态产品价值实现机制的意见》	健全自然资源确权登记制度规范，有序推进统一确权登记，清晰界定自然资源资产产权主体，划清所有权和使用权边界。依托自然资源统一确权登记明确生态产品权责归属
2021 年	中共中央办公厅、国务院办公厅印发《关于深化生态保护补偿制度改革的意见》	加快自然资源统一确权登记，建立归属清晰、权责明确、保护严格、流转顺畅、监管有效的自然资源资产产权制度，完善反映市场供求和资源稀缺程度、体现生态价值和代际补偿的自然资源资产有偿使用制度

自然资源确权登记工作的具体定位体现在以下三个方面：

（1）为生态文明建设提供服务保障。要通过自然资源确权登记，建立涵盖各类自然资源权属状况和自然状况的数据库，明确重要生态空间各类自然资源产权主体和保护、监管责任，进而支撑自然资源有效监管和严格保护，保障国家生态安全和资源安全；登记结果具有公示公信效力，相应内容及时更新，并向社会公开，接受社会监督，促进权责主体夯实责任，强化对特定生态空间的统一管护、整体保护。

（2）切实维护自然资源所有者权益。产权清晰是权益行使的依据和基础。通过确权登记，将全民所有自然资源所有权人、履职主体、权利内容等权属状况，以及自然资源类型、数量、质量等自然状况明确记载下来，划清边界、确认权属，明确不同层级政府行使所有权的具体范围，能够为所有者"主张所有、行使权利、履行义务、承担责任、落实权益"提供具有法律效力的产权依据，更好地落实和维护所有者权益。同时，为国有自然资源资产清查核算和资产负债表编制提供数据来源，有利于建立健全生态产品价值实现、自然资源资产有偿使用及生态保护补偿机制，推进自然资源资产市场化配置。

（3）支撑"两统一"职责行使。自然资源确权登记是自然资源管理链条的重要环节，需要以全国国土"三调"成果为基础，充分衔接自然资源权利清单和不动产登记成果，通过对特定生态空间内国家和集体自然资源所有权的集成登记，并关联公共管制信息，明晰"统一行使"的权利主体，划清"统一行使"的权利边界，记载"统一行使"的权利内容，摸清"统一行使"的产权家底，有利于权责主体规范行权履职，促进自然资源保护和合理利用，为自然资源管理"两统一"职责行使提供基础支撑。

第二节　自然资源确权登记范围与对象

按照产权登记一般原理，自然资源确权登记应当指向一个特定的空间，登记该空间内物上的权利，进而明确权利的归属。这个特定的空间，就是自然生态空间。因此，自然生态空间及其范围内各类自然资源的所有权就是自然资源确权登记的工作范围与对象。自然生态空间是物理空间上的表述，自然资源所有权是权利上的表述，二者一体两面、相融互通。

一、自然资源确权登记的范围与对象及变化

自然资源确权登记的范围与对象是自然生态空间。从有关文件表述看（表 2-2），关于自然资源确权登记范围与对象有两个明显变化：一是从最初的水流、森林、山岭、草原、荒地、滩涂等六类，先增加探明储量的矿产资源，后又增加海域、无居民海岛，变为九类；二是从自然生态空间的表述变为自然生态空间、自然资源所有权、自然资源资产兼而有之的表述。从改革初衷看，中央从生态文明建设角度提出自然生态空间确权登记的改革任务，登记的对象应该聚焦在自然生态空间上，根据生态保护红线、国家公园等自然保护地管理范围确定，强调生态性、整体性。从工作实践看，正在开展的国家公园、国有重点林区等自然资源确权登记，实际上都是对自然生态空间内的国家所有自然资源进行确权登记，指向土地及地上附着的现势自然资源。现阶段依据国土调查和专项调查成果记载自然资源实物量，未来自然资源资产价值核算体系建立后，自然资源资产价值能够确定的，可以补充完善价值量。

表 2-2 关于自然资源确权登记对象的文件规定

时间	文件名称	文件表述
2013 年	《中共中央关于全面深化改革若干重大问题的决定》	对水流、森林、山岭、草原、荒地、滩涂等自然生态空间进行统一确权登记
2015 年	《中共中央 国务院关于加快推进生态文明建设的意见》	对水流、森林、山岭、草原、荒地、滩涂等自然生态空间进行统一确权登记
2015 年	中共中央、国务院印发《生态文明体制改革总体方案》	对水流、森林、山岭、草原、荒地、滩涂等所有自然生态空间统一进行确权登记
2017 年	《中共中央办公厅 国务院办公厅关于创新政府配置资源方式的指导意见》	对水流、森林、山岭、草原、荒地、滩涂等所有自然生态空间统一进行确权登记
2017 年	中共中央办公厅、国务院办公厅印发《建立国家公园体制总体方案》	国家公园可作为独立自然资源登记单元，依法对区域内水流、森林、山岭、草原、荒地、滩涂等所有自然生态空间统一进行确权登记
2019 年	中共中央办公厅、国务院办公厅印发《国家生态文明试验区（海南）实施方案》	开展水流、森林、山岭、荒地、滩涂以及探明储量的矿产资源等全要素自然资源资产统一确权登记

续表

时间	文件名称	文件表述
2019 年	中共中央办公厅、国务院办公厅印发《关于统筹推进自然资源资产产权制度改革的指导意见》	重点推进国家公园等各类自然保护地、重点国有林区、湿地、大江大河重要生态空间确权登记工作
2019 年	自然资源部等五部门印发《自然资源统一确权登记暂行办法》	对水流、森林、山岭、草原、荒地、滩涂、海域、无居民海岛以及探明储量的矿产资源等自然资源的所有权和所有自然生态空间统一进行确权登记

自然生态空间是指具有自然属性、以提供生态服务或生态产品为主体功能的国土空间，包括森林、草原、湿地、河流、湖泊、滩涂、岸线、海洋、荒地、荒漠、戈壁、冰川、高山冻原、无居民海岛等。自然资源部"三定"方案规定，自然资源部履行全民所有土地、矿产、森林、草原、湿地、水、海洋等自然资源资产所有者职责。自然资源调查监测、确权登记、权益管理、开发保护利用等都属于自然资源管理链条上的不同环节。因此，自然资源确权登记的范围和对象应该包括土地、矿产、森林、草原、湿地、水、海域、海岛等。

二、自然资源确权登记的权利

自然资源确权登记的权利是自然生态空间内的国家自然资源所有权，表现在以下三个方面：

（1）自然生态空间上承载的既有所有权，也有使用权，但自然资源确权登记的对象主要是国家自然资源所有权，这是划清"四个边界"的核心任务所决定的，并且使用权已经被不动产登记涵盖，不需要重复登记。

（2）自然生态空间上承载的权利要么以土地形态存在，要么附着于土地而存在，自然资源确权登记的是土地及地上附着的自然资源所有权，不仅仅包括土地所有权。自然资源确权登记的自然生态空间内，既包括土地也包括地上附着物，且地上附着物的产权归属、生态价值与所有者权益、生态补偿、资源定价、收益管理等密切相关，应当予以登记记载。

（3）自然资源确权登记重点是落实全民所有自然资源的权利主体和内容。自然生态空间往往是按照生态系统的整体性、系统性及其内在规律，集中连片划定的，国有自然资源与集体自然资源并存于一个生态空间的情况十分普遍。例如，在钱江源国家公园体制试点区中，集体自然资源占比80.52%。按照山水林田湖草沙生命共同体理念，不能将集体自然资源从生态空间中割裂出去，但集体土地所有权、集体林权等已经登记，不必重复进行登记，可以在自然资源登记单元中关联体现。

第三节 自然资源确权登记内容与方法

一、自然资源确权登记的内容

自然资源确权登记的内容主要包括三个方面。一是自然状况。包括自然资源的坐落、空间范围、面积、类型、数量、质量等。不同类型的自然资源登记的自然状况信息不一样。例如水流记载河流长度、水面面积等，森林记载蓄积量、主导功能、林种等。二是权属状况。自然资源确权登记的权利相对单一，主要是国家自然资源所有权，包括所有权主体、所有者职责履行主体、所有者职责代理履行主体以及行使方式、权利内容等。完整的所有权内容一般包括占有、使用、收益和处分四项权能。国家所有权不可让渡、不能外分，但能通过所有权与使用权分离而设置用益物权等方式实现。三是其他相关事项。如登记簿附图。附图是综合展示登记簿自然状况和权属状况的一种手段，也是登记簿的重要内容。

自然资源确权登记的内容还包括登记范围的不动产权利情况和公共管制信息。但是，这两方面内容不需要登记机构另外记载，只是进行关联，否则有重复登记的"嫌疑"。"记载"与"关联"是有一定差别的：关联是将已登记或已形成的信息通过数据库和信息系统自动转载，记载是通过一定的登记程序记录形成登记信息；关联的登记信息变化的，也是自动转载，不需要进行变更登记，而记载的登记信息变化的，需要进行变更登记。

二、自然资源确权登记的方法

（一）自然资源确权登记以不动产登记为基础

《民法典》第一百一十五条规定："物包括不动产和动产。"在我国物权法律体系中，物权划分为动产物权和不动产物权。自然资源确权登记的对象，不管是水流、森林、山岭、草原、荒地、滩涂、矿产资源，还是海域、无居民海岛、自然保护地等，都是承载于国土空间的"绿色"不动产。自然资源确权登记的权利，不管是国家自然资源所有权还是集体土地所有权，都是不动产物权。从国际上看，涉及登记国有自然资源产权的有关国家，主要在不动产登记制度中作出相关安排。

《暂行条例》已经将集体土地和森林、林木等自然资源所有权纳入不动产登记，国家自然资源所有权是以土地为基础、各种自然资源类型一体化的权利，包括国有土地及其承载的森林、草原、水流、湿地、荒地、矿藏等自然资源的所有权。无论是集体自然资源所有权还是国家自然资源所有权，都属于物权范畴，因此，不动产登记的一般原理对自然资源确权登记同样适用。统一登记以来，登记单元的设置经历了从"宗地、宗海"单一经济物到"房地一体"法律流转共同体，再到"山水林田湖草沙"生态命运共同体的演变。自然资源确权登记基于自然生态空间，登记自然生态空间内的国家自然资源所有权。可以根据自然生态空间的管理保护范围划定自然资源登记单元，编制自然资源登记单元号，记载特定生态空间的整体范围、面积、自然状况等。同时根据"四个边界"划定结果，将自然生态空间内的国有自然资源划为不动产单元，参照不动产单元编码规则，编制不动产单元号。如果自然资源登记单元内都是国家所有的自然资源，自然资源登记单元实际由国家自然资源所有权不动产单元构成，自然资源确权登记就是国家自然资源所有权不动产登记（图2-1a）；如果登记单元内同时存在国有和集体的自然资源，自然资源登记单元实际由国家自然资源所有权不动产单元和若干集体土地所有权不动产单元构成（图2-1b）。自然资源确权登记主要是对自然生态空间内国家自然资源所有权的登记；集体土地所有权等已经登记的，可以通过平台融合、信息共享的方式自动在自然资源登记单元内关联。自然资源确权登记涉及依法调整和限制已登记的不动产权利的，应当记载于不动产登记簿。

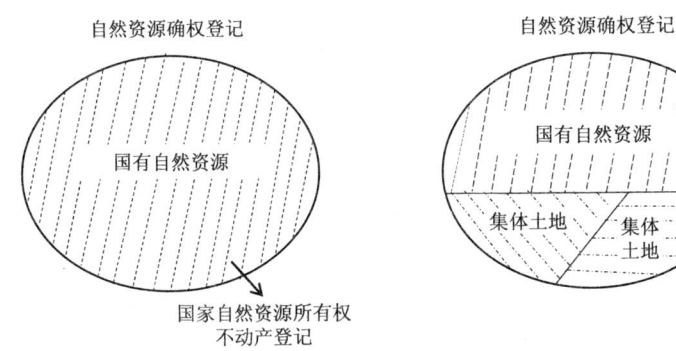

图 2-1 自然资源确权登记与国有和集体的自然资源的关系

（二）自然资源确权登记实行分级与属地登记相结合

自然资源确权登记管辖实行分级和属地相结合的方式。国务院自然资源主管部门负责指导、监督全国自然资源统一确权登记工作，会同省级人民政府负责组织开展由中央政府直接行使所有权的国家公园、自然保护区、自然公园等各类自然保护地，以及大江大河大湖和跨境河流、生态功能重要的湿地和草原、国务院确定的重点国有林区、中央政府直接行使所有权的海域、无居民海岛、石油天然气、贵重稀有矿产资源等自然资源和生态空间的统一确权登记工作。具体登记工作由国家登记机构负责办理。各省负责组织开展本行政区域内由中央委托地方政府代理行使所有权的自然资源和生态空间的统一确权登记工作。具体登记工作由省级及省级以下登记机构负责办理。市县应按照要求，做好本行政区域范围内自然资源统一确权登记工作。

（三）自然资源确权登记依据不动产登记成果划清权属界线

我国自然资源分为全民所有和集体所有，但没有划清国家所有国家直接行使所有权、国家所有地方政府行使所有权、集体所有集体行使所有权、集体所有个人行使使用权等各种权益的边界，这是自然资源确权登记要划清"四个边界"的问题导向和目标导向。尽管自然资源确权登记是一项新的改革工作，但不是毫无工作基础，已经开展的集体土地所有权确权登记成果是其重要依据。结合集体土地所有权边界，通过地方政府、农民集体和相关主体的核实，进而确定国家自然资源所有权的边界。一方面，要依据已有的集体土地所有权登记成果划清国有和集体所有之间的边界；另一方面，对于征地、集体土地置换或者登记错误、技术原因等导致集体土地所有权登记与实际不符的，要及时办理集体土地所有权变更、更正或者注销登记，并将更新后的登记成果体现到自然资源确权登记中。

（四）自然资源确权登记信息系统纳入不动产登记信息管理基础平台

不动产统一登记改革的一项重大成果是建立了国家不动产登记信息管理基础平台，实现了国家、省、市、县四级登记信息实时共享。在国家不动产登记信息管理基础平台上开发、扩展自然资源登记信息系统，按照统一标准建设数据库、开展工作，实现信息化、标准化，一方面，节约行政成本，提高登记效率；另一方面，防止重登漏登。分级登记容易出现的一个问题就是重复登记或者遗漏登记，要解决这个问题，除了建立自上而下的工作机制外，还可以采取一个系统平台、一张底图、登记信息实时互通共享的方式开展登记，将重登、漏登消除在事前。另外，自然资源确权登记关联信息在信息归集和共享尚不到位的情况下，可能需要通过调查获取。当实现信息共享后，可以通过系统平台自动获取、自动关联，包括信息变化后的自动关联变更。通过自然资源登记簿与不动产登记簿的关联，实现登记信息的有效衔接和融合。

第四节　自然资源确权登记制度建设与试点探索

习近平总书记于 2016 年 11 月 28 日指出，要深化生态文明体制改革，尽快把生态文明制度的"四梁八柱"建立起来，把生态文明建设纳入制度化、法治化轨道。自然资源资产产权制度是生态文明建设的基础性制度，而自然资源确权登记又是构建自然资源资产产权制度的一项基础工作，贯穿于生态文明建设的全过程。

一、自然资源确权登记制度构建的总体思路

党的十八大以来，党中央、国务院反复强调生态文明建设，对自然资源确权登记多次作出部署，要求加快健全自然资源资产产权制度，统筹推进自然资源确权登记，建立统一的确权登记体系，着力解决自然资源所有者不到位、所有权边界模糊等问题，保障全体人民分享全民所有自然资源资产收益，推进生态文明领域国家治理体系和治理能力现代化。

（一）自然资源确权登记制度在生态文明体系中的方位

从生态文明体制改革"四梁八柱"设计看，自然资源资产产权制度处于基础和核心位置，是构建空间规划体系、资源有偿使用和生态补偿制度、国土空间开发保护制度的基本前提（图 2-2）。离开产权制度建设，自然环境行政监管和保护问题难以从根本上解决。自然资源资产产权制度设计包括权利设立、确权登记、价值实现、保护救济和监督管理五个内容。其中，自然资源确权登记居于自然资源产权制度链条的基础环节。

通过自然资源统一确权登记改革，进一步明晰权属关系、明确权责边界，是有效解决所有者不到位问题，落实所有者权益，推动生态文明各项改革任务落地实施的重要基础。具体包括以下三个方面：第一，自然资源确权登记将具有重大生态价值的自然生态空间作为登记客体，在空间范围上予以精准落地，并

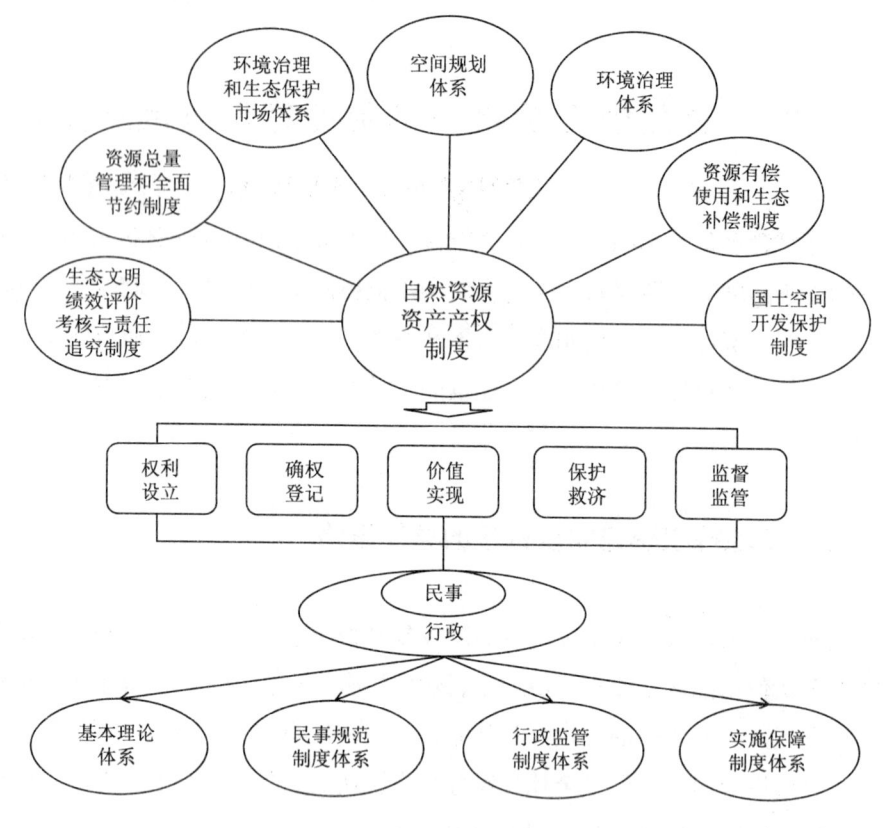

图 2-2 自然资源确权登记在生态文明制度体系中的逻辑关联

向全社会公开,是加强生态保护、推动绿色发展的重要举措。第二,自然资源确权登记是深化自然资源要素市场化配置、实现全民所有自然资源资产的所有者权益的重要产权支撑,是全面提升资源利用效率,推动生态修复,促进生态资产保值增值,实现人与自然和谐发展的重要抓手。第三,自然资源确权登记是明确产权归属、落实保护责任的必然要求。通过自然资源确权登记,把自然资源保护的权责以法定的形式明确下来,与不动产登记一起,落实到产权人或者使用权人,明确谁所有、谁管理、谁负责,切实维护全民所有自然资源资产所有者权益,压实保护责任。

(二)自然资源确权登记制度构建的目标任务

按照建立系统完整的生态文明制度体系的总体要求,在不动产登记的基础上构建自然资源确权登记制度，着力解决自然资源所有者不到位、所有权边界模糊等问题，满足分类实施开发、利用和保护的要求，体现分级负责保护管理责任的目标，为构建自然资源资产产权制度提供基础支撑。

1. 满足自然生态空间确权登记多元目标的需求

自然生态空间的划分类型多样，不同划分方式又存在空间或类型的交叉重叠；登记空间范围仍将以二维平面为主，必要时兼顾三维立体空间，如水流的分层问题；从登记内容看，特定的自然生态空间中涉及所有权等多种权利，都需要科学划清权属界线并予以登记明确。在此过程中还可能面临自然资源权属重叠的问题，这些问题都需要在自然资源统一登记过程中妥善解决。

2. 明晰自然资源资产产权主体

从法理看，我国现行法律法规普遍规定自然资源所有权主体是"国家所有即全民所有"，然而，无论是国家还是全民，都是抽象的概念，而不是具体的所有权行使主体。为了解决主体虚位的问题，现行法律规定，国家所有权由国务院代表行使，除非法律另有规定。从实践看，法律意义上的国有自然资源的所有权主体事实上长期虚置。这也就成为我国自然资源确权登记制度改革的重要着眼点。因此，自然资源确权登记的核心目标在于清晰界定各类自然资源的产权主体以及权属边界，实现"归属清晰"，从而解决全民所有自然资源产权家底不清、归属不明、权责不到位、边界模糊等问题。

3. 构建自然资源确权登记体系

明确自然资源确权登记的原则、机构、内容、程序，并通过实践探索自然资源确权登记的路径、方法，逐步实现对水流、森林、山岭、草原、荒地、滩涂等自然生态空间的统一确权登记。

（三）自然资源确权登记制度与相关改革的协同关系

自然资源确权登记是统一行使全民所有自然资源资产所有者职责的重要内容，在自然资源管理整体工作链条中起着业务承上启下、成果"瞻前顾后"的衔接作用。因此，自然资源确权登记须与相关领域改革协同推进，政策上、技术上相互衔接，实现与自然资源管理各项工作的逻辑和业务关联，为落实党中央、国务院关于生态文明建设决策部署，加强自然资源管理提供基础支撑（自然资源部自然资源确权登记局，2019）。

1. 衔接自然资源管理上下游

自然资源确权登记服务于自然资源管理全流程，工作实践中，既要充分考虑已有的改革工作基础，又要充分兼顾下游改革的现实需求；既要支撑当下，又要服务长远。从上游看，自然资源确权登记必须以自然资源调查监测、全民所有自然资源资产所有权委托代理机制、自然保护地体系建设、国土空间规划编制与实施以及不动产登记等为基础，作为划分登记单元、权属界线、资源类型等依据，这些成果直接关系到自然资源确权登记工作的开展和成果质量；从下游看，自然资源确权登记与不动产登记互为补充，能够为我国国有自然资源资产清查核算和资产负债表编制提供基础支撑。此外，通过及时更新自然资源确权登记成果，保持自然资源确权登记数据库的现势性，并向全社会公开，能够为后续自然资源资产定期报告制度、领导干部自然资源资产离任审计等改革落地和社会监督提供产权保障，从而串联起"两统一"职责链条，实现自然资源管理各项工作的业务关联和逻辑闭环。

2. 支撑自然资源管理"两统一"职责履行

通过开展自然资源确权登记，清晰界定自然资源资产的产权主体、产权边界，摸清各类自然资源的空间范围、面积、质量和数量，关联体现国土空间规划、生态保护红线、公共管制等监管要求，形成自然资源产权管理"一张图"，在物权登记不重不漏的前提下，更好地服务自然资源管理需要和支撑"两统一"职责履行。

3. 服务自然资源保护监管

信息不对称是自然资源监管难的一个重要原因。通过开展自然资源确权登记，建立自然资源登记信息"一张网"，实行全国四级登记机构自然资源登记信息统一管理，与水利、林草、生态环境等相关部门信息互通共享，与不动产登记、公共管制信息相互关联，能够有效提高自然资源监督管理的效能。

二、自然资源确权登记试点探索

自然资源确权登记在国内外没有成熟的经验可以遵循。2016 年 11 月，中央全面深化改革领导小组第二十九次会议审议通过《自然资源统一确权登记办法（试行）》[以下简称《登记办法（试行）》]和试点方案，在吉林、黑龙江、江苏、福建、江西、湖北、湖南、贵州、陕西、甘肃、青海、宁夏12个省（自治区）的32个试点区域先行开展试点。

试点地区以不动产登记为基础，以划清全民所有和集体所有之间的边界，划清全民所有、不同层级政府行使所有权的边界，划清不同集体所有者的边界，划清不同类型自然资源的边界"四个边界"为核心任务，按要求完成了资源权属调查、登记单元划定、确权登记、数据库建设等主体工作，分类探索了国家公园、湿地、水流、探明储量矿产资源等自然资源确权登记的路径方法。其中，在青海三江源重点探索以国家公园作为独立登记单元的统一确权登记；在甘肃和宁夏重点探索以湿地作为独立登记单元的统一确权登记；在宁夏、甘肃疏勒河流域以及陕西的渭河、江苏的徐州、湖北的宜都，重点探索以水流作为独立登记单元的统一确权登记；在福建、贵州、江西等国家生态文明试验区，重点探索国家所有权和代表行使国家所有权登记的途径与方式；在黑龙江的大兴安岭地区以及吉林的延边等地，重点探索国务院确定的重点国有林区自然资源的统一确权登记；在福建的厦门、黑龙江的齐齐哈尔，重点探索在不动产登记制度下自然资源确权登记的关联路径与方法；在湖南的浏阳、澧县、芷江，重点探索个别重要的单项自然资源的统一确权登记。

试点证明，按照中央改革任务要求开展自然资源确权登记是可行的，12个试点省份依据《登记办法（试行）》规定的内容和程序，结合实践，探索了自然资源确权登记工作流程、技术方法、标准规范，验证了自然资源确权登记的现实可操作性。试点也反映出登记管辖、资源类型划分、登记单元确定和权利主体确定等方面的问题与困难。

三、自然资源确权登记制度框架

随着生态文明体制改革的深入推进，特别是2018年自然资源部组建后，为切实履行统一确权登记的职责，推动建立归属清晰、权责明确、保护严格、流转顺畅、监管有效的自然资源资产产权制度，在总结试点经验的基础上，2019年

7月，自然资源部会同财政部、生态环境部、水利部和国家林草局联合印发《暂行办法》，对水流、森林、山岭、草原、荒地、滩涂、海域、无居民海岛以及探明储量的矿产资源等自然资源的所有权和所有自然生态空间统一进行确权登记，作出制度安排和部署，初步形成自然资源确权登记的制度框架。2020年2月，自然资源部办公厅又印发了《自然资源确权登记操作指南（试行）》（以下简称《操作指南》），进一步明确自然资源确权登记工作组织、工作流程、技术规范、资料管理等操作要求，制定登记单元代码编制规则、地籍数据库标准、确权登记数据库标准，启用自然资源登记专用章，开发自然资源登记系统和数据质检软件，我国开始全面实行自然资源确权登记制度。

（一）自然资源确权登记类型和程序

自然资源确权登记是对自然资源所有权的登记，登记类型主要分为首次登记、变更登记、注销登记和更正登记。首次登记是指在一定时间内对登记单元内全部国家所有的自然资源所有权进行的第一次登记。变更登记是指因自然资源的类型、范围和权属边界等自然资源登记簿内容发生变化进行的登记。注销登记是指因不可抗力等因素导致自然资源所有权灭失进行的登记。更正登记是指登记机构对自然资源登记簿的错误记载事项进行更正的登记。根据我国法律，国家自然资源所有权不能转让，因此自然资源确权登记没有转移登记。

在登记程序方面，借鉴了不动产登记的相关程序，首次登记包括通告、地籍调查、审核、公告、登簿五个环节。《操作指南》进一步细化为前期准备、编制工作底图、预划登记单元、发布通告、内业调查、关联信息、调查核实、实地补充调查、调查成果上图、数据库建设、审核、公告、登簿13个具体的工作步骤。

（二）自然资源登记单元设定和划分

自然资源登记单元是自然资源确权登记的基本单位，具有明显的空间特征。为保持生态系统的整体性、系统性，统筹考虑自然生态各要素，自然资源确权登记不能单纯以权属界线或者资源类型界线划定登记单元，而是以生态空间范围划定登记单元，即在自然资源所有权范围的基础上，综合考虑不同自然资源种类和在生态、经济、国防等方面的重要程度以及相对完整的生态功能、集中连片等因素划定。其中，自然保护地登记单元以自然保护地管理或保护审批范围界线为依据划分；国家批准的国家公园、自然保护区、自然公园等各类自然保护地应当优先作为独立登记单元划定。以水流作为独立自然资源登记单元的，以河流、湖泊管理范围为基础，结合堤防、水域岸线划定登记单元；以湿地作为独立自然资源登记单元的，按照自然资源边界划定登记单元。森林、草原、荒地登记单元原则上以土地所有权为基础，按照国家土地所有权权属界线封闭的空间划分。国务院确定的重点国有林区以国家批准的范围界线为依据单独划定自然资源登记单元。以海域作为独立登记单元的，依据沿海县市行政管辖界线，自海岸线起至领海外部界线划定登记单元。无居民海岛按照"一岛一登"的原则，单独划定自然资源登记单元，进行整岛登记。探明储量的矿产资源，固体矿产以矿区，油气以油气田划分登记单元。

（三）自然资源登记簿记载的权利主体

自然资源登记簿记载的权利主体主要包括三类：全民所有自然资源所有权主体、所有者职责履行主体和所有者职责代理履行主体。

1. 关于全民所有自然资源所有权主体

我国《宪法》第九条规定："矿藏、水流、森林、山岭、草原、荒地、滩涂等自然资源，都属于国家所有，即全民所有；由法律规定属于集体所有的森林和山岭、草原、荒地、滩涂除外。"《民法典》第二百四十七条规定："矿藏、水流、海域属于国家所有。"第二百四十八条规定："无居民海岛属于国家所有。"第二百五十条规定："森林、山岭、草原、荒地、滩涂等自然资源，属于国家所有，但是法律规定属于集体所有的除外。"《土地管理法》《森林法》《草原法》等法律规定土地、森林、草原等自然资源属于国家所有，即全民所有，但集体所有的除外。《中华人民共和国水法》（以下简称《水法》）、《中华人民共和国矿产资源法》（以下简称《矿产资源法》）、《海域使用管理法》、《中华人民共和国海岛保护法》（以下简称《海岛保护法》）等法律也规定，水资源、矿产资源、海域、无居民海岛属于国家所有。根据法律规定，国家自然资源所有权人应当登记为国家（或全民）。

2. 关于全民所有自然资源所有者职责履行主体

《民法典》第二百四十六条规定："国有财产由国务院代表国家行使所有权。法律另有规定的，依照其规定。"第二百四十八条规定："国务院代表国家行使无居民海岛所有权。"《土地管理法》《水法》《矿产资源法》《草原法》《海域使用管理法》《海岛保护法》均规定，国家所有自然资源由国务院代表国家行使所有权。《森林法》第十四条规定："国家所有的森林资源的所有权由国务院代表国家行使。国务院可以授权国务院自然资源主管部门统一履行国有森林资源所有者职责。"《深化党和国家机构改革方案》明确由自然资源部统一行使全民所有各类自然资源资产所有者职责。中共中央办公厅、国务院办公厅印发的《关于统筹推进自然资源资产产权制度改革的指导意见》指出，要"推进相关法律修改，明确国务院授权国务院自然资源主管部门具体代表统一行使全民所有自然资源资产所有者职责"，"将全民所有自然资源资产所有权代表行使主体登记为国务院自然资源主管部门"。

3. 关于全民所有自然资源所有者职责代理履行主体

《生态文明体制改革总体方案》要求，"探索建立分级行使所有权的体制。对全民所有的自然资源资产，按照不同资源种类和在生态、经济、国防等方面的重要程度，研究实行中央和地方政府分级代理行使所有权职责的体制"。中共中央办公厅、国务院办公厅印发的《关于统筹推进自然资源资产产权制度改革的指导意见》指出，要"探索建立委托省级和市（地）级政府代理行使自然资源资产所有权的资源清单和监督管理制度"。因此，自然资源确权登记根据委托省级和市（地）级政府代理行使自然资源资产所有权的资源清单，在登记簿记载全民所有自然资源所有者职责代理履行主体。

（四）自然资源地籍调查

自然资源地籍调查是以自然资源登记单元为基本单位，充分利用已有权属资料、专项调查、管理管制等成果资料，采用以内业为主、外业补充调查的方式，查清自然资源权属状况、自然状况以及公共管制情况，为自然资源登簿提供基础依据的一项技术性工作。自然资源地籍调查的工作包括准备工作、预划登记单元、权属调查、自然状况调查、公共管制调查、调查成果核实、调查成果编制、成果检查入库等环节。

（五）自然资源登记单元编码

自然资源登记单元编码统一定义为数据应用和共享交换提供纽带。只有统一自然资源登记单元代码语义，才能够确保各级登记机构生产的登记数据以"共同语言"进行描述。自然资源登记单元具有唯一编码，编码规则由国家统一制定，采用3层15位层次码结构，由县级及以上行政区划代码（6位）+自然资源特征码（3位）+登记单元顺序号（6位）组成，既保证了登记单元编码的唯一性，又清晰表达了自然资源登记单元所在行政区域、登记机构级别和登记单元类型，便于自然资源登记单元的管理、查询及统计等。

（六）登记成果公示与应用

自然资源确权登记的目的在于加强自然资源的保护与监管，只有将确权登记的结果向全社会公开，才能实现全民参与、社会监督、共同保护的根本目的。因此，《暂行办法》对自然资源确权登记信息管理和应用作出专门规定，明确自然资源确权登记结果向社会公开，但涉及国家秘密以及不动产登记的相关内容除外。

第五节　自然资源确权登记实践与重点问题探析

一、自然资源确权登记工作流程——以大熊猫国家公园体制试点区为例

（一）基本情况

大熊猫国家公园是以保护大熊猫为主要目的，推进自然资源科学保护与合理利用的特定陆地区域。2017年4月，《大熊猫国家公园体制试点方案》印发，大熊猫国家公园体制试点区面积2.7134万平方千米，公园共涉及3个省12个市（州）30个县（市、区）151个乡（镇），划分为四川省岷山片区、邛崃山—

大相岭片区以及陕西省秦岭片区、甘肃省白水江片区，南北跨 590 千米，东西跨 583 千米，其中四川园区面积 20 177 平方千米、陕西园区面积 4 386 平方千米、甘肃园区面积 2 571 平方千米。国家公园自然资源确权登记是自然资源确权登记的重要类型，对其他类型自然保护地确权登记工作的开展具有借鉴意义。下面以大熊猫国家公园体制试点区为例，介绍自然资源确权登记工作流程。

（二）具体做法

自然资源部商四川、甘肃、陕西三省，结合大熊猫国家公园体制试点区实际情况，细化工作流程，确定技术路径和方法，将自然资源确权登记工作划分为准备、调查、数据入库审核和公告登簿四个阶段，包括前期准备、编制工作底图、预划登记单元、发布通告、内业调查、关联信息、调查核实、实地补充调查、调查成果上图、数据入库、审核、公告、登簿 13 个具体环节（图 2–3）。

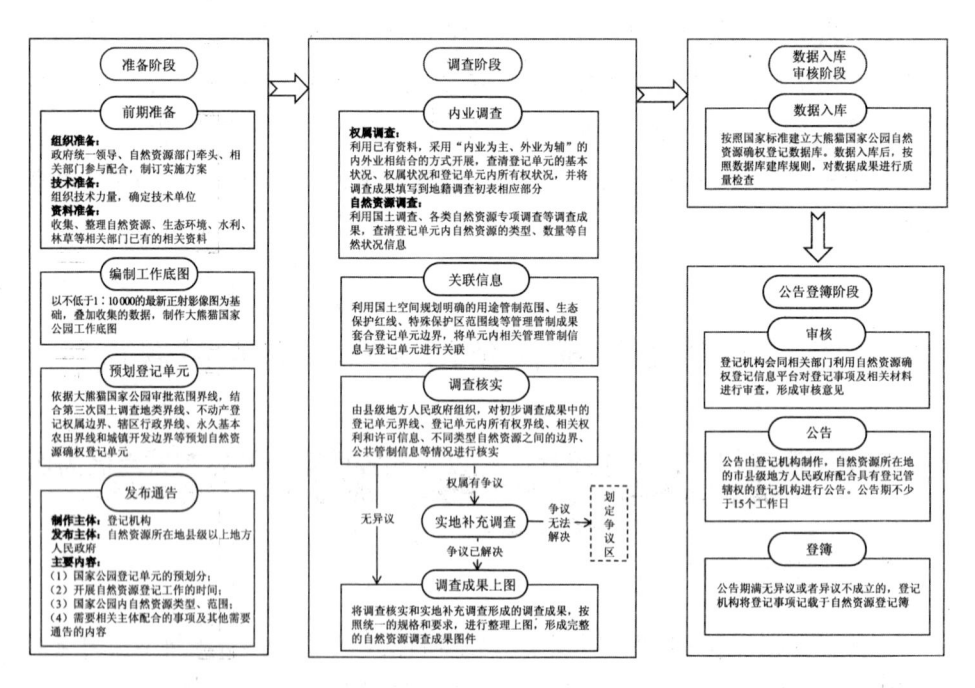

图 2–3　大熊猫国家公园体制试点区自然资源确权登记工作流程

1. 准备阶段

准备阶段包含前期准备（含组织准备、资料收集及数据处理等）、编制工作底图、预划登记单元、发布通告等环节。在资料收集及数据处理环节，以数据归集、共享等方式全面收集大熊猫国家公园体制试点区审批资料等基础数据、全国国土"三调"和自然资源专项调查成果、农村集体土地所有权和国有土地使用权等不动产登记成果以及公共管制等资料，并对收集到的数据等进行现势性、完整性、一致性、规范性分析，对不同格式的空间数据进行统一处理。资料收集和处理完成后，以不低于 1∶10 000 的最新正射影像图为基础，叠加收集的数据，制作工作底图。

以大熊猫国家公园作为自然资源登记单元。依据大熊猫国家公园体制试点区审批范围界线，预划自然资源确权登记单元界线。登记机构制作自然资源确权登记通告，由大熊猫国家公园体制试点区所在地的县级以上人民政府配合登记机构通过户外张贴、网站发布、新闻媒体宣传等方式向社会发布。

2. 调查阶段

调查阶段包含内业调查、关联信息、调查核实、实地补充调查、调查成果上图等环节。根据工作底图和预划的登记单元范围，以全国国土"三调"、自然资源专项调查成果为基础，采用"图上判读指界、实地补充核实""内业为主、外业为辅"等方式开展调查，汇总登记单元范围内的自然状况、权属状况、公共管制情况，形成初步调查成果。在登记单元初步调查成果上关联集体土地所有权和国有土地使用权等不动产登记信息及国土空间规划等公共管制信息，形成自然资源内业调查成果。

调查成果核实以县为单位，登记机构将自然资源权属界线对照图表下发至大熊猫国家公园体制试点区涉及的县级人民政府，由县自然资源主管部门会同水利、生态环境、林业和草原等相关部门对权属状况、自然状况、登记单元界线、公共管制状况等进行核实。

对内业调查成果相关信息缺失或者存在争议的，登记机构会同所在县（市、区）人民政府采取实测、解析或图解等方式，开展实地补充调查，填写《调查成果核实表》。对存在权属争议的，由所在县级人民政府召集相关权利人，依据权属来源证明材料，进行实地调查核实，尽最大努力化解争议，明晰权属。权属争议确实无法解决的，由双方签订争议原由书，划为争议区。实地补充调查指界后，对相关方共同认可的重要界址点，可以会同相关管理机构，设立明显界标并制作界桩登记表。

在调查阶段，权属核实与确认贯穿整个工作流程。大熊猫国家公园体制试点区涉及30个县（市、区），权属情况复杂。有的权属登记时间久远，部分村组界线已发生变化，或者权利人已改变，但农村集体土地所有权数据未变更。需要县级自然资源主管部门根据权属变化的实际情况，通过相关材料佐证，按照地籍调查规程相关要求，履行权属界线变更程序，及时开展变更登记，更新集体土地所有权登记数据。集体土地所有权数据缺失的，还需要属地自然资源主管部门及时开展补充登记。调查核实工作完成后，将调查成果按照统一的规格和要求进行整理上图，形成完整的自然资源调查成果图件。

3. 数据入库审核阶段

数据入库审核阶段，按照《自然资源确权登记数据库标准》建立自然资源确权登记数据库，录入调查登记信息，制作数据库图层，完成数据入库工作。数据入库后，按照数据库建库规则，对数据成果进行质量检查。对检查中发现的问题进行分类梳理，分析错误类型及错误产生的原因，对不合格的数据修改完善，直至检查合格。

4. 公告登簿阶段

公告登簿阶段，由登记机构负责开展登记审核、公告工作。公告期不少于15个工作日，公告期满无异议的，登记机构进行登簿，完成自然资源确权登记。

（三）工作启示

1. 全面收集、规范处理基础资料

自然资源确权登记需要收集的数据门类多、数据格式不统一、处理难度大，为避免分散多头多源收集数据，通过加强组织协调、强化部门间的配合，从信息归集部门统一获取数据，采用"集中统一收集，分阶段补充数据"的方式，加快资料收集进度，及时补充收集缺失的信息，并对收集到的数据资料同步开展可用性分析，对纸质资料矢量化处理，按照统一的数据格式和技术标准做好数据转换及叠加分析，确保工作底图空间位置和属性信息完整性。

2. 与国家公园体制改革协同推进

国家公园自然资源确权登记是国家公园体制改革的重要内容。工作中将国家公园建设与自然资源确权登记工作同步谋划、协同开展，确保衔接一致。在国家公园规划编制时，坚持同一底图、同一套数据，避免技术误差。将国家公园勘界定标与确权登记工作紧密结合，确保国家公园登记单元界线与国家公园范围界线衔接一致、成果共享。登记机构会同国家公园管理机构、相关地方开展国家公园范围内的权属界线核实。国家公园正式设立后，登记机构再公告、登簿。

3. 严格登记质量控制

根据自然资源确权登记制度规范，从"事前、事中、事后"全方位严格登记质量控制。登记工作开始前，研究制定自然资源确权登记实施方案和技术方案；登记工作中，按照科学、统一、规范的作业流程组织实施，并对工作进度、工作方法、工作质量等进行定期监督指导；主体工作完成后，开展数据质检和项目验收，做到数据交接有清单、数据保密有协议、权属调查有确认、争议调处有记录，登记程序科学规范，登记成果真实有效。

二、河流自然资源确权登记技术路径——以江苏省望虞河为例

（一）基本情况

望虞河位于太湖流域的北部，南起太湖边沙墩口，向北穿过京杭大运河及漕湖、鹅真荡、嘉菱荡三个湖泊（荡），于苏州常熟市耿泾口入长江，是现状唯一由长江直接向太湖引水的骨干河道，具有防洪、排涝、引水、航运等综合功能，是联系长江与太湖水系的重要河流。望虞河流经的无锡市新吴区和锡山区、苏州市相城区以及常熟市 2020 年地区生产总值总和达 6 200 多亿元，约占全省地区生产总值的 6.1%。望虞河流域是吴文化起源地区，也是长三角中心区域，"长江经济带""长三角区域一体化"等国家发展战略在此集中交会。

（二）具体做法

在望虞河确权登记工作中，江苏省自然资源厅将"资源公有、物权法定、统筹兼顾和以不动产登记为基础"作为基本原则，严格按照《暂行办法》和《操作指南》等要求，科学划分登记单元，认真摸清权属状况，依法划清"四条边界"，高效开展确权登记。

1. 明确管理流程

采取对接、审查、推进、解疑、检查、会商、督导等多种方式，确保望虞河项目按时保质保量完成工作任务。根据自然资源确权登记工作特点，紧扣三个阶段（工作准备、地籍调查和数据审核），细化16项具体管理环节（图2-4），做到环环相扣、有条不紊。

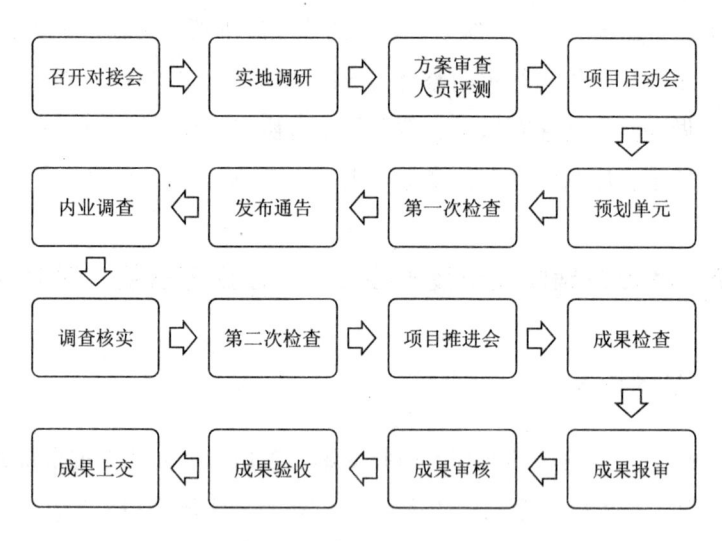

图2-4 望虞河自然资源确权登记实施管理流程

2. 抓好重点环节

江苏省自然资源厅联合省水利厅，在预划登记单元完成后进行第一次全面检查，保证登记单元划定的合法合规；在调查核实完成后，开展第二次全面检查，保证数据准确；召开项目推进会，有针对性地解决问题，避免重复工作，确保数据建库质量。

3. 严格审核制度

通过建立成果审核制度，确保自然资源确权登记成果准确规范。

（1）明确"3+5+1"审核制度。实施单位提交成果后3个工作日完成审核，形成审核意见反馈给实施单位；实施单位应在5个工作日内完成整改并提交复核；审核单位1个工作日完成复核。典型问题情况见表2-3。

（2）建立会商机制。成果审核形成意见后，项目管理单位、监理单位、数据审核单位开展会商，针对特殊或有异议的情况进行讨论，确定处理原则。

（3）采取联合把关。数据审核单位与项目管理单位共同对登记成果进行把关，确保审核发现的问题完善到位，登记单元划定、权属确定、基础资料合法、程序合法等重要环节无误后出具审核报告。

表2-3 典型问题情况

序号	问题类型	典型问题
1	资料完整性、正确性	文字文件材料缺少盖章；部分成果资料命名不规范；电子版文档与纸质材料不一致
2	质检软件问题修改	地籍调查情况说明文档中描述的内容与质检软件报出的问题不一致；部分质检软件报出的问题未修改
3	登记单元划定	将堤坝的迎水面作为登记单元边界；明显的拐弯处缺少界址点；部分界址点位说明不准确
4	材料一致性	属性表填写内容与原始资料里不一致；提取的要素部分多余；自然资源地籍调查表与纸质材料存在面积等不一致
5	图件编制	行政区界线线型表示不正确；接图表相邻图幅图名重复；部分专题图相关图层未上图表示；注记文字过小，存在多余文字

（三）工作启示

江苏省以"绿水青山就是金山银山"的理念为指引，坚持"山水林田湖草沙是一个生命共同体"，从小切口入手，按照相关标准规范，结合实际情况，探索解决水流登记工作的重点、难点问题。

1. 明确资料收集标准

采取省级集中和地方补充的资料收集模式，按照统一的资料收集清单进行收集，签订格式化的保密协议作为资料合法来源的证据。对于确实无资料或本项目不涉及的，由当地自然资源主管部门或资料提供部门作出相应说明并盖章确认。

2. 确定权属认定规则

针对有的农村集体土地所有权确权登记成果更新不及时，存在与现势不符合的情形，原则上要求属地登记机构进行变更或更正登记后，再认定权属。可以结合实际采取变更、更正承诺的方式，已经通过征地等变为国有土地的，地方提供征地审批等证明材料，出具限时完成集体土地所有权登簿的承诺，地籍调查成果中认定为国有土地，应当在登簿前再与属地登记机构确认，公告无异议后进行登簿。

3. 细化登记单元划定要求

严格划定规则，以望虞河管理范围线为基础，结合堤防、水域岸线划定，原则上避免与城镇开发边界、永久基本农田保护红线交叉。

（1）与国家实施的长江干流、太湖项目接边。按照自然资源确权登记不重不漏的原则，接边处以长江干流、太湖的登记单元界线作为望虞河登记单元的边界。按照望虞河登记单元划定原则，存在重叠的，进行退让；存在空白的，进行补充（图2-5）。

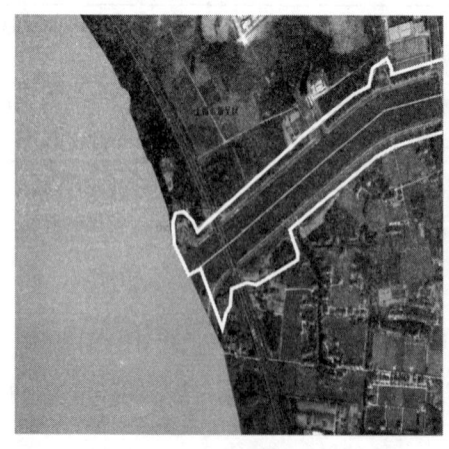

白色线为按照规则划定的望虞河登记单元　　黑色线为按照太湖登记单元进行调整后的望虞河登记单元

图2-5　望虞河与太湖接边处调整登记单元示意

（2）与湖荡交叉。望虞河穿过鹅真荡、漕湖等小型湖泊（荡），水流物理相交，但属于不同的权利代理行使主体，需要综合考虑登记单元的划定问题。在具体划定上，有将望虞河断开、湖荡一并划入、望虞河穿湖而过三种方案（表2-4，图2-6），最终采取了第三种望虞河穿湖而过的划定方案。

表2-4　望虞河穿过湖泊登记单元划定三种方案比较

采取方案	具体做法	优劣比较
a. 将望虞河断开	根据望虞河管理界线划定登记单元界线，在与湖荡交界处断开，将望虞河划分为三段	按河流管理界线划定登记单元，却无法保证"水流生态空间完整"
b. 湖荡一并划入	将所经湖荡一并划入望虞河登记单元	虽能保证望虞河完整性，但可能存在一个登记单元非同一权利主体情况
c. 望虞河穿湖而过	优先保证望虞河完整性，登记单元界线采用望虞河与湖荡交界两侧湖口位置取直线连接	保证望虞河完整，且不会存在不同权利主体，但湖荡被分开，存在将来接边等问题

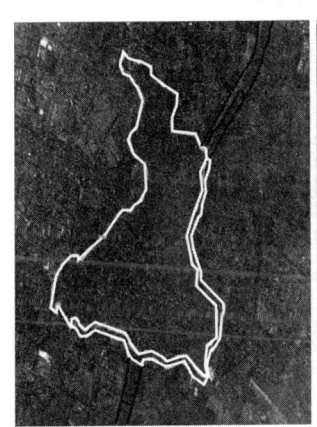

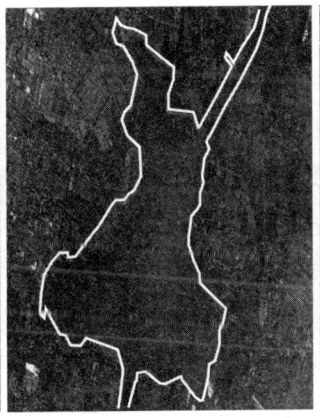

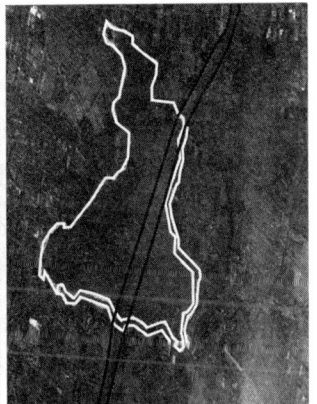

a. 将望虞河断开　　　　b. 湖荡一并划入　　　　c. 望虞河穿湖而过

图2-6　望虞河穿过湖荡登记单元划定三种方案

通过实践，探索出河湖交叉情形下的登记单元划分规则：当湖荡水流级别小于河流时，若属于同一级登记机构开展的，可一并划入河流登记单元，若不属于同一级登记机构开展的，交界两侧湖口位置取直线连接划定河流登记单元，

"共水共面"部分划入河流登记单元；当湖荡水流级别大于河流时，则反之。该规则也可应用到水网密布地区河流与河流相交的情形。

另外，针对水流与自然保护地大范围重叠的情况（图2-7），采取了同一登记机构开展时，将水流与自然保护地合并取最大范围，划为一个登记单元。

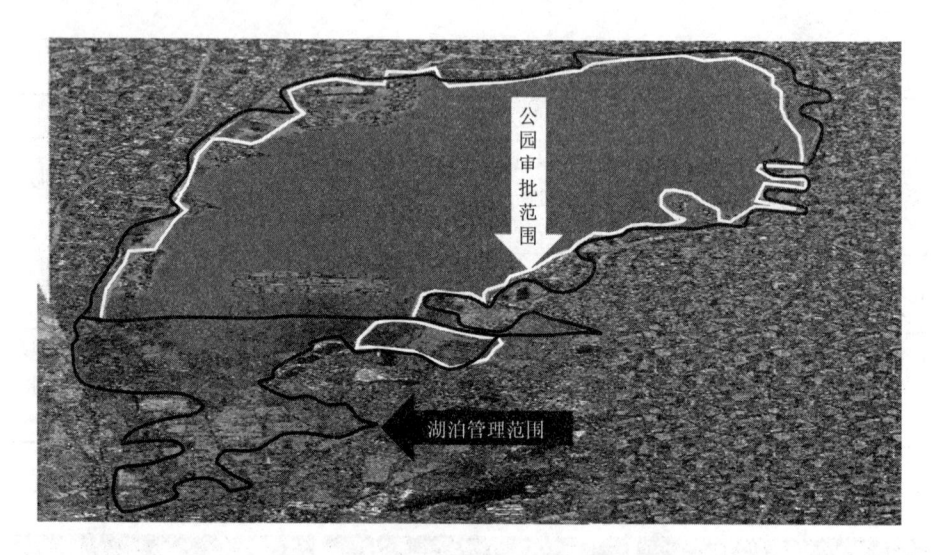

图2-7 湖泊与自然保护地大范围重叠

（3）与京杭大运河存在"水上立交"。这种情形属于立体交叉，空间相交但不共面，如采用传统平面方式进行确权，会导致某一部分登记单元不完整，也不完全符合实际情况。故将望虞河和京杭大运河分别划定登记单元，保持各自水流生态空间的独立和完整，并采取了三个步骤：首先，按照二维标准，保证水流生态空间完整性，对望虞河登记单元保持贯通；其次，制作望虞河三维倾斜模型，将望虞河登记单元相关信息与三维模型结合处理；最后，将望虞河相关数据进行三维化处理（图2-8）。

4. 对标改革要求，夯实产权基础

在自然资源确权登记工作的具体实践中，江苏省建立了管理、监理、审核的组织模式，结合工作实际，积极探索水流登记单元划分、资料收集、权属确定等重难点问题的解决路径，并统一技术要求，严格依法依规开展登记，有效保障了望虞河自然资源确权登记工作按时高质量完成。

图 2-8　望虞河与京杭大运河"水上立交"三维展示

三、自然资源确权登记审核方法——以山东省昆嵛山国家级自然保护区为例

（一）基本情况

昆嵛山国家级自然保护区于 2008 年经国务院批准成立，总面积 15 416.5 公顷，主要保护以中国赤松为建群树种形成的赤松阔叶混交林生态系统。昆嵛山位于山东半岛东部，横跨烟台、威海两地，暖温带三面环海的地理特征发育形成了独特的生态系统。在暖温带，昆嵛山是生物多样性最丰富的地区之一，记录有野生动植物 2 523 种，其中国家 Ⅰ、Ⅱ 级重点保护动植物 56 种，模式动植物标准 12 种，是不可多得的自然生态博物馆和珍贵物种基因库，是全球同纬度生物多样性最丰富的地区之一。森林覆盖率达 92.1%，主要乔木树种有赤松、栎类（麻栎、栓皮栎、高壳槲栎等）、黑松、侧柏、日本落叶松、华山松、红松、刺槐、杨树、水榆花楸、黄檗、水曲柳等。

（二）具体做法

山东省自然资源厅以昆嵛山国家级自然保护区为登记单元，重点探索了自然资源确权登记审核方式。

1. 部署应用登记系统

为推进山东省自然资源确权登记信息化，2020年11月，山东省率先完成自然资源登记信息系统和自然资源确权登记数据库管理系统部署应用。

2. 确立内部审核方式

在自然资源确权登记内部审核的前期研究阶段，探讨了两种审核方式：

（1）会议会商。组织各相关业务处室召开自然资源确权登记内部审核专题会议，对登记单元地籍调查成果内容的准确性和规范性进行审核，形成审核意见并填入登记系统，以便后续登记环节工作开展。

（2）利用自然资源确权登记信息系统进行线上审核。在国家登记信息系统中设置审核处室、配置审核流程、加载审核数据服务等，各相关业务处室利用登记系统查看地籍调查成果数据及原始资料并填写审核意见，最终由确权登记处汇总意见，再进入后续登记环节。

由于地籍调查成果内容复杂，涉及的自然资源业务类型较多，为了确保内部审核准确性，提高审核工作效率，保证数据安全，充分利用好自然资源确权登记信息系统，通过确权登记处和技术指导组反复研究，决定采用第二种审核方式。

3. 制定内部审核流程

编制《山东省自然资源统一确权登记内部审核技术方案》，利用自然资源确权登记信息系统对内部审核流程、审核用户和审核权限等相关事项进行配置，确定线上审核登记流程为：首先由省自然资源和不动产登记中心启动项目并发布通告，然后进入地籍调查阶段，调查成果入库后进行自然资源确权登记内部审核，由省自然资源厅12个相关业务处室进行并行审核，最后由确权登记处汇总内部审核意见，内审环节通过后对数据进行脱密处理，再转至厅外审核，外审通过后再由省自然资源和不动产登记中心生成公告，最终完成登簿、发证（图2-9）。

第二章　自然资源确权登记制度与实践

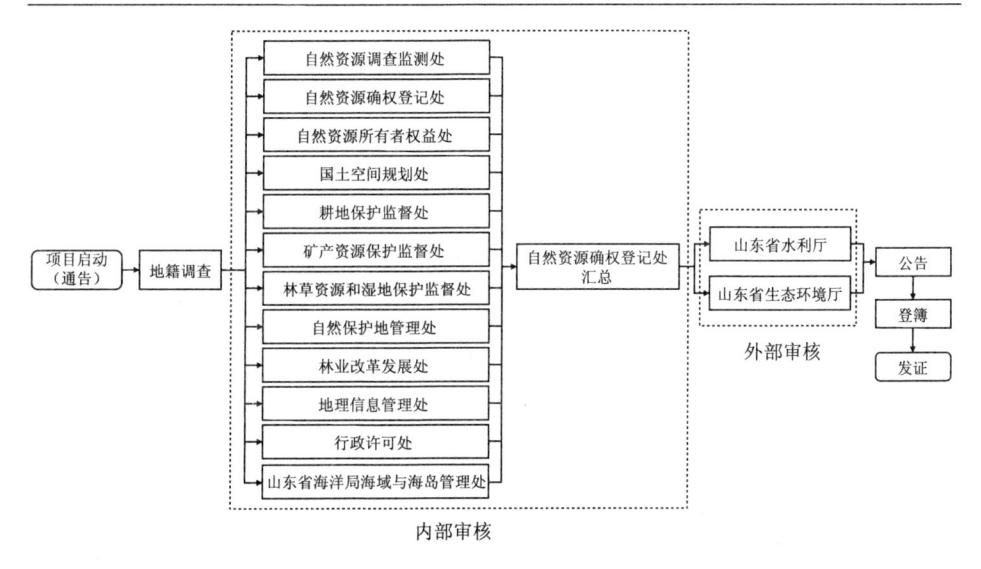

```
项目启动(通告) → 地籍调查 → [内部审核: 自然资源调查监测处, 自然资源确权登记处, 自然资源所有者权益处, 国土空间规划处, 耕地保护监督处, 矿产资源保护监督处, 林草资源和湿地保护监督处, 自然保护地管理处, 林业改革发展处, 地理信息管理处, 行政许可处, 山东省海洋局海域与海岛管理处] → 自然资源确权登记处汇总 → [外部审核: 山东省水利厅, 山东省生态环境厅] → 公告 → 登簿 → 发证
```

图 2-9　山东省自然资源确权登记内部审核流程

4. 细化内部审核要点

依据《操作指南》对登记审核的有关规定，围绕自然资源确权登记程序是否符合要求，登记材料是否齐全、有效，地籍调查成果是否齐全、是否符合相关技术规范，登记单元范围内关联的不动产登记、公共管制信息是否准确、规范，依据全民所有自然资源资产中央和地方分级代理行使自然资源清单审核所有权行使主体及行使内容是否准确，自然状况信息与全国国土"三调"成果是否一致，自然保护地登记单元界线是否与保护审批范围界线一致，影像、地图及重要地理信息是否准确规范，成果图件中是否存在不得公开的内容等，研究制定 21 条审核要点，确保审核内容系统、全面。

（三）工作启示

1. 高标准推进自然资源确权登记信息系统部署应用

根据《操作指南》和山东省印发的基础资料收集与整理、地籍调查细则及成果与质量检查办法，确定昆嵛山国家级自然保护区审核规范，编制登记系统使用手册。部署应用自然资源确权登记信息系统，完成系统用户角色设置（相关业务处室角色）、流程配置、本地辅助审核数据服务加载等相关技术工作。

2. 明晰产权，夯实权责

国有林场与村集体权属重叠交叉问题得到进一步解决。调查发现，省级及省以上自然保护区或自然公园内一般设有国有林场，由于历史原因，国有林场林权证范围与集体土地所有权范围普遍存在交叉重叠、权属纠纷等问题。针对这一问题，省自然资源厅组织确权登记、林业改革发展、自然保护地管理等处室，会同地方政府和项目承担单位，深入实地进行调研，提出具体处理意见。在昆嵛山国家级自然保护区确权登记项目中，先后组织20多次自然资源、林业、自然保护地管理机构、国有林场、村集体等五方进行集体会商，解决了国有林场与集体存在的57条权属边界不清的问题，化解了多年存在的矛盾，得到了相关各方的认可。针对部分指界现场地形复杂、人员难以到达等困难，利用无人机倾斜摄影技术，有效地解决了问题。

3. 与相关领域改革充分衔接

本轮机构改革后，山东省国土资源、林业融为一体，新的自然资源管理体系已经形成。工作中，充分发挥机构改革后的体制优势，推进确权登记成果与自然保护地整合优化、全民所有自然资源委托代理机制、国有林场勘界定标等工作深度融合，确保自然资源确权登记与相关改革不留空隙、无缝衔接。例如，在登记信息库中新增国有林场数据图层，与自然保护地登记单元接边相邻的国有林场同步确权，推进解决国有林场全民所有与集体所有权属不清、界线不明、林权证面积与实地不符等问题，推动国有林场规范化精准化管理，充分发挥确权登记的产权支撑作用。

四、权属交叉重叠问题解决路径——以洮河生态建设局国有林场为例

（一）基本情况

洮河生态建设局林场（以下简称"洮河局林场"）位于甘肃省西南边陲，地跨甘南藏族自治州的卓尼县、临潭县、迭部县、合作市和临夏回族自治州的康乐县共五县一市，大部分区域在卓尼和临潭两县境内。林场东邻岷县、漳县，南以迭山山脊为界，与迭部林区接壤，西与碌曲县、合作市相连，北以白石山

分水岭与和政、康乐县交界,是黄河上游重要的水源涵养林基地。洮河局始建于1958年,隶属于甘肃省白龙江林业管理局。

甘肃省自然资源厅在组织开展洮河局林场自然资源确权登记工作中发现存在以下两个方面的问题:一是分散登记时期,因相关部门发证底图、技术要求不统一,造成权属交叉重叠。洮河局林场的林权证为2006年省政府颁发的国有林权证,但在此林权证范围内,2010～2012年,卓尼县、临潭县和康乐县县级人民政府又颁发了集体林地所有权证,导致同一地块有两个或两个以上的产权主体,存在所有权冲突问题。二是洮河局林场与莲花山国家级自然保护区、冶力关国家森林公园管理范围重叠。

（二）具体做法

根据自然资源确权登记相关技术规范,充分利用现有国土调查和各类自然资源专项普查或调查成果、不动产登记成果以及自然保护地审批资料等,划定登记单元界线。充分运用地理信息系统技术,以GPS、遥感技术为补充,采用内业数据处理和外业调查核实相结合的调查方法,通过内业遥感影像判读解译与计算机自动识别相结合的信息提取技术,对不同自然资源的形状、范围、位置进行数字化。解译时,对国土调查数据库成果中的地类、权属界线、线状地物、属性等要素进行套合判断,对难以解译定性的部分地类、权属界线,在GPS等技术手段引导下,实地逐块、逐条进行外业调查并详细记录,绘制自然资源登记图件,填写外业调查记录表,查清登记单元内自然资源的类型、面积、权属和分布信息,查清登记单元内各类自然资源的所有权、用益物权等权属信息并建立数据库。

1. 预划登记单元,重点解决生态空间重叠问题

洮河局林场与莲花山国家级自然保护区、冶力关国家森林公园在管理范围上有部分区域存在重叠。登记单元划分以最新的自然保护地调整优化数据及林场管理范围界线、河湖划界成果数据、集体土地所有权确权登记数据为依据,将洮河局林场、莲花山国家级自然保护区、冶力关国家森林公园的范围界线合并后取最大管理和保护范围界线,并在数据库中保留原审批的相关范围界线,区分不同情况进行处理。具体如下:

（1）洮河局林场与自然保护地重叠的处理。根据自然保护地调整优化成果，将洮河局林场与莲花山国家级自然保护地重叠区域，划入莲花山国家级自然保护区，将洮河局林场与冶力关国家森林公园重叠区域划入冶力关国家森林公园。

（2）洮河局林场管理范围线切割集体的耕地、村庄问题的处理。依据《操作指南》及《甘肃省自然资源统一确权登记技术方案》，综合考虑洮河局林场登记单元产权的封闭性、生态功能的完整性，将边界处重叠的耕地、村庄等集体土地调出登记单元界线。因底图、精度不一致导致洮河局林场管理范围线与村界不完全套合的，根据林场范围四至描述，征得相关权利人同意后，进行技术调整。

2. 自然资源权属状况调查，重点解决"一地多证"问题

权属调查重点查清权属性质和内容，划清权属界线。工作过程中，登记机构会同相关管理部门与涉及的乡（镇）、村委会进行现场对接，以土地权属界线协议书草图及相关矢量数据、影像资料作为指界材料，通过纸质图纸、投影演示等方式进行图上指界；对于无法确认的边界，采用现场实地指界的方式进行认定。确认无误后，签署权属界线协议书并加盖公章。

（1）以不动产登记为基础，开展权属调查。根据洮河局林场林权证确定国有林场权属范围，结合集体土地所有权确权登记成果、集体林权制度改革时期颁发的集体林地所有权登记成果，划清国有与集体所有之间的边界；林地使用权作为已登记不动产权利信息进行关联。

（2）通过叠加分析，摸清权属交叉重叠问题。将集体土地确权登记成果与分散登记时期颁发的集体林权证、国有林权证等进行叠加分析，查明登记单元内权属重叠区面积为 6 271.56 公顷（图 2-10），其中，临潭县涉及 3 981.66 公顷，卓尼县涉及 1 520.79 公顷，康乐县涉及 261.10 公顷，合作市涉及 508.01 公顷。将存在权属冲突的重叠部分作为重点，组织开展权属核实。

（3）开展补充调查，解决权属界线"四至不清"问题。例如，洮河局林场地跨临潭县，但临潭县只有林权证，没有林改档案资料，且林权证四至界线不清，草图绘制模糊，无法清晰绘制权属界线。登记机构通过组织相关权利人指界，绘制权属界线草图，再由县级自然资源等相关部门核实确认，划清权属界线。

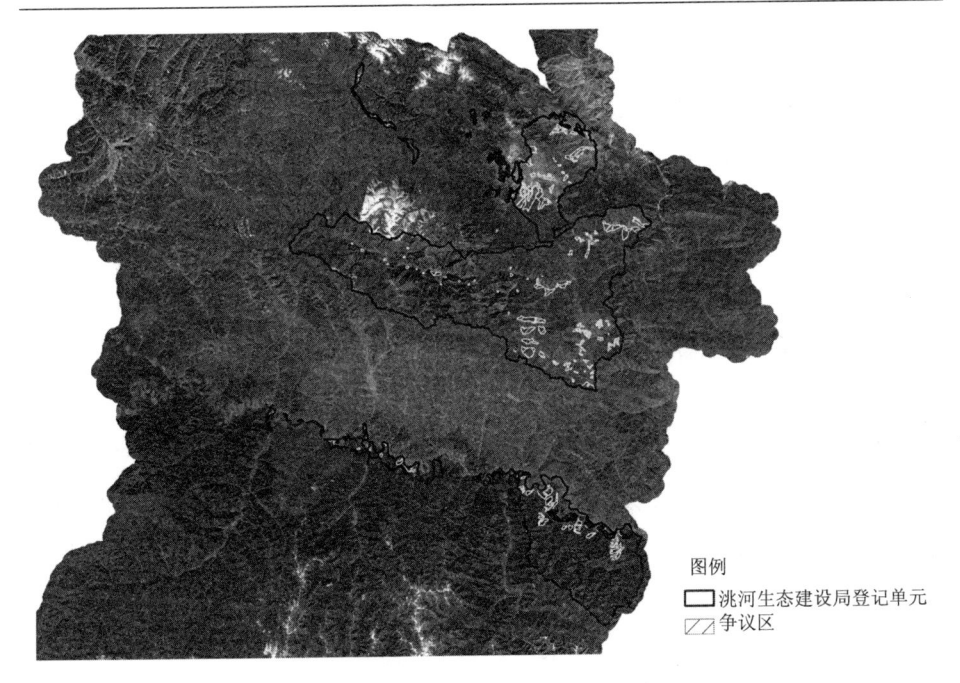

图例
☐ 洮河生态建设局登记单元
☒ 争议区

图 2-10 登记单元内林权重叠示意

（三）工作启示

1. 登记单元划分要确保应划尽划、不重不漏

一是国有林区登记单元原则上应当依照国家批准的管理范围界线划定。若与行政界线不一致，或者与地形地貌不符合，且经过实际调查确认为技术精度问题时，通过技术处理确定登记单元界线。二是林场与自然保护地存在交叉重叠的，根据自然保护地调整优化成果，在相关权利主体协商一致的基础上划定登记单元。

2. 依据权源材料划清权属界线

一是自然资源所有权的确定以集体土地所有权登记成果为主要依据，划分国家所有和集体所有之间的边界；二是对于以前签订过土地权属界线协议书及调查成果双方没有异议的，或国有土地使用者已办理土地登记手续的，直接引用协议、法定界线、界址，不再调查指界；三是对于以前签订过土地权属界线协议书，但调查成果不能满足此次所有权登记要求的或存在争议的，要充分利用土地权属界线协议书等指界资料，组织各方法定代表或委托人通过纸质图纸、矢量数据及影像等方式进行内业确认，仍无法满足登记要求的，由登记机构组织相关权利人代表或委托人现场指界，签订土地权属界线协议书，并由指界人签字盖章确认；四是因依法征收、调整土地等引起土地权属界线发生变化的，直接依据征收、调整土地的法定文件、图件，不再办理指界、签字手续。权属界线因调整、调换发生变化，但程序、材料不全的，要补办相关手续。

3. 结合实际探索"一地多证"、权属争议问题处理方式

针对洮河局林场登记单元内存在的权属交叉重叠问题，会同相关部门协商，本着尊重现状、尊重历史的原则，依据有效的权属证书、证明材料、文件等进行调查核实，卓尼县、临潭县、康乐县、合作市三县一市政府对自然资源确权登记地籍调查成果均无异议，并以村集体为单位签订了权属界线协议书，市县级农业农村局、水务局、生态环境局、自然资源局对成果资料审核认定，划清一部分权属界线。对权属争议区域，经协商处理仍无法达成一致的，按照规范程序，由争议双方签署争议原由书，划为争议区。

五、自然资源三维立体调查登记——以黄山风景区为例

（一）基本情况

黄山市以黄山风景区的规划范围作为自然资源三维立体调查登记单元，南北长 19.56 千米，东西宽 17.42 千米，风景区规划区面积 160.60 平方千米，包含景区管理范围及黄山区"五镇一场"（为汤口镇、谭家桥镇、三口镇、耿城镇、焦村镇和洋湖林场），地处中亚热带北缘、常绿阔叶林、红壤黄壤地带，景区内莲花峰海拔 1 864.8 米，为安徽省最高山峰。

（二）具体做法

根据《操作指南》，充分利用已有各类基础测绘成果，结合倾斜摄影实景三维模型这一新型基础测绘成果的特点，探索开展自然资源三维立体调查登记，分为准备工作、数据转绘及内业调查、外业调查及测绘、数据库建设、自然资源登记、归档验收六个阶段（图 2-11）。

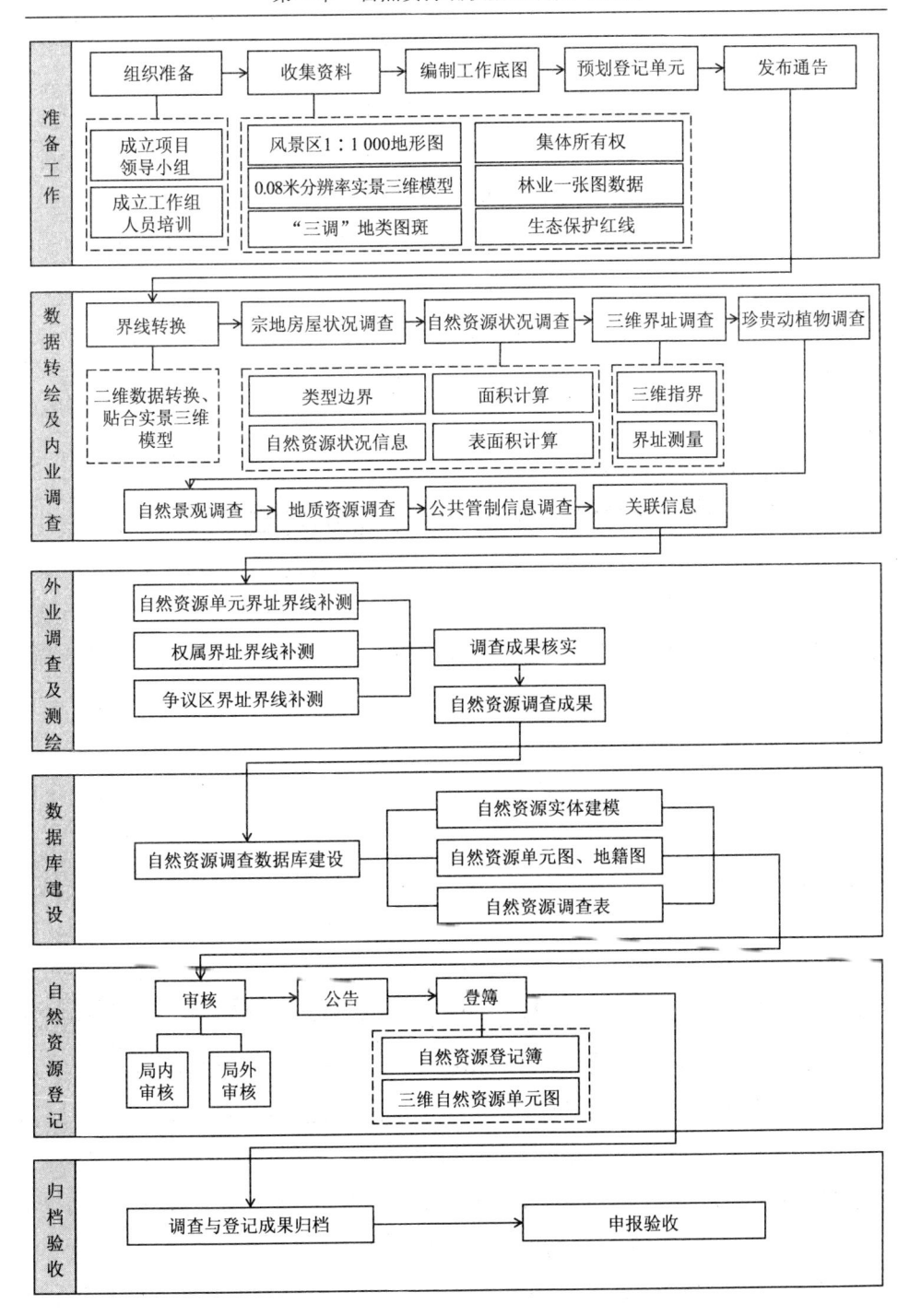

图 2-11　自然资源三维立体调查登记工作流程

1. 准备工作阶段

在收集资料环节，除收集传统的地形图、土地利用现状调查成果、集体土地所有权、生态保护红线等数据外，重点要收集登记单元内倾斜摄影实景三维模型、激光点云等新型基础测绘成果。通过多年的建设，黄山风景区规划区160.60平方千米实现了0.08米分辨率倾斜摄影实景三维模型、2米格网数字高程模型、1∶1 000地形图、0.10米分辨率数字正射影像图、土地利用现状调查等成果的全覆盖，并分别以0.10米分辨率数字正射影像图、倾斜摄影实景三维模型为基础，叠加相关要素，形成了二、三维工作底图，做好自然资源三维立体调查登记前期准备工作。

2. 数据转绘及内业调查阶段

数据转绘及内业调查阶段包含界线转换、宗地房屋状况调查、自然资源状况调查、三维界址调查、珍贵动植物调查、自然景观调查、地质资源调查、公共管制信息调查及关联信息等环节。此阶段的主要工作内容是利用转换工具实现权属界线、管理界线、各类规划范围线和地类图斑等二维数据转换成三维模型成果，并准确贴合倾斜摄影实景三维模型，采用"内业为主、外业为辅"的方式进行调查。

利用倾斜摄影实景三维模型能真实再现地理场景的特性。一是在自然资源状况调查环节，对全国国土"三调"成果提取的地类图斑界线、地类属性进行核实、修改和补充采集，如对道路、桥梁压盖的部分水流资源进行三维补充采集，修改完善水流资源类型界线，保留水流资源的完整和贯通；在计算各类自然资源投影面积的基础上，增加了表面积的计算，丰富自然资源调查的内涵。二是在三维界址调查环节，对地处人迹罕见的山区、难以攀爬到现场的界址点，利用三维模型组织权利人双方进行内业指界。对双方界线描述一致但因划定的技术方法及精度不一致造成差异的，利用实景三维模型统一到一致界线；对双方重新指界确认的界线，签订权属界线协议书；对双方有争议但不能提供举证材料的界线，划为争议区，签订争议原由书。三是在三维界址测量环节，在界址点X、Y坐标的基础上增加高程值Z坐标，通过转换工具和实景三维模型的补充采集，获取界址的X、Y、Z坐标。在查清水流、森林等自然资源的基础上，增加了珍贵动植物、自然景观、地质资源调查等内容，拓展了调查的广度，并将各类调查成果通过空间关系进行了关联。

3. 外业调查及测绘阶段

外业调查及测绘阶段主要是对于少量倾斜摄影三维模型因遮挡、数字正射影像图及大比例尺地形图现势性等问题无法从内业获取的界址点、线数据，采取外业解析测量和补充外业调查的方式获取，完成自然资源单元界址界线、权属界线、争议区界址界线的补测和自然资源单元图件绘制，形成完整的自然资源调查成果。

4. 数据库建设阶段

研发建设自然资源三维地籍数据库。通过查清黄山风景区的权属状况及其三维立体空间分布情况、自然资源及其三维立体空间分布状况、珍贵动植物资源及其三维立体空间分布状况、自然资源景观及其三维立体空间分布状况、探（采）矿权和不动产登记成果及其三维立体空间分布情况、地质资源及其三维立体空间分布状况、公共管制和其他相关资料及其三维立体空间分布状况，整合形成包含基础时空、自然资源、珍贵动植物资源、自然景观、地质资料、公共管制、相关权利等七大类86小类数据的三维自然资源地籍数据库。

5. 自然资源登记阶段

按照"审核→公告→登簿"的环节依次办理。为支撑自然资源三维立体调查登记，开发自然资源三维立体调查登记系统，包含三维自然资源数据管理系统、三维自然资源登记管理系统，共计19个模块47个功能点，实现自然资源调查、首次登记、变更登记、更正登记、注销登记、查询统计等全业务自然资源调查登记功能。

6. 归档验收阶段

对调查与登记形成的成果进行归档，组织申报验收。制定自然资源三维立体调查登记地方标准，为我国自然资源确权登记由二维向三维转型升级提供基层经验。

（三）工作启示

1. 攻克技术难点，创新三维调查方法

在开展自然资源三维立体调查登记过程中，黄山市探索了自然资源三维要素表达体系、基于国产化平台自适应的三维多级 LOD 化简与节点分布式调度技术、"立体化标签"技术、基于 GPU 的三维数据多级级联更新技术、基于倾斜摄影数据的三维立体采集技术等，解决了海量倾斜摄影三维模型在线加载缓慢、缺少三维要素表达规则、三维注记在旋转过程中偏移和压盖、倾斜摄影三维模型更新机制等问题，实现了海量数据的快速加载高效浏览秒级刷新、注记贴合三维地理实体旋转不偏移无压盖、多级级联数据快速更新，构建了"点面体"法三维要素表规则，有效支撑了自然资源和不动产三维立体调查登记。

根据自然资源的特点，制定自然资源三维确权登记流程，对自然资源调查表、登记簿进行扩充，形成三维调查和登记成果，真实全面地反映自然资源的立体空间分布特性和自然状况，解决二维空间下自然资源调查、确权登记存在的不足，形成一套完整的三维立体调查登记模式，实现自然资源管理与服务的精准化和高效化，推进自然资源管理和生态文明领域治理体系及治理能力现代化。

2. 建成三维"一张图"，支撑"两统一"管理

通过自然资源三维立体调查登记，建成了黄山全域全要素的自然资源三维数据库，精准摸清了自然资源的家底，清晰界定了各类自然资源所有权主体，划清了全民所有和集体所有之间的边界及不同集体所有者的边界、不同类型自然资源之间的边界，全面真实地反映了自然资源现实状况和自然地理格局，为以三维测绘成果为基底，集成整合地表基质、地表覆盖、业务管理等各类自然资源和国土空间数据，构建自然资源三维立体"一张图"，实现山水林田湖草整体保护、系统修复、综合治理，统一行使自然资源部门"两统一"职责，实现自然资源管理与服务的精准化和高效化提供了数据基础。

3. 创建三维信息系统，夯实生态文明建设之基

基于全要素自然资源三维登记数据库，丰富平台功能，对各要素进行全方位、多维度、立体化直观表达，对海量自然资源三维调查登记数据进行精准管理，提供了三维坡向分析、三维可视域分析、淹没分析、地质分析、空间扩散分析等高级分析功能，实现各类资源的计算和评估，为对不同的自然资源、动植物资源进行分类施策、有效保护、合理开发利用提供基础支撑；为相关部门划定生态脆弱敏感区、确定资源开发利用强度提供数据、空间位置支撑；查清了森林类型、三维立体分布及蓄积量，为提升生态系统碳汇增量、实现碳达峰碳中和目标提供精准基础支撑。

4. 全方位实现三维成果应用，有效助力经济社会发展

为避免重复建设，创新"统筹规划、明确职责、分类建设、成果共享"的建设模式，将自然资源三维立体调查登记列入《黄山市智慧城市建设规划》实施，本着边建设边应用的原则，与黄山风景区管委会、数据局、生态环境局等部门互建共享，通过专线互联，提供相关系统、数据服务和签订保密协议提供数据成果等形式，实现自然资源三维立体调查登记成果在智慧城市运行指挥中心（城市大脑）、新安江流域智慧管理系统等智慧化平台中得到应用，同时相关部门在应用过程中，将本部门数据提供给三维"一张图"，不断扩大和丰富自然资源三维立体调查成果的内涵。自然资源三维立体调查登记成果在黄山市全方位的应用，为自然资源合理开发、有效保护和严格监管，生态保护和修复等工作提供了有力的三维数据支撑，有效助力经济社会发展。

六、自然资源确权登记相关技术问题——基于实践探索的解决方案

（一）资料收集与处理相关问题

自然资源确权登记涉及林草、水利、生态环境等多个部门的数据，有的还涉及国家、省、市、县不同层级，分布较为分散，在资料收集阶段协调难度大、耗时长。由于各部门信息化程度不同，数据种类繁杂，标准不同、时效不同、尺度不同，存在不同程度的基础资料数据不全，精度低、位置模糊、现势性差，甚至存在数据冲突等问题，无法实现属性自动挂接，数据处理及整合分析难度大。

开展数据资料收集与处理，是做好自然资源确权登记的基础，工作中要重点把握以下三个方面：

（1）统一数据基础。从信息归集部门获取数据，保证数据的统一性、权威性，部分缺失的基础数据资料到实地进行补充调查收集，以避免各地数据基础差异性较大，导致可用性不强。同时，协调技术支撑单位提供技术支持，对收集到的数据及时进行坐标转换等数据预处理工作。

（2）区分资料收集优先级。按照《操作指南》列明的需要收集的基础资料清单，结合确权登记项目实际情况，对需要收集的资料划分优先级，考虑优先收集影像、全国国土调查、集体土地所有权以及河道或自然保护地管理范围等资料，供制作工作底图需要，其他资料可以边开展工作边持续收集，避免因资料收集时间过长影响工作进度。

（3）各部门基础资料应收尽收。部分收集到的数据的可用信息不完整，需尽可能收集同类数据进行补充。如对于林业部门专项调查数据，可以考虑同时收集林地"一张图"以及森林资源二类调查成果，对两者融合后完整支撑确权登记涉及的自然状况调查中相应属性信息的赋值。

（二）水流登记单元划分相关问题

水流自然资源线长面广，沿线各地区、各河段情况复杂，因此，水流登记单元划分问题是登记实务中面临的一个关键问题。《暂行办法》《操作指南》规定，以河流、湖泊管理范围为基础，结合堤防、水域岸线划定水流登记单元，但在实践中，水流登记单元划分还存在以下难点问题：

（1）河道管理范围、堤防、水域岸线等不同界线之间的关系待厘清。水流登记单元的划分，关于如何处理河道管理范围、堤防及水域岸线之间的关系不明确，表述相对模糊，实际操作中把握难度较大。就堤防来说，存在部分河段有两级及以上的堤防，如南方地区河流多存在围垸、圩堤等多道堤防。水域岸线也并非只有一条界线，而是区分为临水边界线和外缘边界线两条界线，两条线的范围差别较大，到底采用哪一条，都有待规范统一。

（2）河道管理范围、堤防等相关成果不完整或不规范。从开展水流确权登记的地方看，河道管理范围划定工作进展不一，成果质量差异较大。有的河道管理范围划定尚未完成或者尚未接边汇总，数据存储方式、坐标系统、图件格式等差异较大，不同行政区河道管理范围划界规则不尽一致，有的河流交界处数据不接边，有的划定成果不完整，部分河段缺失；有的划定成果不规范，与遥感影像、集体土地所有权等数据套合比对，存在不同程度偏移的现象；有的划定成果只是界址点，尚未连成线，且部分河段界址点过于稀疏。实践中还存在部分河段无堤防、堤防数据与实地堤防位置发生偏移、堤防数据与全国国土

"三调"成果中的水工建筑物图斑不能完全套合等问题。

（3）河道管理范围与城镇开发边界红线、永久基本农田保护红线交叉。从实践情况看，河流流经城镇建成区时，河道管理范围切割居民住宅小区、工业厂房等城镇开发建设项目的现象普遍存在，地方在登记单元界线划定时调出避让的诉求较为强烈。河流流经农村地区时，河道管理范围与永久基本农田保护红线交叉较多，甚至还有部分永久基本农田位于堤防临水一侧的淤积江滩上。

解决水流登记单元划分的实践难题，既要从自然资源确权登记的制度定位出发，紧密围绕改革目的，落实登记单元划分的总体要求，又要结合水流和水生态空间自身的属性，在与水资源管理衔接的基础上，体现水流登记单元划分的特性。第一，坚持产权保护优先，以自然资源所有权范围为基础，突出堤防在水流登记单元划分中的作用，并与已登记的不动产物权边界做好衔接。第二，坚持生态空间完整，以河流、湖泊河道管理范围为基础实现对水生态空间范围的大致判定，严格遵循水生态空间的内涵属性特征，着重体现保持水生态空间的集中连片及其生态功能相对完整性的要求。第三，充分衔接调查成果，以全国国土"三调"成果为基础性依据，充分依据调查成果确定水流登记单元的自然状况信息，充分利用水工建筑物图层信息作为判定堤坝、护堤地等空间范围，校验或细化河道管理范围的重要参考依据。第四，尊重历史现状，从政策规定和历史现状出发，区分合法城镇开发建设项目、集体土地的不同情形，作出避让考虑，确保登记单元划分与城镇开发边界、集体土地所有权的权属边界等做好衔接。

（三）权属调查相关问题

自然资源权属调查是以不动产登记成果为基础，结合全民所有自然资源资产清单划定成果，查清自然资源登记单元权属状况、界址，登记单元内所有权、相关不动产权利及许可等信息的调查工作，包括权属状况调查和界址调查。权属调查是自然资源地籍调查的重要环节，是划清不同层级政府行使所有权、划清全民所有和集体所有之间的边界以及不同集体所有者之间的边界的重要手段。自然资源权属调查工作的重中之重就是对于登记单元内所有权状况的调查。

（1）所有权状况调查的依据为集体土地所有权登记成果。自然资源登记单元内所有权状况调查，应以集体土地所有权登记成果为依据开展。在进行自然资源地籍调查过程中，如地方需要对集体土地所有权登记发证成果进行更新或更正的，应根据《地籍调查规程》等相关规定开展地籍调查，履行指界签字等界址调查程序，确保程序规范完整、成果合法合规后，方可将成果运用到自然资源确权登记中。同时，属地登记机构应同步开展不动产变更登记或更正登记。

（2）如实记载调查问题清单，待调查成果核实后处理。权属调查时出现下列情形，应将疑问或问题填写到调查记事栏附页（调查问题清单）中，并提出纠正意见和建议：发现可能登记错误的，如将河流水面、滩涂等登记为集体所有的；查阅到国有林权证、国有土地使用权证书，但没有完整的权属来源证明文件、没有地籍调查资料，并且集体土地所有权确权登记成果仍然表明是集体所有的；登记单元内、集体土地所有权宗地范围外的空间范围内，已登记的不动产单元权利性质为集体的（如土地承包经营权宗地、宅基地使用权宗地、集体建设用地使用权宗地），并且收集的资料中没有权属来源材料或地籍调查成果资料的；登记单元内包含的集体土地所有权宗地，在最新的全国国土调查地类图斑属性表中标注为国有土地的；登记单元内包含的国有土地使用权宗地，但在最新的全国国土调查地类图斑属性表中标注为集体土地的；查阅到权属争议资料，但不清楚是否已经调处的。上述问题，由登记单元所在的县级人民政府开展调查成果核实后，一并处理。

第三章 不动产登记制度与实践

第一节 我国不动产登记基本制度

一、我国不动产登记的主要原则与制度

为适应社会主义市场经济体制发展的需要，2007年颁布的《物权法》确立了不动产统一登记制度，2021年1月1日起施行的《民法典》延续了《物权法》对不动产统一登记的相关规定。

（一）统一登记原则

不管是土地、房屋、林地、草原、海域，还是不动产所有权、不动产用益物权、不动产抵押权，都由统一的登记机构，依据统一的登记办法，在统一的登记簿上予以记载，最终汇总到统一的登记信息管理平台，发挥物权登记公示公信的制度功能。随着生态文明建设的深入，水流、森林、山岭、草原、荒地、滩涂、海域、无居民海岛、探明储量的矿产资源等全民所有的自然资源所有权也纳入统一确权登记。

（二）申请登记原则

不动产登记实行依申请登记原则，以体现民事自决和充分尊重申请人意愿。

除非法律另有规定或者依据有关国家机关的嘱托，否则不动产登记机构只能依据当事人的申请进行登记。当事人不申请，登记机构不予登记，即申请是启动登记程序的原因。当事人是否申请登记以及何时申请登记，应由其自行决定，登记机构不为当事人的申请确定期限。当事人的登记申请界定了不动产登记机构的活动范围，登记机构不得超越该登记申请范围从事活动。也就是说，如果当事人申请的是抵押权登记，登记机构不办理抵押权登记以外的其他权利登记。只要登记尚未完成，即没有将申请登记事项记载于不动产登记簿，申请人可以撤回登记申请。不动产登记以共同申请为原则，单方申请为例外。登记机构要在办公场所和门户网站公开申请登记所需材料目录和示范文本等信息，切实便民利民。

（三）属地登记原则

属地登记是不动产登记的基本原则，即不动产登记应该由所在地的登记机构办理，分级登记不利于保持登记资料的完整性，容易出现重登、漏登等问题。《暂行条例》规定了属地登记原则，并明确界定了例外的特殊情形。一是对于跨县级行政区域的不动产登记，规定了分别办理、协商办理和指定办理。二是国务院确定的重点国有林区的森林、林木和林地，国务院批准项目用海、用岛，中央和国家机关使用的国有土地等不动产登记，由国务院自然资源主管部门会同有关部门规定。

（四）物权法定原则

《民法典》第一百一十六条规定："物权的种类和内容，由法律规定。"物权法定并不是指只能《民法典》"物权"编法定，只要法律有明确规定即可。《暂行条例》第五条以罗列的方式列举了十大项、十余种权利类型，充分体现程序法为主，兼顾实体法的立法定位，以所有权、用益物权和担保物权的分类为基础，在继承现行相关法律规定的不动产物权基础上，进行归类融合，明确了不动产登记的物权体系，基本实现了全覆盖，统一了不动产登记范围。

（五）登记生效原则

根据《民法典》第二百零九条的规定，"不动产物权的设立、变更、转让和消灭，经依法登记，发生效力；未经登记，不发生效力，但是法律另有规定的除外"，我国不动产登记主要采取登记生效原则，但是法律另有规定的除外。例如，因人民法院、仲裁委员会的法律文书或者人民政府的征收决定等，导致物权设立、变更、转让或者消灭的，自法律文书或者人民政府的征收决定等生效时发生效力；因继承或者受遗赠取得物权的，自继承或者受遗赠开始时发生效力；因合法建造、拆除房屋等事实行为设立或者消灭物权的，自事实行为成就时发生效力。又如，土地承包经营权自土地承包经营权合同生效时设立。土地承包经营权人将土地承包经营权互换、转让，当事人要求登记的，应当向县级以上地方人民政府申请土地承包经营权变更登记；未经登记，不得对抗善意第三人。

（六）登记簿效力优先原则

不动产登记簿是物权归属和内容的根据，不动产权证书是权利人享有该不动产物权的证明。不动产权证书记载的事项，应当与不动产登记簿一致；记载不一致的，除有证据证明不动产登记簿确有错误外，以不动产登记簿为准。登记机构依法将应登记事项记载于登记簿予以公示，以维护交易安全、提高交易效率。一方面，我国登记簿主要以宗地、宗海为基础的不动产单元进行编成，不动产登记应当将不动产的自然状况记载入不动产登记簿，以便将物权的客体特定化，满足物权特定原则之要求；另一方面，登记簿上需要记载不动产上的物权以及其他依法应当记载的事项。凡是法律没有允许记载入登记簿的权利（如动产物权、不动产债权），均不得记载入不动产登记簿。

（七）合理审慎审查原则

根据法律的规定，登记机构受理登记申请后，应当查验申请材料，开展询问，及时、如实登记，还可以要求申请人补充材料，并到实地查看，以确保登记的公信力和权威性。但是，不得要求对不动产进行评估、年检及超出登记职责的其他行为。为了提高登记审查效率，登记机构应当对登记申请当场作出回应；如果不受理，还要向申请人书面说明原因；未当场书面告知申请人不予受理的，则视为受理。这样可以最大限度地方便企业和群众，避免在不动产登记受理申请中的推诿扯皮。

（八）登记错误赔偿制度

有错必纠、有损必赔是不动产登记公信力的基础。《民法典》规定，当事人提供虚假材料申请登记，给他人造成损害的，应当承担赔偿责任。因登记错误，给他人造成损害的，登记机构应当承担赔偿责任。登记机构赔偿后，可以向造成登记错误的责任人追偿。具体工作中，登记机构、登记机构工作人员、申请人、信息共享单位及其工作人员等不同机构、不同主体，都可能承担相关法律责任。例如，对登记机构工作人员虚假登记等滥用职权、玩忽职守行为，伪造编造不动产登记证书等行为，以及非法泄露或利用不动产登记资料行为，应承担相应的民事、行政和刑事责任。这有利于确保登记质量，提升登记公信力。不动产登记机构作为行政机关，如果当事人认为登记机构违反法律造成登记错误，从而损害其利益的，当事人可以提起诉讼。司法判决登记机构败诉并承担赔偿责任的，应当予以赔偿。

（九）信息共享制度

打破信息孤岛，实现信息共享，是不动产统一登记制度改革的内在要求。那么，信息从哪来，给谁共享，怎么共享？一是国务院自然资源主管部门建立统一的不动产登记信息管理基础平台，各级不动产登记机构登记的信息应当纳入统一的不动产登记信息管理基础平台，确保国家、省、市、县四级登记信息的实时共享。二是不动产登记有关信息与住房和城乡建设、农业、林业等部门审批信息、交易信息等应当实时互通共享。自然资源、公安、民政、财政、税务、工商、金融、审计、统计等部门加强不动产登记相关信息互通共享。三是共享信息应当保密，不动产登记机构、不动产登记信息共享单位及其工作人员应当对不动产登记信息保密；涉及国家秘密的不动产登记信息，应当依法采取必要的安全保密措施。

（十）登记资料查询制度

《民法典》第二百一十八条规定："权利人、利害关系人可以申请查询、复制不动产登记资料，登记机构应当提供。"《暂行条例》第二十七条规定："权利人、利害关系人可以依法查询、复制不动产登记资料，不动产登记机构应当提供。有关国家机关可以依照法律、行政法规的规定查询、复制与调查处理事项有关的不动产登记资料。"2018年，国土资源部制定了《不动产登记资料查询暂行办法》。简而言之，不动产登记资料查询制度包括以下三个方面：一是权利人、利害关系人可以依法查询、复制不动产登记资料。权利人包括登记簿上记载的权利人以及继承人、受遗赠人、清算组、破产管理人、财产代管人、监护人等依法有权管理和处分不动产权利的主体；利害关系人是因买卖、互换、赠与、租赁、抵押不动产或者因不动产存在民事纠纷且已经提起诉讼、仲裁而构成利害关系的主体。二是有关国家机关可以依照法律、行政法规的规定查询、复制与调查处理事项有关的不动产登记资料。三是查询不动产登记资料的单位、个人应当向不动产登记机构说明查询目的，不得将查询获得的不动产登记资料用于其他目的；未经权利人同意，不得泄露查询获得的不动产登记资料。

二、我国不动产登记的对象

（一）从物权到不动产物权

不动产登记的对象主要是不动产物权。物权，是指权利人依法对特定的物享有直接支配和排他的权利。学理上根据不同的分类标准，通常将物权作以下分类。

1. 自物权和他物权

以权利人是对自有物还是对他人所有之物享有物权为标准来区分。自物权是权利人依法对自有物享有的物权，所有权是最典型的自物权，具有全面的支配力、排他力。他物权是权利人根据法律的规定或合同的约定，对他人所有之物享有的某一方面的物权支配权，包括用益物权和担保物权，如地役权、抵押权等。主流的物权理论重视发挥物的效用，主张通过所有权和使用权的分离实现所有权，他物权效力强于所有权，设定后所有权的权能处于分离状态。但是，一旦他物权负担消除，分离的权能回归到所有权。

2. 意定物权和法定物权

以物权发生的原因、成立的要件及适用的法律为标准而作的区分。如果物权的发生是基于当事人的意思，则称为意定物权，如抵押权；如果物权的发生是基于法律的直接规定，则称为法定物权，如留置权就属于法定物权。

3. 典型物权和准物权

以由民事基本法确立还是由专门的特别法规定为标准来区分。《民法典》对土地承包经营权、建设用地使用权、宅基地使用权、居住权、地役权五种用益物权作了较为具体的规定，对海域使用权、探矿权、采矿权、取水权、养殖权、捕捞权等特别法上的物权仅作了原则性规定。有学者将后者称为准物权，准即准用，类推适用的意思。

4. 动产物权和不动产物权

以物权标的物种类的不同为标准而作的区分。动产物权与不动产物权的区别主要在于它们成立和变动的要件、公示方式不同。不动产物权是指以土地、房屋等不能移动的财产为标的物的物权，既区别于动产物权，又区别于不动产债权。不动产物权的享有和变动的公示方法为不动产登记。《民法典》第二百零八条明确规定："不动产物权的设立、变更、转让和消灭，应当依照法律规定登记。"不动产物权实行登记，一方面有利于确认不动产的物权状态，维护交易的安全和秩序；另一方面，对社会经济的发展具有重大意义，是维护不动产物权变动交易制度的最有效手段，能够有效降低交易制度性成本。《暂行条例》第五条规定："下列不动产权利，依照本条例的规定办理登记：（一）集体土地所有权；（二）房屋等建筑物、构筑物所有权；（三）森林、林木所有权；（四）耕地、林地、草地等土地承包经营权；（五）建设用地使用权；（六）宅基地使用权；（七）海域使用权；（八）地役权；（九）抵押权；（十）法律规定需要登记的其他不动产权利。"

因此，根据《民法典》"物权"编规定的物权体系，我国不动产登记的权利可以分为不动产所有权、不动产用益物权、不动产担保物权和需要登记的其他权利，有必要对其中较为典型的权利逐一作出解释。

（二）不动产所有权

1. 集体土地所有权

我国土地所有权分为国家土地所有权和集体土地所有权。集体土地所有权是农业集体经济组织对其所有的土地依法享有的占有、使用、收益和处分的权利，是土地集体所有制在法律上的表现，我国土地所有权的一种重要形式。《民法典》第二百六十二条规定，对于集体所有的土地和森林、山岭、草原、荒地、滩涂等，属于村农民集体所有的，由村集体经济组织或者村民委员会依法代表集体行使所有权；分别属于村内两个以上农民集体所有的，由村内各该集体经济组织或者村民小组依法代表集体行使所有权；属于乡镇农民集体所有的，由乡镇集体经济组织代表集体行使所有权。

2. 房屋等建筑物、构筑物所有权

房屋是指建筑在特定地块上的形成固定空间、供人们居住、经营或其他社会活动的建筑物。构筑物是人们不直接在其中进行生产、生活活动的人工建造物，如烟囱、水井、桥梁、隧道等。房屋等建筑物、构筑物所有权是一种重要的财产权，应当与其所依附的建设用地使用权一并登记。长期以来，我国一直遵循"房随地走、地随房走"的一体原则，在建设用地使用权和建筑物、构筑物所有权转让、抵押时，具有一体化的特色，即建设用地使用权转让时，该土地上的房屋等建筑物及其附属设施随之一并转让，反之亦然。这一原则被《民法典》和《城市房地产管理法》法定化。其中，《民法典》第三百五十六、第三百五十七、第三百九十七条明确了房地一体规范，即建设用地使用权转让或抵押的，房屋一并转让或抵押；房屋转让或抵押的，占用范围内的建设用地使用权一并转让或抵押。与之对应，《不动产登记暂行条例实施细则》（以下简称《暂行条例实施细则》）第二条规定，房屋等建筑物、构筑物和森林、林木等定着物应当与其所依附的建设用地使用权一并登记，保持权利主体一致。之所以一体登记，一方面，可以有效防止房地权利相互冲突和妨碍，避免出现建筑物无依无归的局面，以实现地尽其利、房尽其用；另一方面，有利于实现房地关系的简化明确,从而达到保护交易安全并尽量减少房地分离纠纷的目的。

(三)不动产用益物权

1. 建设用地使用权

建设用地使用权是指权利人有权利用自己合法取得的建设用地,在上面建造建筑物、构筑物或其他设施的权利。我国的建设用地使用权由于土地性质及法律规定的不同,分为国有建设用地使用权和集体建设用地使用权两种类型。国有建设用地使用权设立方式主要是出让和划拨,并且应当进行登记。国有建设用地使用权产生的原因在于,我国实行的是城市土地的国家所有,禁止土地所有权流转。为了能够既维护土地的国家所有权和社会主义公有制,又可以在经济上真正实现国家所有权的价值,在土地所有权的基础上分离出土地使用权,允许自然人、法人等民事主体获得对国有土地的使用权,满足社会主义市场经济发展的需要。

集体建设用地使用权是指权利人依法享有在集体所有的土地上建造建筑物、构筑物及其附属设施的权利,是集体土地上得以建造房屋的前提条件。从类型上看,用于建设目的的集体土地的使用权为集体建设用地使用权和宅基地使用权。我国法律上和实践中,都是将集体建设用地使用权与宅基地使用权作为并列的两种用益物权类型(肖攀、郭威,2018)。集体建设用地使用权一般意义上仅指公益性和经营性建设用地的使用权,前者主要用于兴办公益事业、开办乡镇企业,也有城镇、公有制企业租用集体建设用地使用,后者主要用于入市,即集体土地所有者在一定年期内将农村集体经营性建设用地使用权以出让、出租等形式让与土地使用者,由土地使用者向集体土地所有者支付土地有偿使用费用的行为,以及农村集体经营性建设用地的使用权人,以转让、互换、出资、赠与或者抵押等形式处分农村集体经营性建设用地使用权的行为(魏莉华等,2019)。

2. 海域使用权

海域使用权是指权利人依法对国家所有的海域享有占有、使用和收益的权利。我国海域属于国家所有,单位和个人通过取得海域使用权使用海域,《暂行条例》明确规定了海域使用权可以办理登记,依法登记的海域使用权受法律保护。依法取得海域使用权的单位或个人，可以单独申请海域使用权登记；也可以在依法使用的海域建造建筑物、构筑物后，依据一体登记的原则，申请海域使用权及建筑物、构筑物所有权登记。

3. 土地承包经营权

土地承包经营权是指特定主体依法利用承包的土地从事农业生产，并取得生产所得的用益物权。它反映了我国经济体制改革产生的以家庭承包经营为基础、统分结合的双层经营体制。土地承包经营权是以农村土地为客体的一种用益物权，权利主体主要是农村集体经济组织成员，因其属于用益物权，具有存续期限。为了稳定农村土地承包关系，切实维护农民的合法权益，土地承包经营权的期限具有相当程度上的稳定性。例如，耕地的承包期为30年，草地的承包期为30～50年，林地的承包期为30～70年。当前，农村承包土地实行所有权、承包权、经营权分置并行，是继家庭联产承包责任制后农村土地制度改革的又一重大制度创新。从登记效力角度而言，通过家庭承包方式取得土地承包经营权的，承包经营权人有权依法转让其权利。对于通过家庭承包方式取得的土地承包经营权的互换、转让，采取的是登记对抗要件主义。通过流转方式取得的五年以上的土地经营权，不登记不得对抗第三人。通过招标、拍卖、公开协商等其他方式取得的土地经营权经登记后才能流转。

4. 居住权

居住权是《民法典》新增加的用益物权。居住权是居住权人对他人的住宅享有占有、使用的用益物权。居住权人只能在他人所有的住宅上设立居住权，不能在商业、办公等非住宅房屋上设立居住权。居住权是人役权，不得转让、继承。这决定了居住权不同于其他类型的用益物权。例如，土地承包经营权可以互换、转让；建设用地使用权可以互换、转让，作价出资，赠与或者抵押等。居住权的设立、变更和消灭只有经过登记才能发生物权效力。

5. 地役权

地役权是指不动产所有权人或使用权人为了提高自己所有或使用的不动产的效益而按照约定利用他人不动产的用益物权。在地役权法律关系中，需要其他土地提供便利的土地，称为"需役地"；提供此种便利的土地，称为"供役地"。由于地役权能够在一定程度上实现社会资源的最大化利用，时至今日，该制度依然有其存在的合理性。《民法典》专章规定了地役权，第三百七十二条规定："地役权人有权按照合同约定，利用他人的不动产，以提高自己的不动产的效益。"地役权具有以下特征：其一，地役权的标的物是不动产。根据《民法典》第三百七十二条规定，地役权的客体是不动产，可以是一宗土地，或一宗土地及地上建筑物、构筑物及其附属设施，也可以是一宗土地的特定部分，既包括土地、海域，也包括地上或海上定着物。正因如此，不少学者认为，将该权利命名为"不动产役权"更为恰当。其二，供役地权利人可以是不动产的所有人或使用权人。不动产的所有权人包括土地的所有权人和建筑物、构筑物等定着物的所有权人，使用权人即用益物权人，包括土地承包经营权人、宅基地使用权人、建设用地使用权人、海域使用权人等。其三，地役权是对他人所有或使用的不动产加以利用的用益物权。供役地必须是他人所有或使用的，地役权人原则上不得在自己的不动产上为自身设定地役权；地役权是为了提高自己的不动产效益而利用他人不动产的权利。地役权的应用前景非常可观，有如下类型：以供役地供使用的，如通行、取水、排水的地役权；为调整相邻关系而设立的，如相邻一方依其意志而选定通行路线和方法的通行地役权；禁止或限制供役地为某种使用的，如禁止供役地建筑高楼或在一定范围内栽种高大植物，以免妨碍需役地的视线或采光的地役权。可见，地役权的内容变化多端，具有多样性，在不违背公序良俗原则的范围内，有充分约定的空间，不动产权利人若善加利用，颇能增加其不动产的价值（崔建远，2020）。

（四）不动产担保物权

抵押权是一种非常重要的担保物权，是指债权人对于债务人或者第三人不转移占有而供担保的财产，于债务人不履行债务或者发生当事人约定的实现抵押权的情形时，依法享有的就该财产变价并优先受偿的权利。不动产抵押权属于最典型的抵押权形态，不动产作为价值较高的资源，具有很大的不可替代性，对抵押权关系双方都至关重要，因此被誉为"担保之王"。不动产抵押权以登记为生效要件，借助登记簿的公示力和公信力保障权利人的合法权益。

三、我国不动产登记的主要类型

《暂行条例》第三条规定："不动产首次登记、变更登记、转移登记、注销登记、更正登记、异议登记、预告登记、查封登记等，适用本条例。"这就明确了我国不动产登记的主要登记类型包括八种。首次登记、变更登记、转移登记、注销登记可以展示不动产权利取得、变更、转让或者消灭的全过程；异议登记、预告登记和查封登记是对不动产权利限制、提示事项所进行的登记；更正登记则是为了纠正不动产登记簿内容错误所进行的登记，更正的内容可以是权利归属，也可以是其他法定事项。

（一）首次登记

不动产首次登记，是指不动产权利的第一次登记。首次登记由《暂行条例》规定，是对过去分散登记时总登记、初始登记、设立登记的统一概括。首次登记不仅适用于集体土地所有权、房屋所有权以及各种土地使用权等不动产基础权利，还适用抵押权、地役权等他物权（程啸等，2017）。从内涵讲，既包括不动产的总登记，土地、房屋、森林、林木等所有权的初始登记，也包括地役权、居住权、抵押权等用益物权和担保物权的设立登记。

不动产权利的首次登记是其他类型登记的基础，未办理不动产首次登记，不得办理其他类型登记。这可以从两个方面理解：一是一种权利如果没有进行首次登记，其权利本身的变化也就没有必要进行登记，也就没有所谓的变更登记、转移登记和注销登记；二是一种权利没有进行首次登记，没有登记的标的，针对该项权利的其他法定事项也缺乏登记的基础。《暂行条例实施细则》第二十四条第二款规定："未办理不动产首次登记的，不得办理不动产其他类型登记，但法律、行政法规另有规定的除外。"实践中，除外情形主要有预售商品房买卖预告登记、预售商品房抵押预告登记、预查封登记。

（二）变更登记

变更登记，是指记载于登记簿的不动产权利因权利内容或者客体发生变化而进行的登记。这是狭义的概念，广义的变更登记还包括权利主体发生变化的权属转移登记。在统一登记之前，对不动产权利变更登记规定的含义有所不同，《土地登记办法》规定的变更登记既包括权利主体变化的登记，也包括权利内容或者客体发生变化的登记，《房屋登记办法》[①]规定的变更登记不包括权利主体发生变化的登记。《暂行条例》和《暂行条例实施细则》采用狭义的变更登记，严格区分变更登记与转移登记，避免在申请主体、申请材料、审查规则上的体系性混淆。

《暂行条例实施细则》第二十六条规定："下列情形之一的，不动产权利人可以向不动产登记机构申请变更登记：（一）权利人的姓名、名称、身份证明类型或者身份证明号码发生变更的；（二）不动产的坐落、界址、用途、面积等状况变更的；（三）不动产权利期限、来源等状况发生变化的；（四）同一权利人分割或者合并不动产的；（五）抵押担保的范围、主债权数额、债务履行期限、抵押权顺位发生变化的；（六）最高额抵押担保的债权范围、最高债权额、债权确定期间等发生变化的；（七）地役权的利用目的、方法等发生变化的；（八）共有性质发生变更的；（九）法律、行政法规规定的其他不涉及不动产权利转移的变更情形。"变更登记的适用情形不涉及权利主体的变化，按照变化的内容可以分为因不动产权利人身份信息变更登记，因不动产客体面积、坐落等变化的自然状况变更登记，因不动产权利期限、抵押权担保范围等变化的权利内容变更登记。

1. 权利人身份信息变化

权利人信息包括权利人的姓名、名称、身份证明类型和身份证明号码等，这些信息对识别权利人具有重要作用。实践中，在申请登记后，权利人相关身份信息可能发生变化，需要保持权利人身份证明现势信息与登记簿记载一致，

[①] 根据 2019 年 9 月 6 日发布的《住房和城乡建设部关于废止部分规章的决定》（住房和城乡建设部令第 48 号），《房屋登记办法》废止。

以方便对不动产进行管理和利用。例如,权利人出租房屋时,需要向承租人展示登记信息,以证明其是房屋所有权人。若登记信息记载的身份信息与身份证件上的信息不一致,会给房屋管理、入学积分、积分入户等带来极大不便,有必要对其进行变更。由于权利人信息只是对权利主体标识,不涉及他人利益,其变更登记由发生信息变化的当事人申请即可。实践中,对于不动产权利存在查封登记、预告登记、抵押权登记等情况,是否允许办理因身份信息变化的变更登记,处理方法不一致。实际上,身份信息的变更不会对其他登记造成影响,不应受到限制。值得注意的是,在权利人姓名、名称变更登记中,特别是企业改制过程中涉及的法人或者其他组织名称变化,应当仔细核查权利主体是否发生变化,区别企业组织方式变化与权利主体变化的不同,以准确适用变更登记或者转移登记。

2. 不动产自然状况变化

不动产的自然状况包括不动产的坐落、界址、用途、面积等,对不动产自然状况的确认和记载是不动产权利登记的前提与基础。由于宗地分割与合并、征收、房屋的改建扩建等都可能导致不动产自然状况的变化,不动产登记需要进行相应的变更。如果没有及时变更,实践中可能导致诸多麻烦甚至引发赔偿风险。例如,A 宗地登记面积是 10 000 平方米,后因道路修建依法征收了 1 000 平方米,其实际宗地面积只剩余 9 000 平方米,但征收机关没有及时嘱托办理宗地面积变更,后在该宗地上设立抵押权,在抵押权实现时才发现宗地实际面积只有 9 000 平方米,与登记簿记载不相符,拍卖抵押物后仍不能清偿其债权,因此引发诉讼。值得注意的是,虽然我国不动产登记簿按照物的编成进行编制,登记簿样式分为宗地(宗海)基本信息和不动产权利及其他事项登记信息两部分,但不意味着宗地(宗海)基本信息部分记载的事项都是自然状况,也不意味着不动产权利及其他事项登记信息部分没有自然状况。例如,登记簿的"宗地基本信息"簿页中的容积率、建筑密度、建筑限高虽然是在宗地基本信息簿页,但并不意味着其是自然状况,容积率、建筑密度、建筑限高是依据划拨决定书或者出让合同等文件确定的指标进行填写的,不必然是建筑物自然状况的体现。另外,对于共有不动产,包括区分所有的共有部分的自然状况发生变化,其变更登记的申请主体认识并不统一。根据《不动产登记操作规范(试行)》(以下简称《操作规范》)规定,因面积、用途等自然状况发生变化的,可以由共有人一人或者多人申请。

3. 不动产权利内容变化

不动产权利的内容是指权利人依法享有的对特定不动产的支配权(程啸等,2017)。不动产权利内容包括权利种类、期限、来源、共有性质,抵押权的担保范围、主债权数额、最高额抵押担保的债权范围、最高债权额、债权确定期间,地役权的利用目的、方法等。除物权的种类外,以上权利内容可以通过当事人的协议来加以改变,并由协议当事人共同申请,涉及他人利益的,还需要相关利害关系人同意。例如,抵押权的担保范围、担保主债权金额变化会影响后序抵押权人利益的,需要后序抵押权人的同意。另外,不是所有不动产权利内容的变更登记都由当事人共同申请。例如,土地、海域使用权的地址坐落不涉及权利的归属,也不涉及他人利益,可以由权利人单方申请。

(三)转移登记

转移登记是指记载于不动产登记簿的不动产权利因权利移转而进行的登记(程啸等,2017)。不动产权利转移包括权利主体的变化和权利份额的变化,具体包括从一个权利主体到另外的权利主体、权利主体增加或者减少、权利主体之间份额发生改变。不动产权利转移既包括所有权的转移,也包括用益物权的转移和担保物权的转移。不动产权利的转移实际上是不动产权利的让渡,可以通过买卖、互换、赠与等法律行为或者由于继承、强制执行、征收等非法律行为,将部分或全部的不动产权利让渡给新的权利主体,其权利因转移减少或者灭失。

《暂行条例实施细则》根据引发权利转移的具体原因,对典型的不动产转移登记的适用情形进行列举,第二十七条规定:"因下列情形导致不动产权利转移的,当事人可以向不动产登记机构申请转移登记:(一)买卖、互换、赠与不动产的;(二)以不动产作价出资(入股)的;(三)法人或者其他组织因合并、分立等原因致使不动产权利发生转移的;(四)不动产分割、合并导致权利发生转移的;(五)继承、受遗赠导致权利发生转移的;(六)共有人增加或者减少以及共有不动产份额变化的;(七)因人民法院、仲裁委员会的生效法律文书导致不动产权利发生转移的；（八）因主债权转移引起不动产抵押权转移的；（九）因需役地不动产权利转移引起地役权转移的；（十）法律、行政法规规定的其他不动产权利转移情形。"虽然以上情形都适用转移登记，但申请主体、法律效果仍有不同。一是申请主体不同。由双方或者多方协商一致，通过协议方式转移不动产权利的，由当事人共同申请，如因买卖、互换、赠与、作价出资（入股）等导致不动产权利转移。由于事件、事实或者法律规定导致不动产权利转移的，由取得权利的一方单方申请，比如因继承、遗赠或者因人民法院、仲裁委员会生效法律文书取得不动产权利等。实践中，法人或者其他组织因合并、分立等致使不动产权利发生转移的，需要区别合并或者分立的不同情形来确定。例如，新设分立，即原公司仍存在，分立出一个新公司，涉及不动产转移的，应由原公司与新公司共同申请；新设合并，即两个公司合并为一个新的公司，原来公司解散，则由新公司单方申请。另外，因人民法院、仲裁委员会生效法律文书取得不动产权利的，也可以依嘱托办理转移登记。二是法律效果不同。《民法典》第二百零九条规定："不动产物权的设立、变更、转让和消灭，经依法登记，发生效力；未经登记，不发生效力，但是法律另有规定的除外。"这里的除外情形包括《民法典》第二百二十九、第二百三十、第三百三十五、第三百四十一、第三百七十八、第三百八十至第三百八十三条规定情形导致不动产权利变动，其物权变动效力发生于法律文书或者征收决定生效时，或者合同成立时，或者由其依附的主权利发生转移时。值得注意的是，这些除外情形中，虽然登记不是物权生效的要件，但依据《民法典》第二百三十二条规定，未办理转移登记，其享有的不动产物权不得再进行处分；未经登记，依据《民法典》第三百二十五、第三百四十一、第二百七十四条规定享有的不动产物权，不得对抗善意第三人。

还需注意的是，不是所有引发权利主体变化的情形都适用转移登记。一是因征收集体土地导致权利主体变化。通过征收将集体所有的土地转变为国家所有，其权利主体发生变化，理论上应当办理转移登记，但《民法典》规定，依法属于国家所有的自然资源，所有权可以不登记。因此，征收导致土地所有权转移的，办理的是集体所有权注销登记而不是转移登记。另外，随着自然资源确权登记的逐步发展，可能将进一步探索国家所有的土地所有权登记，征收导致的土地所有权转移也会逐步完善，可以按转移登记办理。二是更正登记簿错误导致的权利主体变化。不动产登记记载的权利人错误，真正的权利主体通过更正登记予以纠正，其权利主体虽然发生变化，但不是真实权利的转让，而是对错误登记结果的纠正，应当适用更正登记而非转移登记。

（四）注销登记

注销登记是指记载于不动产登记簿的权利因不动产权利消灭而进行的登记（程啸等，2017）。不动产权利的消灭包括两种情形，一是因不动产灭失导致基于该不动产各项物权消灭，二是不动产权利本身消灭。我国台湾地区《土地登记规则》对两种情形所适用的登记类型进行区分：不动产灭失的，办理消灭登记；不动产权利灭失，办理涂销登记。我国对不动产权利消灭的登记不进行区分，依据《暂行条例实施细则》第二十八条的规定，适用注销登记的情形主要有：不动产灭失；权利人放弃不动产权利；不动产被依法没收、征收或者收回；人民法院、仲裁委员会的生效法律文书导致不动产权利消灭；法律、行政法规规定的其他情形。不动产灭失和权利灭失办理注销登记在程序上有所不同。因不动产灭失注销的，在实践中通常要求进行实地查看，采取更为审慎的审查态度，以确认不动产是否真正灭失。实行统一登记后，土地使用权与房屋所有权一体登记，也称"房地一体"登记，房屋因为地震、台风、泥石流等自然灾害导致灭失，但该房屋所占土地仍然存在的情况下，其土地使用权也依旧存在，不能简单地全部注销，应是房屋所有权的注销和土地使用权的变更，可以按照变更登记办理，给土地使用权重新核发权属证书。

实践中还需要注意以下四点：一是注销登记与撤销登记的区分。虽然两种登记在法律效果上都使原登记的不动产权利归于消灭，但是，注销登记是因权利消灭而进行的登记，原权利自注销时灭失；而撤销登记是对错误登记的纠正，应该纳入更正登记范围，原权利自始无效。法律法规没有赋予登记机构撤销登记行为的权力，但上一级登记机构可以依据《中华人民共和国行政复议法》的规定，通过行使行政复议权，撤销下一级登记机构不合法的登记行为（肖攀、郭威，2018）。二是不动产依法被没收、征收或者收回也可以适用转移登记。没收、征收或者收回实际上是权利的转移。例如，住建部门因为当事人违反规定依法收回保障性住房,应当办理转移登记。又如,当事人因为刑事犯罪,依法没收其住房上交国库,实际上是房屋所有权的转移,应当办理转移登记。另外,被没收、征收或者收回的不动产设立抵押权、地役权等他项权利的,在办理注销登记或者转移登记时,应当依法保护他项权人的不动产权利。依照《民法典》第三百九十条规定,担保期间,担保财产毁损、灭失或者被征收等,担保物权人可以就获得的保险金、赔偿金或者补偿金等优先受偿。被担保债权的履行期限未届满的,也可以提存该保险金、赔偿金或者补偿金等。三是权利人放弃不动产权利受已设立的他项权或者预告登记限制。《暂行条例实施细则》第二十八条第二款规定:"不动产上已经设立抵押权、地役权或者已经办理预告登记,所有权人、使用权人因放弃权利申请注销登记的,申请人应当提供抵押权人、地役权人、预告登记权利人同意的书面材料。"之所以要求经过抵押权、地役权、预告登记权利人的同意,是因为所有权人、使用权人放弃行为让不动产变成无主财产,依法由国家取得,所有权、使用权归于灭失权直接影响了其权利。

(五)更正登记

更正登记,是指不动产登记簿记载事项错误时,登记机构依据权利人或者利害关系人的申请或者依职权对错误登记事项予以更正的登记。更正登记是一种登记类型,也是一种纠错机制或者手段,是针对已有登记内容的更正以确保不动产登记簿的真实准确,其本身没有独立的登记内容,因此也不存在其登记内容变化所对应的转移、变更或者注销登记。我国法律赋予不动产登记簿正确推定力,简单来说,就是法律明确规定不动产登记簿是不动产权利归属和内容的根据,登记簿记载的权利就推定为真实的权利。一旦不动产登记簿出现错误,善意第三人可以根据登记簿正确推定效力取得不动产权利,将会给真实的权利人带来损害,也会给登记机构带来赔偿风险。因此,登记机构应当确保登记簿记载内容真实准确。但是,即使登记机构尽到最大的努力,也不可能确保登记簿记载的内容与真实情况完全一致,其中有当事人的因素,如提交虚假申请材料;也有测绘机构、主管部门等第三方因素,如测绘机构测量结果错误、规划部门确定的房屋用途错误等;还有登记机构自身因素,如登记机构审查疏忽将当事人约定人民币1000万元的担保主债权金额错误记载为美元1000万元。更正登记就成为纠正登记错误、保护真实权利人权益的重要机制和手段。

《民法典》第二百二十条第一款规定："权利人、利害关系人认为不动产登记簿记载的事项错误的，可以申请更正登记。不动产登记簿记载的权利人书面同意更正或者有证据证明登记确有错误的，登记机构应当予以更正。"据此，只要有证据证明登记簿记载的事项错误，权利人或者利害关系人就可以申请更正登记，既包括权利归属和内容，也包括自然状况等其他登记事项。这里的权利人是指不动产登记簿记载的权利人，不包括没有记载于不动产登记簿的真实权利人。此外，在《暂行条例》和《暂行条例实施细则》起草过程中，对于是否规定撤销登记，曾经存在不同意见，立法上最终没有单独规定撤销登记类型，主要理由在于：更正和撤销都是对错误登记的消除，统一规定为更正登记即可，没有必要将撤销登记作为一种独立的登记类型；赋予登记机构撤销权，不排除登记机构滥用权力；更正登记能够涵盖撤销登记的内容。

（六）异议登记

异议登记，是指登记机构将利害关系人对记载于登记簿的不动产权利归属或者内容存在错误的有关异议进行登记的行为。异议登记和更正登记一样，都是为了保护真实的权利人。更正登记是通过彻底消除登记错误的方式，让真实权利人的权利得到保护，而异议登记是通过击破不动产登记簿公信力的方式，让真实权利人的权利得到临时保护。更正登记的目的是保护事实上的权利人的物权，许可真正的权利人或者利害关系人依据真实的权利状态对不动产登记簿记载的内容进行更正。更正的程序可能较为费时，有时申请更正的权利人与登记簿记载的权利人之间的争议一时难以化解，法律有必要建立异议登记制度，作为一种对真正权利人利益的临时性保护措施（黄薇，2020a）。

《民法典》第二百二十条第二款规定："不动产登记簿记载的权利人不同意更正的，利害关系人可以申请异议登记。登记机构予以异议登记，申请人自异议登记之日起十五日内不提起诉讼的，异议登记失效。异议登记不当，造成权利人损害的，权利人可以向申请人请求损害赔偿。"异议登记是真正权利人与登记簿记载的权利人对不动产权利状况出现争议且争议无法马上通过更正登记予以解决时，为了避免登记簿记载的权利人利用登记簿正确推定效力，在争议解决前将不动产处分，善意第三人基于对登记簿的信赖取得物权，导致真正权利人即使通过诉讼确认其权利，也无法再通过更正登记取得该不动产权利所引入的保护措施。由于异议登记否定了不动产登记簿正确推定效力，会使交易处于不确定状态，这种保护措施是临时的。由于存在提出异议的申请人并非真正的权利人或者是无意解决争议的权利人的可能，为了平衡登记簿记载权利人与利害关系人之间的利益，法律明确异议登记失效的情形和时间，并规定权利人可以向不当异议登记造成损害的申请人请求赔偿。从登记事项变化的角度看，异议登记可以分为异议提出和异议消除两个阶段，分别对应异议登记和注销异议登记。

1. 关于异议登记

自原《物权法》新设异议登记制度以来，对异议登记的法律效力的认识在不断发展。统一登记之前，基本上认为异议登记的法律效力是限制处分，对其作暂缓登记处理或者处分登记需要经登记簿记载的异议登记权利人同意；实施统一登记后，重新审视异议登记的法律效力，认为我国异议登记制度主要是通过异议否定登记簿的权利正确推定效力，否定第三人的善意[《最高人民法院关于适用〈中华人民共和国民法典〉物权编的解释（一）》第十五条规定，登记簿上存在有效的异议登记的，应当认定不动产受让人知道转让人无处分权]，最终达到保护真正权利人利益的目的，而不是也没有必要对权利进行限制。《暂行条例实施细则》第八十四条规定："异议登记期间，不动产登记簿上记载的权利人以及第三人因处分权利申请登记的，不动产登记机构应当书面告知申请人该权利已经存在异议登记的有关事项。申请人申请继续办理的，应当予以办理，但申请人应当提供知悉异议登记存在并自担风险的书面承诺。"异议登记目的是提示受让人或者拟设立他项物权的当事人该权利存在异议，从而否定其善意第三人的身份，以便真正权利人能够依法追回其物权，属于提示性登记。

有三个方面值得注意：一是申请主体。依照《民法典》第二百二十条第二款的规定，利害关系人可以申请异议登记，这里规定的利害关系人包括登记簿记载的异议登记事项权利人以外的其他权利人。例如，后序顺位的抵押权人可以对前序顺位的抵押权人的担保主债权金额、担保范围等提出异议。二是审查要求和时限。异议登记是一种临时保护措施，有较高的时效要求，如果没有及时否定登记簿正确推定力，登记簿记载的权利人可能会利用登记的正确推定力处分不动产，让保护真正权利人利益的目的落空，这就要求登记机构及时将异议事项予以记载。另外，不能苛求申请人提交的材料足以或者确实证明登记记载的事项错误，只要能够证明其异议有合理性即可，这既考虑到登记机构的审查能力，也考虑到登记的时效要求。三是与后续登记的关系。异议登记并不产生限制效力，不对后续登记产生影响。值得注意的是，处分登记后，异议登记不当然注销。

2. 关于注销异议登记

注销异议登记，是指记载于登记簿的异议事项因为异议消除或者异议效力消灭进行的登记。异议登记产生否定登记簿正确推定力的法律效力，对登记簿记载的权利人产生重大不利影响。当异议消除或者异议登记效力消灭，应当及时注销异议登记，以恢复登记簿的正确推定效力，稳定交易秩序。《暂行条例实施细则》没有对异议登记的注销作出具体规定，只是规定异议登记之后逾期不提交人民法院受理通知书、仲裁机构受理通知书等提起诉讼、申请仲裁的材料的，异议登记失效。《操作规范》17.2 列举了申请人注销异议登记情形，包括异议登记申请人放弃异议和异议登记失效等，要求的申请主体都是异议登记申请人。实践中，还有以下三点值得关注：一是适用情形。异议事项消除的情形也可能是异议事项得以更正，更正登记时应一并注销异议登记。二是申请主体。除异议登记申请外，登记簿记载的权利人也可以作为异议登记注销的申请人。异议登记失效的，登记机构也可以依法依职权注销异议登记。三是申请材料。不同的申请主体，所需的材料存在较大差异。例如，异议登记申请人申请注销的，意味其不再对登记簿记载的权利进行异议，只需要确认其提出申请即可，无须提交其他材料；若申请人为登记簿记载的权利人，需要提交异议效力灭失的材料，包括异议登记申请未在十五日内向人民法院、仲裁机构提起诉讼或者仲裁，或者其诉求不被受理、被驳回等。当然，若是因异议登记申请人未在法定期间内提交规定材料导致异议登记失效，登记簿记载的权利人申请时则无须提交前述材料。

（七）预告登记

预告登记，是指为了保全物权变动的请求权而进行的登记。预告登记的功能是限制房地产开发商等债务人处分其权利，以保障债权人将来实现其债权（黄薇，2020a）。预告登记实质上是将债权物权化，通过预告登记让债权的请求权具有物权的排他性，更好地保护债权人利益。预告登记的请求权源于债权，从属于债权。依照《民法典》第五百四十七条第一款的规定，债权人转让债权的，受让人取得与债权有关的从权利，但是该从权利专属于债权人自身的除外。债权发生转移、变更、消灭时，其从属的请求权也会随之转移、变更、消灭。因此，预告登记也有首次、变更、转移和注销登记之分。《暂行条例实施细则》第五章第三节没有对预告登记的变更和转移作出具体规定，《操作规范》第15章对此作了补充完善。

依据《民法典》第二百二十一条第一款的规定，只有物权相关的债权，其请求权方能作为登记客体，将协议范围限定为"当事人签订买卖房屋的协议或者签订其他不动产物权的协议"。《暂行条例实施细则》第八十五条第一款规定，可以申请预告登记的情形具体为：商品房等不动产预售的；不动产买卖、抵押的；以预购商品房设定抵押权；法律、行政法规规定的其他情形。在实践中，申请预告登记所依据的物权协议主要集中在房屋买卖和抵押，目的是将来取得房屋所有权或者设立抵押权，一般将"实现物权"理解为获得物权，但有的地方对其他物权协议办理预告登记进行探索。例如，《深圳经济特区城市更新条例》第三十一条规定："搬迁补偿协议签订后，市场主体可以按照约定向不动产登记机构申请办理被搬迁房屋的相关预告登记。"其保全的是请求被拆迁人注销房地产权利的权利，与获得物权不同，该项请求是消灭物权。这与"实现物权"的一般理解存在不同。比较《德国民法典》第883条的规定，后者是为保全转让或者废除土地上的一项权利的请求权、可以保全变更此种权利的内容或者变更其顺位的请求权、土地之上的权利的请求权，土地登记簿中作预告登记。可见，消灭物权的请求权也可以进行预告登记。当然，这样的探索需要在理论上进一步研究，在实践中进一步观察。

1. 预告登记的作用

（1）保障物权实现。根据《暂行条例实施细则》第八十五条第二款"预告登记生效期间，未经预告登记的权利人书面同意，处分该不动产权利申请登记的，不动产登记机构应当不予办理"的规定，预告登记在填补债权和物权间的时间间隙中，担负"架桥"的任务。通过预告登记的设置，赋予被登记的请求权以物权效力，使得预告登记权利人在一定范围内可以对抗义务人处分不动产的行为，保障预告登记能够顺利推进到本登记，进而防止请求权受挫，保障预告登记权利人将来取得物权或者发生物权变动。

（2）界定责任财产。楼盘烂尾、开发企业被列为失信被执行人甚至破产的情况，可能涉及开发贷款人和其他债权人、开发企业、多个预购人、按揭贷款人等内部、外部权益冲突问题，预告登记在确定责任财产范围等方面具有的定分止争的独立价值无可取代。虽然目前实体法依据尚不充足，但《最高人民法院关于适用〈中华人民共和国担保法〉若干问题的解释》和法院执行程序规定等文件有效缓解了当前的困境，使得预告登记制度发挥其担当作用，有效解决了财产主体界定问题。

（3）保障交易安全。保障交易安全的功能不但体现在与所要保全的债权请求权有关的交易行为的安全，即保全债权请求权发生当事人所期望的不动产物权变动效果，而且体现在第三人与预告登记义务人就预告登记所涉财产的交易行为的安全，即市场交易主体通过查阅登记簿，获取预告登记信息，可以判断相关交易风险和未来本登记的可能性，以满足其合理预期。

（4）提高交易效率。预告登记制度通过实体和程序规范的设计与实施，为交易行为提供了安全保障，避免纠纷解决成本的支出。同时，通过公示制度便于第三人掌握所涉及财产的真实信息，从而迅速作出交易决策，降低信息查询成本，避免盲目交易可能导致的风险，从而最终实现经济效率与社会效率、个体效率与社会整体效率的综合效率最优。

2. 预告登记的效力

（1）限制处分的效力。我国与德国一样，预告登记制度都具有担保将来发生不动产物权变动的请求权，防止不动产权利人违反义务对不动产进行处分的效力。需要注意的是：第一，限制处分主要是限制法律意义上的处分，包括转让（如转让房屋所有权）、设定他物权（如再次抵押）。对于事实处分，如房屋的装修或者修缮，应当不在限制之列。第二，不动产在办理预告登记后，除非经预告登记权利人同意，不动产登记机构不再办理所有权人因处分不动产而提出的登记申请。同时，根据《最高人民法院关于适用〈中华人民共和国民法典〉物权编的解释（一）》第十五条的规定，预告登记有效期内，未经预告登记的权利人同意，应当认定不动产受让人知道转让人无处分权，进而可以认定受让人非善意，阻断其善意取得不动产。第三，预告登记不能对抗征收。预告登记的权利属于民事私权，征收是出于公共利益需要，民事权利应当服从公共利益。对此，我国台湾地区也规定，预告登记对征收而为的新登记，不具有排除效力（肖攀，2021）。

（2）顺位效力。《德国民法典》第883条第3款规定："请求权以权利的给予为目的，该项权利的顺位按照预告登记定之。"该条所阐述的即为预告登记的顺位效力，指的是债权人办理预告登记后，因预告登记已经表明了被担保的请求权经过履行后将要产生某种不动产物权，故将来该物权一旦产生，就会取得预告登记所有的顺位。例如，在无负担的土地上，为H登记了一项抵押权预告登记，后在该土地上又登记了另外两项抵押权，则H获得第一顺位（施蒂尔纳，2004）。需要说明的是，顺位效力以预告登记义务人再行处分不动产为前提，如二重买卖、再行设定抵押权或其他用益物权等。对此，有的学者（崔建远，2011）认为，物权变动的时间点应当以本登记为准，预告登记不具有顺位效力。但也有学者（程啸等，2016）认为，如果预告登记能够成功地转化为本登记，其所具有的顺位自然应当转归为本登记，唯有如此，才能真正贯彻预告登记"保障将来实现物权"的担保功能，维护债权的合法利益。一旦承认顺位效力，预告登记义务人可以将已经设立抵押权预告登记的不动产再次抵押，这对于在先的预告登记权利人不会产生影响，还能充分发挥物的效用。《天津市不动产登记条例》第六十条、《内蒙古自治区不动产登记实施办法》第九十一条规定："已经办理预购商品房抵押权预告登记的，购房人办理国有建设用地使用权及房屋所有权转移登记后，其抵押权预告登记转为抵押权登记，抵押权预告登记日期即为抵押权登记日期。"这就明确了抵押权预告登记"预转现"时的顺位保全效力，即在预告登记转为本登记时，其优先受偿顺位的判断时点溯及预告登记之时。

这一做法对于平衡抵押权人利益、稳定市场预期等具有重要价值，得到了司法实践的认可。《最高人民法院关于适用〈中华人民共和国民法典〉有关担保制度的解释》（法释〔2020〕28号；以下简称《担保制度的解释》）第五十二条第一款规定："当事人办理抵押预告登记后，预告登记权利人请求就抵押财产优先受偿，经审查存在尚未办理建筑物所有权首次登记、预告登记的财产与办理建筑物所有权首次登记时的财产不一致、抵押预告登记已经失效等情形，导致不具备办理抵押登记条件的，人民法院不予支持；经审查已经办理建筑物所有权首次登记，且不存在预告登记失效等情形的，人民法院应予支持，并应当认定抵押权自预告登记之日起设立。"

（3）破产保护效力。企业破产后，预告登记的不动产是作为破产财产由管理人进行清算分配，还是不作为破产财产由预告登记的权利人行使取回权或别除权，在法律中并没有明确规定。理论界多认为，预告登记的请求权具有一种优先效力，从而可以在不动产的物权人陷入破产时对抗其他债权人，保全请求权得以实现。例如，预购商品房预告登记后，在房地产开发企业陷入破产后，买受人取得的房屋不能列入破产财产（王利明，2013）。国外立法大多承认预告登记的破产保全效力，如《德国支付不能法》规定，预告登记后，债务人被宣告破产，预告登记权利人仍可以向支付不能管理人请求继续履行物权变动请求权，支付不能管理人不能拒绝。这相当于将预告登记的债权视为将来已完成的物权，经预告登记的债权请求权几乎具有完全的物权效力。日本和我国台湾地区学者（王荣珍，2015）对预告登记在破产程序中的效力一向持肯定态度。《担保制度的解释》第五十二条第二款规定："当事人办理了抵押预告登记，抵押人破产，经审查抵押财产属于破产财产，预告登记权利人主张就抵押财产优先受偿的，人民法院应当在受理破产申请时抵押财产的价值范围内予以支持，但是在人民法院受理破产申请前一年内，债务人对没有财产担保的债务设立抵押预告登记的除外。"该规定在有条件承认抵押权预告登记具有优先受偿权的基础上，明确预告登记的权利人在破产程序中享有别除权。

（4）对抗强制执行效力。《德国民法典》规定，预告登记后本登记前，通过强制执行方式对预告登记的标的物进行处分，在妨害或侵害预告登记的债权时，该处分无效；也就是说，预告登记的请求权被视为已完成登记的物权，具有对抗强制执行的效力。我国在《民法典》中规定，预告登记限制处分效力的基础上，在民事诉讼法的执行程序和有关司法解释中体现了这一效力规则。例如，《最高人民法院关于人民法院办理执行异议和复议案件若干问题的规定》（法释〔2015〕10号）第三十条规定："金钱债权执行中，对被查封的办理了受让物权预告登记的不动产，受让人提出停止处分异议的，人民法院应予支持；符合物权登记条件，受让人提出排除执行异议的，应予支持。"由此可知，"预告登记权利的请求权，在性质上属于能够阻止人民法院处分该不动产的实体权利。在执行程序中，对预告登记权利人的物权期待权也应依法予以保护。被执行人转让不动产物权，受让人尚未完成物权变更登记，但对人民法院查封的该不动产已经办理了受让物权预告登记的，对于受让人提出的停止处分该不动产的案外人异议，人民法院应予支持"（江必新、刘贵祥，2015）。

（八）查封登记

查封登记，是指登记机构依据人民法院或其他有权机关嘱托，将对特定不动产进行查封的事实在不动产登记簿上加以记载的行为（程啸等，2016）。查封登记是保全措施或者强制措施在不动产登记上的延伸，不仅限制登记簿记载的权利人处分该不动产，也限制登记机构进行处分登记。查封登记依人民法院或者其他有权机关嘱托而启动，是典型的嘱托登记。以查封对象是否登记为标准进行分类，可以分为查封登记和预查封登记。查封登记是对已登记的不动产权利进行查封；预查封登记是对未登记的不动产权利进行查封。根据《最高人民法院、国土资源部、建设部关于依法规范人民法院执行和国土资源房地产管理部门协助执行若干问题的通知》（法发〔2004〕5号）以及《公安机关办理刑事案件适用查封、冻结措施有关规定》的规定，即便有关土地使用权和预售商品房所有权尚未办理不动产登记，查封机关也可以对其进行预查封，登记机构协助办理预查封登记。在预查封期间，被预查封的土地使用权或者房屋所有权登记在被执行人名下，预查封登记自动转为查封登记。多个查封机关对同一不动产进行查封的，登记机构根据查封机关送达文书的先后顺序，分别办理查封登记和轮候查封登记。但轮候查封并不产生查封登记效力，只是产生顺位效力，即查封机关依法解除查封或者对查封的不动产部分处理的，排列在先的轮候查封自动转为查封登记或预查封登记,依次类推。

实践中需要注意以下三点:一是查封登记与后续登记的关系。查封登记的法律效力是限制权利人的处分和登记机构办理处分登记,以达到保全财产的目的,因此,查封登记后,不得办理转移登记、抵押权登记、地役权登记、居住权登记等处分登记;其他可能影响财产保全目的的变更登记也应受限,如担保主债权金额的增加、共有权性质的变化、不动产的分割等。不影响财产保全目的的变更则不在此限,如因权利人姓名、名称变更、身份证件类型和号码变更等。二是轮候查封登记的期限。轮候查封登记并不产生查封登记效力,只是产生顺位效力。严格来讲,轮候查封登记不存在限制期限,因为轮候查封登记尚未产生限制效力,只有在轮候查封登记转为查封登记或者预查封登记时才会有限制期限。人民法院或者其他有权机关嘱托时应当明确限制期限及其起算时点,避免用具体日期表示。三是登记机构的审查职责。查封登记是典型的嘱托登记,登记机构不对嘱托文书等相关法律文书进行实体审查,即便嘱托文书的内容与判决书明显不同甚至冲突,登记机构亦应按照嘱托文书的要求办理,不过可以向作出有关裁判的法院提出审查建议。简而言之,就是不作实体审查,可以提审查建议。登记机构不需要对按照嘱托机构要求办理的查封登记错误负责。如果查封登记行为与查封机关的要求一致,实质上查封登记体现的是查封机关的意志而非登记机构的独立意志,其错误后果应当由查封机关承担。当然,登记机构扩大或者缩小查封范围或者不及时协助查封导致损害的,应当由登记机构负责。

第二节 世界主要不动产登记制度比较分析

一、世界主要不动产登记模式

目前,在不动产登记制度基本模式的研究中,通常将世界上比较典型的不动产登记模式分为三种:权利登记模式、契据登记模式、托伦斯登记模式。

（一）权利登记模式

权利登记模式，是指不动产物权依法律行为的设立、转移、变更和废止等事项非经登记不得生效的模式，又称实质主义登记。权利登记模式为德国首创，并为瑞典、瑞士、奥地利、匈牙利等国家所采用。权利登记模式具有以下五个方面的特点：

（1）登记为物权变动的生效要件。此模式下，登记作为物权生效的必要条件；不动产物权的得失变更，未经登记，就不产生相应的物权变动效力。

（2）登记实行实质审查。登记机构除对申请登记程序、手续是否完备进行审查外，还要对发生不动产权利的得失变更原因、是否能有效成立进行审查，经核查认定后，方可登记。

（3）登记具有公信力。公众可信赖已经登记的权利具有确定的效力，登记簿上记载的权利事项对于善意第三人在法律上有绝对效力。

（4）登记为强制登记制度。不动产物权的取得或变更，必须经过登记才能产生效力；不登记就得不到法律的保护。

（5）登记簿采取物的编成主义。为方便物的管理，登记簿的建立以登记客体为依据，依土地地段、地号先后次序编成，登记完毕不发权利证书，仅在契约上注记。

（二）契据登记模式

契据登记模式由法国创立，主要特点是不动产物权变动以当事人意思表示一致为条件，契约是权利生效的要件，登记只产生对抗第二人的效力，未经登记的权利不得对抗第三人。契据登记模式具有以下五个方面的特点：

（1）登记为对抗要件。在该模式下，登记与否都不影响不动产物权变动的效力，其登记行为主要是产生对抗第三人的效力。

（2）登记与否不予强制。不动产物权变动是否登记，由当事人自行决定，法律不强制要求登记。

（3）登记实行形式审查。登记机构对于登记申请，采取形式审查，如申请登记手续完备，即按照契据内容记载于登记簿，不实质审查契据内容有无瑕疵。

（4）登记无公信力。当登记事项实质上不成立或无效时，不能以登记内容对抗善意第三人。

（5）登记簿采取人的编成主义。为方便第三人查阅和产权状态分析，登记簿依权利人登记的先后次序编成，不发放权利证书。

（三）托伦斯登记模式

托伦斯登记模式，也称权状交付主义，主要特点是初次登记不强制，但不动产权利一经登记，今后不动产权利发生变更都必须登记。登记后颁发权利凭证，登记机关保留正本，副本作为不动产权利人的凭证。托伦斯登记模式与权利登记模式较为接近，如初次登记后的物权变动强制登记、实质审查、登记具有公信力等。但除此之外仍具有自己的一些特点，表现在以下三个方面：

（1）登记生效。不动产初次登记并不是强制的，但第一次登记之后如有不动产转移或变动，非经登记，不产生物权效力。

（2）交付权利证书。不动产权利登记时，登记机构依据权利状态制发证书一式两份，一份交给权利人，以证明其权利；另一份留存登记机关，以备编成登记簿。

（3）设立赔偿基金。已经登记的不动产权利有不可推翻的效力，但登记如有遗漏或错误给他人造成损失的，登记机构要承担赔偿责任，为此设置了登记赔偿基金保障当事人的权益。

（四）三种登记模式比较

三种登记模式的具体情况比较见表3-1。权利登记模式以保障交易安全为目标，实行实质审查，在很大程度上降低了交易的风险，但是对交易真实性的审查使得当事人的自由权受到一定的限制和干预，也降低了交易的效率。契据登记模式下，不动产物权的变动只要双方当事人意思表示达成一致，即可引起物权变动的效力，而不像权利登记制中以登记作为生效要件。在这种制度下，登记只是产生对抗第三人的作用，非经登记不得对抗第三人。这种制度在很大程度上充分保护了公民的自由权利，但是对于交易安全的保障则有所欠缺，可能会给交易带来一定的风险。托伦斯登记模式是为解决原英国契约制模式中审核契约链的过程过于烦琐的问题,提高交易效率而产生。不动产在第一次登记时,登记机构按照特定的程序将不动产权利状态确定下来并制成权利证书,登记的权利具有公信力。这项措施减少了交易成本,使得不动产的交易效率有所提高,在很大程度上兼顾了交易的效率与安全。但是,托伦斯登记模式旨在建立一个具有永久结论性的清晰的产权判断标准,以像镜子一样准确地反映物权当前的状态,对于政府来说,需要充足的资金和有能力的人来准确、及时地评估当事人提交的产权材料,所以行政管理成本相对较高(刘经靖,2013)。

表3-1 三种登记模式比较

登记模式	效力	审查方式	公信力	是否强制	登记簿	证书
权利登记模式	登记生效	实质	有	强制	物的编成	无
契据登记模式	登记对抗	形式	无	自由	人的编成	无
托伦斯登记模式	登记生效	实质	有	第一次不强制	人的编成	有

这三种不动产登记模式,虽然产生于不同的国家,具有不同的政治、经济、文化和历史背景,但是有一个共同的特点,就是实施了不动产统一登记制度。具体体现在五个方面:一是登记机构统一。由一个部门负责,具体承担不动产登记工作。二是登记范围明确。土地及附着物统一登记,房屋等作为土地的附着物,是土地不可分割的一部分,在土地登记时一并登记。三是登记依据健全。有明确的法律、法规、相关配套规章和技术标准,形成了完善的登记依据体系。四是以登记机关的注册登记为准。登记机关发放的证书可能被篡改或伪造,但其保存的土地登记卡(簿、册)只有登记人员才有可能改动,因此要以登记簿为准。五是允许登记资料的依法公开查询。登记机关的登记资料与其他税务机关、估价机构、司法部门的资料联网,信息互通共享;同时,社会公众可以依法查询。

二、国外具有代表性的不动产登记制度

(一)德国的不动产登记制度

德国不动产登记制度的完备主要体现在《德国民法典》的物权篇,以及其

后出台的《不动产登记条例》和《不动产登记命令》等配套实施细则。《住宅所有权和永久居住权法》等特别法中也规定了不动产登记的程序性规范。这些立法共同构成了德国不动产物权的设立、移转、变更和废止的具体规则。德国的不动产登记制度具有以下特点：

（1）实行登记生效主义。《德国民法典》第873条规定："为转让一项地产的物权，为在地产上设立一项物权以及转让该项权利或者在该项权利上设立其他权利，如法律没有另行规定，必须有权利人和该权利变更而涉及的其他人的合意，该变更在不动产登记簿上进行登记。"可以看出，德国关于不动产物权的变动是由合意和登记两个要件构成，当事人达成合意而未登记，不能产生物权变动的效力；要产生不动产物权变动，必须进行登记。

（2）采取形式审查为主、实质审查为辅的审查方式。德国18世纪采用物权变动实质审查主义，带来严重弊端，交易时间延长，交易成本增加，延缓了交易进程，最终阻碍社会经济发展。此外，登记官为避免责任，追查细节，过多干预了市民的私生活，以致社会怨声载道。因此，促成了形式主义的审查制度，登记机关只对物权变动的原因进行形式审查，只有在不动产登记有害于社会公共利益时才进行实质审查（王志成，2007）。

（3）实行配套公证制度。为了实现安全和效率两个目标，德国将公证制度作为一项配套制度引入不动产登记之中。在登记申请之前，公证机关审核引起不动产物权变动的法律行为或者有关程序行为，保证当事人意思表示的真实性，为不动产登记提供便捷，确保不动产物权变动的安全性。公证机关审核后，登记机关无须再对不动产物权变动进行实质审查，进行形式审查即可。在这种登记审查机制中，登记审查权限实际上被公证机关和登记机关共同分担了，其效果就是既保证了登记的迅捷，又强化了登记结果的正确性。

（4）实行登记赔偿制度。错误登记的原因根据引起登记错误的来源，分为登记机构的原因、登记申请人的原因和混合原因三种情况。第一种情况引起的赔偿分为国家赔偿和公证员职业责任保险赔偿两种情况；第二种情况引起的赔偿由导致错误登记的登记申请人依据民事侵权的规定来承担赔偿责任，弥补受害人的损失，并按照公示、公信原则重新确立不动产产权归属；第三种情形引起的赔偿由登记机构和登记申请人共同负责赔偿，登记机构赔偿部分再依据法律对恶意登记工作人员进行追偿。通过赔偿制度，弥补了因不动产登记错误而受到损失的真正的权利人的利益，维护了公平正义。

（5）法院承担不动产登记职责。德国不动产登记采取属地管辖。土地登记局一般设立在地方法院，对于所在地的一切土地登记事项均享有管辖权，政府和上级法院不得干涉其登记业务。登记局工作人员包括法律工作者、行政管理人员和仲裁法官。法律工作者主要负责土地登记的审查、核实和依法登记等工作，遇到问题或者当事人对于登记事项不服而提起上诉的，则由仲裁法官来裁决。行政管理人员主要负责行文的收发、登记簿的管理、来访的接待、登记申请人的接待等日常事务。其中，法律工作者是不动产登记的核心，如果没有按照登记的原则、程序认真审批，造成登记错误，要承担相应责任。

（二）瑞典的不动产登记制度

瑞典的不动产登记制度最早起源于德国的权利登记制度，时至今日，仍然被普遍认为其不动产登记制度属于权利登记模式。事实上，经过多年来欧洲大陆通行的权利登记模式和契据登记模式的共同影响，瑞典的登记制度也吸收了两种模式的特长，在保持权利登记制度的一些特点外，具有自身的特点，表现在以下五个方面：

（1）采用意思主义立法，登记为对抗要件。典型的不动产权利登记模式采用形式主义立法，不动产物权变动必须经过登记才能生效，而瑞典在此方面采取了意思主义立法，即不动产权利变动当事人双方只要意思表示一致，订立了契约，就发生不动产权利变动的法律后果，以契约为生效要件。不动产权利登记只是对抗第三人的要件，未登记的不动产权利不得对抗第三人（黄志凌等，2013）。

（2）采用实质审查制度。登记人员对于申请事项，不仅审查所需要的形式要件（如契约），而且对权利的变更原因进行详细的审核，确定其是否符合事实。基于完备的信息共享平台，登记人员可以对登记申请人提交的登记单元的产权情况、产权人信息、抵押信息等进行验证，不能通过验证的，将不予登记。

（3）强制性登记。瑞典保持了权利登记模式的特点，采取强制性登记，并且为了保持不动产登记簿的信息与实际情况相符，制定了严格的政策，保证及时登记：第一，不动产形成和不动产权发生变化的，必须在三个月内，到瑞典制图、地籍及土地登记局申请权属登记，若不申请，将被处以罚款，超时越长，处罚越重；第二，在不动产交易时，由卖方申请登记，如果卖方不申请，则各种税费将记入卖方账户。

（4）采用物的编成主义。瑞典《土地法》规定，"不动产就是土地，由不动产单元组成"。不动产登记以不动产单元为管理对象，在划分不动产单元的基础上赋予每一个不动产单元相应的权利，登记簿依不动产单元编成。

（5）不颁发权利证书。登记机关只在登记簿上登记，不向权利人颁发权利证书。不动产权利人可以在信息系统上通过唯一的账户名和密码查询本人的不动产信息，也可以在登记机构查询并打印出自己所登记的产权信息。

（三）法国的不动产登记制度

《法国民法典》于1804年诞生，契约自由精神贯穿始终。在这种法律原则下，法国成为契约登记制度的首创国，直至1955年1月4日通过《地产公告》法令，不动产公示制度完成，形成了现在法国的不动产登记制度。法国的不动产登记制度具有以下特点：

（1）实行登记对抗主义。法国基于对个人意思之尊重采用登记对抗主义。当事人形成物权变动的意思表示并订立契约，即产生物权变动的法律效力，只是在依法登记进行公示前，不能对抗第三人。这种对抗效力的存在，有助于对于不动产权利的维护和交易安全的实现，但契约登记对不动产权利变动的有效性不产生任何效果，因此，第三人信赖登记仍可能存在一定的交易风险。

（2）实行公示制度。作为保护第三人的主要规则，公示的准确性、全面性成为保护交易安全的重要环节。为了准确反映不动产上的权利状态，确保不动产公示的真实性，法国的不动产公示制度采取了一系列措施。首先，扩大不动产公示的范围。从公示的权利范围来看，不仅几乎涵盖了所有的不动产物权，而且附条件的权利、可能的权利、有争议的权利，甚至某些与不动产有利害关系的债权都要办理公示；从公示的行为来看，不仅包括法律行为，而且包括司法行为和行政行为，甚至包括法律事实。其次，采用法律手段促使权利人进行连续公示。此举避免在公示链条中出现空白，有利于第三人对他们取得的权利进行评估。最后，加重登记员的责任，减少公示错误的可能（于海涌，2006）。

（3）实行形式审查。登记机关仅对登记申请和登记材料是否齐备作形式审查，登记并不是当事人获得权利的依据，也不是权利是否存在瑕疵的证明。为弥补形式审查的不足，保障原所有权人的利益，法国法律设置了卖方的不动产留置权、不动产特别优先权、解除诉权，免除了出卖人既失去了不动产的所有权也无法取得不动产价款的风险。

（4）引入公证制度。基于交易安全保护的需要，不动产公示与公证行为之间的联系不断扩大和加强。在法国，公证人是不动产登记主要的"提供者"和这一制度的主要"用户"。根据《地产公告》法令第4条的规定，只有经公证的行为才能提交给抵押权登记机关予以公示。同样，涉及单方行为，如赠与、抵押的设定等，其未经公证即为无效。但公证制度的引入也会带来额外的交易成本。

（5）登记赔偿。尽管登记员的审查是形式审查，但登记员在其履职过程中因个人过错给特定人造成的损害需要承担民事责任。为确保登记员对特定当事人的民事责任，登记员应当提供保证金，以便受害人可以获得及时、充分的赔偿。

（四）日本的不动产登记制度

日本的不动产登记制度有着悠久的历史，不动产物权变动的法律规定经历了屡次变迁，最终采取法国意思主义模式，不动产交易合同缔结即完成物权转移，登记仅为对抗要件。日本的不动产登记制度具有以下特点：

（1）采用实质审查主义。日本虽然在制定法律层面确立了意思主义物权变动模式，但是，在具体登记实务中，对于形式审查原则的践行并不彻底，部分登记内容比较明显地体现了实质审核属性，修正形式审查的不足，保障交易安全。具体来讲，日本《不动产登记法》中规定的登记官回避、登记申请的驳回以及关于登记官调查权的内容都是实质审查的具体体现。

（2）司法书士制度从实质角度保障交易行为有效。采取意思主义作为物权变动方式的国家和地区，通常比较重视公证制度在物权变动中发挥的作用，用以弥补意思主义形式性不足的缺憾，见证交易行为成立，方便后续举证，提高交易的迅捷性。日本结合本国实际发展出特有的司法书士制度，作为不动产登记的重要配套方案，在实践中对于保护不动产交易安全发挥了重要作用。司法书士在不动产登记过程中负责的具体工作包括确认交易主体身份真实、核实交易客体自然状况和权利负担以及见证交易行为合法有效。由此可见，司法书士在事实上承担了实质性的确认调查工作，以此保障不动产登记的真实性（李文婧，2021）。

（3）登记为任意登记，即"除法律另有规定情形外，除非有当事人的申请或官厅、公署的嘱托，不得进行"，但也存在除外情形，即关于不动产标示的登记，可由登记官依职权进行。

（4）登记簿采用物的编成主义。尽管其土地登记制度采取的是契据登记模式，但是其登记簿采用物的编成主义。

（5）实施登记错误赔偿。根据法律规定，由于登记官失误造成他人损失时，受害人可以向法务局局长或地方法务局局长提出请求审查申诉，也可向法院提出诉讼，要求经济赔偿。如查明确系登记官的失误使他人受到损害时，登记官不仅要依法赔偿受害人的全部损失，还要被解除职务。

（五）澳大利亚的不动产登记制度

在托伦斯登记模式实施之前，澳大利亚使用英国的契约登记模式，要求土地所有人持有能够证明其土地上权利的契约链，每次出售土地都需要对契约链的真实性进行大量调查，并且将律师起草的新契约加入这一链条中。这种制度对受让人并不公正，也大大增加了土地交易成本，阻碍了土地市场的繁荣。南澳大利亚州契约登记官托伦斯爵士提出对原有登记制度的改革，创立了托伦斯登记模式，通过提供一种具有"终局的结论性、确定性"的所有权凭证，以保障交易安全，提高交易的效率，消除公众对传统契约登记系统弊端的各种不满。澳大利亚的不动产登记制度具有以下特点：

（1）登记具有公信力。托伦斯登记制度是一种严密的、权责分明的登记制度，其核心目标是产权的绝对性（又称不可推翻性）。托伦斯土地登记系统的运行操作实行的是总登记师、副总登记师、登记师制度。对每个登记案件的受理、审核、交核、批准签发、错误认定、错误纠正等每一项程序都有相应分工并具有相应的权利和负有相应的义务。已登记的土地及不动产的自然信息、权利信息都经过了登记机构的审核和认定，政府保证其准确、真实。这是托伦斯登记模式的核心，也是旧式契约登记方式所不具备的。

（2）遵循登记申请原则。不动产的第一次登记采取自愿原则，政府并不强制要求必须登记。在第一次登记时，当事人向登记管理部门提出申请，登记员进行审查，如果不动产权利存在瑕疵，登记员通知利害关系人通过法庭程序解决争端。为了保证登记的真实性和可靠性，对登记申请采用严格的实质审查原则，对政府而言，审查程序越严格，出错的概率就越小，登记的公信力越能得到保证，尽管这将付出极高的社会成本。第一次登记之后，不动产物权的变动采取强制登记，未经登记不产生物权效力。在澳大利亚，不动产交易人及时进行登记已成为一种自觉行为。

（3）登记簿采用物的编成主义。托伦斯登记簿的设置采用"物的编成"，遵循"属地主义原则"，以地籍为基础。登记簿按照土地地段、地号先后之次序编成，每一个登记页上记载的是某一特定不动产上的权利状况。

（4）发放权利证书。按照托伦斯登记模式的要求，登记行为除了将不动产所承载的物权记载在登记簿以外，还需要向权利人颁发权利证书。目前在大部分使用托伦斯登记模式的地区仍然颁发权利证书。但澳大利亚昆士兰州自2000年3月《1994年土地法》修订以后，规定可以不再颁发土地权利证书，如果权利人需要，可自行向自然资源与矿业部下设的任何办事处查询后获得土地登记的详细资料，不影响其享有的土地权益。

（5）设立登记赔偿基金。国家赔偿原则是托伦斯登记模式的重要技术原则，通过设立登记赔偿基金为那些因为登记程序错误而遭受损失的当事人提供有效的赔偿，基金资金来源于权利人登记时缴纳的登记费。根据法律规定，因欺诈、登记官的失误、土地登记档案遗失或错误造成土地权利人的损失，政府要无条件、及时、全部、先行赔偿。

三、对我国不动产登记制度建设的启示

通过对上述具有代表性的国外不动产登记制度的观察，可以发现，无论是选择权利登记模式、契据登记模式还是托伦斯登记模式，均与其本国的政治、经济、文化、历史传统等因素紧密结合，并通过各自的内部调整和配套制度的

施行，基本上达到自我体系的完善，能够兼顾交易和安全，适应本国经济社会发展需要。由此，给我国的不动产登记制度建设和业务开展提供了一些启示。

（一）博采众长，选择并建立符合自身国情的登记制度模式

任何国家物权变动模式的选择都有其相应的历史背景，在其沿用过程中并非是一成不变的，而是随着社会环境的改变而不断修改完善，方能在特定的社会环境中发挥其既定作用。因此，我们看到，采用意思主义模式的法国有其自由革命的历史传统沿袭、配套完善的公证制度，降低了交易的风险；采用形式主义模式的德国以其严谨作风闻名于世，同时辅以成熟的登记制度协调，提高了登记效率；日本采用意思主义模式，但登记官有实质审查职权，并由司法书士以专家身份代理当事人不动产登记申请的各项具体事务，提高交易的效率和登记的准确性。我国不动产登记制度建设起步较晚，可以借鉴的资源比较丰富，结合具体国情，我国以权利登记模式为基准，结合三种登记模式优点建立了现行不动产登记制度。

我国对基于法律行为的不动产物权变动，出于有利于维护交易安全、明确产权关系、减少调查取证的困难以及行政管理等考虑，原则上采取登记生效的制度。但是，考虑到社会经济生活的复杂性与发展水平的不平衡性，也基于我国农村熟人社会的现状和方便农业经营者的考虑，对于土地承包经营权的变动（《民法典》第三百三十五条）、土地经营权的变动（《民法典》第三百四十一条）和地役权的变动（《民法典》第三百七十四条）等采取了登记对抗主义。我国宅基地登记吸收了托伦斯登记模式的优点，规定已经登记的宅基地使用权转让或者消灭的，应当及时办理变更登记或者注销登记（《民法典》第三百六十五条），也就是说，宅基地首次登记不强制，但是一旦登记，宅基地使用权的变更、消灭都应当办理登记。对于非基于法律行为的物权变动，即由于法律行为以外的法律事实而引起不动产物权的产生、变更、转移与消灭，则不以登记为生效要件。在将来登记制度完善过程中，应继续发扬博采众长的优势，立足我国实际，借鉴国外先进做法，提高制度的适用性。

（二）专业的事由专业的人干，提高登记人员专业化水平

不动产登记工作要求较高的专业知识储备，以在裁量登记事项时作出准确判断。由于不动产价值重大，社会关切程度较高，更需要登记人员具备较高的专业水准，尽量避免登记错误，保障申请人的不动产财产安全。通过对德国、法国、日本等国家的观察，可以发现，从事不动产登记工作的人员都是专业法律从业人员，德国的登记机关设在法院，登记人员是法官；法国的公证员和日本的司法书士都是专门的法律从业人员。反观我国，目前不动产登记机构属于行政机构，登记人员身份、编制各样，没有专门的专业性要求，仍然等同于一般行政部门工作人员的概要性要求。因此，提高登记人员的专业水平，完善从业人员准入或水平评价、培训和考核等一系列管理机制，十分必要和紧迫。

（三）提高信息管理水平，完善信息系统和基础数据至关重要

法国、澳大利亚、瑞典等国家的不动产登记实践证明，信息化是提高不动产登记水平的必要手段，更是承载不动产登记各项制度的物理载体和技术保证。根据我国各地经济发展不平衡的现状，信息化建设的开展应当以满足工作的实际需要为首要目标，在已完成系统建设的地区，按照全国统一的标准对本地数据库和信息管理系统进行完善，通过地籍调查完善基础数据，确保不动产登记信息全部完整存储和实时动态更新。

第二节 我国不动产登记常见业务类型实证分析

一、集体土地所有权登记

（一）集体土地所有权概述

集体土地所有权是指农民集体对其所有的土地行使占有、使用、收益和处分的权利。农民集体土地所有权是除国家土地所有权外的另一种土地所有权，

是我国土地所有制度的特色。集体土地所有权是从中华人民共和国成立初期的农民私有土地制度下的私人所有权演变过来的，主要通过农民带地入社的形式逐步实现，经历了互助组—初级社—高级社三个阶段。1962年9月27日，党的八届十中全会审议通过的《农村人民公社工作条例修正草案》第21条规定："生产队范围内的土地，都归生产队所有。生产队所有的土地，包括社员的自留地、自留山、宅基地等等，一律不准出租和买卖。……集体所有的山林、水面和草原，凡是归生产队所有比较有利的，都归生产队所有。"三级所有、队为基础的集体土地所有制初步建立。

1986年通过的《土地管理法》正式在法律层面确立了集体土地所有权登记制度，原国家土地管理局颁布的《土地登记规则》明确规定了包括集体土地所有权在内的土地权利登记程序和要求。2001年9月，《国土资源部关于依法加快集体土地所有权登记发证工作的通知》（国土资发〔2001〕359号）全面部署开展全国集体土地所有权初始登记工作；2007年11月，国土资源部发布了《土地登记办法》，进一步明确了集体土地所有权登记规则。2010年中央1号文件《中共中央 国务院关于加大统筹城乡发展力度 进一步夯实农业农村发展基础的若干意见》明确提出："加快农村集体土地所有权、宅基地使用权、集体建设用地使用权等确权登记颁证工作，……力争用3年时间把农村集体土地所有权证确认到每个具有所有权的农民集体经济组织。"为落实中央要求，《国土资源部 财政部 农业部关于加快推进农村集体土地确权登记发证工作的通知》（国土资发〔2011〕60号；以下简称"60号文"）、《国土资源部 中央农村工作领导小组办公室 财政部 农业部关于农村集体土地确权登记发证的若干意见》（国土资发〔2011〕178号；以下简称"178号文"）印发，先后在全国范围内部署集体土地所有权登记发证工作。不动产统一登记改革后，《暂行条例》及其实施细则等将集体土地所有权登记纳入不动产登记体系中。全国集体土地所有权确权登记工作经过多年努力已经基本完成，确权登记成果已初步应用于土地征收、土地开发利用、执法督察等业务，对提升土地管理水平、促进农业农村发展、维护农民土地权益等发挥了重要的基础性作用。

1. 集体土地范围

根据我国《宪法》以及《民法典》《土地管理法》等法律规定，农民集体所有的土地包括：①除由法律规定属于国家所有以外的农村和城市郊区的土地。也就是说，农村和城市郊区的土地原则上属于集体所有。如果法律规定属于国家所有的，则属于国家所有。这里所讲的"法律"应是全国人大及其常委会通过的具有法律约束力的规范性文件，包括《宪法》和其他法律。②宅基地和自留地、自留山。农民集体所有的宅基地，主要是指农村村民用于建造住宅及其附属设施的土地；自留地是指我国农业合作化以后农民集体经济组织分配给本集体经济组织成员（村民）长期使用的土地；自留山是指农民集体经济组织分配给其成员长期使用的荒山、荒坡及小块林地。③法律规定为集体所有的土地和森林、山岭、草原、荒地、滩涂等属于集体所有。

2. 集体土地所有权主体

在我国法律中，集体土地所有权的主体只能是农民集体，农民集体土地所有权主体有三种形式：①村农民集体，即原来实行人民公社时期以生产大队为核算单位的农民集体。②村内两个以上村民小组农民集体。主要是指原来实行人民公社时期以生产队为核算单位的农民集体。实践中，主要体现为村民小组一级的农民集体。③乡镇农民集体，即原来实行人民公社时期以人民公社为基本核算单位的农民集体。上述三种形式的农村集体土地所有权主体在法律地位上是平等的，不存在隶属关系，在农村集体土地所有权确权登记发证中要按照三类所有权主体的真实情况，将农村集体土地所有权确认到每一个具有所有权的农民集体。

（二）集体土地所有权登记

1. 集体土地所有权首次登记

尚未登记的集体土地所有权，权利人可以申请集体土地所有权首次登记。集体土地所有权首次登记，依照下列规定提出申请：①土地属于村农民集体所有的，由村集体经济组织代为申请；没有集体经济组织的，由村民委员会代为申请。②土地分别属于村内两个以上农民集体所有的，由村内各集体经济组织代为申请；没有集体经济组织的，由村民小组代为申请。③土地属于乡镇农民集体所有的，由乡镇集体经济组织代为申请。

申请集体土地所有权首次登记，提交的材料包括：①不动产登记申请书；

②申请人身份证明；③土地权属来源材料；④不动产地籍调查表、宗地图以及宗地界址点坐标；⑤法律、行政法规以及《暂行条例实施细则》规定的其他材料。

实践中，集体土地所有权首次登记基本上采取总登记模式，由人民政府牵头统一组织开展，办理首次登记所需的权属来源、调查等登记材料由人民政府有关部门组织获取，《暂行条例实施细则》和《操作规范》对此作出规定。同时，规定不动产登记机构应当在登记事项记载于登记簿前进行公告。公告主要内容包括：①申请人的姓名或者名称；②不动产坐落、面积、用途、权利类型等；③提出异议的期限、方式和受理机构；④需要公告的其他事项。集体土地所有权首次登记公告由不动产登记机构在其门户网站以及集体土地所在地等指定场所进行，公告期不少于十五个工作日。

2. 集体土地所有权变更登记

已经登记的集体土地所有权，因下列情形发生变更的，当事人可以申请变更登记：①农民集体名称发生变化的；②土地坐落、界址、面积等状况发生变化的；③法律、行政法规规定的其他情形。申请主体为相关集体经济组织、村民委员会或村民小组等集体土地所有权行使代表。

3. 集体土地所有权转移登记

由于集体土地所有权的特殊性，我国法律限制自由转移，只有在特定情形下才可转移，还要履行特定程序，体现在不动产登记中，就是对其转移登记前置要件的特殊规定。根据规定，已经登记的集体土地所有权，因下列情形导致权属发生转移的，当事人可以申请转移登记：①农民集体之间互换土地的；②土地调整的；③法律、行政法规规定的其他情形。申请主体为转让方和受让方所在的集体经济组织、村民委员会或村民小组，农民集体之外的组织和个人不得作为受让方。

申请集体土地所有权转移登记的，应当提交下列材料：①不动产登记申请书；②不动产权属证书；③互换、调整协议等集体土地所有权转移的材料；④本集体经济组织三分之二以上成员或者三分之二以上村民代表同意的材料；⑤依法需要批准的，提交有关批准文件；⑥法律、行政法规以及《暂行条例实施细则》规定的其他材料。

4. 集体土地所有权注销登记

已经登记的集体土地所有权有下列情形之一的，当事人可以申请办理注销登记：①集体土地灭失的；②集体土地被依法征收的；③法律、行政法规规定的其他情形。申请主体为相关集体经济组织、村民委员会或村民小组。

申请集体土地所有权注销登记，提交的材料包括：①不动产登记申请书。②申请人身份证明。③不动产权属证书。④集体土地所有权消灭的材料，包括：集体土地灭失的，提交证实土地灭失的材料；依法征收集体土地的，提交有批准权的人民政府征收决定书；法律、行政法规以及《暂行条例实施细则》规定的其他材料。

二、国有建设用地使用权及房屋所有权登记

（一）国有建设用地使用权登记

国有建设用地使用权是自然人、法人或非法人组织依法享有在国家所有的土地上建造和保有建筑物、构筑物及其附属设施的权利。依据不同的取得方式，国有建设用地使用权可以通过划拨、出让、租赁、作价出资或者入股以及授权经营等方式设立。国家严格限制以划拨方式设立建设用地使用权，一般情况下通过有偿使用的方式供应国有建设用地，只有在法律法规规定可以采取划拨方式供应的，才可以采取划拨方式供应（魏莉华，2021）。因此，国有建设用地使用权一般通过出让等有偿使用方式取得。我国《民法典》第三百四十九条规定："设立建设用地使用权的，应当向登记机构申请建设用地使用权登记。建设用地使用权自登记时设立。登记机构应当向建设用地使用权人发放权属证书。"国有建设用地使用权登记属于设权登记，无论何种方式取得，均须依法登记，未经登记，不发生效力。完成登记是设立建设用地使用权的生效条件，只有通过登记才能完成不动产物权变动，不登记权利不发生法律效力。至于当事人是否申请或何时申请办理建设用地使用权登记，则按照不动产登记依申请原则，完全由当事人自愿决定。

1. 国有建设用地使用权首次登记

基于不同的取得方式，国有建设用地使用权首次登记的申请主体和登记权属来源材料不同，登记机构审查内容也有所区别。依据《暂行条例实施细则》第三十四条及《操作规范》8.1.2 规定，国有建设用地使用权首次登记由土地权属来源材料上记载的国有建设用地使用权人单方申请。申请材料主要包括身份证明、不动产登记申请书、土地权属来源材料、地籍调查表、宗地图以及宗地界址点坐标、相关完税凭证等材料。

划拨方式取得国有建设用地使用权首次登记由划拨决定书记载的土地使用者单方申请。划拨土地使用权是基于自然资源主管部门的单方决定设立，而非当事人的合意。在《民法典》第三百四十九条未作出例外规定的情况下，划拨国有建设用地使用权首次登记仍然属于设权登记的范畴，土地使用者未按规定申请登记的，建设用地使用权不能设立。

出让方式取得国有建设用地使用权首次登记由出让合同记载的受让方单方申请。与划拨方式取得不同，出让方式取得国有建设用地使用权是基于土地使用者与自然资源主管部门双方合意形成，符合共同申请的情形，出让国有建设用地使用权首次登记理论上可以由土地使用者与自然资源管理部门共同申请。如果赋予自然资源主管部门共同申请的权利和义务，既有利于自然资源主管部门切实履行土地出让合同义务，做好合同约定事项监管职责，也有利于减轻不动产登记机构的审查职责。

2. 国有建设用地使用权变更登记

国有建设用地使用权变更登记有广义和狭义之分。广义的变更登记包括国有建设用地使用权权利主体、客体及内容发生变化的所有情形；狭义的变更登记限于国有建设用地使用权权利主体名称、客体及内容发生变化的情形，不包括权利主体发生转移的情形。《民法典》关于国有建设用地使用权变更登记采用了广义的变更登记，《暂行条例实施细则》《操作规范》以及各地方立法中采用的均是狭义的变更登记。广义变更登记不仅包含狭义的变更登记，还包含转移登记。比较而言，立法上使用广义的变更登记，既不利于不动产登记种类的清晰与明确，也不利于登记机构进行相应的审查（程啸，2018）。

就狭义变更登记而言，国有建设用地使用权变更登记区分为主体信息变更和标识信息变更。主体信息变更是指不动产登记簿记载的权利主体姓名或名称、身份证件号码等发生变化，不是权利在不动产主体之间的移转。标识信息变更主要是指不动产的面积、位置、用途、属性发生变更，但又不涉及权利事项变化（常鹏翱，2011）。《暂行条例实施细则》和《操作规范》对国有建设用地使用权变更登记的具体适用情形进行了列举，涵盖了主体信息变更和标识信息变更的各种情况。

关于以划拨方式设立的国有建设用地使用权，因有偿使用转为以出让方式设立时，应当适用首次登记还是变更登记存有一定争议。一种意见认为，国有建设用地使用权由划拨转为出让，经历了两个过程，即划拨国有建设用地使用权收回灭失和出让国有建设用地使用权重新设立，因此，应当先办理划拨国有建设用地使用权注销，再办理出让国有建设用地使用权首次登记。已经废止的原国土资源部颁布的《土地登记办法》第二十八条规定即是采纳了该种意见。[①]另一种意见认为，划拨和出让都是国有建设用地使用权的一种设立方法，在权利主体不发生变化的情形下，划拨的国有建设用地使用权转为出让的国有建设用地使用权时，应当办理的是国有建设用地使用权变更登记（程啸，2018）。

《暂行条例》《暂行条例实施细则》和《操作规范》对该种情形如何办理登记未作出明确规定。结合实践，第二种意见更加符合实际，权利设立方式的变化也符合狭义变更登记的内涵。首先，划拨的国有建设用地使用权转为出让的国有建设用地使用权时，仅仅是权利设立方式的变化，此时权利人并未丧失建设用地使用权，岂能注销后再设立？其次，前文已述，国有建设用地使用权登记属于设权登记，若先注销划拨的国有建设用地使用权，再设立出让的国有建设用地使用权，即使两步操作同时进行，也会出现建设用地使用权权利暂时真空的状态，国有建设用地上已经登记的房屋所有权以及其他权利将失去存在基础。最后，增加实践操作的程序和难度，适用变更登记仅需一步完成，而先注销登记再首次登记需要两步完成。

[①]《土地登记办法》第二十八条规定："划拨国有建设用地使用权已依法转为出让国有建设用地使用权的，当事人应当持原国有土地使用证、出让合同及土地出让价款缴纳凭证等相关证明材料，申请出让国有建设用地使用权初始登记。"

国有建设用地使用权变更登记由不动产登记簿记载的国有建设用地使用权人单方申请。申请材料包括身份证明、不动产登记申请书、不动产权属证书、国有建设用地使用权变更材料及相关完税凭证。需要说明的是，夫妻共有财产共有性质变更仅指共同共有变更为按份共有或按份共有变更为共同共有，若是由夫妻一方单独所有变更为按份共有（共同共有）或反之，则属于转移登记的情形，应当办理转移登记。

3. 国有建设用地使用权转移登记

《民法典》第三百五十三条规定："建设用地使用权人有权将建设用地使用权转让、互换、出资、赠与或者抵押，但是法律另有规定的除外。"第三百五十五条规定："建设用地使用权转让、互换、出资或者赠与的，应当向登记机构申请变更登记。"《民法典》此处所述"变更登记"属于广义的变更登记，依据《暂行条例》及《暂行条例实施细则》的规定，实际应属转移登记。相对于建设用地使用权划拨、出让等土地一级市场活动，建设用地使用权人转让、互换、出资、赠与或者抵押建设用地使用权的活动，属于土地二级市场。加强土地二级市场发展，有利于促进土地要素流通顺畅，提高存量土地资源配置效率，《国务院办公厅关于完善建设用地使用权转让、出租、抵押二级市场的指导意见》（国办发〔2019〕34号）对各类形式建设用地使用权转让条件进行了明确。[①]

导致国有建设用地使用权转移的情形较多，具体包括国有建设用地使用权转让、互换、出资或者赠与，以及因继承或受遗赠、司法处置、资产处置、法人或其他组织合并分立等导致建设用地使用权权属发生变化的情形。国有建设

---

① 2019年7月6日发布的《国务院办公厅关于完善建设用地使用权转让、出租、抵押二级市场的指导意见》（国办发〔2019〕34号）（六）规定："以划拨方式取得的建设用地使用权转让，需经依法批准，土地用途符合《划拨用地目录》的，可不补缴土地出让价款，按转移登记办理；不符合《划拨用地目录》的，在符合规划的前提下，由受让方依法依规补缴土地出让价款。以出让方式取得的建设用地使用权转让，在符合法律法规规定和出让合同约定的前提下，应充分保障交易自由；原出让合同对转让条件另有约定的，从其约定。以作价出资或入股方式取得的建设用地使用权转让，参照以出让方式取得的建设用地使用权转让有关规定，不再报经原批准建设用地使用权作价出资或入股的机关批准；转让后，可保留为作价出资或入股方式，或直接变更为出让方式。"

用地使用权转移登记应当由双方共同申请,转让方应当为不动产登记簿记载的权利人。申请材料包括身份证明、不动产登记申请书、不动产权属证书、国有建设用地使用权转移的材料及相关完税凭证。

4. 国有建设用地使用权注销登记

已经登记的国有建设用地使用权,因下列情形当事人可以申请办理注销登记:①土地灭失的;②权利人放弃国有建设用地使用权的;③依法没收、收回国有建设用地使用权的;④因人民法院、仲裁机构的生效法律文书致使国有建设用地使用权消灭的;⑤法律、行政法规规定的其他情形。申请材料一般包括身份证明、不动产登记申请书、不动产权属证书、国有建设用地使用权消灭的材料等。国有建设用地使用权消灭的材料根据不同情形提交。国有建设用地上已设有抵押权、地役权或已办理预告登记、查封登记的,当事人放弃权利申请注销登记时还需提交抵押权人、地役权人、预告登记权利人或查封机关同意注销的书面文件,否则不予注销。

《民法典》第三百六十条规定:"建设用地使用权消灭的,出让人应当及时办理注销登记。登记机构应当收回权属证书。"而《操作规范》8.4.2规定,国有建设用地使用权注销登记的申请主体应当是不动产登记簿记载的权利人。二者关于国有建设用地使用权注销登记的申请主体规定明显不同。从注销登记情形看,国有建设用地使用权注销登记一般由国有建设用地使用权人申请,但因依法没收、收回国有建设用地使用权或因人民法院、仲裁委员会的生效法律文书致使国有建设用地使用权消灭,国有建设用地使用权人怠于申请注销登记时,理论上可以由自然资源主管部门主动启动。因此,在后续立法中,可以考虑是否将自然资源主管部门纳入启动国有建设用地使用权注销登记的主体。

(二)国有建设用地使用权及房屋所有权统一登记

国有建设用地使用权及房屋所有权统一登记一直受到各界的高度关注。一方面,国有建设用地使用权及房屋所有权是不动产登记的主要客体,更是不动产登记工作的核心;另一方面,国有建设用地使用权及房屋所有权是社会各界与企业群众持有的价值最大的财产类型[国土资源部不动产登记中心(国土资源部法律事务中心),2016]。按照不动产统一登记要求,国有建设用地使用权及房屋所有权登记必须坚持一体登记原则，保持权利主体一致。

1. 国有建设用地使用权及房屋所有权首次登记

国有建设用地使用权及房屋所有权首次登记由国有建设用地使用权人单方申请。办理房屋所有权首次登记时，申请人应当将建筑区划内依法属于业主共有的道路、绿地、其他公共场所、公用设施和物业服务用房及其占用范围内的建设用地使用权一并申请登记为业主共有。需要提交的材料主要包括：不动产登记申请书，申请人身份证明，不动产权属证书或者土地权属来源材料，建设工程符合规划的材料，房屋已经竣工的材料，房地产调查或者测绘报告，确认建筑区划内属于业主共有的道路、绿地、其他公共场所、公用设施和物业服务用房等材料及相关税费缴纳凭证。首次登记时是否需要实地查看，由登记机构视情况选择，非必经程序；需实地查看的，可与房屋权籍调查和测绘同步进行，提高工作效率。

实践中关于建设工程符合规划的材料和房屋已经竣工的材料的具体形式存有争议，需要在立法中予以明确。一是关于建设工程符合规划的材料。建设工程规划管理有两个主要阶段：第一个是建设开始阶段，建设单位需要取得建设工程规划许可证，取得此证方可进行建设；第二个是建设完成阶段，建设单位需要办理建设工程规划核实，符合规划条件建设方能通过核实。以此来看，在国有建设用地使用权及房屋所有权首次登记时，建设工程只要通过规划核实，必然符合规划批准；相反，建设工程规划许可证仅能证明该工程建设行为经过规划批准，而无法证明完成建设的工程符合规划。因此，与《中华人民共和国城乡规划法》（以下简称《城乡规划法》）第四十五条衔接，可以考虑将"建设工程符合规划的材料"明确为"建设工程通过规划核验的材料"。二是关于房屋已经竣工的材料。依据《建设工程质量管理条例》第十六条规定，建设单位收到建设工程竣工报告后，应当组织设计、施工、工程监理等有关单位进行竣工验收。同时该条例第四十九条规定，建设单位应当自建设工程竣工验收合格之日起十五日内，将建设工程竣工验收报告和规划、公安消防、环保等部门出具的认可文件或准许使用的文件报建设行政主管部门或其他有关部门备案。从上述规定看出，定义建设工程竣工有以下阶段：建设工程实际建造完成—建设单位等五方竣工验收—规划、公安消防、环保等部门综合验收—建设行政主管部门出具竣工验收备案证明。因此，在实践中，房屋已经竣工的材料可能有多种，如五方验收材料、综合验收材料、竣工验收备案证明等。另外，从法理来看，不动产登记是物权公示的法定方式，功能和作用是明晰产权、定分止争，工程质量管理和不动产登记是两种不同的制度安排，关于有效衔接还有优化的空间。从实践看，即使危房等工程质量有问题的房屋，也不能否定其合法产权。有地方已经通过立法，明确不再将房屋已经竣工的材料作为登记的法定要件。

2. 国有建设用地使用权及房屋所有权变更登记

此处所述国有建设用地使用权及房屋所有权变更登记与前文所述的变更登记相同，属狭义的变更登记，不涉及权利主体发生转移的情形。一般由不动产登记簿记载的权利人申请。权利人身份变更看似简单，但在实践中有时会出现难以证明"我是我"的问题。一是中国公民移民成为外国人后，中国或外国均无机构为其出具身份变更材料；二是早期办理的不动产登记，未记载权利人详细身份信息（如未记载身份证件号码），与权利人当前变更信息无法核对。上述情形由客观因素造成，申请人无法提供，登记机构无法查验，出现证明"我是我"的问题。对于该类极端情形，可以考虑纳入告知承诺办理的范畴，由权利人承诺确认，不再提交证明材料。

3. 国有建设用地使用权及房屋所有权转移登记

随着我国房地产市场的高速发展，国有建设用地使用权及房屋所有权转移登记的需求与日俱增，成为最高频、最常见的不动产登记业务之一。国有建设用地使用权及房屋所有权转移登记一般由当事人双方共同申请，但是，因继承（受遗赠）或因人民法院、仲裁机构的生效法律文书等导致国有建设用地使用权及房屋所有权发生转移的，可以由取得权利的权利人单方申请。需要提交的材料主要包括不动产登记申请书、申请人身份证明、不动产权属证书、国有建设用地使用权及房屋所有权转移的材料等。共有房屋转移登记一般由全体共有人共同申请，部分特殊情形下，可以由部分共有人申请登记，较为典型的是按份共有人份额转让和三分之二以上的按份共有人处分不动产导致的共有房屋转移登记。

《操作规范》2.1.3 第二款规定："按份共有人转让、抵押其享有的不动产份额，应当与受让人或者抵押权人共同申请。受让人是共有人以外的人的，还应当提交其他共有人同意的书面材料。"该款关于"受让人是共有人以外的人的，还应当提交其他共有人同意的书面材料"的规定，是为了保障其他共有人的优先购买权利。但依据《民法典》第三百零六条第一款规定："按份共有人转让其享有的共有的不动产或者动产份额的，应当将转让条件及时通知其他共有人。其他共有人应当在合理期限内行使优先购买权。"同时《最高人民法院关于适用〈中华人民共和国民法典〉物权编的解释（一）》第十二条规定，其他按份共有人以其优先购买权受到侵害为由，仅请求撤销共有份额转让合同或者认定该合同无效的，不予支持。依据《民法典》及司法解释，按份共有人对份额的优先购买权，性质上属于债权请求权，不具有物权效力，也非形成权（程啸，2018）。

为保障大部分按份共有人的利益，《民法典》第三百零一条规定："处分共有的不动产或者动产以及对共有的不动产或者动产作重大修缮、变更性质或者用途的，应当经占份额三分之二以上的按份共有人或者全体共同共有人同意，但是共有人之间另有约定的除外。"《操作规范》据此规定处分按份共有的不动产，可以由占份额三分之二以上的按份共有人共同申请，但不动产登记簿记载共有人另有约定的除外。如此规定的确保障了大部分按份共有人的利益，但对小部分按份共有人的利益保障缺乏制度安排。立法中宜明确，三分之二以上的按份共有人处分不动产后，应当将其他按份共有人应享份额利益交付或进行提存。

4. 国有建设用地使用权及房屋所有权注销登记

导致国有建设用地使用权及房屋所有权注销登记的情形主要包括：①国有建设用地使用权及房屋所有权灭失；②权利人放弃权利；③因依法被没收、征收、收回导致不动产权利消灭；④因人民法院、仲裁机构的生效法律文书致使国有建设用地使用权及房屋所有权消灭；⑤法律、行政法规规定的其他情形。

国有建设用地使用权及房屋所有权注销登记通常由不动产登记簿记载的权利人申请；但因依法被没收、征收、收回导致不动产权利消灭的，一般由作出决定的机关嘱托登记机构注销；因生效法律文书致使消灭的，登记簿记载的权利人怠于申请注销登记的，可由相关享有不动产权利的权利人申请。

（三）在京中央和国家机关不动产登记

1. 在京中央和国家机关不动产登记历史沿革

2000年10月发布施行的《在京中央国家机关用地土地登记办法》（国土资源部令第6号）明确规定了在京中央国家机关用地土地登记范围、登记机关、登记程序、地籍调查、权属争议处理等内容，有效维护了中央单位的合法权益。不动产统一登记改革后，在京中央国家机关用地土地登记扩展为在京中央和国家机关不动产登记。《暂行条例》第七条规定，中央国家机关使用的国有土地等不动产登记，由国务院国土资源主管部门会同有关部门规定。2019年，自然资源部修改《暂行条例实施细则》，增加第一百零八条，规定，"自然资源部委托北京市规划和自然资源委员会直接办理在京中央国家机关的不动产登记"，"在京中央国家机关申请不动产登记时，应当提交《不动产登记暂行条例》及本实施细则规定的材料和有关机关事务管理局出具的不动产登记审核意见。不动产权属资料不齐全的，还应当提交由有关机关事务管理局确认盖章的不动产权属来源说明函。不动产权籍调查由有关机关事务管理局会同北京市规划和自然资源委员会组织进行的，还应当提交申请登记不动产单元的不动产权籍调查资料"。"北京市规划和自然资源委员会办理在京中央国家机关不动产登记时，应当使用自然资源部制发的'自然资源部不动产登记专用章'。"

为进一步规范在京中央和国家机关不动产登记，维护权利人合法权益，加强中央和国家机关国有资产管理，在总结实践工作经验的基础上，2020年自然资源部印发了《在京中央和国家机关不动产登记办法》（自然资发〔2020〕87号；以下简称《办法》）。《办法》主要明确了以下内容：

（1）规定了登记范围。在京中央和国家机关不动产是指：中央本级党的机关、人大机关、行政机关、政协机关、监察机关、审判机关、检察机关以及各民主党派、工商联、人民团体和参照公务员法管理的事业单位及所属单位使用的在北京市范围内的国有土地、房屋等不动产；机关事务分别属于中共中央直属机关事务管理局、国家机关事务管理局、全国人大常委会办公厅机关事务管理局、政协全国委员会办公厅机关事务管理局归口管理的中央各企事业单位及所属单位使用的在北京市范围内的国有土地、房屋等不动产，但中央企业及所属单位通过"招拍挂"等市场运作方式取得土地建设用于出售出租的房地产开发项目除外；按照国家有关规定应纳入在京中央和国家机关不动产进行管理的其他不动产。

（2）明确了申请材料。根据《暂行条例》第七条和《暂行条例实施细则》第一百零八条的规定，申请人申请办理登记时，除提交办理国有建设用地使用权及房屋所有权登记所需一般申请材料外，应同时提交有关机关事务管理局出具的不动产登记申请审核意见书，申请登记的不动产权属资料不齐全的，还应当提交有关机关事务管理局确认盖章的不动产权属来源说明函。在京中央和国家机关各单位使用的国有土地改变土地用途、使用性质或转移土地使用权，申请办理变更登记、转移登记时，应当提交有关机关事务管理局出具的载明同意改变土地用途、使用性质或转移权属的不动产登记申请审核意见书。

（3）确定了委托机构。在京中央和国家机关不动产登记由自然资源部负责，自然资源部委托北京市规划和自然资源委员会直接办理具体登记事务，保管、使用自然资源部制发的"自然资源部不动产登记专用章（1）"，保存、管理在京中央和国家机关不动产登记资料，依法向权利人、利害关系人或有关国家机关提供登记资料查询服务。自然资源部对委托的不动产登记事务依法监督，有权对违反规定的登记行为予以纠正，必要时可以取消委托。

（4）简化了划拨土地确认材料。在京中央和国家机关各单位原已取得的国有划拨土地，符合下列情形，且有关管理局出具载明同意继续保留划拨土地性质的不动产登记申请审核意见书的，办理登记时不再要求提供划拨确认相关材料：土地使用权人和土地用途未改变的；土地使用权人虽发生变化，但现使用权人仍为在京中央和国家机关，且土地用途仍为非经营性的；经各管理局批准，调整利用现有存量土地进行非经营性项目建设，且符合划拨用地政策的；其他按照国家规定可以保留划拨土地性质的。

（5）推动党政机关办公用房权属统一登记。落实中共中央办公厅、国务院办公厅印发的《党政机关办公用房管理办法》有关要求，规定党政机关办公用房的房屋所有权、土地使用权等不动产权利未经登记，或原产权单位撤销、重组更名的，可以由有关机关事务管理局单方申请登记，各管理局应当就办公用房权属出具书面意见，并提供使用单位对办公用房范围予以认可的书面意见；

原产权单位撤销或重组更名的,各管理局还应当提供机构改革文件、更名文件或机构编制部门的书面意见。党政机关办公用房的土地使用权、房屋所有权均已登记的,产权单位应当配合申请转移登记,也可出具授权委托书,委托各管理局持相关申请材料一并申请登记。

2. 在京中央和国家机关不动产登记程序

在京中央和国家机关不动产登记遵循不动产统一登记制度设计,按照《暂行条例》《暂行条例实施细则》等规定,将申请、受理、审核、登簿、颁证作为一般登记程序。此外,在京中央和国家机关不动产登记因登记客体的特殊性还有些特殊的程序设计。

(1) 一般程序。①申请。申请人根据不同的申请登记事项,向不动产登记机构提交材料申请办理不动产登记,包括单方申请、双方申请等情形。②受理。不动产登记机构在收到登记申请后,应及时作出是否受理的决定。不动产登记机构未书面告知申请人不予受理的,视为受理。③审核。不动产登记机构受理登记申请后,按照法律法规进一步审核申请事项和申请材料,决定是否予以登记。④登簿。经审核符合登记条件的,不动产登记机构将登记事项记载于不动产登记簿,登记事项自记载于不动产登记簿时完成登记。⑤颁证。不动产登记机构完成登记后,应当依法向申请人核发不动产权证书或者不动产登记证明。

(2) 特别程序。除遵循上述一般程序外,《办法》第三条规定,申请办理在京中央和国家机关不动产登记时,应当同时提交有关机关事务管理局出具的不动产登记申请审核意见书。申请登记的不动产权属资料不齐全的,应当提交有关机关事务管理局确认盖章的不动产权属来源说明函;除涉及国家秘密外,办理登记时应当进行公告,公告期不少于二十日。在京中央和国家机关各单位使用的国有土地改变土地用途、使用性质或转移土地使用权的,申请办理变更登记、转移登记时,应当提交各管理局出具的载明同意改变土地用途、使用性质或转移权属的不动产登记申请审核意见书。此外,《办法》第四条规定,北京市规划和自然资源委员会作出不予登记决定的,在发送申请人的同时抄送有关管理局。《办法》第六条规定,申请党政机关办公用房权属统一登记时,各管理局应当就办公用房权属出具书面意见,并提供使用单位对办公用房范围予以认可的书面意见;办公用房原产权单位撤销或重组更名的,各管理局还应当提供机构改革文件、更名文件或机构编制部门的书面意见。

3. 在京中央和国家机关不动产登记改革创新

（1）细化调整范围，衔接属地登记。《办法》严格依据上位法，对在京中央和国家机关不动产的范围作出明确界定，辅之以中直、国管、人大、政协等机关事务管理部门提供归口管理单位名录的规定，实现了调整范围的进一步细化。同时，自然资源部委托北京市规划和自然资源委员会直接办理在京中央和国家机关不动产登记各项事务并依法进行监督，有序衔接属地登记，保障了登记不重不漏。

（2）整合申请材料，优化服务措施。针对中央和国家机关不动产的特殊性，《办法》第三条规定，申请办理在京中央和国家机关不动产登记时，应当同时提交有关管理局出具的不动产登记申请审核意见书。申请登记的不动产权属资料不齐全的，应当提交有关管理局确认盖章的不动产权属来源说明函。"一书一函"制度为加强中央和国家机关国有资产管理提供了制度保障，实质性减轻了申请人负担。

（3）支持党政机关办公用房权属统一登记，简化登记程序。认真落实中共中央办公厅、国务院办公厅印发的《党政机关办公用房管理办法》。《办法》第六条规定，各管理局应当对在京中央和国家机关不动产中纳入权属统一登记的党政机关办公用房提供明细清单，北京市规划和自然资源委员会按照"清单对账"方式经审核符合登记条件的，权属登记在有关管理局名下并在不动产登记簿的附记栏注记使用单位。对于未经登记或原产权单位撤销、重组更名的，可由机关事务管理部门单方申请登记。对于已经登记的，原产权单位应当配合申请转移登记，或出具授权委托书由机关事务管理部门一并申请登记。

（4）固化经验做法，化解历史遗留问题。积极回应在京中央和国家机关现实登记需求，将解决历史形成、长期存在的"难登记"问题的成熟经验从制度层面予以确认，努力破解"登记难"。对已取得国有划拨土地并符合有关条件的，经机关事务管理部门确认，不再要求提交划拨确认材料；对于特定时段调整置换土地使用权且未改变土地使用性质的，依据调整协议确认的范围办理登记。与此同时，着眼长远，指导北京市规划和自然资源委员会会同机关事务管理部门建立会商工作机制，研究解决历史遗留问题和具体执行问题。

三、房地一体宅基地和集体建设用地使用权确权登记

农村宅基地和集体建设用地房地一体化确权登记颁证工作是建立实施不动产统一登记制度的重要内容，也是推动农村产权制度改革、服务乡村振兴战略实施、维护农民合法财产权益的重要措施。长期以来，党中央、国务院对这项工作高度重视，连续作出部署要求，为工作顺利推进提供了重要指引。

（一）统一登记前的工作情况

不动产统一登记前，农村宅基地和集体建设用地使用权登记、农村房屋登记工作分别由原土资源部门和住房城乡建设部门具体负责。1982年2月，国务院发布的《村镇建房用地管理条例》第十四条规定："农村社员，回乡落户的离休、退休、退职职工和军人，回乡定居的华侨，建房需要宅基地的，应向所在生产队申请，经社员大会讨论通过，生产大队审核同意，报公社管理委员会批准；确实需要占用耕地、园地的，必须报经县级人民政府批准。批准后，由批准机关发给宅基地使用证明。"宅基地使用证明中记载了宅基地面积、四至、平面图以及房屋建房时间、结构、建筑面积。1986年《土地管理法》对集体建设用地、宅基地登记没有作具体规定。1989年11月，按照国家土地管理局颁布的《土地登记规则》第二条，集体土地建设用地使用权登记制度正式确立，国家部署了个人建房用地清理工作，给集体土地使用者颁发《集体土地建设用地使用证》，在清理登记表中记载了房屋基本情况。1995年，国家土地管理局对《土地登记规则》进行了补充和修改。2003年，国土资源部印发《关于进一步规范土地登记工作的通知》（国土资发〔2003〕383号），对土地登记权属清楚、程序合法、主体统一等内容进一步进行了明确。

2007年《物权法》出台后，农村宅基地和集体建设用地使用权登记、农村房屋登记工作相对滞后，与农村经济社会发展的现实需求不相适应。2010年以来，中央对农村不动产确权登记工作作出一系列部署要求。2010年中央1号文件《中共中央 国务院关于加大统筹城乡发展力度 进一步夯实农业农村发展基础的若干意见》提出，"加快农村集体土地所有权、宅基地使用权、集体建设用

地使用权等确权登记颁证工作"。2012年中央1号文件《中共中央 国务院关于加快推进农业科技创新 持续增强农产品供给保障能力的若干意见》提出,"2012年基本完成覆盖农村集体各类土地的所有权确权登记颁证,推进包括农户宅基地在内的农村集体建设用地使用权确权登记颁证工作"。2013年中央1号文件《中共中央 国务院关于加快发展现代农业 进一步增强农村发展活力的若干意见》要求:"加快包括农村宅基地在内的农村集体土地所有权和建设用地使用权地籍调查,尽快完成确权登记颁证工作。"为贯彻落实中央要求,原国土资源部先后印发60号文、178号文以及《关于进一步加快农村地籍调查推进集体土地确权登记发证工作的通知》(国土资发〔2013〕97号),在全国范围内部署开展宅基地和集体建设用地使用权确权登记颁证工作。

(二)统一登记后的工作情况

宅基地和集体建设用地房地一体化确权登记的法定程序等全面建立。《暂行条例》第五条规定,宅基地使用权和建设用地使用权,应当依照条例的规定办理登记。《暂行条例实施细则》第四十条规定:"依法取得宅基地使用权,可以单独申请宅基地使用权登记。依法利用宅基地建造住房及其附属设施的,可以申请宅基地使用权及房屋所有权登记。"第四十四条规定:"依法取得集体建设用地使用权,可以单独申请集体建设用地使用权登记。依法利用集体建设用地兴办企业,建设公共设施,从事公益事业等的,可以申请集体建设用地使用权及地上建筑物、构筑物所有权登记。"《操作规范》对适用情形、申请主体、申请材料和审查要点予以明确,但由于现实中各种因素制约,部分地区重视程度不高,农村宅基地和集体建设用地房地一体化登记工作进展一般。

为加快推动工作,中央多次发文部署,原国土资源部和自然资源部根据实际情况制定了具体推进措施。2014年,中央1号文件《中共中央 国务院关于全面深化农村改革 加快推进农业现代化的若干意见》提出"加快包括农村宅基地在内的农村地籍调查和农村集体建设用地使用权确权登记颁证工作";国土资源部、财政部、住房和城乡建设部、农业部、国家林业局印发《关于进一步加快推进宅基地和集体建设用地使用权确权登记发证工作的通知》(国土资发〔2014〕101号),提出将农房等集体建设用地上的建筑物、构筑物纳入工作范围，建立健全不动产统一登记制度，实现统一调查、统一确权登记、统一发证，并发布《农村地籍和房屋调查技术方案（试行）》。2016年，国土资源部印发《关于进一步加快宅基地和集体建设用地确权登记发证有关问题的通知》（国土资发〔2016〕191号），进一步要求开展房地一体化的农村权籍调查，将农房等宅基地、集体建设用地上的定着物纳入工作范围；宅基地、集体建设用地和房屋等定着物应一并划定不动产单元，编制不动产单元代码。2020年，中央1号文件《中共中央 国务院关于抓好"三农"领域重点工作 确保如期实现全面小康的意见》强调"扎实推进宅基地和集体建设用地使用权确权登记颁证"；自然资源部印发《关于加快宅基地和集体建设用地使用权确权登记工作的通知》（自然资发〔2020〕84号），明确提出以未确权登记的宅基地和集体建设用地为工作重点等要求；自然资源部办公厅印发《宅基地和集体建设用地使用权确权登记工作问答》，从工作组织、地籍调查、确权登记、成果入库和整合汇交四个方面系统解答农村宅基地和集体建设用地房地一体化确权登记工作中的难点问题。

（三）登记办理程序和要求

1. 宅基地使用权及房屋所有权登记

依法取得宅基地使用权，可以单独申请宅基地使用权登记。依法利用宅基地建造住房及其附属设施的，可以申请宅基地使用权及房屋所有权登记。申请宅基地使用权及房屋所有权首次登记的，应当根据不同情况，提交下列材料：①申请人身份证和户口簿；②不动产权属证书或者有批准权的人民政府批准用地的文件等权属来源材料；③房屋符合规划或者建设的相关材料；④地籍调查表、宗地图、房屋平面图以及宗地界址点坐标等有关不动产界址、面积等材料；⑤其他必要材料。

因依法继承、分家析产、集体经济组织内部互换房屋等导致宅基地使用权和房屋所有权发生转移申请登记的，申请人应当根据不同情况，提交下列材料：①不动产权属证书或者其他权属来源材料；②依法继承的材料；③分家析产的协议或者材料；④集体经济组织内部互换房屋的协议；⑤其他必要材料。申请宅基地等集体土地上的建筑物区分所有权登记的，参照国有建设用地使用权及建筑物区分所有权的规定办理登记。

自然资源部发布的《关于加快宅基地和集体建设用地使用权确权登记工作的通知》（自然资发〔2020〕84号）要求，积极化解疑难问题，依法依规办理登记。对合法宅基地上房屋没有符合规划或建设相关材料的，地方已出台相关规定，按其规定办理。未出台相关规定，位于原城市、镇规划区内的，出具规划意见后办理登记。位于原城市、镇规划区外且在《城乡规划法》实施前建设的，在办理登记时可不提交符合规划或建设的相关材料；在《城乡规划法》实施后建设的，由村委会公告十五天无异议，经乡（镇）人民政府审核后，按照审核结果办理登记。对乱占耕地建房、违反生态保护红线管控要求建房、城镇居民非法购买宅基地、小产权房等，不得办理登记，不得通过登记将违法用地合法化。

2. 集体建设用地使用权及建筑物、构筑物所有权登记

依法取得集体建设用地使用权，可以单独申请集体建设用地使用权登记。依法利用集体建设用地兴办企业，建设公共设施，从事公益事业等的，可以申请集体建设用地使用权及地上建筑物、构筑物所有权登记。

申请集体建设用地使用权及建筑物、构筑物所有权首次登记的，申请人应当根据不同情况，提交下列材料：①有批准权的人民政府批准用地的文件等土地权属来源材料；②建设工程符合规划的材料；③地籍调查表、宗地图、房屋平面图以及宗地界址点坐标等有关不动产界址、面积等材料；④建设工程已竣工的材料；⑤其他必要材料。

集体建设用地使用权首次登记完成后，申请人申请建筑物、构筑物所有权首次登记的，应当提交享有集体建设用地使用权的不动产权属证书。

申请集体建设用地使用权及建筑物、构筑物所有权变更登记、转移登记、注销登记的，申请人应当根据不同情况，提交下列材料：①不动产权属证书；②集体建设用地使用权及建筑物、构筑物所有权变更、转移、消灭的材料；③其他必要材料。因企业兼并、破产等原因致使集体建设用地使用权及建筑物、构筑物所有权发生转移的，申请人应当持相关协议及有关部门的批准文件等相关材料，申请不动产转移登记。

四、土地承包经营权和土地经营权登记

（一）农村土地承包经营权的确立和发展

农村土地承包经营权，是承包方依法获得的对所承包的土地的占有、使用、收益及依法流转等权利，属于一项用益物权。

1998年《土地管理法》第十四条规定："农民集体所有的土地由本集体经济组织的成员承包经营，从事种植业、林业、畜牧业、渔业生产。土地承包经营期限为三十年。发包方和承包方应当订立承包合同，约定双方的权利和义务。承包经营土地的农民有保护和按照承包合同约定的用途合理利用土地的义务。农民的土地承包经营权受法律保护。"这是首次在法律中规定了农村土地承包经营权有关内容。2002年8月，《农村土地承包法》在法律层面上系统规范了土地承包经营权的设立、流转和收回等内容。2007年3月，《物权法》将土地承包经营权正式纳入用益物权的范畴，确认了土地承包经营权的物权属性及法律地位。

2018年修正的《农村土地承包法》第四十九条规定，"以其他方式承包农村土地的，应当签订承包合同，承包方取得土地经营权"，即土地承包经营权限定为家庭承包方式取得，具体方式包括：一是通过依法签订土地承包合同取得。根据《农村土地承包法》第二十三条和第二十四条规定，承包合同自成立之日起生效。承包方自承包合同生效时取得土地承包经营权。国家对耕地、林地和草地等实行统一登记，登记机构应当向承包方颁发土地承包经营权证或者林权证等证书，并登记造册，确认土地承包经营权。二是通过依法签订土地承包经营权互换、转让方式取得。《农村土地承包法》第三十五条规定，土地承包经营权互换、转让的，当事人可以向登记机构申请登记。未经登记，不得对抗善意第三人。

2014年中央1号文件提出"稳定承包权、放活经营权"，明确了"三权分置"改革要求。2016年，中共中央办公厅、国务院办公厅印发《关于完善农村土地所有权承包权经营权分置办法的意见》，将农村土地产权中的土地承包经营

权进一步划分为承包权和经营权,实行所有权、承包权、经营权分置并行。党的十九大报告提出,巩固和完善农村基本经营制度,深化农村土地制度改革,完善承包地"三权分置"制度。2018年中央1号文件《关于实施乡村振兴战略的意见》再次强调,完善农村承包地"三权分置"制度,在依法保护集体土地所有权和农户承包权前提下,平等保护土地经营权。《农村土地承包法》2018年修正时落实了"三权分置"和长久不变的政策要求,构建了"三权分置"的基本框架,加强了对于农民承包土地财产权益的保护。明确规定:承包方承包土地后,享有土地承包经营权,可以自己经营,也可以保留土地承包权,流转其承包地的土地经营权,由他人经营;土地经营权流转期限为五年以上的,当事人可以向登记机构申请土地经营权登记。《民法典》施行后,补充增加土地经营权相关条款,确立了土地经营权的权利类型等。

(二)农村土地承包经营权登记颁证工作情况

为加强农村土地承包管理、维护农村土地承包权益、促进现代农业发展,2008年,中央1号文件《中共中央 国务院关于切实加强农业基础设施建设 进一步促进农业发展农民增收的若干意见》明确提出"加强农村土地承包规范管理,加快建立土地承包经营权登记制度",党的十七届三中全会公报中也提出"搞好农村土地确权、登记、颁证工作"。为落实中央决策部署,原农业部在全国部署了农村土地承包经营权确权登记颁证工作:2008年,组织开展试点工作;2011年,会同财政部、国土资源部、中央农村工作领导小组办公室、国务院法制办公室、国家档案局制定了《关于开展农村土地承包经营权登记试点工作的意见》(农经发〔2011〕2号),对承包地确权登记颁证试点工作作出部署;2012年,发布了《农村土地承包经营权登记试点工作规程(试行)》;2014年,发布了《农村土地承包经营权调查规程》《农村土地承包经营权要素编码规则》《农村土地承包经营权登记数据库规范》等行业标准,会同国家档案局印发《农村土地承包经营权确权登记颁证档案管理办法》;2015年,会同财政部、国土资源部、中央农村工作领导小组办公室、国务院法制办公室、国家档案局印发了《关于认真做好农村土地承包经营权确权登记颁证工作的意见》(农经发〔2015〕2号),提出开展农村土地承包经营权确权登记颁证,核心是确权,重点在登记,关键在权属调查，并要求抓好开展土地承包档案资料清查、土地承包经营权调查、完善土地承包合同、建立健全登记簿、颁发土地承包经营权证书、推进信息应用平台建设、建立健全档案管理制度等七项重点任务。目前，全国已基本完成农村土地承包经营权确权颁证工作，有力提升了农村承包地管理的制度化、规范化、信息化水平，为保持土地承包关系稳定并长久不变，巩固和完善农村基本经营制度提供了支撑。

2013年，中央机构编制委员会办公室印发《关于整合不动产登记职责的通知》（中央编办发〔2013〕134号），明确国土资源部负责指导监督全国土地登记、房屋登记、林地登记、草地登记、海域登记等不动产登记工作，建立不动产登记制度；为与中央部署开展的农村土地承包经营权确权登记颁证工作做好衔接，农村土地承包经营权纳入不动产统一登记予以五年过渡期。过渡期内，农业部会同国土资源部等部门负责指导农村土地承包经营权的统一登记工作；过渡期后，改由国土资源部负责指导农村土地承包经营权登记工作。2015年，《不动产登记暂行条例》施行，明确将耕地、林地、草地等土地承包经营权纳入不动产统一登记，国务院国土资源主管部门负责指导、监督全国不动产登记工作。2019年，中央机构编制委员会办公室印发《关于修订整合不动产登记职责文件的通知》（中央编办发〔2019〕218号），要求自然资源部指导监督农村承包土地的登记工作；农业农村部负责指导农村土地承包经营及有关合同管理、流转规范等承包土地的管理工作，组织指导各地农业农村部门向自然资源部门移交农村土地承包经营权登记成果资料，农村土地承包经营权登记职责整合至不动产统一登记。

（三）登记办理程序和要求

按照《暂行条例实施细则》等现行规定，土地承包经营权登记办理程序和要求如下：

依法以承包方式在土地上从事种植业或者养殖业生产活动的，可以申请土地承包经营权的首次登记。以家庭承包方式取得的土地承包经营权的首次登记，由发包方持土地承包经营合同等材料申请。

已经登记的土地承包经营权有下列情形之一的，承包方应当持原不动产权属证书以及其他证实发生变更事实的材料,申请土地承包经营权变更登记:①权利人的姓名或者名称等事项发生变化的;②承包土地的坐落、名称、面积发生变化的;③承包期限依法变更的;④承包期限届满,土地承包经营权人按照国家有关规定继续承包的;⑤退耕还林、退耕还湖、退耕还草导致土地用途改变的;⑥森林、林木的种类等发生变化的;⑦法律、行政法规规定的其他情形。

已经登记的土地承包经营权发生下列情形之一的,当事人双方应当持互换协议、转让合同等材料,申请土地承包经营权的转移登记:①互换;②转让;③因家庭关系、婚姻关系变化等原因导致土地承包经营权分割或者合并的;④依法导致土地承包经营权转移的其他情形。以家庭承包方式取得的土地承包经营权,采取转让方式流转的,还应当提供发包方同意的材料。

已经登记的土地承包经营权发生下列情形之一的,承包方应当持不动产权属证书、证实灭失的材料等,申请注销登记:①承包经营的土地灭失的;②承包经营的土地被依法转为建设用地的;③承包经营权人丧失承包经营资格或者放弃承包经营权的;④法律、行政法规规定的其他情形。

五、林地林木不动产登记

林地林木不动产登记(以下简称"林权登记")是不动产统一登记体系的重要组成部分,与土地、房屋、海域等不动产登记共同构建了我国不动产统一登记制度体系。不动产登记原则、登记程序、登记类型等一般规则适用于林权登记,但林权登记在登记内容、登记客体、登记作用等方面有着自身的独特性,林权登记兼顾保护产权和保护生态的双重功能属性。一方面,通过登记,明确林地林木产权归属、定分止争,为保护林权权利人合法权益,保障林权交易、流转安全,实现林地林木经济价值奠定产权基础;另一方面,森林、林木和林地是重要的生态资源,在经济社会发展和生态文明建设中发挥着不可替代的重要作用,通过登记明确产权主体和产权范围,为森林资源保护管理界定了范围边界,明确了责任主体,推动了我国森林资源的保护。这种双重功能定位贯穿于我国林权登记制度构建和实践全过程。根据林地、林木登记历史划分,不动产统一登记前,统称为林权登记;不动产统一登记后,林权登记纳入不动产统一登记体系，称为林权类不动产登记。为便于理解，本书论述中采用广义"林权登记"，辅之"林权类不动产登记"，两个概念将交叉使用。

（一）林权登记历史沿革

我国林权登记的发展历程是一个继承与创新的过程。中华人民共和国成立以来，我国林权登记伴随着林业产权结构、经营结构、机构改革的几经变革调整，逐步实现了由分散登记到统一登记，大致经历了五个阶段。

1. 土地改革时期（1950～1953年）

这一阶段，林权结构的主要特征是对大森林、天然森林收归国有，部分茶山、桐山、竹林等分林到户，确立了大森林国家所有制和村落近旁林地分配给农户的产权关系，林权登记是对林地分配成果的巩固。1950年6月，《中华人民共和国土地改革法》（以下简称《土地改革法》）颁布，明确除"大森林、大荒山等均归国家所有，由人民政府管理经营"，将"没收和征收的山林、鱼塘、茶山、桐山、桑田、竹林、果园、芦苇地、荒地及其他可分土地，应按照适当比例折合成普通土地统一分配之"，同时提出"土地改革完成后，由人民政府发给土地所有证，土地制度改革以前的土地契约，一律作废"。之后，《内政部关于填发土地房产所有证的指示》和《政务院关于适当地处理林权，明确管理保护责任的指示》重申了土地（林地）发证要求。土地改革时期，为分得林地林木的农民颁发了《土地房产所有证》等产权证书，这对巩固土地改革成果，调动亿万农民林业生产积极性提供了产权支撑。该时期，对国有、乡有、村有的林地进行了登记造册，制作了《国有林清册》《乡（村）有林清册》。

2. 农业合作化时期至林业"三定"前阶段（1953～1981年）

这一阶段，林地林木所有制结构和经营结构多次调整，总的变动趋势是山林由私有向公有、由分散经营到集体统一经营转变。1953～1956年，中央先后颁发《关于农业生产互助合作的决议》《关于发展农业生产合作社的决议》《高级农业生产合作社示范章程》，林业和农业一起走上合作化道路，从互助组、初级社到高级社，林业实行林木折价入股入社，农民个人所有的山林逐步向个人和集体共同所有、农村林业逐步由分散经营转向集中统一经营转变。1958年，《关于农村建立人民公社问题的决议》颁布，人民公社化运动迅速开展，农村所有的田地、林地都归集体所有。

1960年，中央开始对人民公社生产资料所有制政策进行调整，实行三级核算体制，三级所有、队为基础，对农村劳力、土地、耕畜、农具实行"四固定"，并进行登记造册，固定给生产小队所有。1961年，《中共中央关于确定林权保护山林和发展林业的若干政策规定（试行草案）》印发，针对确定山林权属，提出必须坚持"谁种谁有"原则，此时肯定了自留山所有权归国有或集体，林地使用权和林木所有权归个人的权利分配方式。但是，"文革"后，再次将房前屋后以及自留山的林木全部收归集体所有。总的来看，这一阶段山林权属实行"三级所有，队为基础"，乡村林场统一经营，成为集体林业的基本制度和主要经营形式，社员只享有少量零星的树木所有权（如自留果等）或一定面积自留山经营使用权。林权登记发证工作受当时政策的影响，工作比较缓慢。在"四固定"期间，一些地区颁发了林权证、山林执照、自留山使用证、林权所有证等样式各异的林权证书，涵盖了林地所有权、使用权以及林木所有权等权利内容，一些地区则只登记造册，未颁发证书。

3. 林业"三定"时期至集体林权制度改革启动阶段（1981～2000年）

1981年3月8日，中共中央、国务院印发《关于保护森林发展林业若干问题的决定》，全国开展了以稳定山权林权、划定自留山和确定林业生产责任制为主要内容的林业"三定"工作，并提出"国家所有、集体所有的山林树木，或个人所有的林木和使用的林地，以及其他部门、单位的林木，凡是权属清楚的，都应予以承认，由县或者县以上人民政府颁发林权证，保障所有权不变"的登记发证任务，开启了林地所有权和使用权分离的改革。林业经营逐步由农民集体经济组织集中经营向农户个体经营方向转变，之后几年林权登记工作在全国大规模展开，多数自留山证或村集体、生产小队集体林地所有权证在这一时期核发。有的地方根据林权主体和经营方式的不同，探索发放多种类型的证书。例如，福建省颁发了《山林权证》（甲种证）和《林权证》（乙种证），其中，山权林权均属于国家或集体所有的，颁发甲种证；山权林权分离的，颁发乙种证，如国有林场使用集体所有林地的情形。对个人经营的自留山则颁发了《自留山证》。

但是，到了20世纪80年代中后期，由于出现了南方集体林被乱砍滥伐的现象，分山到户工作被紧急叫停，林权登记工作基本停滞。直到1989年，针对国有林被哄抢盗伐、国有森林资源合法保护等问题，国家重启了林业"三定"时的政策，国务院部署开展国有林场和国务院确定的国家重点林区登记发证工作，林权登记工作才得以加快推进，通过登记发证，国有林被盗伐问题得到有效遏制，保护了国有森林资源。这一阶段是我国林权登记全面铺开，山权林权逐步稳定下来的一个时期，为后来不同时期开展林权登记奠定了权源基础。林业"三定"使林业的生产力得到充分释放，林权登记的权利主体也出现了多样化，包括国有林业经营单位、集体经济组织以及农户个人等。但由于诸多客观原因，特别是林业配套政策没有跟上，集体林业的产权制度这一根本性问题不能很好地适应林业发展的需要，林权登记也没有跟随产权变动及时办理变更登记，大部分集体林仍存在林业产权主体不明晰、经营主体不落实、经营机制不灵活、林权流转不规范等突出问题，很大程度上制约了集体林业的健康发展。

1998年修正的《森林法》明确规定："国家所有的和集体所有的森林、林木和林地，个人所有的林木和使用的林地，由县级以上地方人民政府登记造册、发放证书，确认所有权或者使用权。""国家所有和集体所有的宜林荒山荒地可以由集体或个人承包造林。"同时，对"用材林、经济林、薪炭林及其林地使用权""可以依法转让，也可以依法作价入股或者作为合资、合作造林、经营林木的出资、合作条件，但不得将林地改为非林地"，为之后开展集体林权制度改革和林权登记提供了法律依据。

4. 集体林权制度改革时期至不动产统一登记阶段（2000~2013年）

这个阶段是我国林权登记法治化和制度化建设加快推进的时期，林权登记的一个重要目标和作用是巩固集体林权制度改革成果，支撑集体林权制度改革深化。2000年，《森林法实施条例》以列举的形式明确了国务院确定的国家所有的重点林区，国家和集体所有的森林、林木及林地，单位和个人所有的林木登记的不同情形。同年，国家林业局启用了全国统一版本的林权证式样——《中华人民共和国林权证》，构建了"四权"登记模式，即林地所有权、林地使用权、森林林木所有权、森林林木使用权。也是在这一年，国家林业局发布了部门规章《林木和林地权属登记管理办法》，对林权登记启动方式、登记机构、登记类型、申请要件、登记程序等作了具体规定，由此相对统一的、系统的林权登记制度逐步建立，解决了之前林权登记缺失制度规范，林权登记权利类型、登记内容、登记程序、证书样式等不统一问题。之后，在国家统一部署下，各地在林业"三定"登记发证和1989年国有林定权发证的基础上，组织开展了换发新版林权证工作。此期间，福建省于2002年在武平县率先开展集体林权制度改革和换发全国统一式样林权证试点工作，为在全国层面推开集体林权制度改革和换发全国统一式样林权证积累经验。

2002年《农村土地承包法》颁布，从法律上确立了农村土地（林地）承包经营制度，并赋予了土地（林地）承包经营权物权登记能力，拓展了林权登记权利类型。2003年，《中共中央 国务院关于加快林业发展的决定》印发，明确要求进一步完善林业产权制度，开启了以落实家庭承包责任制为重要内容的深化林业体制改革工作，要求对权属明确并已核发林权证的，要切实维护林权证的法律效力；对权属明确尚未核发林权证的，要尽快核发；对权属不清或有争议的，要抓紧明晰或调处，并尽快核发权属证明。退耕土地还林后，要依法及时办理相关手续。2007年，国家林业局印发《关于进一步加强和规范林权登记发证管理工作的通知》（林资发〔2007〕33号），重申《农村土地承包法》有关规定，对林地承包经营权登记作出部署，从申请主体、申请材料、审查要求、档案管理等方面对林地承包经营权登记进行了规范，防止出现错误登记。

2008年，《中共中央 国务院关于全面推进集体林权制度改革的意见》印发，我国集体林权制度改革全面推开。林权登记作为我国集体林权制度改革的重要组成部分，与明晰产权、放活经营权、落实处置权、保障收益权等一同列入本轮林权制度改革的重点任务。这次改革是一次系统、全面落实集体林业产权的综合性改革，它从明晰产权入手，确立了林农的经营主体地位，赋予了林农真正意义上的物权。这一时期，林权的权能更加完善，权利类型和登记类型也越来越丰富，林权可以流转、抵押，并根据产权变动情况，开展初始、变更、注销等登记，为巩固集体林权制度改革成果，保障林权权利主体权益，推动集体林权流转提供了产权支撑。

5. 不动产统一登记阶段（2013年至今）

十二届全国人大一次会议审议通过的《国务院机构改革和职能转变方案》明确建立和实施不动产统一登记制度，部署将房屋登记、林权登记等不动产登记职责整合到一个部门承担。从 2013 年开始,不动产统一登记工作按既定目标稳步推进。目前已实现登记机构、登记簿册、登记依据、信息平台的"四统一"改革目标。林权登记作为不动产统一登记体系内容之一,经过几年的过渡,逐步实现了登记资料移交、登记职能整合及登记人员划转,林权登记全面融入不动产统一登记体系,林权类不动产登记工作稳步开展。2014 年,江西省崇义县颁发了全国第一本林权类不动产权证书,之后全国一些地区探索开展了林地承包经营权、林地使用权等林权类不动产登记。但总体看,不动产统一登记的前几年,职责整合、资料移交、人员配置等方面都处在过渡期内,林权类不动产登记发证量总体不大。

2018 年,新一轮机构改革后,特别是随着《农村土地承包法》《森林法》的修订以及深化集体林权制度改革的推进,林权交易日益活跃,林权登记权利类型、权利主体等不断拓展,林权类不动产登记开始加快推进。2019 年,自然资源部在福建、贵州和黑龙江三省部署开展林权类不动产登记规范化制度建设试点,以点带面探索形成可复制可推广的林权类不动产登记工作经验。同时,各地积极探索和开展林地承包经营权、林地经营权、林地使用权等林权类不动产登记,林权登记实践内容更加丰富。

(二)林权登记制度构建

林权登记制度作为林业产权制度的一项基础性制度,始终服务于我国林业产权制度改革,其制度构建与我国林业发展的政策要求、管理目标相契合。按照物权法定原则,林权并不是一种单一物权类型,它是由林地使用权、林地承包经营权、林地经营权以及地上附属的森林、林木所有权、使用权等物权类型共同构成的权利束,林权登记制度就是围绕上述权利类型进行构建和完善。

1. 国家层面林权登记制度构建

不动产统一登记制度实施以来,林权登记制度在不动产统一登记制度框架下逐步完善。2014 年,《不动产登记暂行条例》出台,我国第一部专门性不动产登记法规得以确立,森林、林木所有权,林地承包经营权被一并纳入不动产统一登记权利体系,并明确了首次登记、变更登记、转移登记、注销登记、更正登记、异议登记、预告登记、查封登记等林权登记类型,明确了申请、受理、审核、登簿、发证的林权登记程序。之后，原国土资源部相继印发了《暂行条例实施细则》《不动产登记簿证样式（试行）》《操作规范》等制度文件，对包括林权登记在内的不动产登记作了一揽子制度安排，明确了林权登记簿证内容、样式，提出对国有林地使用权，林地承包经营权登记的要求。其中，《暂行条例实施细则》第四十七条重申了林地承包经营权登记能力和森林、林木与林地一体登记的原则；第四十八条对不同方式承包林地的林权登记申请主体、申请材料进行了规定，明确以承包合同作为申请林权登记的要件；第五十三条则明确了国有林地使用权登记应当提交由批准权的人民政府或主管部门的批准文件，地上森林、林木一并登记。《不动产登记簿证样式（试行）》对林权类不动产登记簿册记载内容进行了规范。自此，林权登记程序、登记簿证、登记内容等从制度上实现统一登记的要求，为规范开展林权登记创造了制度条件。

近年来，《农村土地承包法》《森林法》《民法典》等法律相继修订和出台，对权利设定提出新要求，农村土地所有权、承包权、经营权"三权分置"改革成果以法律形式得以确立，并被赋予物权登记能力。同时，随着以明晰产权、扩大权能为核心的林权制度改革的深入，市场在林权流转过程中的作用更加凸显，林地林木的经济价值更加显化，在这种背景下，为进一步增强林权类不动产登记制度的时代性、指导性和可实操性。2020年6月，自然资源部会同国家林业和草原局联合印发《关于进一步规范林权类不动产登记做好林权登记与林业管理衔接的通知》（自然资办发〔2020〕31号；以下简称"31号文"），对林权类不动产登记权利类型、规范林权登记受理、创新开展地籍调查、重点难点问题处理、登记资料整合移交、登记与林业管理衔接等提出了指导性意见。

（1）关于权利类型。坚持物权法定原则，根据《土地管理法》《森林法》《农村土地承包法》等相关规定，明确林权登记的权利类型和适用情形，充分吸纳和体现农村林地"三权分置"改革要求，对林地承包经营权、林地经营权、林地使用权等林权类型登记进行了规范。其中，以家庭承包方式承包农民集体所有和国家所有依法由农民集体使用的林地从事林业生产的，权利类型登记为林地承包经营权/林木使用权；在自留山种植林木的，依据相关协议和材料，权利类型登记为林地使用权/林木所有权；国家所有的林地和林地上的森林、林木，按照有批准权的人民政府或者主管部门的批准文件，依法确定给林业经营者使用的，权利类型登记为林地使用权/森林、林木使用权；未实行承包经营的集体林地以及林地上的林木，由农民集体成立的经济组织统一经营的，依据相关协议或者材料，权利类型登记为林地经营权/林木所有权；采取招标、拍卖、公开协商等家庭承包以外的方式承包荒山、荒地、荒滩、荒沟等农村土地营造林木的，除合同另有约定外，权利类型登记为林地经营权/林木所有权；农村集体经济组织统一经营的林地、家庭承包和以其他方式承包的林地，依法流转和再流转林地经营权期限五年以上（含五年）的，依据合同约定，权利类型登记为林地经营权/林木所有权或者林地经营权/林木使用权。

（2）关于规范林权登记受理。坚持原林权证继续有效、不变不换的原则及林地和森林、林木一体登记的要求，明确登记机构要依法做好林权登记受理，除法定不予受理情形外，不得以登记资料未移交、数据未整合、调查测量精度不够、地类重叠等原因拒绝受理。对已登记的联户林地拆宗申请办理登记的，提出由发包方组织相关权利人拆宗并订立权属无争议、界址清晰、四至明确的林地承包合同后，登记机构依法办理转移登记。对已登记的林地经营权，经营合同依法解除或者合同期限届满未续约的，经营权人可以申请经营权注销登记。当事人以农民集体所有或国家所有农民集体使用的林地、林木进行依法抵押的，登记机构依法办理抵押登记。

（3）关于林权地籍调查。强调整宗林地变更、转移、抵押等登记，应充分利用已有林权登记附图和调查成果办理，按照不动产登记要求进行转换或转绘后形成宗地图，不得要求申请人提交调查成果。提出要创新地籍调查方式，对能够直接在高清影像图上指界的，登记机构会同林草部门应组织申请人和利害关系人依图辨别或现场勘查并明确四至界线，签字确认后办理登记。对已做过首次登记的，不得要求申请人重新提交调查成果，需要重新开展或补充地籍调查的，采取办理一宗、更新一宗的方式，不得增加权利申请人负担。

（4）关于重点难点问题处理。对于权属交叉的，区分合同纠纷、林权管理权源资料问题、登记错误或技术衔接问题以及权属存在争议等不同情形，分别提出了处理路径。对原林业部门已经登簿但尚未发证，现权利人申请林权类不动产登记的，要按照不动产登记簿标准进行转换后，核发林权类不动产权证。至此，以《民法典》等法律为根本遵循，以《暂行条例》等不动产登记法规为依据，以《暂行条例实施细则》《操作规范》以及 31 号文等林权登记政策文件为补充的林权登记制度框架基本建立。

2. 地方层面林权登记制度构建

差别化的国情决定了林权登记制度的构建离不开地方探索，我国林权状况地区差异大，各地在不动产统一登记制度体系下开展差别化的制度探索，对林权登记权利类型、部门间工作衔接、林权地籍调查、权属纠纷调处、存量数据整合等作了进一步回应。福建省、河北省等地编制了林权类不动产登记实务手册，以法律法规政策汇编、操作规范、案例分析、业务问答等方式进行"打包"式系统梳理，提高了林权登记制度的实操性。江西省、吉林省等地印发文件，建立登记机构与林业部门工作衔接机制，梳理林权登记权利类型，明确申请材料、登记程序以及地籍调查职责等。广东省、四川省、宁夏回族自治区等地对林权登记存量数据整合工作方法、技术路线等进行部署，山西省等地发文明确退耕还林不动产登记发证工作要求。目前，多数省份制定了省级林权类不动产登记制度文件，支撑了林权登记规范开展。

（三）国务院确定的国家重点林区不动产登记

1. 国务院确定的国家重点林区范围

我国国有林区主要分布在内蒙古、吉林、黑龙江、陕西、甘肃、新疆、青海、四川、云南 9 个省（自治区），国务院确定的国家重点林区主要分布在黑龙江、吉林、内蒙古 3 省（自治区）范围内。据第八次全国森林资源清查统计结果，国家重点林区经营总面积 32.7 万平方千米，约占国土面积的 3.4%，森林覆盖率 79.38%，森林蓄积面积 25.99 亿立方米，森林每公顷蓄积量 100.54 立方米。

2. 国务院确定的国家重点林区不动产登记历史沿革

中华人民共和国成立初期，为满足国民经济建设对木材等森林资源的需求，国家陆续对国有林区进行了大规模的开发，国有林区特别是重点林区是我国重要的生态安全屏障和森林资源培育战略基地，是维护国家生态安全最重要的基础设施，在经济社会发展和生态文明建设中发挥着不可替代的重要作用。规范有序开展重点林区不动产登记，有利于建立归属清晰、权责明确、监管有效的森林资源产权制度，有利于保护森林资源和生态环境，推动生态文明建设。改革大体经历了四个阶段：

（1）第一阶段（1981~1988年）。1981年，中共中央、国务院印发《关于保护森林发展林业若干问题的决定》，要求由县或县以上人民政府颁发林权证。

（2）第二阶段（1989~2012年）。1989年，国务院办公厅印发《关于林业部向东北、内蒙古国有林区各林业局核发林权证问题的批复》（国办通〔1989〕36号），国务院授权原林业部向黑龙江省森工总局、大兴安岭林业公司、吉林省林业厅以及内蒙古大兴安岭林业管理局四个单位所属各国营林业局核发林权证。

（3）第三阶段（2013~2017年）。2013年，国家实行不动产统一登记制度。2015年颁布实施的《暂行条例》明确，国务院确定的重点国有林区的森林、林木和林地不动产登记由国土资源主管部门会同有关部门规定。2015年8月，国家林业局率先向国土资源部移交了国务院确定的国家重点林区不动产登记资料，为推动部门间和地方不动产登记资料移交工作发挥了示范效应。2016年，国土资源部、国家林业局联合印发了《关于国务院确定的重点国有林区不动产登记有关事项的通知》（国土资发〔2016〕190号），进一步加强了工作衔接，明确了重点林区不动产登记管辖范围、各类型登记办理要求等。为更好地发挥重点林区生态保护主体功能，推动重点林区改革发展，2017年，国家林业局、国土资源部联合印发了《国务院确定的重点国有林区内建设用地变更登记试点方案》，以点带面探索重点林区内建设用地开展变更登记的程序和方法。

（4）第四阶段（2018年至今）。2018年，党的十九届三中全会审议通过的《中共中央关于深化党和国家机构改革的决定》《深化党和国家机构改革方案》和十三届全国人大一次会议批准的《国务院机构改革方案》决定组建自然资源部。自然资源确权登记局作为自然资源部内设机构，"负责国务院确定的重点国有林区、国务院批准项目用海用岛、中央和国家机关不动产确权登记发证等专项登记工作"。2019年，自然资源部办公厅印发《关于规范做好部负责的不动产专项登记有关事项的通知》（自然资办函〔2019〕208号），规定自然资源部不动产登记中心受自然资源部委托，负责国务院确定的重点国有林区不动产登记申请的审核、登簿、制证的具体事务和数据管理、资料归档、查询服务、印章管理等工作，对外提供登记资料查询服务。目前，重点林区不动产登记正按照

《国务院办公厅关于压缩不动产登记办理时间的通知》（国办发〔2019〕8号）和不动产统一登记改革要求，优化流程、精简材料，深化"互联网+不动产登记"。

3. 实践中存在的问题

国务院确定的国家重点林区不动产登记工作具备一定基础，但随着国有林区改革和转型发展，一些问题逐步暴露出来。

（1）重点林区林权登记记载情况与现势状况差异较大。国有林权证以国家批准的重点林区林业局经营范围为界线，随着重点林区不断发展，有的林权证内存在部分建设用地、其他农用地及未利用地，甚至还有集体土地，有的已经发证。

（2）建设用地历史遗留问题解决难度大。重点林区的建设用地主要包括历史形成的建设用地（含建局时的林业局及林场址），后期新建的局（场）址、道路、建设项目占地等。除开发林区时形成的建设用地和直接为林业生产服务的设施用地外，林权证颁发后形成的建设用地大多没有办理规划、用地等审批手续及划拨、出让等供地手续，不具备登记条件，影响林区资产显化。

（3）涉林权属争议量大面广。主要包括：林地与耕地等农用地权属重叠，不少开垦出的耕地在20世纪90年代末第二轮承包时地方政府发放了土地承包经营权证；国有林地与集体林地权属重叠等。争议的成因主要有：林业局与周边县市政府及相关部门工作衔接不够，导致重复发证；虽经逐地块指界、签协议书，但后期管理不到位，村屯农民将林业局范围内边角林地垦为耕地造成侵权或争议等。这些争议长期得不到解决，既不利于产权明晰和资源保护，也影响林区和谐稳定。

4. 相应的对策考虑

国务院确定的国家重点林区在生态文明建设中发挥着重要作用，存在的问题也是经济社会发展长期积累下来的，应正确看待、积极面对、稳妥解决。推动解决这些问题的总体考虑是，按照生态为本、保护优先、尊重历史、面对现实、依法依规、统筹兼顾的原则，在所有权层面与自然资源确权登记做好衔接，在使用权层面稳步推进重点林区内建设用地变更登记，夯实产权基础，支撑森林资源有效保护、合理开发和严格监管。

（1）尊重历史、面对现实，与自然资源统一确权登记做好衔接。依据国家批准的重点林区范围界线，以原林业部、原国家林业局颁发的国有林权证为本底，结合全国国土"三调"、专项调查成果，采取信息化手段，划清重点林区自然资源所有权界线，落实健全重点林区森林资源管理体制有关要求。

（2）实事求是、夯实基础，稳步推进重点林区内建设用地变更登记。利用全国国土"三调"成果，补充开展地籍调查，重点对建设用地地类和权属状况进行认定，防止以建设用地变更登记之名行突破重点林区生态保护红线之实。按程序将符合条件的建设用地有序从重点林区国有林权证中变更出来，纳入地方进行属地登记。

（3）落实责任、形成合力，切实规范重点林区不动产登记工作。规范重点林区不动产登记工作，涉及中央和地方、多个部门和管理环节，各方要明确责任，形成合力，共同推动，积极化解历史遗留问题，依法依规开展不动产登记，有效显化林区资产价值。

六、海域和无居民海岛不动产登记

依法取得海域使用权，可以单独申请海域使用权登记。依法使用海域，在海域上建造建筑物、构筑物的，应当申请海域使用权及建筑物、构筑物所有权登记。申请无居民海岛不动产登记的，参照海域使用权登记有关规定办理。

（一）海域和无居民海岛不动产登记工作概况

分散登记时期，海域和无居民海岛登记由原海洋管理部门负责办理。不动产统一登记后，海域使用权作为一种法定的不动产权利类型纳入统一登记范围，无居民海岛作为不动产参照海域使用权有关规定办理。原国土资源部和沿海省（直辖市）不动产登记机构依据《暂行条例》《暂行条例实施细则》等法规规章及不动产统一登记总体要求，有序承接并开展海域和无居民海岛不动产登记工作。自2016年起，沿海省（直辖市）陆续发放了省域内第一本海域使用权不动产权证书。2017年1月，国土资源部向深圳市盐田港集团有限公司和招商局漳州开发区有限公司等用海企业的代表颁发了首批国务院批准项目用海不动产权证书，全面实现了"颁发新证、停发旧证"。

为研究解决海域使用权不动产登记重点难点问题，2020年5月，自然资源部自然资源确权登记局在江苏省连云港市、浙江省宁波市、山东省青岛市、海南省文昌市等地部署开展了海域使用权不动产登记规范化试点，重点探索实施海域与海上建筑物构筑物一体登记、构建海域使用权与国有土地使用权登记相衔接的业务流程、研究开展依法使用无居民海岛的不动产登记具体路径等。经过半年的试点探索，2020年12月22日，浙江省宁波市为宁波—舟山港集团镇海和北仑海域两个用海项目颁发了全国首批海域使用权及建（构）筑物所有权不动产权证书，该证在原有海域使用权基础上，增加了海域上建（构）筑物所有权的内容，全面体现了用海类型、面积、方式和建（构）筑物结构、功能等信息，有效保护了权利人的合法权益。此次发证标志着试点工作取得突破性进展，也为全面实施海域及海上建（构）筑物一体登记提供了经验借鉴。

（二）海域和无居民海岛不动产登记的实践做法

沿海省（直辖市）、市不动产登记机构在严格遵循《民法典》《暂行条例》《暂行条例实施细则》等法律法规章要求的基础上，结合实际创新工作方法，进一步减流程、减环节，高效开展海域和无居民海岛不动产登记工作。

1. 天津市的实践做法

2015年，天津市成为全国首个将房、地、农、林、海全部纳入不动产统一登记的城市，创新打造了不动产登记全领域覆盖的"天津模式"。天津市依托不动产登记系统平台，开发建设了海域使用权登记系统，优化登记流程，在不动产登记系统和国家海域动态监视监测管理系统之间架设专线，登记簿记载的权利人、不动产单元号、证书号以及用海审批的项目名称、用海方式、宗海面积等42项内容通过信息共享方式获取，在全国率先实现了海域使用权登记与审批交易信息全面互通共享，既简化了办事程序，减轻了申请人负担，又增强了部门协同，提高了管理效率，打造了海域使用权登记的"天津模式"，为沿海省（直辖市）解决共性问题提供了天津方案。

2. 大连市的实践做法

大连市积极推进海域登记资料移交、存量数据整合建库、审批登记衔接等工作，制定海域使用权不动产登记办事指南，明确申请材料和办理流程，海域使用权登记平稳纳入不动产统一登记范畴。目前，大连市已经办理围海养殖、开放式养殖（开放式海面—浮筏养殖、开放式海底—底播养殖）、透水构筑物（人工渔礁、海上风力发电塔、升压站）、海底电缆管道、填海等多种用海方式的海域使用权不动产登记。

3. 青岛市的实践做法

青岛市作为海域使用权不动产登记规范化试点地区之一，在其西海岸新区积极筛选试点项目，开展实地调查和专家研讨，编制了测绘规定，制定了操作规范和服务指南，优化了围填海项目竣工验收后海域使用权转换为国有土地使用权的登记流程，并于2021年5月26日为青岛海业摩科瑞仓储有限公司颁发了山东省首本海域使用权及构（建）筑物所有权不动产权证书，为开展海域及海上建（构）筑物一体登记积累了实践经验。

4. 宁波市的实践做法

宁波市加强不动产登记业务研究，对2 225宗海域使用权和530座海上建（构）筑物不动产登记样本进行深入分析，分类汇总了登记档案资料不全、建（构）筑物坐落偏移、使用功能不明等八个方面20余项历史遗留问题，改进了现有地籍调查和登记数据库及系统，增添了"海上建筑物、构筑物所有权"登记功能，实现实物和系统匹配，并对缺失的建（构）筑物补充开展地籍调查，测绘宗海内部不动产地籍空间要素，计算建（构）筑物面积，形成集海域与海上构（建）筑物为一体的宗海位置图、宗海界址图及建（构）筑物平面图等权籍调查成果，夯实了不动产统一登记基础工作。2020年12月颁发了全国首批海域使用权及建（构）筑物所有权 体登记不动产权证书。

5. 珠海市的实践做法

2017年，珠海市出台了《珠海经济特区无居民海岛开发利用管理规定》，取得用岛批复的单位和个人可以向珠海市不动产登记机构申请办理不动产登记，领取不动产权证书。2019年7月，全国首个通过挂牌出让，实施生态文明旅游开发的无居民海岛项目——三角岛运动休闲及科教示范项目办理了无居民海岛不动产权证书。以此为基础，陆续开展抵押贷款，进行后续开发建设。

6. 南通市的实践做法

2014年，南通市委、市政府出台了《关于深化海域管理制度改革的意见》，明确提出规范海上不动产权属登记，海上构（建）筑物由陆上同类构（建）筑物管理部门竣工验收后，所有权人可申请产权登记。海域使用权、海上构（建）筑物产权经登记发证、评估作价后可用于股东出资、抵押融资，也可依法转让、交易、变更。已成陆海域在换发土地证前，海域使用权、海上构（建）筑物抵押融资评估价格参照相邻区域同类土地、陆上构（建）筑物评估价格确定。国土资源部、国家海洋局《关于加强围填海造地管理有关问题的通知》（国土资〔2010〕219号）印发后，南通市即对海域使用证（建设用地）换发国有土地使用证进行了统一规范。目前，南通市不动产登记机构提前参与用海审批管理，工作体系日趋完善，登记服务重特大产业项目成效明显。南通港吕四港区项目、海门中天钢铁项目、启东大唐电厂项目、如东洋口港风电产业园项目、如东洋口港阳光岛港口用海项目、南通港网仓洪十万吨级航道用海项目等均办理了海域使用权不动产登记。

（三）国务院批准项目用海用岛不动产登记

1. 历史沿革

《海域使用管理法》第十九条规定，海域使用申请经依法批准后，国务院批准用海的，由国务院海洋行政主管部门登记造册，向海域使用申请人颁发海域使用权证书。不动产统一登记后，《暂行条例》《暂行条例实施细则》等明确了国务院批准项目用海用岛由国土资源部受理，依法向权利人核发不动产权属证书。2017年1月20日，国土资源部在国家海洋局设立了不动产登记分窗口并颁发首批国务院批准项目用海不动产权证书，实现了"颁发新证、停发旧证"，统一登记在国家层面落地实施。2018年，自然资源部正式组建后，自然资源确权登记局作为自然资源部的内设机构，"负责国务院确定的重点国有林区、国务院批准项目用海用岛、中央和国家机关不动产确权登记发证等专项登记工作"。

2. 有关规定

（1）登记依据。《暂行条例》第七条规定，国务院批准项目用海、用岛不动产登记，由国务院国土资源主管部门会同有关部门规定；《暂行条例实施细则》第四条规定，国务院批准的项目用海、用岛的登记，由国土资源部受理，依法向权利人核发不动产权属证书；《操作规范》具体规定了办理登记的申请材料和审查要点。

（2）登记范围。《海域使用管理法》《海岛保护法》等法律对应当由国务院批准的项目用海用岛范围作出规定。《海域使用管理法》第十八条规定，填海五十公顷以上的项目用海，围海一百公顷以上的项目用海，不改变海域自然属性的用海七百公顷以上的项目用海，国家重大建设项目用海，国务院规定的其他项目用海，应当报国务院审批。《海岛保护法》第三十条规定，无居民海岛的开发利用涉及利用特殊用途海岛，或者确需填海连岛以及其他严重改变海岛自然地形、地貌的，由国务院审批。《无居民海岛开发利用审批办法》规定，涉及利用领海基点所在海岛、国防用途海岛、国家级海洋自然保护内海岛，填海连岛造成海岛自然属性消失的，导致海岛自然地形、地貌严重改变或造成海岛岛体消失的以及国务院规定的其他用岛，由国务院审批，其他由省级政府审批。以上情形属于国务院批准项目用海用岛，由自然资源部负责办理不动产登记。

（3）登记程序。遵循不动产统一登记制度设计，国务院批准项目用海用岛不动产登记的启动分为依申请、依嘱托、依职权三类。登记程序主要有申请、受理、审核、登簿、颁证等。登记完成后，登记机构依法向申请人颁发不动产权证书或不动产登记证明。

3. 工作实践

2019年2月，自然资源部办公厅印发《关于规范做好部负责的不动产专项登记有关事项的通知》（自然资办函〔2019〕208号），明确包括国务院批准项目用海用岛在内的自然资源部负责的不动产专项登记的职责分工，规范了工作流程。自然资源部自然资源确权登记局承担专项登记的政策制定、指导监督、业务统筹协调、专用印章监管等行政管理工作；自然资源部政务大厅设立不动产登记窗口，对外统一受理登记申请；自然资源部不动产登记中心受自然资源部委托，负责登记申请的审核、登簿、制证的具体事务和数据管理、资料归档等工作，对外提供相应的登记资料查询服务，按要求保管、使用"自然资源部不动产登记专用章"。近年来，自然资源部按照《民法典》《暂行条例》《暂行条例实施细则》等法律法规规章，依法依规开展国务院批准项目用海用岛不动产登记，不断加强制度建设和改革探索，全力推动各项工作迈上新台阶。

（1）推进登记规范化标准化。总结实践工作经验，制定《国务院批准项目用海用岛不动产登记办事指南》《国务院批准涉密项目用海用岛不动产登记工作规定》等，绘制了登记流程图。针对用海用岛的新形势，部署开展海域使用权不动产登记规范化试点，研究探索填海项目竣工验收后国家开展海域使用权变更登记或注销登记与属地开展国有土地使用权首次登记衔接的方法路径，为完善登记政策做好理论储备与实践积累。

（2）深化信息化集成应用。登记系统是不动产登记实现信息化、自动化、集成化的关键。2019年8月，自然资源部不动产专项登记信息系统部署运行，实现了受理、审核、登簿的电子化和登记所需信息的互通共享，国务院批准项目用海用岛不动产登记驶入"快车道"。为深化"放管服"改革、优化营商环境，进一步方便企业、个人申请办理不动产登记，2020年3月，自然资源部充分利用互联网、大数据、人脸识别等技术，提升"互联网+不动产登记"服务水平，在现场办、邮寄办的基础上，增设网上远程申请方式，申请人通过互联网远程申请系统在线提交申请材料，无须到现场重复提交材料。2021年3月，海域海岛不动产登记互联网远程申报系统接入全国不动产登记网上"一窗办事"平台，实现国家层面海域海岛不动产登记的"跨省通办"。

国务院批准项目用海用岛不动产登记是海域使用权不动产登记的重要组成部分。经过近年的探索实践，国务院批准项目用海用岛不动产登记制度体系日趋完善，信息化建设加快推进，为健全我国海域使用权不动产登记制度体系，进一步履行好全类型不动产登记职责积累了丰富经验。

（四）海域和无居民海岛不动产登记今后工作重点

海域和无居民海岛不动产登记有着良好的工作基础，特别是不动产统一登记制度实施以来，各沿海省（直辖市）不动产登记机构进行了许多符合地方实际的改革探索，积累了宝贵的实践经验。随着我国海洋强国战略的实施，海洋管理进入新的发展阶段，不动产统一登记工作也要积极适应新形势新要求，进一步加强工作衔接，破解改革难题，提升工作水平。

1. 加强工作衔接，深化信息共享

规范高效开展海域和无居民海岛不动产登记，关键是要实现不动产登记与海洋管理的有效衔接。海洋管理部门进行海域、无居民海岛审核审批后，及时将审批信息通过信息共享方式,提供不动产登记机构使用。不动产登记机构能够通过信息共享方式获取的材料,不得要求申请人重复提交,切实减轻申请人负担。不动产登记机构完成登记后,将登记结果信息共享给海洋管理部门,支撑海洋管理工作。

2. 总结试点经验,回应登记需求

海域使用权不动产登记规范化试点工作形成的一项重要成果,就是对海域及海上建(构)筑物一体登记进行了有益探索。海域及海上建(构)筑物一体登记的重点和难点是对海上建(构)筑物合法性的确认。目前,我国对海上建(构)筑物的管理部门众多,管理标准不一,为依法开展不动产登记工作,有效回应登记需求,试点工作中,海上建(构)筑物规划许可材料可由相应项目审批部门的批准材料替代,竣工验收材料可由建筑质量管理部门(施工许可、竣工验收)的相关批复替代。对缺失规划条件、验收意见等材料的,按照"尊重历史、能用尽用、依法合规"的原则,以有关管理部门出具的"初步设计批复""施工图设计批复"等作为"符合规划的材料","竣工图""竣工验收备案表"等作为"已经竣工的材料"。对于难以获取竣工验收材料的,可用具有专业资质的机构出具的检测鉴定报告替代。

3. 探索立体登记,支撑改革发展

2019年,中共中央办公厅、国务院办公厅印发《关于统筹推进自然资源资产产权制度改革的指导意见》,明确提出要"探索海域使用权立体分层设权"。不动产登记机构贯彻落实党中央精神和最新改革要求,积极探索海域立体确权登记的方法路径,明晰各用海空间的权属范围和权利主体,并与相邻用海空间已有确权登记成果做好衔接,有效支撑海洋高效利用和规范管理。

七、抵押权登记

(一)抵押权

抵押权,是指为担保债务的履行,债务人或者第三人不转移财产的占有,将该财产抵押给债权人,债务人不履行到期债务或者发生当事人约定的实现抵押权的情形，债权人有权就该财产优先受偿，债务人或者第三人为抵押人，债权人为抵押权人，提供担保的财产为抵押财产。抵押权属于优先受偿性担保物权，债务人届期不履行债务时，抵押权人可以就抵押物售价优先于一般债权人获得清偿。同时，抵押权不转移抵押物的占有，既可以发挥其担保价值，也可以由抵押人继续使用并发挥它的使用价值，取得的收益亦可以清偿债务。因此，抵押权成为实践中最理想且被广泛使用的担保形式。

抵押权具有从属性、不可分性、特定性及物上代位性。从属性是指抵押权从属于被担保的主债权，抵押权的设立须以债权的存在为前提，债权转让则抵押权一并转让，债权消灭则抵押权随之消灭。担保应以主债权的先行或同时存在为发生要件，如主债权实际上并不存在或尚未发生，即使已经满足担保权利据以成立的其他要件，担保权利在法律上也无从单独发生，此时承认担保权利的存续并无实际功用（高圣平，2020）。《民法典》第四百零七条规定："抵押权不得与债权分离而单独转让或者作为其他债权的担保。债权转让的，担保该债权的抵押权一并转让，但是法律另有规定或者当事人另有约定的除外。"该条规定即是抵押权从属性的体现。不可分性是指抵押权的效力及于抵押物全部，抵押物各部担保债权全部，申言之，享有抵押权的债权人有权就抵押物的全部行使抵押权，无论抵押物的分割或一部分灭失，抑或抵押权所担保债权的分割或让与或部分清偿，对于抵押权都不产生影响（程啸，2018）。因此，《担保制度的解释》第三十八条规定：主债权未受全部清偿，担保物权人可以主张就担保财产的全部行使担保物权；担保财产被分割或者部分转让，担保物权人可以主张就分割或者转让后的担保财产行使担保物权。特定性是指抵押权的标的物和所担保主债权须特定，抵押财产不特定化，抵押权无从设立；所担保的主债权不特定化，则无法确定担保的限度。当然，此处所述"所担保主债权须特定"，并不以担保设立时即已现实存在为必要，仅须在担保权利可得行使之时满足特定化要求（高圣平，2020）。物上代位性是指抵押物的实体发生毁损灭失时，如果存在抵押物的"代偿物"或"代位物"，则抵押权仍然可以及于其上而存在。

抵押权的客体范围非常广泛，既可以在不动产上设立，也可以在动产上设立。《民法典》第三百九十五条、第三百九十九条通过罗列方式对可以抵押和禁止抵押的财产进行了明确，依据该两条文兜底条款，在法律、行政法规未禁止抵押的情况下，债务人或者第三人的其他财产均可以作为抵押财产。我国法律对不动产抵押权设立采取登记生效主义，以建筑物、建设用地使用权、海域使用权等不动产抵押的，应当办理抵押登记，抵押权自登记时设立。此处"应当"是指当事人要设立抵押权须办理登记，但是否启动抵押登记申请办理程序，要遵循依申请原则，完全由当事人自愿选择，而非强制。

（二）一般抵押权登记

1. 抵押权首次登记

抵押权首次登记由抵押人和抵押权人共同申请，抵押人可以是债务人，也可以是债务人之外的第三人，抵押权人即是债权人。依据《暂行条例实施细则》第六十六条及《操作规范》14.1.1规定，在借贷、买卖等民事活动中，自然人、法人或其他组织为保障其债权实现，依法设立不动产抵押权的，可以由抵押人和抵押权人共同申请办理不动产抵押登记。申请材料主要包括身份证明、不动产登记申请书、不动产权属证书、主债权合同、抵押合同等材料。抵押合同可以是单独订立的书面合同，也可以是主债权合同中的抵押条款。为适应不动产登记全程网上办理需求，进一步简化材料，依据自然资源部和中国银保监会下发的《关于加强便民利企服务合作的通知》（自然资发〔2019〕42号）及自然资源部、国家税务总局、中国银保监会联合印发的《关于协同推进"互联网+不动产登记"方便企业和群众办事的意见》（自然资发〔2020〕83号），各地不动产登记机构与银行业金融机构建立共性材料集中查验制度，对营业执照、授权委托及负责人身份证明等材料仅需一次备案，后续登记均无须提交。同时，不动产登记机构与银保监部门联合制定不动产抵押借款合同简化文本，在担保主债权合同、抵押合同中提取登记所需的核心信息，浓缩生成抵押登记信息申报表，极大提高了工作效率，也大幅提高了材料网上传输速度，为全国开展抵押登记全程网办提供了实践经验。

不动产抵押登记对保障债权人的合法权益、促进交易的达成、维护市场信用等都具有极大的意义。但是，在实践中，部分地方在办理不动产抵押登记时，存在过度审查的倾向：一是对抵押权人主体设置条件，要求提交金融许可等文件，银行等金融机构以外的个人或其他组织不能作为抵押权人办理抵押登记；

二是对抵押物价值进行审查，债权数额不得超出抵押物价值；三是对民间借贷合同贷款利率或贷款用途进行审查，以超出贷款利率或涉嫌非法集资等理由拒绝登记。不动产登记机构采取谨慎态度的初衷，自然是保障交易安全，预防登记风险，但此种做法不仅超越了职责，还在无形中埋下了风险隐患。《担保制度的解释》第四十八条规定："当事人申请办理抵押登记手续时，因登记机构的过错致使其不能办理抵押登记，当事人请求登记机构承担赔偿责任的，人民法院依法予以支持。"该司法解释所述"因登记机构的过错致使其不能办理抵押登记"的情形主要是指登记机构违法不予办理抵押登记，因此，登记机构应严格依法进行抵押登记，收取法定申请材料，审查内容应限于抵押登记事项本身，当事人之间的借贷抵押合同内容是否符合法律法规或行业监管内容，均不属于登记机构审查范围，应由司法部门或监管部门审查处理。若因当事人违反法律法规或行业监管，导致借贷抵押合同无效或被撤销，登记机构按程序办理更正或者注销登记。

2. 抵押权变更登记

抵押权变更登记是指抵押权人主体不发生改变，但抵押人或抵押权人名称、抵押物、抵押权内容以及抵押权顺位发生变化的情形。《操作规范》14.2.2 规定，抵押权变更登记一般由抵押人和抵押权人共同申请。但因抵押人或抵押权人姓名、名称发生变化的，可由发生变化的当事人单方申请；不动产坐落、名称发生变化的，可由抵押人单方申请。当然，因不动产坐落、名称发生变化，抵押人不申请变更登记的，抵押权人也应当可以单方申请变更登记。

依据《暂行条例实施细则》第六十八条及《操作规范》14.2.3 规定，抵押权变更登记申请材料主要包括身份证明、不动产登记申请书、不动产权属证书、不动产登记证明以及抵押权变更的材料。若因被担保债权主债权的种类及数额、担保范围、债务履行期限、抵押权顺位发生变更申请抵押权变更登记时，如果该抵押权的变更将对其他抵押权人产生不利影响的，还应当提交其他抵押权人书面同意的材料与身份证或者户口簿等材料。

3. 抵押权转移登记

基于抵押权的从属性，主债权转让一般仅涉及债权人变化，不会增加担保人的风险和负担，因此，除法律特别规定或当事人另有约定外，抵押权随同主债权一并转移成为一般规则。《民法典》第四百零七条规定："抵押权不得与债权分离而单独转让或者作为其他债权的担保。债权转让的，担保该债权的抵押权一并转让，但是法律另有规定或者当事人另有约定的除外。"

依据《暂行条例实施细则》第六十九条及《操作规范》14.3.2 规定，因主债权转让导致抵押权转让的，当事人可以持不动产权属证书、不动产登记证明、被担保主债权的转让协议、债权人已经通知债务人的材料等相关材料，申请抵押权的转移登记。抵押权转移登记应当由不动产登记簿记载的抵押权人和债权受让人共同申请。关于不动产抵押权转移登记是否需要提交"债权人已经通知债务人的材料"，值得商榷。《民法典》第五百四十六条规定："债权人转让债权，未通知债务人的，该转让对债务人不发生效力。债权转让的通知不得撤销，但是经受让人同意的除外。"基于该条规定，《暂行条例实施细则》和《操作规范》规定抵押权转移登记需要提交"债权人已经通知债务人的材料"，但实际上，就担保物权而言，债权人自可在实现条件成就之时，追及至标的物之所在而行使其担保物权，就标的物进行变价并优先受偿，此前是否通知担保人则非所问（高圣平，2020）。

关于抵押权转移登记的效力问题，存在不同认识。一种意见认为，《民法典》第五百四十七条规定："债权人转让债权的，受让人取得与债权有关的从权利，但是该从权利专属于债权人自身的除外。受让人取得从权利不应该从权利未办理转移登记手续或者未转移占有而受到影响。"基于抵押权的从属性，抵押权随着主债权转让而转让，若要办理抵押权转移登记后才生效，则会出现债权已经转让，但抵押权仍留存在让与人手上，显然在理论上难以自圆，因而抵押权转移登记在效力上应属宣示性登记。另一种意见认为，抵押权是基于债权转让而转让，还可因当事人约定不随债权转让，其显然属于法律行为，因而不符合《民法典》关于非法律行为引发物权变动的情形。抵押权的从属性意味着抵押权应当随同债权一并转移，但并非无须登记即当然转移。抵押权随同债权的转让而转移时，应当办理抵押权转移登记，不登记的，抵押权不随同转移，据此向外展示不动产物权的变动，从而保证登记簿的记载与真实的物权状况相一致（程啸，2020）。抵押权对债权实现意义重大，既要坚持担保物权原理，更要强化权利公示，增强预期。

4. 抵押权注销登记

抵押权消灭，当事人可以申请抵押权注销登记。抵押权注销登记的申请材料一般包括身份证明、不动产登记申请书、不动产登记证明、抵押权消灭的材料等。抵押权消灭的情形主要包括：①主债权消灭；②抵押权已经实现；③抵押权人放弃抵押；④因人民法院、仲裁委员会的生效法律文书致使抵押权消灭的；⑤法律、行政法规规定抵押权消灭的其他情形。

抵押权注销导致抵押财产上的负担涂销，对抵押人权益无任何损害，相反，对抵押权人的权益具有决定性作用，因此，抵押权注销登记原则上应当由抵押权人单方申请。而对于抵押权消灭后，抵押权人不申请抵押权注销登记的，抵押人可通过司法程序要求抵押权人履行注销义务或确认抵押权消灭，生效法律文书确认抵押权消灭的，抵押人可以单方申请抵押权注销登记。

（三）最高额抵押权登记

抵押担保是财产担保的最主要方式，对保障债权人的合法权益、促进交易的达成、维护市场信用等都具有极大的意义。一般抵押权关于债权确定且已经发生的要求，对循环借贷、批次供货等在未来连续发生的债权无法提供担保。鉴此，我国借鉴德国、日本等国立法，确立了最高额抵押权制度。《民法典》第四百二十条规定："为担保债务的履行，债务人或者第三人对一定期间内将要连续发生的债权提供担保财产的，债务人不履行到期债务或者发生当事人约定的实现抵押权的情形，抵押权人有权在最高债权额限度内就该担保财产优先受偿。最高额抵押权设立前已经存在的债权，经当事人同意，可以转入最高额抵押担保的债权范围。"最高额抵押权打破了传统制度中一般抵押权与债权绝对的附从性关系，以未来限定期间内发生所约定的最高限额内的债权债务进行制度设计，使抵押权从纯粹的保障债权安全的担保功能向兼具融资的功能发展，相对一般抵押权展现出较大优越性。

1. 最高额抵押权首次登记

最高额抵押权首次登记由抵押人和抵押权人共同申请。申请材料包括身份证明、不动产登记申请书、不动产权属证书、最高额抵押合同、一定期间内将要连续发生的债权的合同或者其他登记原因材料等。当事人申请最高额抵押权首次登记时，同意将最高额抵押权设立前已经存在的债权转入最高额抵押担保的债权范围的，还应当提交已存在债权的合同以及当事人同意将该债权纳入最高额抵押权担保范围的书面材料。

以担保范围作为区分标准，最高额抵押权可以区分为普通最高额抵押权和概括最高额抵押权。普通最高额抵押权是指于最高债权额限度内担保债务人与债权人之间一定范围的不特定债权的抵押权。概括最高额抵押权也称"包括最高额抵押权"，是指就债权人和债务人基于任何法律关系而发生的任何现在或者将来的债权于最高额限度内予以担保的最高额抵押权。由于概括最高额抵押权所担保的债权漫无边界，我国法律不承认其有效性（程啸，2018）。《民法典》第四百二十条明确规定，为担保债务的履行，债务人或者第三人对一定期间内将要连续发生的债权提供担保的，才可以申请设立最高额抵押权。"一定范围内的债权"受到"最高债权额限度""一定期间""连续发生"三方面的限制（高圣平，2020）。

《担保制度的解释》第十五条明确规定："最高额担保中的最高债权额，是指包括主债权及其利息、违约金、损害赔偿金、保管担保财产的费用、实现债权或者实现担保物权的费用等在内的全部债权，但是当事人另有约定的除外。登记的最高债权额与当事人约定的最高债权额不一致的，人民法院应当依据登记的最高债权额确定债权人优先受偿的范围。"2021年4月，自然资源部印发《关于做好不动产抵押权登记工作的通知》（自然资发〔2021〕54号），对登记簿进行调整，将"抵押权登记信息"页的"最高债权数额"修改为"最高债权额"并独立为一个栏目，填写最高额抵押担保范围所对应的最高债权数额。

2. 最高额抵押权转移登记

《民法典》第四百二十一条规定："最高额抵押担保的债权确定前，部分债权转让的，最高额抵押权不得转让，但是当事人另有约定的除外。"《暂行条例实施细则》和《操作规范》对"当事人另有约定"导致最高额抵押权转让的具体情形进行了详细规定。最高额抵押权转移登记主要有四种情形：一是最高额抵押担保的债权确定前，抵押权人将债权关系全部转让，最高额抵押权由受让人享有，抵押权人和受让人共同申请最高额抵押权转移登记；二是当事人约定原抵押权人与受让人共同享有最高额抵押权的，应当申请最高额抵押权转移登记和最高额抵押权变更登记；三是当事人约定受让人享有一般抵押权、原抵押权人就扣减已转移的债权数额后继续享有最高额抵押权的，应当一并申请一般抵押权转移登记和最高额抵押权变更登记；四是当事人约定原抵押权人不再享有最高额抵押权的，应当一并申请最高额抵押权确定登记和一般抵押权转移登记。

3. 最高额抵押权确定登记

当发生导致最高额抵押权担保的债权被确定的事由，从而使最高额抵押权转变为一般抵押权时，当事人应当持不动产登记证明、最高额抵押权担保的债权已确定的材料等必要材料，申请办理确定最高额抵押权的登记。《民法典》第四百二十三条对最高额抵押权担保的债权确定事由进行列举，包括：①约定的债权确定期间届满；②没有约定债权确定期间或者约定不明确，抵押权人或者抵押人自最高额抵押权设立之日起满二年后请求确定债权；③新的债权不可能发生；④抵押权人知道或者应当知道抵押财产被查封、扣押；⑤债务人、抵押人被宣告破产或者解散；⑥法律规定债权确定的其他情形。

最高额抵押担保的债权确定前，抵押权人与抵押人可以通过协议变更债权确定的期间、债权范围以及最高债权额，但是，变更的内容不得对其他抵押权人产生不利影响。换言之，最高额抵押担保的债权一经确定，最高额抵押权即转变为一般抵押权，当事人不得变更债权确定的期间、债权范围以及最高债权额。

（四）在建建筑物抵押权登记

由于建筑工程建造周期长，资金投入高，当事人在建设过程中往往需要通过抵押融资才能完成建设，但建筑物尚未完成建造，当事人不能取得建筑物所有权，无法基于建筑物所有权设立抵押权进行融资。为解决建设工程融资问题，我国在立法中将在建建筑物纳入了抵押物范围。

《暂行条例实施细则》第七十五条规定："以建设用地使用权以及全部或者部分在建建筑物设定抵押的，应当一并申请建设用地使用权以及在建建筑物抵押权的首次登记。当事人申请在建建筑物抵押权首次登记时，抵押财产不包括已经办理预告登记的预购商品房和已经办理预售备案的商品房。前款规定的在建建筑物,是指正在建造、尚未办理所有权首次登记的房屋等建筑物。"一般来讲,建设工程在完成竣工验收后即完成建造,但在其完成首次登记前,权利人不得进行抵押等处分。为便于衔接和操作,《暂行条例实施细则》将在建建筑物完成建造定义在完成首次登记之后,既符合实际需求,也便于实践操作。在建建筑物竣工后,权利人办理建筑物所有权首次登记时,在建建筑物抵押权登记转为建筑物抵押权登记。在建建筑物抵押权首次、变更、转移及注销登记与一般抵押权登记大体相同。

（五）抵押期间不动产转让登记

综合我国立法过程可知,我国对抵押物转让规则采取从严格限制到可以自由转让的态度,抵押担保制度的立法理念和价值取向发生重大转变,回归抵押担保制度的本质,适应了经济社会的发展需求。《民法典》关于抵押期间抵押物转让的新规,对抵押权人（债权人）、抵押人及抵押物受让人的权益产生重大影响。

1. 抵押权追及效力

允许抵押人转让抵押物有利于抵押财产效用的发挥,通过流转以实现抵押财产的保值和增值。但允许抵押物自由转让,就必须肯认抵押权的追及效力,否则将危及担保制度存在的价值;反之,抵押权若具有追及效力,就需允许抵押物自由转让,否则追及效力将毫无意义。抵押物自由转让和抵押权追及效力属于共生关系。抵押期间,抵押物转让后,债务人未能清偿债务的,抵押权人基于追及效力,有权对抵押物行使抵押权,得处分抵押物优先受偿,而抵押物的受让人则不得不承受丧失抵押物所有权的风险。

立法考虑抵押财产能否自由转让问题时,必须考虑到抵押财产受让人权益的保护。如果任由抵押人自由转让抵押财产,抵押权人任意行使抵押权,无论抵押财产转让到何人手中,都会对交易秩序和安全造成不利影响（程啸,2020）。抵押权追及效力的正当性来自物权的公示,只有经过充分公示的物权,才可以对抗其他人的权利。按照《民法典》第四百零二条规定,不动产抵押权自登记时设立,因此,不动产抵押权经过充分的公示,使得第三取得人"善意"取得抵押物成为不可能,从而为抵押权人行使抵押权获取了正当性。抵押权的追及效力在一定程度上会危及抵押物转让后的交易安全。各国立法及其司法均试图在抵押物的转让和抵押权的追及效力之间寻求某种利益的平衡。在抵押人转让抵押物时，不同的立法例规定有多种除去抵押物上的负担之方法，有的方法为照顾抵押人的利益，有的方法则为照顾抵押物取得人的利益，但总体目的是缓和抵押权的追及效力。

2. 抵押物限制转让约定

《民法典》在允许抵押人于抵押期间转让抵押财产的同时，为了维护抵押权人的合法权益，避免因抵押财产转让给抵押权人造成损害，规定抵押权人与抵押人可以在抵押合同中通过约定禁止抵押财产转让。抵押权人若认为抵押人转让抵押财产会对自己的权益产生不利影响，可以与抵押人约定在抵押期间不得转让抵押财产。实践中，抵押权人与抵押人关于限制抵押物转让的约定有多种表述方式，如"禁止转让""不得转让""须征得抵押权人同意后转让""提前清偿贷款后转让"。综合种种表述，学者认为，从限制程度来看，限制抵押财产转让约定有两种：一是完全否定，此即绝对限制；另一是未完全否定，而是设定了限制条件，此即相对限制。这两种约定的意图不同：前者意在使抵押财产在抵押期间无法转让；后者则增加了转让的难度，能否转让系于约定的条件是否成就。

3. 抵押物转让约定登记记载

关于不动产抵押物限制转让的约定是否具有登记能力，在《民法典》颁布后存有争议。一种意见认为，《民法典》倡导抵押物流转，扩大物的效用，不动产抵押物限制转让的约定应当仅在抵押权人与抵押人之间产生效力，对第三人不产生效力，不具有登记能力，否则抵押权人通过约定将会架空《民法典》第四百零六条规定，损害抵押人的利益，背离立法本意；另一种意见认为，立法虽然倡导抵押物流转，但基于当事人的意思自治，该约定具有登记能力。《担保制度的解释》采纳了后一种意见，以是否登记为标准，对限制约定的法律效果进行区分。该司法解释第四十三条第一款规定："当事人约定禁止或者限制转让抵押财产但是未将约定登记，抵押人违反约定转让抵押财产，抵押权人请求确认转让合同无效的，人民法院不予支持；抵押财产已经交付或者登记，抵押权人请求确认转让不发生物权效力的，人民法院不予支持，但是抵押权人有证据证明受让人知道的除外；抵押权人请求抵押人承担违约责任的，人民法院依法予以支持。"第二款规定："当事人约定禁止或者限制转让抵押财产且已经将约定登记，抵押人违反约定转让抵押财产，抵押权人请求确认转让合同无效的，人民法院不予支持；抵押财产已经交付或者登记，抵押权人主张转让不发生物权效力的，人民法院应予支持，但是因受让人代替债务人清偿债务导致抵押权消灭的除外。"

司法解释虽然肯定了不动产抵押物限制转让的约定的登记能力，但是当事人须主动申请记载方产生效力。实践中，抵押权人和抵押人在协议或合同中对抵押物限制转让进行了约定，但没有向登记机构提出记载申请，此时该约定不能产生约束效力。抵押合同是办理抵押登记的必备材料。该合同约定主观限制的，登记机构在受理抵押登记申请时，基于审核职责会知悉存在主观限制，在当事人不申请登记主观限制时，基于不动产登记的申请原则，登记机构应尊重当事人的选择，既不能依职权主动登记主观限制，也不能要求当事人一并申请登记抵押权和主观限制。在这种情形，抵押权登记的信息与抵押合同约定出现偏差，这种偏差是当事人刻意为之的结果，不是登记错误。在当事人仅申请抵押登记而不申请登记主观限制时，表明当事人不欲主观限制产生对世性，它仅有债的效力，是抵押人对抵押权人负担的债务，不能附在抵押财产之上，直接限制抵押财产的流通性，故而，知悉主观限制的登记机构不受其影响，不被其约束。与此相应，登记机构就抵押财产转让办理转移登记，既无须抵押权人参与共同申请，也无须申请人提供抵押权人同意的证明材料，更无须查询受让人对主观限制的知悉情况。在主观限制登记后，登记机构要替抵押权人把关，在没有抵押权人参与共同申请，或没有其同意的证明材料时，登记机构不能办理抵押财产的转移登记，从而事先限制抵押财产的转让（常鹏翱，2021）。

基于不动产抵押物限制转让的约定记载的重要性，自然资源部印发《关于做好不动产抵押权登记工作的通知》（自然资发〔2021〕54号），调整了不动产登记簿，增加了"是否存在禁止或限制转让抵押不动产的约定"记载栏，在当事人申请办理不动产抵押权首次登记或抵押预告登记时，登记机构应当根据申请在不动产登记簿中如实记载。当事人有约定的填写"是"，抵押期间依法转让的，应当由受让人、抵押人（转让人）和抵押权人共同申请转移登记；没有约定的填写"否",抵押期间依法转让的,应当由受让人、抵押人(转让人)共同申请转移登记。约定情况发生变化的,不动产登记机构应当根据申请办理变更登记。

八、居住权登记

党的十九大报告明确提出"加快建立多主体供给、多渠道保障、租购并举的住房制度,让全体人民住有所居"的政策目标。为落实党中央要求,《民法典》在"物权"编之"用益物权"分编新增了居住权的权利类型,通过实施该法律制度,认可和保护民事主体对住房保障的灵活安排,进一步丰富居住形式,满足特定人群,特别是弱势群体的居住需要,并为公租房和老年人以房养老提供法律保障。[①]《民法典》关于居住权的规定集中于第三百六十六至第三百七十一条,从居住权的概念、法律性质、设立形式、合同要素、权利限制、物权变动等方面构建了我国居住权制度的基本框架。[②]

(一)《民法典》中的居住权

《民法典》第三百六十六条规定,居住权人有权按照合同约定,对他人的住宅享有占有、使用的用益物权,以满足生活居住的需要。居住权具体表现在以下四个方面:

(1)仅自然人可以享有居住权。《民法典》第三百六十七条规定居住权合同一般包括"当事人的姓名或者名称和住所",表明居住权的当事人既可以是自然人,也可以是法人和非法人组织。就居住权的设立主体而言,其既可以是自然人,亦可以是法人、非法人组织;就居住权的享有主体而言,因居住权的权利目的为"满足生活居住需要",且第三百六十九条"居住权不得继承"以及第

[①] 参见全国人大常委会法制工作委员会沈春耀于2018年8月27日在十三届全国人大常委会第五次会议第一次全体会议上所作《关于提请审议〈民法典各分编(草案)〉议案的说明》。

[②] 根据《民法典》适用原则,关于居住权的规范,如第十四章未予明确的,可分别适用"用益物权"分编、"物权"编、"总则"编的一般规则。

三百七十条"居住权人死亡的,居住权消灭"等表述,暗含了只有自然人才享有居住权的立法预设,故一般认为居住权人应为自然人。此外,与居住权人共同生活的家庭成员及其必需的服务人员,如配偶、子女、照顾老人的亲属、保姆等,即使不是居住权人,但也因其与居住权人存在特定的生活关系而享有一定的居住利益。

(2)居住权是设立在他人住宅之上的权利。根据《民法典》第三百六十六条,居住权的客体为"他人的住宅"。在我国,土地承包经营权及土地经营权、建设用地使用权、宅基地使用权等用益物权均以特定的土地为客体,而居住权则专门以住宅为客体。

(3)居住权人仅能为生活居住的需要,占有和使用他人住宅。一般认为,居住权人应当以满足日常生活需求为目的而合理使用标的住宅,妥善保管物品并进行日常维护和必要修缮,在居住权因法定事由消灭后及时向所有权人返还住宅。根据《民法典》对居住权的定义,与其他用益物权一般具有占有、使用和收益权能不同,居住权人的权利仅限于为了居住而对他人住宅进行占用和使用,原则上不包括收益。但《民法典》第三百六十九条允许当事人通过约定赋权居住权人出租作为居住权客体的住宅,即居住权人可基于与所有权人约定,将标的住宅出租而享有租金收益。

(4)居住权依据合同、遗嘱或法院判决设立,经登记后生效。根据《民法典》,居住权主要依据当事人在合同和遗嘱中的约定设立。以合同方式设立居住权的,应采书面形式,合同生效后仅在当事人之间具有约束力,而居住权则自办理登记之日起生效。按照《民法典》确立的区分原则,居住权合同生效并不等于居住权生效,居住权只有经登记且对全社会公示以后,才成为物权且具有绝对效力。对于以遗嘱方式设立居住权的,宜作扩张解释,既包括以遗嘱形式为法定继承人设立居住权,如为配偶、父母、子女等法定继承人设立居住权;也包括以遗赠形式为非法定继承人设立居住权,如为保姆、好友设立居住权等。根据《民法典》,因继承取得物权的,自继承开始时发生效力,但未经登记不发生物权对抗效力。

（二）居住权的法律特征

居住权被规定于"物权"编之"用益物权"分编，其性质为用益物权，实现方式主要在于对特定的他人住宅进行占有和使用，着眼于住宅的使用价值而非交换价值。相较于土地承包经营权及土地经营权、建设用地使用权、宅基地使用权、地役权等其他用益物权，居住权还具有较强的人役权特征，具体体现在以下三个方面：

（1）以无偿设立为原则。根据《民法典》，居住权无偿设立，但是当事人另有约定的除外。从居住权的历史源流以及我国的发展实践来看，居住权制度主要用来处理家庭成员之间的赡养、抚养和扶养关系，这是居住权制度的精髓所在。因而，作为弱势群体的居住权人往往基于所有权人的帮扶或馈赠，而非基于等价有偿的市场原则取得居住权。值得注意的是，无偿设立的原则并非绝对，当事人可以约定有偿设立居住权。即使是具有社会保障性质的居住权，也可以根据实际情况，由当事人约定以低于市场平均水平的价格设立。《民法典》关于居住权无偿设立原则的除外规定，既保障了居住权发挥其应有的社会功能，也赋予了居住权制度更多的实践方式和发展空间。

（2）不得转让和继承。根据《民法典》，居住权不得转让和继承，且该禁止性规定不得通过当事人约定予以改变。因为居住权的设立往往具有较强的人身属性和扶助性质，决定了作为受益方的居住权人不得转让其权利，亦不能以继承的方式由他人享有。就设立居住权的住宅所有权人而言，他仅为特定之人施以"允许其居住自己房屋"的扶助，如果居住权因转让、继承而归其他人享有，无疑与其初衷背道而驰。因此，在居住权法律关系中，住宅所有权人可能因住宅的转让、继承或其他原因发生变更，居住权人则是固定不变的。故除了不能转让、继承以外，居住权不能作为担保物权之客体而设定抵押，亦不得通过当事人之间的约定予以排除。

（3）一般随居住权人死亡而消灭。根据《民法典》第三百七十条，居住权消灭有两种情形：一是居住权期限届满，即当事人通过合同或者遗嘱确定居住权存续期限的，居住权自期限届满时消灭；另一是居住权人死亡，即合同未约定居住权期限，或虽约定了期限但未届满时，居住权人死亡，居住权随之消灭。

当居住权人死亡时，为满足特定人生活居住需要之目的已经实现，再无存续的必要，应归于消灭。实践中，为老人设立的居住权一般为终身权利。此外，物权消灭的一般原因，如标的物灭失、权利人放弃、合同解除、居住权与所有权混同等，可令居住权归于消灭。

（三）国外居住权制度介绍

居住权制度起源于罗马法。在当时财产概括继承制的背景下，丈夫和家主为保障无继承权又缺乏劳动能力的妻子等生存生活需要，通过在部分家产上设定居住权的形式以解决这部分主体的居住和供养。基于这样的制度渊源，罗马法上的居住权具有强烈的伦理性、人身性，一般无偿设立，不可转让和继承。目前，欧陆法系主要国家的民法多继受和发展了居住权制度。东亚其他国家和地区中，因文化差异未继受罗马法的人役权，仅日本于2018年新设了配偶居住权。英美法系国家无独立居住权概念和制度，其与居住权有关的规范多集中于婚姻家庭法中，乃通过判例或者特别法的形式对房屋利用关系进行调节与规范，以解决生活困难成员的居住问题。

1. 法国的居住权制度

《法国民法典》第二编"财产及对所有权的限制"第三章"用益权、居住权与使用权"第625~635条规定了居住权制度：一是居住权得依法或依人之自由意志设定，但以契约为主要形式；二是居住权的设立采登记对抗主义，未经登记不得对抗第三人；三是居住权行使以家庭居住所需为限，但可及于本人和家属；四是居住权不得转让或者出租，带有强烈的人身依附性；五是居住权人当以善良管理人之注意义务享受权益。

在以自由主义为理性基础的法国民法典中，居住权设定及其内容的确定充分体现了契约自由精神。《法国民法典》第628条规定："使用权及居住权依设定行为的规定，其范围的广狭，亦依设定行为的约款决定。"而第630条以下关于居住权的规定则属任意性规定，仅在当事人未作约定时才发挥补充当事人意思的功能。所以，《法国民法典》赋予当事人创设居住权相当大的意思自由，当事人完全可以突破传统居住权制度的人身专属性、不可转让性、无偿性、期限性等特征，自由约定其权利范围和权利内容，无疑增强了居住权的灵活性、可适用性。

2. 德国的居住权制度

德国法上存在两种不同形式的居住权，分别规定于《德国民法典》和《住宅所有权及长期居住权法》的单行法中。《德国民法典》规定的居住权属于传统的限制人役权，忠实地秉承了罗马法的居住权传统，不得转让和继承，即使出租，也需要得到所有权人的同意。《德国民法典》对不动产物权变动采严格的登记生效主义，故其居住权的设立亦须以登记为生效要件。

随着市场经济的发展，对他人住房的物权性利用已经远远超出家庭扶养的范围，房地产投资成为最重要的收益来源之一，居住权的不可流转性极大地限制了住房所有权人对其房产的利用和收益。德国立法者试图通过保留传统居住权制度的同时在特别法中规定一种新的制度，既改变原有居住权不具有流通性的弊病，又满足了特定人对他人房屋居住的要求。因此，德国于1951年通过了《住宅所有权及长期居住权法》，将传统居住权改造成一种长期居住权，即对于公寓化住宅中的房屋享有的以居住为目的的用益物权。与《德国民法典》中的居住权一样，长期居住权是以住宅为标的物权性使用权，但长期居住权可让与和继承，而且长期居住权人有权对该住宅进行合理的收益，尤其是有权出租。这就使长期居住权超出了婚姻家庭领域，摆脱了人身专属性的限制，成为一种房产投资的手段，极大地满足了人们居住和投资的双重需求。

3. 日本的居住权制度

日本民法虽继受自欧陆法系民法典，但最初并未沿袭其居住权制度，直至2018年民法修订时，方在第五编继承中增加一章规定了配偶居住权，将居住权限定于婚姻家庭领域。配偶居住权，指如果被继承人的配偶于继承开始时就居住在属于被继承人的建筑物中时，符合一定条件时，该配偶就其居住的建筑物的全部，取得无偿使用及收益的权利。日本民法对配偶居住权的取得、存续时间、使用收益、建筑物的修缮以及返还等作了规定。

4. 英国的居住权制度

英国《家庭法案》第四章"家庭住宅与家庭暴力"规定了许多与居住权有关的内容，包括婚姻住宅居住权、居住令、居住与互不妨害令等。婚姻住宅居住权是指一方配偶在法律或者契约的授权、同意下，对于婚姻住宅享有使用和居住的权利。婚姻住宅居住权的权利主体包括配偶、前配偶、同居者或前同居者，客体须为婚姻住宅，即配偶双方用来当作婚姻生活的住宅。此外，英国一贯奉行"程序先于权利"准则，具体到婚姻住宅居住权层面，即要求当事人向法院申请居住令。法院在决定是否准许其行使权利以及以何种方式行使时，考虑各当事人及相关子女的住宅需要及来源，各当事人的经济来源，不作出指令或决定对双方当事人及相关子女的健康、安全和幸福的影响，以及双方当事人的具体行为（如家庭暴力）等，在该过程中法院的自由裁量权发挥着重要作用。

5. 美国的居住权制度

美国有关房屋居住权利的规范主要体现在婚姻住宅的分割方面。出于保护未成年子女的目的，美国离婚判决中，法官倾向于将房屋使用权判给对拥有子女监护权的一方。但是，这种保护并非不受限制，如居住权的期限通常至未成年子女成年或者监护人再婚时丧失，房屋的相关税费及修缮成本原则上由居住方承担等。此外，美国还有一项与居住权相关的法律设计，即所谓的终身地产制。美国老年人在购买房屋时会直接写上子女的名字或者与子女签署一份转让房屋所有权但保留对房产终身地产权的契约，该设计的目的，一是为老年人死后子女可据此避免承担高额遗产税，二是避免老年人继续居住的权利受到子女所有权的制约。

（四）我国居住权登记的初步思路

目前，国家层面尚未出台居住权登记的具体规定，但是，根据《民法典》《暂行条例》《暂行条例实施细则》，参照其他用益物权登记的一般性规定，居住权的登记制度主要包括首次登记、变更登记、注销登记、其他登记。

1. 居住权首次登记

以合同设立的居住权和以遗嘱设立的居住权办理首次登记时，登记申请人、提交材料等方面均有所不同。以合同方式设立居住权的，需要合同当事人双方向不动产登记机构提出登记申请，不动产登记机构凭其提交的不动产权证书、居住权合同等材料办理首次登记。可见，以合同设立的居住权办理首次登记，须以该住宅已完成不动产登记为前提，未办理房屋所有权首次登记的，不予办理居住权首次登记。以遗嘱方式设立居住权的，由遗嘱中载明的居住权人单方向不动产登记机构提出登记申请，不动产登记机构凭其提交的生效遗嘱、遗嘱人死亡证明等材料办理首次登记。值得注意的是，遗嘱生效时自动发生房屋所有权的继承，居住权登记能够与继承不动产的转移登记一并办理的，应当一并办理。不能一并办理的，居住权登记可以先于继承不动产的转移登记办理，也可以在继承不动产的转移登记之后、再次转移登记之前办理。为减轻当事人的负担，需要强调继承不动产转移登记之后办理居住权登记的，可以仅由取得房屋所有权的继承人到不动产登记机构进行遗嘱材料查验，无须全部法定继承人到场，且登记机构非必要不得重复收取遗嘱人死亡证明等材料。另外，以人民法院、仲裁机构的生效法律文书设立居住权的，登记机构凭当事人单方提交的生效法律文书等材料可以办理居住权首次登记。

2. 居住权变更登记

因《民法典》第三百六十九条已明确规定居住权不得转让与继承，居住权登记实践中不应存在转移登记，但存在变更登记。居住权的变更登记主要包括以下三种情形：一是居住权人的身份信息发生变化。居住权人的姓名、身份证明类型或者身份证明号码等发生变化的，不动产登记机构凭居住权人单方提交的相关材料办理居住权变更登记。二是居住权的权利内容发生变化。居住权期限、居住范围等发生变化的，不动产登记机构凭居住权人和房屋所有权人共同提交的相关材料办理居住权变更登记。三是设立居住权的住宅所有权发生移转。因不动产转移导致居住权义务人发生变化的，不动产登记机构可以将不动产转移登记和居住权变更登记合并办理。

3. 居住权注销登记

根据居住权消灭的原因以及当事人提交材料的不同，居住权的注销登记有以下情形：一是居住权期限届满、设立居住权的不动产灭失或者被征收、生效法律文书终止居住权等导致居住权消灭的，不动产登记机构凭居住权人或者房屋所有权人提交的居住权期限届满、不动产灭失、生效的征收决定或法律文书等相应材料办理居住权注销登记。其中，因不动产灭失或者被征收等办理不动产权利注销登记的，应同时办理居住权注销登记。二是居住权人放弃权利导致居住权消灭的，不动产登记机构凭居住权人提交的放弃权利的书面文件等相关材料办理居住权注销登记。三是居住权人死亡的，不动产登记机构凭房屋所有权人提交的死亡证明等相关材料办理居住权注销登记。四是当事人双方申请注销居住权的，不动产登记机构凭居住权人和房屋所有权人提交的相关材料办理居住权注销登记。

4. 其他登记

当居住权登记于不动产登记簿时，其记载事项发生错误的可能性客观存在，《民法典》《暂行条例》《暂行条例实施细则》关于更正登记和异议登记的有关规定应同样适用于居住权。需要讨论的是，能否办理居住权的预告登记。虽然从居住权的产生背景来看，办理居住权预告登记的现实意义不大，但法律上并不存在为居住权办理预告登记的限制或障碍。

九、地役权登记

（一）地役权的法律属性

法律设置地役权制度，不在于调节不动产的所有，而在于调节不动产的利用。建设用地使用权人、宅基地使用权人、土地承包经营权人可以允许他人在自己的权利上设立地役权，地役权的客体只能是不动产。地役权以供役地的物质使用为目的，对供役地实施具体性的直接利用，或在供役地上通行，或在供役地上铺设管线，或在供役地上排水等，均为在建设用地、宅基地、承包地等不动产本身上而非权利上。建设用地使用权人等用益物权人之所以可以在他人所有的土地上为需役地人设立地役权，可以解释为土地所有权人已经向用益物权人授予了设立地役权的权利。地役权具有以下法律属性：

（1）地役权具有从属性。地役权本质上为独立的物权，但系为提高需役地的效益而成立，与需役地相结合的物权，从属于需役地，具有从属性。《民法典》对地役权的从属性作出如下规定：一是设立上的从属性。地役权的存续以需役地的存在为前提，与需役地的所有权或其他不动产物权同命运，与抵押权、质权或留置权从属于主债权而存在的情形相仿。二是处分上的从属性。地役权不得与需役地分离而单独转让，也不得单独成为其他权利的标的。《民法典》第三百八十条规定："地役权不得单独转让。土地承包经营权、建设用地使用权等转让的，地役权一并转让，但合同另有约定的除外。"第三百八十一条规定："地役权不得单独抵押，土地承包经营权、建设用地使用权等抵押的，在实现抵押权时，地役权一并转让。"

（2）地役权具有不可分性。地役权是为了实现对不动产的最大化利用而设立的用益物权。实践中，无论需役地还是供役地，都可能发生分割。地役权的不可分性，是指地役权的发生、消灭或享有应为全部，不得分割为部分或仅为一部分而存在。它旨在确保地役权的设立目的，使之得为需役地的全部而利用供役地的全部（谢在全，2011）。所谓"地役权的不可分性"，是指地役权的发生、享有以及消灭就需役地与供役地而言，均及于其全部，不得分割为数部分或仅为一部分而存在。

（二）我国地役权的登记

设立地役权，当事人应当采取书面形式订立地役权合同。地役权合同是需役地的所有人或使用人与供役地的所有人或使用人订立的设立地役权的合同。地役权是一种物权，一般应有公示要件，但考虑到我国实际情况，《民法典》采取了登记为对抗要件的模式，第三百七十四条规定，地役权自地役权合同生效时设立。当事人要求登记的，可以向登记机构申请地役权登记；未经登记，不得对抗善意第三人。《暂行条例实施细则》对此予以细化："按照约定设定地役权，当事人可以持需役地和供役地的不动产权属证书、地役权合同以及其他必要文件，申请地役权首次登记"（第六十条）；"地役权登记，不动产登记机构应当将登记事项分别记载于需役地和供役地登记簿"（第六十四条第一款）；"供役地、需役地分属不同不动产登记机构管辖的，当事人应当向供役地所在地的不动产登记机构申请地役权登记。供役地所在地不动产登记机构完成登记后，应当将相关事项通知需役地所在地不动产登记机构，并由其记载于需役地登记簿"（第六十四条第二款）。

与其他用益物权登记数量相比，地役权的登记量相对较少，以致其增进物尽其用的经济效用、优化资源配置和促使物的利用关系、物权化对抗第三人的作用发挥有限。与抵押权等担保物权相比，地役权陷入了"有而无用"之窘境。究其原因，主要在于以下两方面：一是传统地役权"通行、眺望、汲水"在实务中需求性相对降低，无法适应当代对不动产日趋多样化的利用方式；另一是相邻关系制度的发展压缩地役权的生存空间，人们更倾向于选择前者来化解相邻不动产之间频繁发生的普遍性问题。

（三）国外地役权制度对我国的借鉴意义

在我国，地役权是以弥补相邻关系的不足的身份出现在物权法中的，从民法的角度来看，相邻关系虽然能够调剂不动产的利用，但是相邻关系仅在"必须"利用对方土地时才有适用的可能性，且相邻关系的类型都由法律明文规定，其调整不动产利用的范围是有限的。在欧美发达国家，因城市化过程较我国早，不动产资源稀缺性凸显更早，为调节不动产之利用，对地役权制度的研究已经相当深入。例如，英国、美国、法国在划分从属地役权和类似地役权的基础上构建起非常完善的地役权制度；又如，德国在《德国民法典》中对地役权的具体类型进行规定以及在实践中发展出大量的新型地役权。新型地役权是对传统地役权的突破，将会给传统物权制度带来一派全新气象。

1. 关于竞业禁止地役权

传统地役权的内容多为通行、眺望、汲水等。值得特别提出的是，在欧洲若干国家，地役权重获生机，诞生了新形式——竞业禁止地役权，获得"第二春"。所谓竞业禁止地役权，是指经营某些业务的一方当事人为防止或限制邻地所有权人或使用权人经营同一类业务，经协商在邻地之上设立的禁止同业竞争的地役权。简言之，即需役地人和供役地人约定供役地人不得在自己的土地从事某种营业。例如，需役地人A是某服装店经营者，为避免供役地上也开设同类服装店，可与供役地人B约定，B不在其土地上开设同样或同类服装店，不将该地出租给他人经营同类服装营业，以此达到限制同业竞争的目的。地役权人采用合同方式利用他人不动产，达到限制商业竞争的目的，以较低的成本实现更高收益，而供役地人的义务主要表现为一种不作为。这样一来，竞业禁止地役权使人们更愿意利用地役权，有利于实现不动产的利益，更有利于市场规范化运作，实现资源的优化配置。

2. 关于公共地役权

地役权作为调节不动产利用的私法制度安排主要服务于私人利益，尽管在某些情况下具有一定的外部性。随着经济、社会的发展，以服务公共利益为目的的公共地役权应运而生。从公共地役权的产生及实践来看，在工业化、城镇化、电气化、通信电子化、网络化的现代社会，水、电、气、网供应的管网架设以及通信、消防、市政等管线敷设往往需要对沿线各不动产进行各种方式的利用或限制，而且人们对良好生态环境的依赖和不断提高生活质量的追求也要求法律制度对此作出回应。由此可见，公共地役权是为了公众利益的需要，公众或公共事业部门享有的在相关不动产上施加负担，权利人负有容忍义务的一种权利。从权利构造来看，公共地役权是传统私法上地役权的新发展；从产生及其发展实践来看，公共地役权的适用领域非常广泛且会随着经济、科技和社会的发展而扩张（耿卓，2013）。

第四节 不动产登记重点难点问题及其对策探讨

一、关于预告登记的问题

（一）难点问题

1. 预告登记与预售商品房合同登记备案的区别

预告登记与预售商品房登记备案分属不同的法律制度，存在以下明显区别：

（1）法律性质不同。预告登记是由《民法典》规定的一种不动产登记类型，其作为担保不动产物权实现的重要方法，属于民事基本制度之一；预售商品房登记备案制度则是由《城市房地产管理法》规定的一种行政管理措施，属于行政管理制度。

（2）法律功能不同。预购商品房预告登记制度的主要目的是保障债权人将来能够实现物权；预售商品房登记备案制度的主要功能在于方便政府获取预售房的交易信息，从而加强房地产市场监管，维护房地产市场秩序。

（3）强制性不同。预告登记原则上必须由申请人申请后启动，除非法律法规另有约定；预售商品房登记备案制度是一种针对房地产开发企业单方的强制性制度。依据《城市商品房预售管理办法》第十条的规定,只要房地产开发企业与承购人签订了商品房预售合同,该企业就应当自签约之日起 30 日内,至房地产管理部门和市、县人民政府土地管理部门办理商品房预售合同登记备案手续。

(4) 适用范围不同。无论是房屋所有权还是其他不动产物权(如建设用地使用权),其转让和抵押均可以申请预告登记;商品房预售合同登记备案制度仅适用于商品房的预售。

2. 部分商品房办理预告登记与查封宗地使用权的冲突

针对一宗地之上有部分预购商品房办理预告登记,此时法院要求查封整宗地的使用权问题,登记机构是严格依嘱托登记,还是维护预告登记权利人的利益,一直是争议的焦点。该争议主要涉及宗地分割问题,但是国家相关文件对宗地分割予以严格限制。在此背景下,各地登记机构往往不知所措。

基于土地与房屋在物理状态的整体性,房地一体规范下把房权与地权强制为同一人,简化了权利配置,避免了交易规则复杂化,在建筑物区分所有权情形房屋所有权应当与其对应的建设用地使用权共有份额结为一体。虽然此时整宗地的建设用地使用权仍然登记在开发企业名下,但是根据《民法典》第三百五十七条的规定,商品房已经预售的,其相应的建设用地使用权一并转让,预告登记权利人理应享有该房屋及其对应建设用地使用权的物权变动请求权,应予充分保护,人民法院不宜对已经预售的商品房对应的建设用地使用权共有份额进行查封。对此,可以参照盐城等一些城市的做法,采取建设用地使用权"量化登记"理论的思路予以处理,即只能查封属于开发企业名下对应的建设用地使用权份额,对于已经预售商品房对应的建设用地使用权的份额不能查封。待预售商品房预告登记转为本登记后,仍然可以进行正常处分交易活动。

登记机构可积极引导人民法院"对建设用地使用权量化后的共有份额进行查封",这样既能保护申请执行人的权益,也只需要查封与执行标的相符的建设用地使用权份额,不影响开发企业对其余份额建设用地使用权办理相关登记和业主办理转移登记,可谓多方受益。

3. 商品房预告登记与查封开发企业房屋所有权的冲突

实践中,根据连续登记原则,预售商品房预告登记到"预转现"中间必须经过首次登记,从首次登记到转移登记存在较长时间间隔。那么,对于已办理预告登记的预售商品房，并且开发企业已办理首次登记，在办理正式转移登记前，法院能否查封开发企业名下的房屋呢？

一种观点认为可以查封，理由是：第一，《最高人民法院关于人民法院民事执行中查封、扣押、冻结财产的规定》（法释〔2004〕15号）第十七条规定："被执行人将其所有的需要办理过户登记的财产出卖给第三人，第三人已经支付部分或者全部价款并实际占有该财产，但尚未办理产权过户登记手续的，人民法院可以查封、扣押、冻结；第三人已经支付全部价款并实际占有，但未办理过户登记手续的，如果第三人对此没有过错，人民法院不得查封、扣押、冻结。"第二，从理论上讲，只要没有办理不动产过户登记，不动产物权即没有发生变动。第三，基于预告登记的强制执行对抗效力，查封登记后，办理正式登记的条件具备的，预告登记就可以推进到本登记，法院可以要求预告登记权利人将该价款交付给法院以便执行，法院再行解除查封。

另一种观点认为不能查封，理由是：第一，根据最高人民法院、国土资源部、建设部印发的《关于依法规范人民法院执行和国土资源房地产管理部门协助执行若干问题的通知》（法发〔2004〕5号；以下简称《协助执行的通知》）第十五条的规定，作为被执行人的房地产开发企业，已办理商品房预售许可证且尚未出售的房屋，法院可以预查封；反之，作为被执行人的房地产开发企业已经出售的房屋，除非预售合同解除或预告登记失效，法院不能查封。第二，已预售并办理预告登记的房屋，开发企业办理首次登记是其履行协助转移登记义务的必要内容，也是为预告登记转为本登记创造条件，核心不在于表彰物权。第三，如果能够查封，则会出现就同一不动产，既可以小业主为被执行人进行预查封，又可以开发企业为被执行人进行查封的情况，不符合"一物不容二主"的朴素认知。

一旦出现上述情况，基于维护预告登记权利人的利益，登记机构应当及时与法院沟通协调，如果法院坚持要求执行，依据《协助执行的通知》第三条"国土资源、房地产管理部门在协助人民法院执行土地使用权、房屋时，不对生效法律文书和协助执行通知书进行实体审查。国土资源、房地产管理部门认为人民法院查封、预查封或者处理的土地、房屋权属错误的，可以向人民法院提出审查建议，但不应当停止办理协助执行事项"的规定，应当依嘱托进行查封登记，将审查建议记入送达回证并留存复印件。另外，为了防止该问题的出现，可以采取的有效办法是，尽可能缩短首次登记到"预转现"登记的时间差，要求开发企业首次登记后及时通知小业主，具备"一窗受理、并行办理"条件的，可以将首次登记与"预转现"登记一并办理（肖攀，2021）。

4. 预告登记权利人死亡后的本登记办理

在预告登记期间，预告登记权利人死亡的，依照《民法典》的相关规定，债权请求权作为合法财产可以由继承人继承。对此，继承人可以选择以下两种形式进行登记：一是先办理预告登记的转移登记，待预告登记具备本登记条件后，继承人与预告登记义务人一并申请本登记的办理；另一是待预告登记具备本登记条件后，直接凭继承权证明材料与预告登记义务人一并申请本登记的办理。需要说明的是，在后一种情形下，该继承关系可以由登记机构参照非公证继承的流程进行梳理，也可以由预告登记义务人梳理后向登记机构出具情况说明，声明愿意配合继承人过户的原因。

5.《民法典》第二百二十一条"其他不动产物权的协议"的特殊类型

预告登记设立的常见原因行为包括商品房预售及以预购商品房抵押、存量房转让和抵押而产生的债权请求权。因"不动产物权"及"协议"的不明确，《民法典》第二百二十一条可以设立预告登记的"其他不动产物权的协议"模糊不清。下面就五类常见的其他原因行为进行探讨：一是赠与、互易、居住权合同中的债权请求权。赠与、互易这两类行为与买卖无异，是为了担保所有权的实现，居住权合同中债权请求权亦是为了担保用益物权的实现。两者均是为了担保物权的实现，因此，其中所发生的房屋所有权或使用权移转请求权能够作为预告登记的客体。二是共有财产分割中的债权请求权。分割协议属于民事行为，各共有人基于分割协议对确定归自己的不动产享有所有权移转请求权，该请求权也能作为预告登记的客体，以便在正式登记之前，对其他共有人处分不动产或共有份额构成限制，防止由此带来的不测损害。三是买回合同中的债权请求权。买回合同即当出卖人（买回权人）为买回意思表示时，出卖人（买回权人）返还买受人支付价款和费用，买受人为交付原买卖合同之标的物的协议。当出卖人（买回权人）为买回意思表示时，买回合同生效，出卖人（买回权人）实际享有标的物所有权的移转请求权，该请求权可以作为预告登记的客体。四是承租人的优先购买权。根据《民法典》第七百二十六条规定，承租人享有以同等条件优先购买租赁房屋的权利。但是，如果优先购买权义务人未通知权利人，而将标的物卖给第三人，那么，根据《民法典》第七百二十八条的规定，优先购买权人只能要求义务人承担赔偿责任，出租人与第三人订立的房屋买卖合同的效力不受影响。如此，承租人的优先购买权处于立法架空状态。优先购买权的约定具有债权效力，在现行法下，为了平衡当事人之间的利益、发挥预告登记的公示功能，保护承租人和第三人的利益，可以在承租人、出租人协商一致的基础上办理预告登记。五是以设立土地承包经营权和地役权的债权请求权。《民法典》规定，土地承包经营权、地役权于合同生效时取得，不登记不得对抗善意第三人，这有别于"登记生效主义"，而预告登记仅适用于以登记为生效要件的不动产物权变动。因此，在现行法下，这两种不动产物权取得的债权请求权都不应该是预告登记的客体，允许它们进行预告登记有违《民法典》对预告登记设立初衷的规定。

6. 不动产买卖协议解除不能单独作为注销预告登记的原因

《最高人民法院关于适用〈中华人民共和国民法典〉物权编若干问题的解释（一）》（法释〔2020〕24号）第五条列举"债权消灭"的原因为买卖不动产物权协议被认定无效、被撤销，或者预告登记的权利人放弃债权等，未规定买卖不动产物权协议"被解除"的情形。主要理由是：第一，根据《民法典》第五百六十六条第二款的规定，合同因违约解除，违约一方应当承担违约责任。在出卖人履行返还价款前，径行以"债权消灭"为由注销预告登记，买受人的债权权益将会因此而失去保障。因此，为保护债权人的利益，防止预告登记义务人履行违约责任前另行出售不动产，预告登记的注销可视为对待给付的内容，登记机构不宜因合同解除径行注销预告登记。第二，登记机关注销不动产登记，要么基于当事人的申请，要么基于登记基础行为的违法性。例如，不动产物权变动协议因违反效力性禁止性规定被确认无效，或因当事人意思表示存在瑕疵而被撤销。对于不动产物权变动协议解除，并不存在所谓的"违法性"，即使因一方当事人违约解除的情形（李玉林，2021）。第三，从其他法例看，德国、日本、我国台湾地区均未将不动产物权变动协议被撤销列为预告登记失效的原因。

（二）地方的实践探索

1. 现阶段预告登记业务涉及的主要类型

（1）预告登记的设立。①设立原因：当事人签订买卖房屋或者其他不动产物权的协议，为保障将来实现物权而约定办理预告登记。②申请方式：原则上需采用共同申请的方式，在下列特殊情况下，亦可单方申请。第一，商品房预售人未按约定与预购人申请的，预购人可以单方申请预告登记。第二，实践中，预售商品房预告登记通常由预购人委托预售人代为办理，因不涉及权利处分，登记机构可予登记。第三，开发公司完成首次登记后将不动产转移联系单交与购房人，购房人单方申请"预转现"登记的，视为开发公司授权同意，无须再行会同。③注意事项：第一，如预告登记涉及的不动产有上市限制条件，需经审批后才能进行预告登记。例如，经济适用房、征地拆迁安置房、共有产权房、军队房改房等对上市交易或抵押有限制条件且未通过审批的，不动产登记机构暂不办理预告登记。第二，预告登记过程中须留存申请人的影像资料，以便查验比对，确保登记的安全性及登记档案的完整性，降低登记涉诉案件中的举证难度。第三，单方申请预告登记的，若预告登记附条件和期限，应当提交相应的材料。第四，申请预告登记的商品房已经办理在建建筑物抵押权首次登记的，应当先行或一并申请在建建筑物注销登记。

（2）预告登记的变更。①变更原因：权利人或者义务人的姓名、名称、身份证明类型或者身份证明号码发生变化。②申请方式：由变更涉及的主体单方申请预告登记变更。

（3）预告登记的转移。①转移原因：继承或受遗赠；人民法院、仲裁委员会等生效法律文书；债权转让等涉及登记转移的。②申请方式：因债权转让导致预告登记转移的，应提供通知债务人的书面材料，预告登记簿记载的权利人和该预告登记转移的受让人共同申请预告登记的转移登记；因继承、受遗赠、人民法院、仲裁委员会等生效法律文书导致预告登记转移的，可单方申请转移登记。③注意事项：已设立抵押预告登记且不动产登记簿记载"存在禁止或限制转让抵押不动产的约定"，抵押预告期间发生预告的转移登记，由预告登记簿记载的权利人、预告登记转移的受让人（变更后的抵押预告登记义务人）、抵押预告登记权利人三方共同申请预告登记的转移登记和抵押预告登记的变更登记。

（4）预告登记的注销。①注销原因：预告登记无效、被撤销或者权利人放弃权利。②申请方式：因权利人放弃权利的，由预告登记权利人申请注销登记；因预告登记的合同被人民法院、仲裁委员会等生效法律文书撤销、认定无效的，可单方申请注销登记。③注意事项：第一，申请商品房注销预告登记的房屋存在抵押权预告登记，应先办理抵押权预告登记的注销。第二，不动产作为预告登记权利人的财产被预查封的，不予办理。第三，实践中，因无法律规定预告登记的注销以合同备案解除为前提要件，故只要提交注销原因文件即可办理注销登记。第四，登记机构无法判断能够"预转现"的时间，因此即使预告登记后"90日内未申请登记的"，亦不能认定预告登记失效。

2. 优化预告登记的主要措施

2020年5月，自然资源部、国家税务总局、中国银保监会联合印发《关于协同推进"互联网+不动产登记"方便企业和群众办事的意见》（自然资发〔2020〕83号），明确提出我国将加紧全面实施预告登记制度，让预告登记的改革有更强的推动力。该意见明确，要率先实现网上办理，积极向房地产开发企业、房屋经纪机构延伸登记端口，便民利企。由不动产登记机构主动将预告登记结果推送至银行等金融机构和税务部门，银行等金融机构依据预告登记结果审批贷款，税务部门运用预告登记结果开展税款征收相关工作。

在上述精神的引领下及文件要求的落实中，近年来，各级政府立足于地方实际，不断深化"放管服"和优化营商环境改革，依托"互联网+技术"的融合应用和区块链、人工智能技术的探索，积极改变不动产登记机构的管理与服务模式，创新不动产登记服务。各地在预告登记的创新改革中取得一系列成就，为推动预告登记制度的进一步落实提供保障。

（1）推动预告登记事项"一窗办理"。"一窗办理"是贯彻落实国务院关于"放管服"改革和优化营商环境的有关工作要求的重要举措，通过"一窗办理"设立综合窗口，实现一个窗口、办一次手续、交一次材料完成不动产登记、交易和税收等多项业务。目前，江苏省各地市均实现不动产登记交易"一窗办理"常态化开展，已覆盖全业务、全流程，部分城市已开展登记平台的拓展与延伸工作。例如，无锡市不动产登记中心与银行等金融机构通过数据共享，实现商品房预告及抵押登记、注销登记等"一窗办理";泰州市着重围绕受理环节、收件材料、办结时限三个方面,将预告登记的受理全面纳入"一窗受理、集成服务",充分利用线上平台的信息共享和推送功能,做到房屋交易、纳税信息、个人和企业身份信息、户籍信息、婚姻信息、公证信息的实时验证和获取,以及交易备案和纳税申请信息的在线推送,同时保留线下传统窗口受理的模式,形成了"线上为主、线下为辅"的登记模式。

（2）开展预告登记"不见面服务"及"跨省通办"。"不见面服务"是深入推进不动产登记"最多跑一次"改革,在"一窗受理"的基础上,依托"互联网+"和大数据服务,实现登记事项全流程网上办理的措施。同时,在《国务院办公厅关于加快推进政务服务"跨省通办"的指导意见》（国办发〔2020〕35号）的指导下,部分地区实现了"不见面服务"的升级版,即"跨省通办"业务。例如,江苏省无锡市已全面开展"登记+金融"线上合作模式,预告登记服务范围拓展至各银行服务点,在银行端即完成线上申请、登记机构线上审核,并且实时推送不动产电子证明,实现银行"一站式办结";泰州市通过搭建线上平台,线上受理业务,能实现申请人办理业务不受时间和地域限制,跨城跨省跨境受理24小时不间断服务。目前,涉及"跨省通办"的预告登记类型主要包括商品房预售及抵押权预告登记。

（3）推行预告登记电子证明。为进一步深化不动产登记数字化改革,推进"互联网+不动产登记",提升不动产登记服务应用,江苏省张家港市、苏州市吴中区,浙江省湖州市、宁海县,云南省昆明市等地陆续推出预告登记电子证明业务。通过"区块链"技术的电了证照始终与登记数据库保持同步,能准确反映出不动产是否预告、抵押等现时状态,权利人足不出户即可查阅登记簿状态,不仅便携便管,还能有效防范证书造假等行为。此举不仅高效便民,有利于优化营商环境,还能减少了纸质证书颁发过程中缮制、加印、领取、保管流程,大大节约了人力物力成本。

（4）网签备案与预告登记无缝衔接。2021年,江苏省盐城市探索商品房买卖合同网签备案与预购商品房预告登记无缝衔接。经与市住建、市场监管部门协调一致,修改《商品房买卖合同》示范文本的电子模板,将关于预购商品房预告登记的约定列入合同条款,合同双方只要选择办理预告登记选项（房贷必选），不动产登记交易一体化平台收到后会自动生成预告登记申请书，结合电子签章技术、采集申请人影像完成申请，系统会实时将预告登记申请推送至不动产登记系统。此举改变了过去商品房合同网签备案与预告登记分别办理的传统，实现了备案和预告登记一体化的转变，不仅方便企业群众办事，更为重要的是，为购房人实现了物权保障"零时差"，该创新举措取得广泛的社会认同。

（5）不动产"双预告"登记同时办理。"双预告"登记同时办理指的是权利人在购买商品房并办理按揭贷款时，可同步进行预售商品房买卖预告登记和预售商品房抵押权预告登记的合并办理。得益于登记机构与银保监部门、金融机构通力配合，目前，江苏省苏州市、盐城市等地在全国范围内率先实现不动产"双预告"登记全流程线上办理，即申请人在签约并办理按揭贷款手续时，将"双预告"登记材料一并提交给银行，由银行工作人员代为收取，网上推送至不动产登记中心，登记中心实时进行审核、登簿并推送不动产登记电子证明。权利人通过一次申请，即可获得"预售商品房买卖预告登记"和"预售商品房抵押权预告登记"两份电子证明。重庆市率先推行"购新房多件事一次办"改革，即购房人与房地产企业签订合同后，不动产登记系统即时生成电子申请材料，买卖双方电子签名（签章）后可在购房现场在线一次性完成签约和预告、预抵押登记申请，同步办理不动产双预告登记相关事项。通过此项措施，企业、群众实现了预告登记的"零时差、零等待"，能够在"第一时间"获得物权保护。

（6）不动产抵押预告登记自动转抵押权首次登记。不动产抵押预告登记自动转抵押权首次登记依托的是两次委托行为：一是由抵押权预告登记人和抵押权预告登记权人在抵押借款合同中约定，待房屋具备办理抵押权"预转本"登记条件后，由抵押权预告登记权利人申请"预转本"登记业务。登记机构将此约定记载于登记簿附记栏。二是由抵押权预告登记权利人与登记机构签订委托协议，委托登记机构在房屋具备办理"预转本"登记条件时，自动办理"预转本"，并从抵押权预告登记权利人提供的对公账户中划扣相应的登记费，自动生成业务办理明细表和电子证照，并在登记机构网站提供下载服务。此举使抵押权预告登记权利人只需提出一次申请，即可实现后续的"预转本"登记。在南宁、厦门等城市，已开始推行该项业务。

（7）购房人单方申请"预转本"登记。各地对购房人单方申请"预转本"

登记的操作方式不尽一致：在江苏省，按照《江苏省不动产登记条例》要求，首次登记后房地产开发企业将不动产转移登记申请材料交购房人的，视为房地产开发企业同意与购房人共同申请转移登记，由此实现购房人可单方申请"预转本"登记；在云南省昆明市，不动产登记中心办理商品房预告登记后，待完成首次登记后，由登记机构在门户网站公示可以进行本登记的项目，项目所涉购房人可自行申请"预转本"登记，并可同时办理预购商品房抵押权的"预转本"登记；内蒙古自治区和天津市则以地方性法规的形式明确"经预告登记的商品房购房人入住二年后，房地产开发企业未办理首次登记的，购房人可以直接申请房屋所有权转移登记"，从而保障购房者权利。

（8）优化存量房预告登记办理。因不存在楼盘烂尾、违建拆除或开发商跑路等问题，存量房交易风险远小于商品房预告登记，各地很少办理存量房预告登记业务。但是，实践中，合同签订后，因受让方申请贷款周期长、房价上涨过快等因素导致卖方违约的情况经常发生。为防止此类情况的发生，存量房转移预告登记显得极为必要。为此，在2018年新修订的《北京市存量房屋买卖合同》（示范文本）和2021年江苏省盐城市存量房格式合同中，原本在新建商品房合同中才会体现出的"预告登记"被搬到存量房买卖合同中，强调了存量房预告登记的重要性，打通存量房合同网签即自动办理预告登记的路径。此外，重庆市由官方平台推出二手房交易预告登记服务平台，规范二手房交易预告登记，使卖方、中介、买方的利益通过预告登记都得到有效保护。盐城市还将预告登记应用于贷款购买的司法拍卖不动产登记领域。拍卖成交后，买受人以拍得的房产办理转移和抵押权的预告登记，登簿后由贷款银行放款至法院专用账户；拍卖款全额付清后，拍卖人持相关材料办理"预转现"登记。

二、几种不动产权利登记的实践问题

（一）国有建设用地使用权及房屋所有权登记的实践难题

国有建设用地使用权及房屋所有权登记是不动产登记中最频繁的业务，形式多样、内容繁杂，在实践中存在一些争议和难题。

1. 房地一体登记的难题分析

房屋在物理上必须依附于土地，不能单独存在，即使是"空中楼阁"也须存在于一定空间，二者时刻不能分离。虽然我国在立法上采取分离主义，将土地和房屋分别作为独立的不动产对待，但同时坚持房地权利主体一致原则。《民法典》第三百四十四、第三百五十二、第三百五十六、第三百五十七、第三百九十七、第三百九十八、第四百一十七条及《城市房地产管理法》第三十二条等法律条文对房地权利主体一致原则作出明确规定，从实体法上保障房地权利主体一致。首先，在房屋建造时保持房地权利主体一致。《民法典》第三百四十四、第三百五十二条规定，建设用地使用权人有权利用该土地建造建筑物、构筑物及其附属设施；建设用地使用权人建造的建筑物、构筑物及其附属设施的所有权属于建设用地使用权人，但是有相反证据证明的除外，即房屋建造者在其依法取得的土地上建造房屋，建造完成的房屋的所有权自然属于建设用地使用权人，从源头上保证房屋和土地权利主体一致。其次，在处分时保持房地权利主体一致。《民法典》第三百五十六、第三百五十七条及《城市房地产管理法》第三十二条规定，建设用地使用权转让、互换、出资或者赠与的，附着于该土地上的建筑物、构筑物及其附属设施一并处分；建筑物、构筑物及其附属设施转让、互换、出资或者赠与的，该建筑物、构筑物及其附属设施占用范围内的建设用地使用权一并处分，即房屋的所有权和该房屋占用范围内的土地使用权同时转让，俗称"房随地走、地随房走"。最后，在权利负担上保持房地权利主体一致。《民法典》第三百九十七、第三百九十八、第四百一十七条及《城市房地产管理法》第三十二条规定，以建筑物抵押的，该建筑物占用范围内的建设用地使用权一并抵押。以建设用地使用权抵押的，该土地上的建筑物一并抵押。建设用地使用权实现抵押权时，应当将该土地上新增的建筑物与建设用地使用权一并处分，即房屋的所有权和该房屋占用范围内的土地使用权同时抵押，俗称"房抵地抵、地抵房抵"。显然，上述法律仅仅是从实体法上规定房地权利主体要保持一致，但如何落地实施，还需从程序法上明确。如果只是在实体法上对权利主体一致原则作出规定，却不在不动产登记法上予以明确并落实，那么权利主体一致原则是难以被贯彻落实的（程啸等，2016）。分散登记时遗留下的房地权利重叠、交叉重复等问题，就是最好的例证。

不动产统一登记后,《暂行条例》《暂行条例实施细则》《操作规范》对房地一体登记程序、不动产单元划分、登记簿记载作出详细规定,通过房地统一登记确保权利主体一致原则落实。

(1) 房地一体不动产单元划分。《暂行条例实施细则》第五条第三款规定:"有房屋等建筑物、构筑物以及森林、林木定着物的,以该房屋等建筑物、构筑物以及森林、林木定着物与土地、海域权属界线封闭的空间为不动产单元。"房屋如何与土地形成一个权属封闭的空间呢?对整幢房屋与土地形成一个权属封闭空间的情形容易理解,房屋与土地从物理上可以完全贴合,权利归属也完全一致。但是,在城市中存在的大多是多层或高层建筑,房屋被划分为套或间,分属不同权利人,二层以上房屋与地表分离,而且属于不同权利人,无论从物理形态还是从权属状态都难以形成一个封闭的空间。如此理解,一是把"权属界线封闭的空间"理解为物理上的封闭空间;二是把"权属界线"等同为建筑物专有部分权属界线。分析可知,上述不动产单元所述"权属界线"包括土地使用权、房屋所有权及建筑物区分所有权的权属和界线,三者"权属合一"通过前述房地权利一体一致实现,"界线合一"则通过"地—楼—房"三者关联(幢落宗实现房屋幢与宗地关联,户联幢实现每户房屋与幢的关联)实现。换言之,房地一体不动产单元划分正是从程序上落实房地权利主体一致原则,也是实现不动产统一登记的技术创新核心。

(2) 房地分离遗留问题处理。前述土地使用权、房屋所有权及建筑物区分所有权"权属合一"和"地—楼—房"三者关联是实现房地一体登记的核心,但分散登记期间造成的房地分离问题为房地一体登记带来了很多困难。首先是权属无法合一,即房地分属不同权利人或有房屋所有权无土地使用权。房地分属不同主体的,应当按照前述"房随地走、地随房走"的原则进行确定,权属存在争议的应当通过司法程序解决;有房无地的,应当按照国家及各地方解决历史遗留问题的政策解决。其次是"地—楼—房"无法关联,缺乏相关数据和信息系统。此问题完全属于技术问题,通过数据整合与补充调查即可解决。

(3) 地上违法建筑是否限制土地登记。依前所述,不动产统一登记后房地应当一体登记,贯彻"房随地走""地抵房抵"的原则。若权利人依法取得国有建设用地使用权,但地上建设违法建筑的,其申请办理国有建设用地使用权转让或抵押时，应否准予办理呢？法律专家认为，目前法律将建设用地使用权和房屋所有权作为两项独立的不动产权利予以规定并要求一体登记，但并非强制性的权利捆绑，更不是禁止土地使用权单独登记，不能以程序性的"一并抵押"的规定对民事主体实体性权利的处分进行不当限制。地上建设违法建筑，违反的是《城乡规划法》，不属于《土地管理法》规定的土地违法行为。除法律规定因建筑违法导致土地权利被收回等灭失的情形外，不能仅因为地上建设了违法建筑就否定建设用地使用权的合法性。房地主体一致是指权利主体一致。要保持"权利主体"一致，前提是权利合法正当，违法建筑本身不具有合法性，自然不具备登记条件。从权利形成的过程看，土地使用权形成在前，房屋所有权形成在后，在房屋所有权形成前，土地使用权人享有合法使用土地的权利。房地进行一体登记的前提是房屋所有权和土地使用权都须具备登记条件。若房屋所有权不具备登记条件，土地使用权可以单独登记，切不可反向理解为房屋所有权不能登记则土地使用权就不可以登记。当然，在一定程度上也要兼顾对违法建筑的行政管理需求。当事人违法建设涉嫌土地违法的，应当按照程序进行处罚，需要限制其土地使用权的，应当由执法部门嘱托登记机构进行适当的权利限制。但不动产登记是对实体权利变动的程序性公示，一定要防止借用登记程序不当限制或干预实体权利的处分。在不动产登记立法中应将登记机构的职责边界规定清楚，明确登记机构的审查内容和要求，保障登记机构依法依规履职尽责。

2. 建设用地使用权区分所有与量化分摊的难题分析

我国土地所有权分为国有土地所有权和集体土地所有权，所有权主体分别为国家和集体，其他主体不能取得土地所有权。土地所有权既不能流转，也不能抵押，土地权能的实际施展一般通过设立土地使用权进行。国有建设用地使用权基于国有土地所有权设立，法律赋予国有建设用地使用权的权能基本类似"准所有权"。因此，在立法上，可以借鉴建筑物区分所有权理论，建立国有建设用地使用权区分所有制度，探索解决国有建设用地使用权分期开发利用、房地一体处分以及续期使用等难题。

（1）具体区分形式。将国有建设用地使用权区分为专有使用部分和共有使用部分。专有使用部分权利人依法享有占有、使用、收益和处分的权利，但不得损害共有使用部分权利人的利益；共有使用部分由共有人共同管理使用，但不得妨害专有使用部分权利人的利益。一是已建成部分与未建成部分区分。在土地分期开发建设情况下,已建成部分土地由全体业主共有使用,未建成部分土地由建设单位专有使用。建设单位有权继续使用未建成部分土地进行建设或抵押,但应当按照规划批准条件使用,不得损害全体业主利益,变更土地使用条件必须征得全体业主同意。二是建筑物所占用部分与整宗地区分。依照前文所述"地随房走""房抵地抵"的原则,建筑物转让或抵押,其所占用土地使用权同时转让或抵押。若对建筑物所占用部分与整宗地不进行区分,则会出现部分建筑物转让或抵押,导致整宗地转让和抵押的情形,既不符合法律规定,也不符合常理。因此,将建筑物所占用部分土地区分为该建筑物权利人专有使用,整宗地共有使用。当然,此处建筑物所占用部分土地专有使用仅仅是观念上区分,而非进行实物分割,仅具有法律上的意义。三是不同用途和使用方式土地与整宗地区分。当前,基于土地资源节约集约利用,出现大量复合利用土地:①同一宗地划分为不同用途和使用期限,既有住宅又有商服等用途;②同一宗地通过不同取得方式设定土地使用权,既有划拨又有出让。第①种情形在土地续期时将难以操作,面临到底是自动续期还是要申请续期,按何种用途续期的问题;第②种情形实际是两种不同的土地使用权,但基于宗地内建筑功能及保障房配套,不得不在同一宗地内通过两种方式设定使用权。为解决上述实际问题,对不同用途和使用方式的土地,可按照用途或使用方式进行区分并与整宗地相对应。

(2)量化分摊登记。已建成部分与未建成部分可以按照土地和规划批准文件进行实物区分,对未建成部分进行量化虚拟为子宗,但不得分割,虚拟子宗与整宗地建立关联,建设单位可以该虚拟子宗进行建设或抵押,登记机构可以虚拟子宗办理相关抵押登记。但是,特别强调的是,非因生效法律文书,不得依据子宗进行土地使用权转让。建筑物所占用部分与整宗地可以按照建筑物专有面积与全部建筑物面积之比进行量化土地使用权,但无须进行单独发证记载,仅在土地续期或补缴土地出让价款时适用。不同用途和使用方式的土地与整宗地按照土地批准文件及土地出让合同对面积和用途进行区分,对宗地实物不进行区分。不同用途和使用方式的土地可量化虚拟为子宗,但不得分割,虚拟子宗与整宗地建立关联,建筑物与所对应子宗建立关联。在土地续期或补缴土地出让价款时对照相应土地用途或使用方式子宗进行。

焦点问题是房屋与其对应的建设用地使用权到底是什么样的物权关系，特别是房屋占用范围内的建设用地使用权具体指向什么含义。有学者在比较房屋实体占地与房屋享有的建设用地使用权（简称"地权"）份额之后，提出了"地权份额说"，也有地方在实践中探索了建设用地使用权量化登记业务体系，为深化对该问题的认识奠定了基础。

3. 股权转让形式转让土地使用权的难题分析

随着房地产行业的发展和繁荣，土地资源越来越稀缺，土地一级市场的竞争极为激烈。不少企业不得不通过二级市场获取土地，也有部分企业通过转让土地谋求利益。为了合理配置土地资源，提高土地资源利用效益，保证房地产市场稳定有序发展，我国对土地使用权转让作出限制，同时土地使用权转让需要缴纳相关税收。为获取土地使用权并规避承担大额的税费，企业开始积极寻求避开土地交易市场的方式获得土地使用权。实践中，以股权转让方式转让土地使用权成为企业获得土地使用权的一种普遍方式，此种做法不但影响了房地产市场交易秩序，还导致大量税收流失。但对于以股权转让方式转让土地使用权这种行为的性质和效力认定存在不同看法。

股权转让与土地使用权转让存在明显的区别。一是适用的法律法规不同。股权转让并不等同于公司实体资产的转让，由《中华人民共和国公司法》《中华人民共和国证券法》等法律调整；土地使用权转让则适用《城市房地产管理法》《土地管理法》等法律。二是转让条件不同。土地使用权转让需要满足法定转让条件[①]和合同约定的条件；而股权转让则无须考虑上述因素的限制，只需满

---

① 《城市房地产管理法》第三十九条规定："以出让方式取得土地使用权的，转让房地产时，应当符合下列条件：（一）按照出让合同约定已经支付全部土地使用权出让金，并取得土地使用权证书；（二）按照出让合同约定进行投资开发，属于房屋建设工程的，完成开发投资总额的百分之二十五以上，属于成片开发土地的，形成工业用地或者其他建设用地条件。转让房地产时房屋已经建成的，还应当持有房屋所有权证书。"第四十条规定："以划拨方式取得土地使用权的，转让房地产时，应当按照国务院规定，报有批准权的人民政府审批。有批准权的人民政府准予转让的，应当由受让方办理土地使用权出让手续，并依照国家有关规定缴纳土地使用权出让金。以划拨方式取得土地使用权的，转让房地产报批时，有批准权的人民政府按照国务院规定决定可以不办理土地使用权出让手续的，转让方应当按照国务院规定将转让房地产所获收益中的土地收益上缴国家或者作其他处理。"

足《中华人民共和国公司法》《中华人民共和国证券法》以及公司章程对于股权转让的要求。三是转让标的不同。土地使用权转让的标的是土地使用权，结果是土地使用权主体发生变化；股权转让的标的是股东登记依法所享有的公司股份，土地使用权主体并不变化。四是转让登记程序不同。土地使用权转让需按规定向不动产登记机构办理不动产登记，股权转让则是向市场监管或有关股权登记管理部门办理股权变更登记。五是转让成本不同。土地使用权转让须缴纳土地增值税、所得税、印花税、契税等大额税费，而股权转让的税负相对较低。显然，股权转让相对于土地使用权转让，限制条件少、税费负担轻、办理程序简单，因此成为诸多企业转让土地使用权的首选方式。

关于以股权转让形式转让土地使用权的效力认定大致有三种意见。一是认为以股权转让形式转让土地使用权在形式上仍然属于股权转让，只要符合股权转让的要求，完全合法有效；二是认为该转让"名为股权转让，实为买卖土地"，该转让从表面来看只是因股权转让发生了股东的变更，但实际上是通过股权转让对土地使用权进行控制，导致土地使用权主体发生变更，虽然转让行为有效，但应当按照土地使用权转让征收税费；三是认为该转让实质就是土地使用权转让，涉嫌规避税收及相关土地管理法规，损害国家利益，应属无效，甚至有触犯刑法的风险。基于当前法律规定，股权转让与土地使用权转让属于两个不同层面上的法律关系，受不同的法律规范调整。股权转让行为与土地使用权转让行为之间相互独立，只要当事人股权转让符合相关规定，即使存在规避土地使用权转让限制条件和纳税义务的嫌疑，也不应否定该转让的合法效力，更不能简单地以"透过现象看本质"，以"犯罪行为"论之。

市场主体基于利益最大化需求，在法律规定空档中选择最为有利的方式进行交易，此种行为虽然在一定程度上规避了法律限制，破坏了正常市场秩序，但不可简单以"钻了法律的空子"为由判定无效或认定为刑事违法。基于"法秩序统一原则"，股权转让行为基于民（商）事法律评价为合法行为，行政或刑事法律就不应将其评价为违法行为，面对私法领域，公法应当保持必要的克制，不宜直接介入调整民事关系。当然，面对以股权转让形式转让土地使用权产生的问题不能置之不理，应当加以引导规范。一是从立法上，对调整股权转让和土地使用权转让行为的相关法律进行协调统一，将以股权转让形式转让土地使用权的行为纳入土地二级市场管理范围，在操作上增加土地使用权转让条件审查环节，确保土地使用权转让符合法律规定；二是加强税收管理，对股权转让中涉及的土地使用权按照土地使用权转让征收税费。

（二）集体土地所有权登记的实践难题和针对性政策

虽然各地已基本完成集体土地所有权确权登记工作，但这项工作仍存在以下难题：一是信息化程度不高。集体土地所有权登记成果以纸质介质为主，一些地方对已有成果尚未数字化处理。二是成果更新不及时。由于集体经济组织等主体申请办理集体土地所有权登记的主动性、积极性不高，或一些地方因土地征收等原因导致集体土地所有权变化后，未及时办理相应注销、变更等登记，登记成果更新不及时，部分登记成果的准确性、现势性不高。

为满足自然资源管理改革需要，确保登记成果的准确性和现势性，2022年1月，自然资源部印发《关于加快完成集体土地所有权确权登记成果更新汇交的通知》（自然资发〔2022〕19号），要求在现有集体土地所有权确权登记工作的基础上，用两年时间全面更新汇交集体土地所有权确权登记成果。

（1）集中更新集体土地所有权确权登记成果。已登记的集体土地所有权发生变化的，要根据需要补充地籍调查，通过不动产登记系统，集中办理相应登记业务。具体区分不同情况办理。例如，因征收导致全部或部分集体土地所有权消灭的，由市、县自然资源主管部门依据土地征收批准文件等，报请同级人民政府出具嘱托文件后，集中办理注销或变更登记。

（2）统一汇交集体土地所有权确权登记成果。全面整理现有集体土地所有权确权登记成果，纳入不动产登记数据库，形成集体土地所有权地籍图。各地将入库且更新过的集体土地所有权确权登记成果和地籍图，全部汇交至自然资源部不动产登记信息平台。

（3）健全集体土地所有权确权登记成果更新机制。通过采取"日常+定期"模式，做好集体土地所有权确权登记成果更新，保持成果现势性。集体土地经依法征收的，有关地方人民政府在转发的土地征收批准文件中，应明确市、县不动产登记机构要依此办理集体土地所有权注销或变更登记。其他情形导致集体土地所有权发生变化的，要及时组织有关农民集体申请办理登记。

（4）建立和强化集体土地所有权登记成果应用制度。通过强化登记成果的应用，督促各地及时更新集体土地所有权登记成果。具体应用包括五个方面内容：一是项目用地报批，应根据集体土地所有权确权登记成果核实土地权属状况；二是征收集体土地时，乡（镇）人民政府统一组织拟征收土地的所有权人持不动产权属证书办理补偿登记、签订补偿安置协议，做好征收补偿工作；三是国有建设用地供应前，应审查原集体土地所有权是否已办理注销或变更登记，确保拟供应土地权属清晰、无重叠；四是国有建设用地供应后，未办理集体土地所有权注销或变更登记的，不得办理国有建设用地使用权首次登记；五是集体经营性建设用地入市前，应依法完成集体土地所有权确权登记，未登记或者存在权属争议的，集体经营性建设用地不得入市交易。

（三）房地一体宅基地使用权确权登记的实践难题和针对性政策

农村房地一体宅基地使用权确权登记工作仍存在一些难题：一是全国宅基地使用情况复杂，一户多宅、宅基地超面积、私下转让、未批先建、占用耕地建房等问题较多，依法依规进行处置后，才能办理登记；二是农村地区宅基地及农房总量大，有些需要补充开展地籍调查工作，一些地区工作经费紧张；三是宅基地权能不完善，部分群众申请登记的积极性不高；四是有的地区登记资料管理不规范、登记结果现势性不强。

《中共中央 国务院关于做好 2022 年全面推进乡村振兴重点工作的意见》要求："稳慎推进农村宅基地制度改革试点，规范开展房地一体宅基地确权登记。"当前和今后一段时期，在已有工作基础上，按照问题导向、需求导向、因地制宜、先易后难原则，规范推进宅基地房地一体化确权登记。宅基地制度改革试点地区，应率先全面完成房地一体确权登记。已完成房地一体宅基地地籍测量和有条件的地区加快完成房地一体登记。要严格遵循不动产登记政策和技术标准开展工作，防止通过不动产登记将农村违法用地和违法违规建设合法化。

（四）林权登记的实践难题

林权登记在制度构建、实践探索方面均取得了一定成效。但是仍然存在林权登记矛盾积累多，制度不完善，林权登记与林业管理融合不够等问题，特别是近年来，林权市场流转日趋活跃，登记业务需求大幅增长，林权登记面临的新情况和老问题交织在一起，成为困扰和影响林权登记正常办理的"堵点""痛点"。

1. 林权登记制度规范需细化完善

虽然《民法典》《农村土地承包法》《森林法》《暂行条例》等法律法规均对林权登记进行了规定，但内容较为分散，且多为指导性原则，《暂行条例实施细则》《操作规范》等不动产登记制度规范也未对林权登记进行细化规定。31号文对林权登记权利类型、地籍调查、重点难点问题处理、登记资料整合移交、登记与林业管理衔接等作了安排部署，但未对林权登记适用情形、申请主体、申请材料、审核要点等实操性内容进行明确，尚未形成一套完整的操作规范。另外，目前国家层面的林权登记制度设计中，未能充分考虑国有四荒地、退耕还林土地等特殊情形的登记问题，林权登记权利类型之间的转换还需要制度予以明确。

2. 林权登记历史遗留问题需逐步化解

虽然经过多次的林业改革，林业产权逐渐明晰，受不同历史时期林权登记测量精度、信息化管理和制度标准的限制，林权登记的历史遗留问题在实践中逐渐暴露出来，如登记信息不全不准、权属重叠、地类冲突、登记程序不规范、已确权未发证等。这些问题如果不能得到妥善解决，林权流转、抵押融资以及林地资产管理等都将会产生一定影响。因此，如何妥善处理好这些"旧账"，是规范做好林权登记的重要前提，是自然资源管理部门要面对的巨大考验。

3. 工作衔接须在实践中深化

林权登记与森林资源资产变动审批、集体林地承包和流转、林权合同纠纷调处等前置环节密切相关，林权登记内容也涉及林草部门管理的林班、小班、林种、树种、起源等林地信息。在进行林权首次登记、变更登记，开展林权地籍调查、推进林权纠纷调处等工作中，需要进一步理顺部门间工作职责，做好工作衔接和信息共享应用，推动登记与林业管理业务融合，实现登记与林业管理高效高质。

三、关于非公证继承登记的难题

自 2016 年 7 月 5 日司法部发布《关于废止〈司法部 建设部关于房产登记管理中加强公证的联合通知〉的通知》起，继承权公证书不再作为当事人申请不动产继承登记的必要材料，不动产登记机构面临的审查难度和压力急剧增加。2021 年 1 月 1 日《民法典》施行起，公证遗嘱不再具有优先效力，遗嘱形式增多、继承人范围扩大等规则的变化，进一步增加了非公证继承登记的办理难度。

（一）重点难点问题

1. 司法机关对登记机构审查继承关系责任界定不清晰

实践中，司法机关通常认为登记机构应当承担"严格审慎"的审查责任，处于形式审查和实质审查两种审查责任之间。在非公证继承登记中，登记机构需要采取询问、审查书面材料等多种方式对继承关系、遗嘱的真实有效性等进行核实，无论从工作人员的专业能力还是法律赋予的法定职权等方面来看，登记机构目前都难以具备司法机关、公证机构的同等审核能力。因此，为了降低登记风险，《操作规范》规定了需要全部法定继承人到场对遗嘱、继承关系等进行确认。但是，实践中，有的司法机关认为登记机构应该对遗嘱是否真实有效进行实质性审核；有的认为在遗嘱、受遗赠等情形中，不应该要求全部法定继承人到场确认。因此，有必要与司法机关进一步沟通明确登记机构的审核责任边界，确保在登记机构能力范围内办理业务，维护继承人的合法权益。

2. 法定继承人范围确定难度增加

《民法典》第一千一百二十八条将代位继承的范围扩大至被继承人的兄弟姐妹先于被继承人死亡的情形，使得被继承人的侄儿、侄女、外甥、外甥女等获得代位继承权资格，可以代位继承相应的遗产份额。上述规定，必然对法定继承人范围有了更大的扩充，需要收取的亲属关系证明也趋于多样复杂。如某案例中，李某有一套房屋，其死亡后，李某的侄儿向登记机构申请继承权登记。但李某的妹妹提出异议，认为侄儿与李某隔代，只有自己才有权继承该不动产。而侄儿认为，这套房屋是李家的产业，姑姑继承后若死亡，房屋产权就要易主，不是李家的财产了。针对类似案例，亲属关系证明已不再局限于被继承人的父母、配偶、子女，还要考虑其兄弟姐妹甚至兄弟姐妹的子女。

3. 亲属关系证明的准确性、全面性难以掌握

由于部门信息共享水平差异大、部门之间缺乏互通机制等原因，亲属关系证明材料隐瞒真实情况等不同程度存在，审查难度大。某案例中，申请人提供的证明材料显示其为被继承人的独生子女，并提交了居委、街道的确认说明，登记机构在查验申请材料均无矛盾的情况下为其办理了继承转移登记。后其他法定继承人对继承登记提出异议，并提供了公安部门出具的被继承人存在多个子女的户籍关系证明。另外，实践中还会遇到同一部门不同派出机构出具的证明存在不一致的情况。某案例中，登记机构凭其中一位继承人提交的公安部门出具的户籍关系证明办理了继承登记。之后另一继承人持另一派出所出具的户籍关系证明显示被继承人存在其他子女，要求更正登记。经登记机构了解，两份户籍证明系公安部门不同的派出所出具，分析原因，系其他继承人已迁出该户口，导致户籍关系证明反映内容不全。

4. 遗嘱的法律效力认定困难

在保留了自书、代书、口头、录音、公证遗嘱的基础上，《民法典》第一千一百三十六、第一千一百三十七条增加了打印遗嘱、录像遗嘱。遗嘱是要式法律行为，立遗嘱人订立遗嘱时，需要依据法律规定，按照一定的形式并履行法定的程序。这样订立的遗嘱才能产生法律效力，受到法律保护。目前《民法典》对于法定的遗嘱形式都规定了生效要件。因此，当事人申请登记时，应当提交符合法定形式的遗嘱。对于口头遗嘱虽然没有书面形式，但要有两个以上见证人在场见证，因此，还需要见证人见证遗嘱的材料。由于口头遗嘱相对于其他形式的遗嘱，在相关利用场所起到的证明效果不佳，而且立遗嘱人通常在危急情况消除后，能够以其他形式立遗嘱的，则口头遗嘱无效，所以在登记中很少见有口头遗嘱申请登记的。对于其他形式的遗嘱，如录音录像遗嘱，立遗嘱人完全可以在不借助外力的情况下，使用自身的手机、平板等现代科技工具，订立一份电子数据遗嘱，并将之存储在各类数据终端或者电子数据的存储介质中。该遗嘱具备易复制和易取得等多重属性。为此，遗嘱法律效力的认定变得更加困难复杂。某案例中，丁某丧偶后购买一处房屋，之后与徐某再婚。丁某立有遗嘱,将房屋指定由徐某继承,并进行了公证。丁某死后,徐某向登记机构申请继承权登记。丁某的女儿向登记机构提出异议,提出其父亲虽立有公证的遗嘱,将房屋给徐某,但之后其父改变意愿,将该房通过自书遗嘱方式给小女儿。对于类似案例,由于公证遗嘱不再具有优先效力,所带来的问题是两份遗嘱究竟哪一份具有法律效力,是登记的难点。

(二)非公证继承登记难题的纾解

1. 优化非公证继承登记流程

(1)拓展亲属关系证明的获取方式。《操作规范》1.8.6.1规定,亲属关系证明可以是公安部门、民政部门、有关单位或居(村)委会出具。但是,如果这些材料都难以全面反映被继承人与所有继承人的亲属关系,则可以考虑从被继承人生前人事档案中有关履历表中对于家庭关系和社会关系的记载内容获取相关信息。一般情况下,退休工人的人事档案由所在区的退管会管理,机关事业单位退休的干部人事档案一般在原单位。除此以外,还有一些特殊情形。例如,被继承人没有工作单位的,可以通过其配偶、子女的人事档案来了解信息。对于在一份材料中无法求证的事项,可以通过多种材料间接取得。

(2)确定遗嘱生效的查验方式。对于公证遗嘱的其他形式遗嘱,由于立遗嘱人可能不具备专业法律知识,其所立遗嘱是否符合法定要件,需要引起重视。以自书遗嘱为例,《民法典》第一千一百三十四条规定,自书遗嘱由遗嘱人亲笔书写,签名,注明年、月、日。由此可见,自书遗嘱需满足三个要件:一是遗嘱由被继承人亲笔书写;二是遗嘱有被继承人签名;三是注明具体日期。其他形式的非公证遗嘱,《民法典》第一千一百三十五至第一千一百三十八条则规定了"均需两个以上见证人在场见证"。对于打印遗嘱的,遗嘱人和见证人应当在遗嘱每一页签名,注明年、月、日;录音录像遗嘱的,遗嘱人和见证人应当在录音录像中记录其姓名或者肖像以及年、月、日。如果申请人提交的遗嘱明显不符合法定生效要件,登记机构就可以即时作出不予受理。在遗嘱法定生效要件满足的情况下,对于遗嘱的真实性和是否最后一份的查验,仅依靠登记机构,难度和风险太大。对于遗嘱效力的认定,部分国家采取前置遗嘱检验程序的做法。例如,英美法系国家一般规定由法院对遗嘱的效力进行审查;大陆法系国家主要有法国的公证人审查制度、日本的家庭法庭查验制度、瑞士的主管厅确认制度。我国可设立遗嘱检验程序，由公证机构对遗嘱的效力进行初步检验，如果对公证机关出具的检验结果有异议的，利害关系人可以申请法院裁决（贺爽、康金娉，2021）。目前大部分登记机构采用全部法定继承人共同确认遗嘱的真实性和是否为最后一份遗嘱。少数登记机构在遗嘱通过司法鉴定等方式确认真实的情况下，可由申请人书面承诺系最后一份遗嘱。有的登记机构委托公证机构调查遗产管理人资格、遗嘱效力、亲属关系、调解书、仲裁裁决书、公证书等登记辅助服务。例如，浙江省自然资源厅、省司法厅联合印发《关于推进"不动产登记+公证"一件事改革（试行）的通知》。

（3）注重询问内容的实效性。询问是登记机构与申请人有效沟通的主要方式，尤其是在办理非公证继承登记中，登记机构有针对性地进行询问，可以更多地了解继承关系的相关信息，有助于申请材料的合法有效性判断。《操作规范》1.8.6.2规定，被继承人与继承人的相关信息可以通过申请人签署具结书方式获取。非公证继承登记涉及的人员较多，有些还会涉及转继承和代位继承，所以在询问过程中稍有不慎，就会遗漏很多重要的信息造成登记错误。为此，登记机构与申请人进行询问时，一是询问问题不能过于格式化，让当事人仅作出肯定和否定性回答。如"您是否就这次婚姻"或者"您是不是就这两个子女"等，可以通过询问"您的婚姻情况怎样""您有几个子女，子女的姓名"等问题，以获取更多的信息。登记机构在询问当事人时发现其有多次婚姻的，还可以再进一步询问"您有几次婚姻，每次婚姻生育子女的情况"，同时结合当事人提交的婚姻状况证明来佐证。对于当事人提供的材料与登记信息及询问结果有矛盾和疑点的地方，需加强询问辅助解决可疑之处。二是登记机构宜与被询问人当面进行询问。询问的内容需要被询问人亲自陈述，而不应由他人代为回答。某案例中，一位被继承人的配偶未到现场，其某个儿子持委托书提出申请。由于法律法规未禁止委托申请，委托人的询问事项由代理人代为行使。办理继承登记后，被继承人的另一个儿子提出异议，认为代理人所作出的询问事项是错误的，其作为合法继承人应当享有不动产权利。为此，登记机构宜当面询问每一位继承人，尤其是被继承人配偶，其是了解被继承人子女状况的关键人物。

（4）充分征询异议。在非公证继承登记中，公示是登记程序中的必经环节。

《操作规范》1.8.6.5规定，对继承登记的事项要求在登记机构门户网站上进行公示，公示期不少于十五个工作日。公示的目的是广泛征求意见、核实当事人申请事项是否真实的一种手段。有些城市为了扩大知晓率，除了在登记机构门户网站上公示外，还要求在不动产所在地张贴公示。为了能充分征询异议，最大限度了解情况，有的登记机构将公示期设为六十日或者九十日等较长时间。此外，登记机构发现证据不充分或认为需要进一步核实情况的，可以发函给出具证明材料的单位、被继承人或者遗赠人原所在单位或居住地的居委会、村委会核实相关情况。公示和发函作为继承登记的有效手段，能进一步掌握继承登记的相关事项，提高申请材料的真实性。

2. 探索建立非公证继承登记的风险防控机制

由于非公证继承登记的申请材料多样、复杂，其真实性难以保证，申请人虚假申请导致登记错误的比例相对其他登记类型较高。为妥善化解登记风险，保障权利人利益不受到侵害，有必要探索建立风险防控机制。

（1）告知第三人救济途径，依法办理更正登记。申请人向登记机构办理非公证继承登记的，基于该登记对第三人造成的侵害具有时间和主体上的不确定性，若第三人认为自己的合法权利受到侵害时，登记机构需要及时告知其救济途径。一方面，第三人可以凭登记簿记载错误的证明材料向登记机构申请异议登记，并在异议登记的15日内向人民法院提起民事诉讼，解决权属争议。登记机构凭生效法律文书办理异议登记。另一方面，第三人可以提交确能证明登记簿记载有误的材料，依法申请更正登记。

（2）与司法部门建立有效的沟通机制。非公证继承登记是一项专业性强的登记业务，登记机构不仅需对复杂的民事法律关系进行分析，还需要准确界定申请材料的有效性、合法性。告知承诺制的推行，在方便群众的同时增加了审查的难度。由于非公证继承登记在实践中不可避免地存在诉讼风险，登记机构有必要从现实考量，重视同司法部门建立有效畅通的联系渠道，就裁量标准加强沟通协调，在非公证继承登记的审查标准、登记机构免责情形等问题上取得共识，形成司法与行政的良性互动，增强登记机构的依法行政观念和依法应诉能力。

（3）建立失信行为管理机制，有效惩戒虚假行为。随着市场经济不断发展，房地产经济价值日益攀升，一些当事人为了获取更多的利益价值，通过提供虚假材料骗取不动产登记的现象屡禁不止。由于非公证继承登记中，当事人提供的亲属关系材料、遗嘱等申请材料的真实性存在认定困难问题，"假材料"的行为时有发生。对于虚假方式办理的登记，登记机构发现后往往通过不予受理或不予登记方式处理。已经虚假登记成功的，登记机构引导当事人通过司法途径解决或者依职权更正登记。对虚假申请人的惩戒措施极其有限，有些地方就是口头告诫，有些地方将虚假人信息向信用管理部门进行报备，但都无后续的制约手段，没有起到震慑效果。为防范登记风险，有力惩戒虚假行为，在不动产登记领域建立失信行为管理机制，从失信行为界定、信息归集、信息披露以及联合惩戒等方面对不动产登记失信行为进行全面管理，构建不动产登记信用体系，有效惩戒失信行为。例如，上海市、南京市已经出台登记失信行为方面的管理办法。

（4）加快大数据信息共享进程，堵住风险漏洞。随着"互联网+政务服务"、优化营商环境改革措施的深入推进，申请登记的便捷度越来越高，通过数据共享获取申请材料成为发展的趋势。为此，登记机构一方面需不断完善"互联网+不动产登记"技术建设，另一方面需加强与相关部门的沟通，推进大数据信息共享进程，实现与公安部门、民政部门、档案部门等信息互通共享。今后在办理非公证继承登记时，死亡证明、亲属关系证明等材料可以由登记机构通过大数据信息共享方式获取，不再由当事人提供，这样既能保证材料的真实性，又能提高登记效率，让数据多跑路、群众少跑腿落到实处，真正堵住失信行为带来的风险漏洞。

（5）探索建立不动产登记责任保险制度。不动产登记涉及的民事、行政等法律关系复杂，近年来引发的诉讼风险日益增加，赔偿风险加大，不动产登记机构应当建立与不动产登记风险相适应的内部管理机制，鼓励各地登记机构探索建立不动产登记责任保险制度。目前有条件的地区陆续购买了不动产登记责任险，如上海市、深圳市、西安市、无锡市。实践证明，该制度对降低登记风险、提高登记效率、化解登记人员工作压力具有重要的意义。

（6）探索建立赔偿基金机制。建立赔偿基金的目的与责任保险制度相似，都是完善登记风险保障体系的配套制度，也是登记风险多元化分散机制的体现。因目前学术界对于登记错误赔偿存在明显的分歧，围绕赔偿责任的性质、过错责任的推定、登记错误的赔偿范围等方面均有不少争论，在争论的逐渐深入中，责任赔偿基金制度呼之欲出，也不乏一些地区先行先试。例如，无锡市、衡阳市从不动产登记费中提取一定比例的费用作为赔偿基金，用以赔偿因错误登记给他人造成的直接损失和诉讼费用等。该制度具有一定的创新性，各地可借鉴探索研究。

（三）不动产继承登记的地方实践与制度探索

1. 非公证继承登记地方实践探索

由于继承登记不再以公证作为必要条件，非公证继承登记在各地大量涌现，然而，在实际操作过程中，继承法律关系相对复杂，涉及的家庭关系较多，又存在遗嘱效力认定的困难性等原因，导致登记审查的难度加大。不少登记机构为了有效解决这一难点问题，加大了对非公证继承登记的地方实践探索，制定了相应的操作规定，建立了配套的保障机制。表3-2以上海、西安、南京、无锡四个城市在非公证继承登记方面的做法为例进行介绍说明。

经过比较以上四个城市的非公证继承登记实践做法，发现其办事流程上大体一致，但公告期、遗嘱效力的认定等方面略有不同，其中保障机制方面差异较大：有些城市未购买公证调查服务、不动产登记责任险，而是通过对继承登记操作规定的细化、加强失信行为管理等进行防范；有些城市在制定地方继承登记规定的同时，采取了购买公证调查服务、购买不动产登记责任险、设立不动产登记赔偿基金等多渠道措施以保障质量，降低登记风险。

2. 试行告知承诺制及地方探索

（1）告知承诺制试点背景

2018年6月28日，国务院总理李克强在全国深化"放管服"改革转变政府职能电视电话会议上的讲话中指出，要借鉴国际通行做法，探索实行承诺制。2019年2月26日，《国务院办公厅关于压缩不动产登记办理时间的通知》（国办发〔2019〕8号）要求推行告知承诺制，在不动产继承登记中，逐步推广申请人书面承诺方式替代难以获取的死亡证明、亲属关系证明等材料。同年5月7日，《司法部关于印发开展证明事项告知承诺制试点工作方案的通知》（司发通〔2019〕54号）确定在13个省（直辖市）和公安部、自然资源部等5个国

表 3-2　四个城市非公证继承登记实践探索

	上海市	西安市	南京市	无锡市
地方依据	《上海市不动产登记若干规定》《上海市不动产登记技术规定》《上海市不动产登记失信信息管理办法》《上海市不动产登记领域证明事项告知承诺制实施方案》	《非公证继承材料说明》及相关表格	《南京市继承及受遗赠不动产登记操作指南》《南京市不动产登记失信行为信用管理暂行办法》	《无锡市不动产登记条例》《不动产继承、受遗赠登记规定》《无锡市不动产登记赔偿基金管理办法（试行）》
办理流程	(1) 登记受理前，与当事人预约现场核验的时间。(2) 全部法定继承人或受遗赠人配合调查，登记事务机构应进行询问。(3) 需要进一步核实情况的，可以依法进行查验、实地查看或者调查。(4) 公告期不少于3个月，经公告无异议或异议不成立的，登记事务机构正式受理。(5) 审核登簿	(1) 首次咨询并准备资料。(2) 持相关资料在预审窗口审核，符合办理条件的出具预约单，窗口受理、录入、缴费。(3) 对拟登记的不动产登记事项进行公示，公示期为15个工作日。(4) 公示期满无异议或异议不成立的，登记中心进行审核，审核后将申请事项登载不动产登记簿并缮证、发证	(1) 咨询服务（预约）。(2) 所有继承人或受遗赠人提交申请材料并接受询问，符合受理条件的受理。(3) 审核人员进行审核，审核并公示，公示期为60天。(4) 公示期满且无异议或异议不成立的，审核人员完成异议、登簿工作	(1) 咨询服务。(2) 申请人材料齐全的，机构收取材料并进行查验、询问。符合受理条件的，应予以受理。(3) 公告期60日，登记经办机构认为需要进一步核实情况的，可以发函核实，查询实地调查。(4) 公告期满无异议或异议不成立的，审核登簿
遗嘱效力认定	对于遗嘱的效力，登记机构依法对继承、受遗赠的相关材料、事实地查验、相关当事人、全部继承人应当予以配合	所有继承人或受遗赠人在约定的时间至登记机构指定场所接受询问，确定遗嘱是否真实且为最后一份	在提供真实的遗嘱或遗赠协议后，无须全体继承人到场，由申请人签署告知书、具结书，问询笔录，并对自己申请材料的真实性负责	所有继承人或受遗赠人至登记机构接受询问，确定是否真实且为最后一份
保障措施	(1) 出台登记失信信息管理办法、实施相应的失信惩戒措施。(2) 购买公证调查服务。(3) 购买不动产登记责任险	(1) 购买公证调查服务。(2) 建立不动产征信管理子系统。(3) 购买不动产登记责任险	出台登记失信行为信用管理暂行办法，实施相应或成措施的失信惩戒部门。	(1) 购买公证调查服务。(2) 登记平台进行失信人员登记，并将名单报信部门。(3) 购买不动产登记责任险。(4) 建立赔偿基金机制

务院部门中开展证明事项告知承诺制试点工作。告知承诺制是指行政机关在办理有关事项时，以书面形式将法律法规中规定的证明义务和证明内容一次性告知申请人，申请人书面承诺已经符合告知的条件、标准、要求，愿意承担不实承诺的法律责任，行政机关不再索要有关证明（靳昊，2019）。

同年 9 月 19 日，自然资源部办公厅印发《关于无锡等四个城市不动产继承登记告知承诺制试点方案的复函》（自然资办函〔2019〕1637 号），选择广东广州、江苏无锡、浙江丽水、湖南衡阳四地开展非公证继承登记告知承诺制试点，探索解决难以取得部分死亡证明、亲属关系证明等材料的"梗阻"问题。

（2）试点城市告知承诺制实践探索

继承登记告知承诺制，是指申请人因继承取得不动产申请办理登记时，未能提交继承权公证书或生效法律文书的情形，对于申请人确实难以获取死亡证明、亲属关系证明的，可以作出书面承诺愿意承担法律责任，并提交法律法规以及相关规范性文件中规定的其他材料，不再提交相关死亡证明、亲属关系证明材料，直接申请办理不动产登记。四个城市于 2019 年 9 月开始启动不动产继承登记告知承诺制试点工作，同年 11 月 30 日结束，其中，广州市办理 62 件，无锡市办理 9 件，丽水市办理 11 件，衡阳市办理 9 件。四个城市对于告知承诺制适用情形、不适用情形各有不同（表 3-3）。

试点城市均明确告知承诺制的范围为确实难以获取相关死亡证明、亲属关系证明的情形，并且具有不良信用记录的申请人不适用，但是，如何判断"确实难以取得"以及具体情形有哪些，试点城市略有不同。如何防范、降低告知承诺制登记风险是重点问题，试点城市通常采取三种方式：一是实行告知承诺书公示制度，并规定申请人至少一年内不得处分不动产，通过事中事后防控措施，降低风险；二是探索委托公证调查，对于不能通过信息共享核实的疑难业务，采取政府购买公证服务、辅助核查的方式，增强审查的准确性；三是探索实行不动产责任保险制度；四是探索不动产登记诚信体系建设。

总体看，试点工作取得了积极成效。一是办事效率进一步提高。通过信息共享、委托公证等方式进行信息核验，公示无异议后即可办理登记，大大压缩了办理时间。二是便利水平进一步提升。由于亲属关系的复杂性等因素影响，

表 3-3 全国四个试点城市继承登记告知承诺制实践探索

	广州市	无锡市	丽水市	衡阳市
告知承诺制适用情形	(1) 申请人声称继承事实发生时，被继承人父母已先于被继承人死亡，穷尽证途径仍无法提供被继承人父母死亡证明，符合以下情形之一，可适用告知承诺制：①被继承人死亡时已年满80周岁，因历史人文、丧葬风俗等客观原因，申请人穷尽途径仍无法提供被继承人父母死亡证明的；②申请人陈述被继承人父母于《中华人民共和国户口登记条例》（1958年1月9日）实施前已经去世，由于年代户籍制度未健全，被继承人、继承人人事档案、户籍抄等材料均不存在被继承人父母记录，申请人穷尽途径等证明材料仍无法提供被继承人父母死亡证明的。(2) 申请人申请办理继承登记（非公证），穷尽途径获取亲属关系证明仍无法获取亲属关系证明，符合以下情形之一，可适用告知承诺制：①不动产由多人共同继承，部分申请继承人与被继承人有亲属关系，其户籍抄等材料不能证实其直接亲属关系的；②被继承人、继承人人事档案、户籍抄等亲属关系的记载信息不完全（如名字不一致，出生日期公历和农历使用、性别笔误等），但绝大部分申请材料可以相互印证并形成证据链条的。注：申请人能提供族谱、墓碑照片、陵园安葬证明等材料作为承诺事项佐证的，应主动向登记机构提供	(1) 被继承人死亡时超过（含）80周岁，申请人无法证途径提供被继承人父母死亡证明，被继承人父母亲属关系证明的。(2) 被继承人获取被继承人未婚且无子女证明的。(3) 计划生育政策实施之前，被继承人生育一子女，申请人无法出具独生子女证明的。(4) 户籍证明上反映，（外）祖父母和孙辈的关系，（外）祖父母和父（母）子（女）关系证明的。(5) 申请人无法提供被继承人的户籍注销证明，但无法提供确切死亡时间的。(6) 申请人及其配偶无法领取婚证，属于事实婚姻，户籍抄反映夫妻关系但申请人无法获取结婚证同时的。(7) 申请人提供解放初期的土地房产所有权证根上仅显示"户主和人口数量"，未记载具体人员，可由申请人承诺相关人员与户主的关系	(1) 被继承人死亡时超过70岁，申请人无法证途径获取被继承人父母死亡证明和亲属关系证明的。(2) 公安部门已出具被继承人因死亡被继承人的证明或民政部门出具被继承人的火化证明，但无法提供死亡时间证明，同一顺序被继承人同意适用告知承诺制的。(3) 非婚生子女未能提供与被继承人的亲属关系，其他第一顺序继承人同意告知承诺制的。(4) 适用告知承诺制的其他情形。	(1) 申请人分别到公安机关、法院、医院、民政、殡葬部门、乡（镇、街道）、社区（村组）以及被继承人和相关工作单位等，均不能获取被继承死亡证明的。(2) 被继承人死亡时超过八十岁，申请人无法获得被继承人父母死亡证明的。(3) 公安机关未登记当事人的户籍信息，历史档案无法反映亲属关系，当事人无单位或单位已撤销，乡（镇、街道）社区（村组）无法调查了解当事人情况，申请人无法获得相关亲属关系证明的。(4) 民政部门无法出具当事人的婚姻证明，收集证据当事人无法提供结婚证，或离婚证明的。(5) 当事人声明是独生子女但无法出具独生子女证明的

续表

	广州市	无锡市	丽水市	衡阳市
告知承诺制不适用情形	(1) 申请人有失信被执行人记录或其他严重不良信用记录的。 (2) 申请人曾经提供虚假材料或现被列入不动产登记黑名单的。 (3) 申请人拒绝承诺3年内不得以转移、抵押等方式处分被继承的不动产的。 (4) 申请人声称已尽调查取证途径，但登记机构通过电话调查、发函询问、现场调查等方式发现申请人实际未积极主动调查取证的。 (5) 被继承的不动产存在权属争议，或公示期间有异议的。 (6) 被继承的不动产用途为非住宅，或者用途虽为住宅、但单套住房套内建筑面积120平方米以上或单套住房建筑面积144平方米以上的（宅基地房屋除外）。 (7) 待证事项可由登记机构直接核实获取的	(1) 涉及代位继承或转继承。 (2) 申请人有失信被执行人记录或其他严重不良信用记录的。 (3) 曾经虚假承诺或提供虚假材料申请不动产登记、被记录不动产登记黑名单的。 (4) 被继承的不动产存在纠纷，登记异议且异议成立的。 (5) 非住宅及房屋建筑面积在90平方米（含）以上的普通住宅（农房除外）。 (6) 能够通过信息共享获取的	(1) 涉外及涉港澳台登记事项。 (2) 被继承的不动产坐落于丽水市区，符合下列条件之一的：①被继承的不动产总价值超过800万元人民币，或建筑总面积超过500平方米的；②被继承的不动产均为商品房，价值超过500万元人民币，或建筑面积超过250平方米的为自建房，建筑面积超过350平方米以上的[遂都区、开发区可参照执行，其他县（市）根据本地实际情况确定具体标准]。 (3) 曾经虚假承诺或以其他方式骗取申请不动产登记，或被记录不动产登记黑名单的。 (4) 被继承的不动产存在纠纷，或公示期间有异议的。 (5) 被羁押和尚在服刑的人员。 (6) 不适用告知承诺制的其他情形	(1) 死亡证明、亲属关系证明能够通过部门间信息共享获取的。 (2) 被继承的不动产存在纠纷，或公示期间有异议的。 (3) 被继承的不动产属于非住宅或建筑面积100平方米以上的住宅。 (4) 申请人不能协助登记机构完成核实的

试点前群众需要辗转多个部门获取相关证明材料，试点实施后无须多个部门反复跑，方便了办事群众。但是，由于缺乏上位法依据和支撑、部门间信息共享水平差异性较大、失信联合惩戒机制有待完善、登记机构错误赔偿压力大等原因，告知承诺制仍面临较大风险。根据《国务院关于开展营商环境创新试点工作的意见》（国发〔2021〕24号），在非公证继承登记中，探索告知承诺制作为改革任务之一，在北京等六个试点城市推进，自然资源部按照国务院统一部署要求，在试点城市授权调整适用《暂行条例实施细则》《操作规范》相关条款，为试点工作提供法律制度保障。

下一步，可以再进一步加强与司法联动，完善不动产诚信体系建设、加强信用联合惩戒，推进部门信息共享力度，探索开展不动产登记责任保险、政府购买公证服务等，降低登记错误赔偿风险等方面加强探索。

（3）试点城市告知承诺制案例分析

结合试点城市的实践探索，下面从风险防范程度、化解继承登记难的角度挑选几则案例进行分析，以便更好地认识告知承诺制的应用。

案例1：被继承人死亡时已超过（含）80周岁，申请人无法获取被继承人父母死亡证明、被继承人与父母亲属关系证明的。

被继承人死亡时已超过（含）80周岁的，其父母的年龄一般在100岁以上。在这种情况下，由于年代久远、户籍制度不健全等原因，普遍存在取证难的问题。案例中，被继承人廖某喜死亡时82周岁，假设其父母亲22周岁生育，廖某喜死亡时，其父母如果还健在，也应104周岁了，但这种概率是极低的。廖某喜的继承人来申请继承登记时表示无法获取廖某喜父母的死亡证明、廖某喜与其父母的亲属关系证明，此时由廖某喜的继承人书面承诺事实情况代替相应的死亡证明、亲属关系证明是合理的。

案例2：被继承人死亡时超过（含）80周岁，申请人无法获取被继承人未婚且无子女证明的。

被继承人死亡时超过（含）80周岁的，其若未婚且无子女的，其相关档案材料也难以反映事实情况，若要求申请人提交相关材料，存在一定的难度。案例中，被继承人张某香死亡时85周岁，张某香生前未婚未生育子女，其父母也先于其死亡，只有一个妹妹张某玉。张某玉申请继承姐姐张某香名下的不动产，张某玉提供的被继承人所有户籍关系证明以及其工作、人事档案中均未反映出生前有过婚姻、生育记录。鉴于这种情况，由张某玉书面承诺被继承人未婚未生育的事实也是符合常理的。

案例3：非婚生子女不能提供与被继承人的亲属关系证明，被继承人其他第一顺序继承人同意适用告知承诺制的。

非婚生子女，是指没有合法婚姻关系的男女所生的子女。我国法律规定，非婚生子女享有与婚生子女同等的权利，任何人不得加以危害和歧视。非婚生子女的父母因没有合法的婚姻关系，当事人要提供亲属关系证明就相对困难。案例中，被继承人秦某死亡时73周岁，其父母均先于其死亡，秦某生前仅有一段婚姻，与配偶李某生育两个子女。但是，秦某另有一个非婚生儿子郭某，因秦某从未与郭某的母亲办理婚姻登记手续，也无其他证明材料能够体现秦某与郭某的父子关系。这种情况若由秦某的其他第一顺序继承人（即配偶李某、两个子女）同意郭某以书面承诺方式承诺其与被继承人的亲属关系的，对于登记风险也无影响。

（4）其他城市涉及继承事项告知承诺制实践探索

2021年11月，《国务院关于开展营商环境创新试点工作的意见》（国发〔2021〕24号）确定首批试点城市为北京、上海、重庆、杭州、广州、深圳六个城市，要求对办理不动产登记涉及的部分事项试行告知承诺制，申请人因特殊原因确实难以获取死亡证明、亲属关系证明材料的，可以书面承诺代替死亡证明、亲属关系证明，并承诺若有隐瞒实际情况，给他人造成损失的，承担相应法律责任。西安虽不在营商环境试点城市范围内，但为积极落实《国务院办公厅关于压缩不动产登记办理时间的通知》（国办发〔2019〕8号）精神，其对非公证继承中的告知承诺制也进行了一定探索。下面选取北京、上海、重庆、西安四个城市，对于其涉及继承事项告知承诺制的情况进行比较说明（表3-4）。

整体来看，上述城市继承事项涉及告知承诺制的适用范围多是死亡证明及亲属关系证明，均注重对申请人的信用查验，并且大多调整了不动产登记系统，开发增加告知承诺的相关核验功能。比较而言，北京市调整了登记审核模式，采取公示与审核环节并行开展，进一步提高登记效率。上海市对于不动产继承

表 3-4 四个其他城市涉及继承事项告知承诺制实践探索

	北京市	上海市	重庆市	西安市
适用情形	对于死亡证明、亲属关系证明等材料，申请人已经向可能存有该类材料的机构或信息获取部门或机构查询相关信息，但因特殊原因仍难以获取的，可采取由申请人书面承诺来替代提供相应证明材料	办理未经公证的不动产继承（遗赠）转移登记过程中，对于被继承当事人去世多年，死亡档案证查证相关当事人死亡情形，且被继承人死亡2年前以上的情形，登记申请人可以提交书面承诺代替被继承人父母的死亡证明	在办理不动产非公证继承登记过程中，对确实无法提供由于公证明申请人与被继承人的亲属关系证明的，可采用告知承诺制进行办理	在非公证继承中，对难以取得的死亡证明、亲属关系证明材料进行优化简化，并以承诺方式进行代替
推行措施	(1) 申请人应就前期查找材料或信息的情况、难以获取的原因等内容进行说明，承诺属实、自愿承担因未能提供相关材料产生的法律责任。 (2) 继承材料以就应该全部承接进行重点查验，根据公示与内容查实的，可作为有效的申请材料。 (3) 实行公示与审核环节并行开展	(1) 建立告知承诺制名录清单。 (2) 制作告知承诺书格式文本、不动产登记办事指南、工作规程等制度，在相关制度中增加告知承诺书等政务服务事项办理流程。 (3) 不动产登记系统与市信用平台对接，同时实现相关数据共享。将告知承诺书嵌入不动产登记信息系统，同时将承诺信息推送数据信息化系统和信用信息管理办法》等规定将承诺登记申请人的告知承诺不实信息等行为纳入信用失信记录，实施相应的失信惩戒措施。 (4) 申请人违反告知承诺制，发生登记错误且符合更正登记条件的，登记机构启动更正登记程序，依法予以更正。对申请人不得再次以告知承诺方式制办理不动产登记业务。 (5) 将告知公共信用信息平台目录，对隐瞒真实情况、提供虚假继承关系等办理有关事项的，依法作出处理	(1) 通过不动产登记系统与"信用重庆"联网核查申请人是否存在不良信用记录或存曾作出告知承诺承诺不实等情形。若有，登记机构告知申请人在信用核查回执上出具核查结存档；若无，不动产登记系统中记录承诺事项进行归档，通过核查发现相关记录存档后，将承诺事项进行业务办理完毕后，由告知承诺事项重庆市统自动生成证明事项告知承诺信息记录表，并将告知承诺信息推送至重庆市告知承诺系统。 (2) 接收企业群众举报、核查线索。 (3) 发现虚假承诺信息，将信息推送至重庆市公共信用信息系统，由相关部门按照相应法律法规对当事人进行信息惩戒。 申请人以不实承诺登记但尚未办结的，终止办理事项，已经办结的，权利人、利害关系人可申请异议登记或通过司法途径解决相关问题	(1) 登记机构借助公证部门专业力量，对因无法提交法定继承证明材料、死亡证明、亲属关系证明的申请人进行告知承诺，并由公证处进行调查、核实。 (2) 政府购买公证服务事项。对于申请人承诺内容存疑并直接影响登记结果等情况，由登记窗口将存档案至公证处通过现场走访、档案调阅等形式进行专业调查和实质审查，并由公证出具法律意见，登记机构据此办理登记。 (3) 提升现有不动产登记信息管理系统功能，开发应用不动产登记信管理电子系统支持按单元、按权利人两种模式进行查询。当限制范围中的人员或不动产单元进行如不动产的转移、变更以及其他法定的相关业务办理时，系统可根据前期设定的相关规则进行对应的提示、预警或限制

资料来源：其他城市告知承诺制具体规范。

登记领域推行告知承诺制这一规定制定比较详尽，对被继承人死亡时的年龄作出明确要求，并且在推行过程中要求制定告知承诺制清单，失信惩戒机制也较为完善。重庆市的登记系统开发较为先进，业务办理完成能自动生成证明事项告知承诺制信用记录表。西安市在实行告知承诺制的同时借助公证力量进行调查核实，进一步化解了登记风险。

3. 非公证继承登记与遗产管理人制度衔接

《民法典》"继承"编增设了"遗产管理人"这一概念，是我国首次以立法的形式确立了遗产人管理制度。依据《民法典》第一千一百四十五、第一千一百四十六、第一千一百四十七条的规定，遗产管理人制度是指经被继承人遗嘱选定、继承人推选或者法院指定等方式产生遗产管理人，由其按照遗嘱约定或者法律规定行使清理、保管、管理和分割遗产，处理被继承人债权债务的一种制度。遗产管理人制度作为一项新兴事物，对于解决日益复杂的遗产管理和处分问题，保障被继承人的遗产分配权益有着重要作用，也是法律适应时代发展需求的产物。该制度如何与非公证继承登记进行衔接，是目前不动产登记亟待解决的难题。

（1）遗产管理人的产生

《民法典》第一千一百四十五条规定，继承开始后，遗嘱执行人为遗产管理人；没有遗嘱执行人的，继承人应当及时推选遗产管理人；继承人未推选的，由继承人共同担任遗产管理人；没有继承人或者继承人均放弃继承的，由被继承人生前住所地的民政部门或者村民委员会担任遗产管理人。因此，遗产管理人主要为下列人员选任：

①遗嘱执行人担任遗产管理人。遗嘱执行人是遗嘱人在遗嘱中指定的执行遗嘱事务的人。一般情况下，遗嘱执行人是被继承人信任之人，由其管理遗产更符合被继承人意愿；遗嘱执行人执行遗嘱本来就需要处理遗产，由其担任遗产管理人也更为便利（黄薇，2020b）。在实务中，被继承人指定的遗嘱执行人多为其近亲属、律师、公证员、邻居、朋友等。

②继承人推选出遗产管理人。遗嘱继承是继承人继承财产的一种方式，但并非所有自然人生前都会立遗嘱，即使立了遗嘱也未必指定遗嘱执行人。被继承人死亡后，其生前未对遗产处理作出任何意思表示的，继承人之间一般会推

选出负责之人，处理被继承人死后丧葬、遗产分割、处理债权债务等事务。为此，没有遗嘱执行人时，由全体继承人推选出其中一名或者数名继承人为遗产管理人。

③继承人共同担任遗产管理人。在继承人未推选遗产管理人的，则由全体继承人共同担任遗产管理人。在全体继承人担任遗产管理人时，涉及对财产进行分割、处分等问题时，需要由全体继承人协商达成一致。

④民政部门或者村民委员会担任遗产管理人。被继承人死亡后，如果没有继承人或者继承人均放弃继承的，遗产就属于无人继承的遗产。如果被继承人生前是城镇居民，该遗产由其生前住所地的民政部门担任遗产管理人；如果被继承人生前是农村居民，其遗产由村民委员会担任遗产管理人。

当遗嘱执行人之间，遗嘱执行人与继承人之间，继承人之间，被继承人生前住所地的民政部门或者村民委员会之间因遗产管理人的确定发生纠纷等，根据《民法典》第一千一百四十六条规定，利害关系人可以向人民法院申请指定遗产管理人。人民法院根据申请人诉求在遗嘱执行人、继承人、民政部门或者村民委员会的范围内指定遗产管理人。

（2）非公证继承登记与遗产管理人制度衔接

①登记申请主体与遗产管理人的衔接。在非公证继承登记实务中，遗产管理人也可以积极参与非公证继承登记程序，但是否可以作为继承登记申请主体，值得研究。对于登记申请主体的界定，根据《民法典》第二百一十一条、《暂行条例》第十四条规定，对于继承、接受遗赠取得不动产权利的，由当事人单方申请。此法律法规规定的当事人应理解为与不动产权利相关的当事人。而法律赋予遗产管理人的职责是分割处理遗产，并非遗产取得权利人。因此，遗产管理人如果作为继承登记的申请主体是不妥的，但遗产管理人本身即为继承人的除外。继承人作为遗产的法定继承人或者遗嘱指定继承人，是与不动产权利相关的直接利益当事人，应当作为非公证继承登记的申请主体。

②登记申请主体代理人与遗产管理人的衔接。遗产管理人的法律地位决定其在非公证继承登记中的身份性质。为了保障遗产管理人依法履行职责，平衡债权人和继承人的利益，遗产管理人需要具备独立的、不受继承人约束的法律地位。遗产管理人的法律地位具有类似破产管理人的地位（弗兰克、海尔姆斯，

2015），根据遗嘱或法律规定获得职权，以自己名义从事活动。特别是在继承人推选遗产管理人的情形下，虽然双方在内部关系中可以类推适用有关委托合同和意定代理的规则，但是，在外部关系上，遗产管理人一经产生即获得独立法律地位，履行法定职责，而不受继承人指示的约束，继承人也不得任意解除遗产管理人（王葆莳、吴云烉，2020）。目前，在登记实务中，破产管理人申请破产企业取得或处分不动产登记时，其身份性质是破产企业的代理人，非登记申请主体。遗产管理人可以代继承人取得或处分相关不动产，但不能成为不动产登记的权利人。实践操作中，在不动产登记申请书上应以继承人名义提出申请，当遗产管理人为继承人时，可以作为继承人提出登记申请，除此以外，遗产管理人可以作为代理人代为申请。

③遗产管理人的身份证明材料。遗产管理人参与非公证继承登记的，除了一般性申请材料以外，还需提交遗产管理人的身份证明材料，用于向第三人证明其为遗产管理人的身份和权利。多数国家为遗产管理人设置了统一的法院证书作为其享有管理人权利的凭证，如德国的遗嘱执行人证书、美国的遗嘱执行令、英国的遗嘱检验委任书等。证书一经颁发即生效，证书载明的权利人推定为真实遗产管理人（王葆莳、吴云烉，2020）。《民法典》对于遗产管理人的身份证明形式并未作强制规定，在实务操作中，可能会有多种形式体现，如被继承人的合法有效遗嘱、遗产管理人身份公证文书、全体继承人共同担任遗产管理人的协议、人民法院指定遗产管理人的裁定文书等。

④全部法定继承人到场和遗产管理人的衔接。《民法典》第一千一百四十七条规定遗产管理人具有"按照遗嘱或法律规定分割遗产"的职责，是否依法对继承相关事项，如继承人的范围、遗嘱是否真实有效等，负有核实的义务，尚不明确。如果负有核实义务，则遗产管理人在非公证继承登记中承担与公证机构类似的角色，可以一定程度上确保继承事项的真实性、合法性，分担登记机构的部分审核压力、责任。同时，对于是否还需要全部法定继承人到场确认遗嘱、继承关系等，由于还很少有遗产管理人相关的司法案例，仍然有待实践进一步探索。

四、关于租赁权登记问题

(一) 租赁权效力强,但公示难

1. "买卖不破租赁"的立法现状

根据《民法典》第七百二十五条,租赁物在承租人按照租赁合同占有期限内发生所有权变动的,不影响租赁合同的效力。这体现了租赁权的物权化,即承租人在依据租赁合同占有租赁物的期限内,承租人对包括房屋在内的租赁物的占有使用可以对抗第三人,即使是该租赁物的所有权人或享有其他物权的人也不例外,亦称为"买卖不破租赁"。原《合同法》第二百二十九条对"买卖不破租赁"也作出规定:"租赁物在租赁期间发生所有权变动的,不影响租赁合同的效力。"但该条在司法实践中引起较多争议,因为租赁合同签订的真实时间难以判定,现实中出现了大量的倒签租赁合同而损害房屋买受人利益的情形,故以租赁合同签订的时间点来确认承租人和买受人的权利何者优先存在极大的道德风险,引发司法裁判中的诸多问题。因此,《民法典》在《合同法》的基础上对"买卖不破租赁"规则进行了修改,即将合同签订的时间点转化为承租人占有租赁物的时间点,以占有作为租赁合同对外公示的起算点。这一改动实际上间接对房屋买受人提出了一个新的要求,即在签订买卖合同之前实地调查房屋的实际占有使用状况,增加了买受人的调查成本(黄薇,2020c)。

2. "买卖不破租赁"的正当性在于租赁状态的公示

一般认为,为了保护承租人的居住安宁,"买卖不破租赁"之所以赋予租赁权一定的物权效力,使其不因房屋所有权人的更换而受到影响,而这与理论上认为房屋租赁权属于债权,其仅具有债权的相对效力的基本观点形成冲突。因此,各国(地区)立法或规定均试图从"买卖不破租赁"的具体规则中设立一定的条件,为"买卖不破租赁"提供正当性支持。如《日本民法典》第605条规定,不动产租赁实行登记后,对以后就该不动产取得物权者,亦发生效力。我国台湾地区《关于民事规定》第425条规定,租赁物所有权之让与出租物于租赁物交付后,承租人占有中,纵将其所有权让与第三人,其租赁契约对于受让人仍继续存在。《德国民法典》第566条第1款规定："出租之住屋交付使用承租人后,由使用出租人让与第三人者,于其所有权存续中基于使用租赁关系所生之权利及义务,由所受让人取代使用出租人而加入其中。"从大陆法系各国(地区)的立法例来看,"买卖不破租赁"的正当性来源可以分为两类:一是基于承租人对租赁物的占有,如《民法典》《德国民法典》和我国台湾地区《关于民事规定》等;二是基于不动产租赁登记,如《日本民法典》等。

对比这两种立法模式,可以发现登记相较于占有具有明显的制度优势。首先,以占有为租赁合同对外公示的时间点无法彻底解决证明合同真实性的问题,因为占有作为一种单一的事实状态,在承租人与所有权人串通捏造占有事实的情况下,房屋买受人仍然处于信息不对称的弱势地位。而不动产登记簿可以准确记载租赁权的设立时间,将从技术上杜绝前述问题的发生。其次,对房屋买受人而言,其在查询房屋所有权信息的同时掌握了房屋的租赁状况,不必前往房屋之处实地调查,节省了时间成本,亦降低了交易风险。再次,对承租人而言,司法实践中租赁合同和占有的真实性往往受到房屋买受人的质疑,而承租人进行举证则需要花费一定的时间和精力,而若租赁权记载于不动产登记簿,即视为向全社会公布,其无须再以任何其他证据向房屋买受人证明其租赁法律关系的存在。最后,从公示的角度,占有是动产的公示方法,登记是不动产的公示方法,在不动产租赁中以占有发挥一定的公示作用本身即"心有余而力不足",与民事基本制度的内在逻辑存在冲突,实践中难以形成有力的证据链和证明力。

3. "买卖不破租赁"应以不动产登记为前提条件

事实上,房屋租赁权虽然被规定于《民法典》"合同"编,但其与纯粹的作为请求权的债权具有一定差别。根据《民法典》,物权是权利人依法对特定的物享有直接支配和排他的权利,而债权是因合同、侵权行为、无因管理、不当得利以及法律的其他规定,权利人请求特定义务人为或者不为一定行为的权利。房屋租赁权的主要内容就是承租人对特定房屋的支配,"买卖不破租赁"原则亦赋予了其排他的效力,这基本符合了物权的定义,但承租人同时享有请求出租人为或不为一定行为的权利,具有债权性的特征。可见,就租赁权复杂的权利内涵而言,其本身并不能简单地以债权予以定性。在现有的法律框架下,租赁权的实质为基于租赁合同产生的,对特定房屋进行占有和使用的支配权,以及对出租人的各类请求权的总和。

房屋买受人对租赁法律关系的尊重应以知悉其存在为前提,租赁权得以对抗房屋买受人的正当性来源,应回归至公示原则而非法律的特殊规定。即特定房屋上租赁的法律状态应通过法定的外部形式对外公开,且该公示方法应为不动产登记,而非占有。考虑到租赁权登记可能增加了承租人的负担,可以参考国有土地租赁的制度安排,将房屋租赁区分为长期租赁和短期租赁,以一定的年限为界限,赋予租赁权以登记能力,如规定租赁期限五年以上的租赁权可以进行登记,并采用登记生效主义的公示效力模式,明确租赁权经登记后产生对抗第三人的法律效果。在这种模式下,租赁权未经登记时保持债权属性,经登记后上升为物权,具有物权效力。此外,租赁权登记采依当事人申请原则,将是否登记、是否承担"不登记将不能对抗买受人"的不利后果的决定权交由出租人和承租人,由其根据自身情况自行衡量,共同决定。

(二)房屋租赁登记备案难以发挥物权登记作用

1. 地方关于房屋租赁登记备案的规定情况

目前,根据《商品房屋租赁管理办法》,房屋租赁登记备案制度已经建立,为房屋租赁权的不动产登记奠定了现实基础和数据支持。各地相应制定了众多法规、规章等,用于规范本地的房屋租赁登记备案行为。通过比较北京、上海、安徽、河南等多地的房屋租赁相关规定,形成了国家及部分省(直辖市)、市房屋租赁相关规定情况对比表(表3–5)。

表3–5 国家及部分省(直辖市)、市房屋租赁相关规定情况对比

序号	地方	规定名称及颁布(修订)时间	适用对象	房屋租赁备案受理部门	办理时限	是否支持电子化
1	—	《商品房屋租赁管理办法》(2011)	城市规划区内国有土地上的商品房屋	房屋所在地直辖市、市、县人民政府建设(房地产)主管部门	三个工作日内	逐步实行网上登记备案
2	北京市	《北京市房屋租赁管理若干规定》(2011)	行政区域内的房屋	房屋所在地的基层管理服务站	未明确	未明确

续表

序号	地方	规定名称及颁布（修订）时间	适用对象	房屋租赁备案受理部门	办理时限	是否支持电子化
3	上海市	《居住房屋租赁管理办法》（2021）	行政区域内的居住房屋	房屋所在地街道办事处、镇人民政府	实时	实行网上登记备案
4	浙江省	《浙江省居住房屋出租登记管理办法》（2011）	行政区域内的居住房屋	公安机关或者服务管理机构	实时	未明确
5	重庆市	《重庆市城镇房地产交易管理条例》（2021）	城市、镇规划区国有土地上的房屋	房屋所在地住房城乡建设主管部门	三个工作日内	未明确
6	安徽省	《安徽省城市房屋租赁管理办法》（2019）	城市规划区国有土地上的房屋	房屋所在地市、县人民政府房地产管理部门	十日内	未明确
7	河南省	《河南省房屋租赁管理办法》（2015）	城市、镇规划区范围内的房屋	市或者县（市）住房城乡建设（房产）部门	三个工作日内	未明确
8	广州市	《广州市房屋租赁管理规定》（2020）	行政区域内的房屋	街道办事处、镇人民政府	实时	实行网上登记备案
9	杭州市	《杭州市房屋租赁管理规定》（2007）（已失效，无新规）	市区范围内的房屋	房屋所在地的区房产行政主管部门	十日内	未明确
10	南宁市	《南宁市房屋租赁管理办法》（2015）	行政区域内除保障性住房以外的房屋	房屋所在地的县、城区房产管理部门	实时	逐步实行网上登记备案
11	宁波市	《宁波市居住房屋租赁管理若干规定》（2016）	行政区域内的居住房屋	镇（乡）人民政府、街道办事处	实时	推进网上登记备案
12	银川市	《银川市房屋租赁管理条例》（2012）	行政区域内的房屋（除公共租赁住房、直管公房、廉租住房以外）	房产管理部门	三日内	未明确
13	贵阳市	《贵阳市房屋租赁管理办法》（2021）	行政区域内的商品房屋	房屋所在地的县级人民政府住房城乡建设主管部门或者管理机构	三个工作日内	逐步实行网上登记备案

从表3-5可以归纳出各省（直辖市）、市房屋租赁存在以下差异：

（1）适用对象不同。国家层面的适用对象是城区国有土地上的商品房屋，理论上就是应该剔除公有住房、公租房、廉租房等保障性住房，大部分省（直辖市）、市的适用对象与国家要求保持一致，有部分省（直辖市）、市将适用范围扩大到所有房屋，还有部分省（直辖市）、市将适用范围缩小为居住房屋。客观来说，保障性住房属于政策性定向支持弱势群体的房屋，不纳入日常租赁管理范围较为合理。居住用房作为相关群体生活之需，而经营用房则仅作为生产、工作之需，两者的功能区别决定了不同的承租人和出租人相对地位的区别，进一步导致承租人对其享有租赁权的关注度差异。同时，居住房屋管理与人口管理关系紧密，部分省（直辖市）、市将居住房屋出租单独出台管理办法，想必也是有的放矢，对症下药。上海早在2002年已明确规定对于房屋租赁合同，当事人可以办理登记备案并领取登记证明，但考虑到办理总量不大，长此以往将不利于人口管理，因此，在2011年制定了《上海市居住房屋租赁管理办法》并沿用至今。

（2）备案受理部门不同。国家层面规定的受理部门为房屋所在地建设（房地产）主管部门，因此，大部分省（直辖市）、市的受理部门随之规定为住房城乡建设（房地产）主管部门等。但随着国家"放管服"改革的深入推进，有少部分省（直辖市）、市已将受理部门下放（延伸）到房屋所在地基层部门［即街道办事处、乡（镇）人民政府］，具体承办机构逐步与居住登记办理、居住证申领的职能部门（社区事务受理中心、管理服务站等）等相统一。

（3）办理时限与方式不同。各地办理时限差异较大，为三日至实时不等，办理方式上也逐步推广网上登记备案（即全程网办）。相信在不久的将来，智能自助备案等更超前模式也将出现。

2. 目前租赁登记备案制度存在的问题

（1）登记备案制度重管理而轻权利保护。现行的租赁登记备案制度侧重于社会管理，强调以备案信息数据服务于流动人口管理、社会保障、卫生教育、打击违法犯罪等管理职能，而非侧重于权利保护。客观来说，房屋、土地及其他可以通过租赁方式占有、使用的一切不动产，都可以作为租赁的客体对象，随着租赁权登记逐步侧重于权利保护，都应该纳入登记范围，并且根据各类不动产的特点应当有区别地作出规定。例如，在居住用房租赁活动中，承租人为了维持其生存需要，面对出租人时表现得更加弱势，其对于租赁权的行使和维护能力显然要低于经营用房租赁活动中的承租人，因为后者在相对地位上与出租人更为平等；在经营用房租赁活动中，承租人往往根据自己的经营特点和要求对租赁物进行一定程度的改造、装修装饰，对租赁物的初始状态要求一般不高，而对与成本密切相关的租期更加关注，与居住用房租赁活动情况基本相反。

（2）租赁登记备案的功能和作用有限。房屋租赁登记备案制度虽然已经实行了近30年，但并没有得到良好的实施，更不用谈是否已经深入人心，大家对这项制度的功能、效力的认识还不统一。正如前文所述，目前的房屋租赁登记备案制度侧重于社会管理而非权利保护，租赁合同在相关部门登记备案通过后发给当事人租赁证明，登记备案的程序也就到此结束。这一行为只能定义为备案而非登记，因为经过备案存档的信息不可查询，无法给出租房屋的潜在买受人提供信息渠道，方便受让人了解受让房屋的真实权利状态，对当事人而言没有任何实际意义。真正房屋租赁登记应该是在不动产登记簿上对房屋租赁权记载，而非对房屋租赁合同备案。

（3）当事人对租赁登记备案的积极性不高。实践中有诸多既不需要作为经营场所，也无须办理户口登记或行使对抗第三人的权利的情形，对于当事人来说，登记备案对权利保护的作用有限，办理登记备案带来的负担，如为办理所花费的精力、应缴纳的税费等，远远大于带来的益处，自然避之不及，不愿主动登记。即便相关规章赋予了登记备案强制力，也不能解决这一问题，因为即使执法人员足够多也不可能了解到所有的租赁合同的签订情况。

3. 上海市关于房屋租赁登记备案的实践探索

上海市2002年颁布《上海市房地产登记条例》，明确规定，对于房屋租赁合同等与房地产权利有关的文件，当事人可以向房地产登记机构办理登记、领取房地产登记证明；2011年制定了《上海市居住房屋租赁管理办法》并沿用至今。因此，目前上海的房屋租赁登记有两个渠道、两种模式：

（1）在不动产登记机构办理的房屋租赁登记。为与国家《暂行条例》和自然资源部《暂行条例实施细则》做好衔接，2021年3月1日施行的地方性法规《上海市不动产登记若干规定》中将"文件登记"调整为"与不动产权利有关事项的记载"。该规定第三十四条明确，房屋租赁合同等与不动产权利事项有关的材料，当事人可以申请在不动产登记簿中予以记载。上海市通过地方立法为租赁权登记充分做好法律支撑，同时在登记技术规定层面对房屋租赁合同的记载明确了操作规范。《上海市不动产登记技术规定》17.2.2明确,申请人为房屋租赁合同双方当事人,需要提交的文件包括:登记申请书、当事人身份证明、不动产权属证书、房屋租赁合同。登记机构登簿后,向当事人出具不动产登记证明。

(2) 在社区事务受理服务中心办理的租赁合同登记备案。根据《上海市居住房屋租赁管理办法》第13条,居住房屋租赁当事人可以到房屋所在地社区事务受理服务中心办理租赁合同登记备案。通过房地产中介机构订立租赁合同的,由房地产中介机构代为办理租赁合同登记备案。居住房屋出租人应当依法办理纳税申报。同时,承租人完成租赁合同登记备案后,可以到社区事务受理服务中心或者通过"一网通办"平台申请办理居住登记,领取《居住登记凭证》。办理居住登记满半年,可以申领《上海市居住证》。

(3) 两种模式的比较。在登记机构办理的房屋租赁登记,好处是通过在登记簿上的记载,租赁权可以得到充分的公示,可以像产权、抵押权一样被查询,承租人还可以取得一张不动产登记证明,对外宣示自己的承租权时更为方便快捷,也更有证明力。当事人开办企业办理工商登记时,可以使用上述不动产登记证明作为经营场所的承租权证明材料;部分企业在核销租金成本时也经常以上述不动产登记证明作为依据。正是由于将租赁权记载在登记簿上,对租赁房屋必然形成权利负担,只要承租人不坚持办理,出租人不会提出办理登记。

对于在社区事务受理服务中心办理的租赁合同登记备案,相关部门以此作为社会管理手段,只有完成了合同登记备案,才可以继续办理后续的居住登记,进而取得居住证。目前,居住证已逐步成为非户籍人口的选择,因为取得居住证并达成一定条件后,可以享受参加社保、使用公积金、子女义务教育等基本公共服务和便利。为了取得居住证,有的承租人会要求出租人配合办理合同登记备案,哪怕以替出租人代为缴纳相关税收为代价,第二种模式的登记备案率相较于第一种要高不少。但这种登记备案为仅限于居住房屋,而且只是对合同的登记备案,不可以公开查询,算不上租赁权登记,对租赁权利的保护无法起到应有作用。

4. 逐步推进不动产租赁权登记的实践方向

(1) 逐步推动建立不动产登记体系下的租赁权登记。当前,在房价持续高攀、住房需求无法满足的情况下，房屋租赁必将长期存在，一、二线城市更是如此。传统的租赁合同登记备案没有建立租赁登记簿，无法提供公开查询，利害关系人一般不能查询到房屋上的租赁状态，这对作为买受人的第三人和抵押权人的第三人来说是不公平的。应当考虑将其与短期租赁区别开，一方面中长期租赁的承租人对于租赁权的行使与寻求保护更加关注，另一方面中长期租赁对于善意第三人的影响较大，一旦买受人（或抵押权人）疏于实地调查，未发现承租人的实际占有，交易完成后受到的损失将不可估量，不利于社会稳定和交易安全。可以考虑通过立法等方式，将传统的租赁权登记纳入不动产登记体系中来，转化为可供登记簿查询的租赁权登记，并将租赁物范围从房屋扩展到全类型不动产，对于租赁物为居住房屋的，登记机构完成审核登簿后，将租赁合同信息反馈相关部门，以保障合同备案、居住登记、人口管理等多种社会管理要求的实现。同时，针对中长期租赁，可以考虑通过立法强制要求登记，以登记公示机制来保障买受人、抵押权人的利益，未经登记的中长期租赁权不具有对抗第三人的效力。

（2）进一步提升租赁权登记制度的功能和效率。从房屋租赁合同登记备案多年的经验来看，通过制定罚则、加强监管与执法来强制要求当事人办理这项业务，除了通过与居住证挂钩提升了一定量的居住房屋的合同备案业务外，其他效果极不理想。因此，需要进一步完善不动产登记制度，在不动产登记立法中将租赁权登记纳入不动产登记体系。

第五节 优化不动产登记营商环境实践探索

构建市场化、法治化、国际化的营商环境是党中央、国务院根据新形势新要求作出的重大决策部署。登记财产不仅是世界银行营商环境评价的重要内容，也是我国营商环境评价的一项重要指标，主要考察企业转让不动产所需经历的政府审批和外部办事流程，包括办理环节、办理时间、成本费用、土地管理质量以及提升不动产登记便利化水平情况。为了加强不动产登记工作，《国务院办公厅关于压缩不动产登记办理时间的通知》（国办发〔2019〕8号）等文件，要求以推进国家治理体系和治理能力现代化为目标，以为企业和群众"办好一件事"为标准，加强部门协作，实行信息共享集成、流程集成或人员集成，进行全流程优化，压缩办理时间，切实解决不动产登记耗时长、办理难问题，努力构建便捷高效、便民利民的不动产登记工作体系。各地立足"三个集成"，围绕优化不动产登记营商环境，不断改革创新，提升登记工作水平和群众满意度。

一、全面实行"一窗受理、并行办理"

落实《优化营商环境条例》规定，积极推进不动产登记、税务、交易"一窗受理、并行办理"。通过业务整合、信息集成，优化业务流程，在政务服务大厅或不动产登记大厅设立综合受理窗口，统一受理各相关办理事项，一次性收取所需全部材料，进行一次性录入、自动分发各相关部门，实现信息化技术支撑的"一窗受理、并行办理"，从原来的"多头找部门""多次办理"变为"一个窗口""一次办成"，让企业群众享受"一站式"便捷服务。取消不必要环节、合并相近环节，将不动产登记登簿和制证环节、缴费和领证环节合并，不动产非公证继承登记中公示与审核环节并行开展，二手房转移登记与抵押登记等关联登记合并办理等。对 95 种不动产登记类型进行梳理，重点对其中 26 种流程相对复杂、业务办理量大的类型，绘制从开始办事到领取证书的全过程优化流程图。全国已有 2 700 多个市县实施了"一窗受理、并行办理"，不动产登记时间大幅压缩，全国绝大多数市县一般登记和抵押登记办理时间压缩至 5 个工作日内。

北京市设置综合窗口，办理不动产转移登记、缴纳税款和登记费以及领取证书全流程业务，构建"一窗受理、内部流转、及时办结、同窗出证"。上海市实现不动产登记缴税"合二为一"、企业专区"一个环节"、个人业务"只跑一次"，将税务部门的协税人员划归登记部门，登记大厅不再有单独的税务窗口，由一个登记人员在一个窗口完成涉税、登记业务。重庆市全面实施不动产登记、交易和缴税"一窗受理、并行办理"，登记系统与住建、税务业务系统互联、信息互通，全市启用电子签批屏、全面推广电子材料，税务系统自动核查登记信息、核算缴税金额，收取税费后推送完税信息，登记机构当场登簿、缮发证书。广州市全面深化"一窗办理"广度，设置企业专窗，实现涉企存量房转移登记等业务"1窗1人1套资料1个环节1小时办结"；设立综合窗口，实现个人不动产交易+缴税+登记"一窗办"、"不动产登记+N"服务"联合办"、不同类型登记业务"组合办"等。

二、扎实开展"减证便民"

全面清理烦扰企业群众的"奇葩"证明、重复证明等各类无谓证明，坚决取消没有法律法规依据的盖章、审核、备案、确认、告知等手续，取消收取没有法律法规依据的证明和材料，对确需保留的证明实行清单管理，对外及时公布清单。自然资源部门自身产生的或者能够通过部门实时信息共享获取、核验的材料，无须群众重复提交。不动产首次登记直接通过信息共享提取前期测绘成果并办理信息入库，无须当事人另行开展测绘和地籍调查。对非因权利人原因发生的不动产地址变更登记，由政府相关部门通过信息共享和内部协调方式处理。推行告知承诺制，在不动产继承登记中，逐步推广申请人书面承诺方式替代难以获取的死亡证明、亲属关系证明等材料。

广州市大力推进与公安、民政等12个关联部门的信息共享，实现居民身份证、营业执照、结婚证、缴税凭证等62类电子证照及7类电子信息调用共享，已实现共享的资料不再需要申请人提交，各项业务累计精减106项登记材料。上海市针对部分不动产登记情形的证明事项实行告知承诺制，包括不动产非公证继承中的法定继承人、遗嘱继承人死亡证明，房屋注销登记中的房屋已拆除证明等事项，进一步推进减证便民。重庆市也推行证明事项告知承诺制，如不动产非公证继承中的亲属关系证明、现身份证与原登记所用军官证（或士官证等）为同一人的证明、现统一社会信用代码证与原登记所用工商营业执照、组织机构代码证为同一机构的证明等事项。

三、主动延伸服务范围

全面落实国务院深化"放管服"改革要求，推动不动产登记全城通办、就近能办。将基于互联网、自助终端、移动终端的不动产登记服务全方位向乡（镇）街道、城乡社区、金融网点等延伸，扩大不动产登记"朋友圈"，实现就近能办、多点可办、少跑快办，减少群众跑腿次数。积极推进不动产登记跨县域、跨市域、跨省域的"异地可办"，最大限度满足企业群众的办事需求。逐步向房地产开发企业、中介机构等开放网络查询、申请服务端口，开展网上查询、预申请、预办理和预告登记，有效维护群众合法权益，保障交易安全。

深圳市除不动产首次登记、非公证继承（受遗赠）的不动产转移登记、查封登记和注销查封登记外，其余的不动产登记业务均可以全市任一不动产登记服务厅办理，极大方便了企业群众"就近跑"。福州市将窗口延伸到金融机构、街道社区、房产经纪机构及乡（镇）自然资源所（国土所），全市设立200多个不动产登记便民服务点，39家银行、2家保险公司开通抵押登记"不见面全程网办"；将不动产登记自助查询机、申报机、打证机等布设到基层服务点，实现企业群众"就近办"。广州市推动不动产登记"跨域通办"，联合税务部门，实现存量房转移登记等业务全市"通收通办"；通过异地申请、大数据审核、信息共享、属地审核、结果互认及EMS寄送服务，实现登记资料查询、抵押登记、查封登记、转移登记、变更登记和注销登记等业务"跨省通办"，探索开展跨境抵押登记业务。

四、大力促进信息共享应用

加快不动产登记领域信息互通互用工作，打破"信息孤岛"，让信息多跑路、群众少跑腿，方便企业和群众办事创业。按照"属地共享、省级推动、国家支持"的原则，加强与公安、民政、市场监管、住房城乡建设（房管）、税务、法院、公证、机构编制、卫生健康、国有资产监管等12个部门的协同联动和信息集成，推动不动产登记相关材料或信息互通共享。深入推进登记信息共享应用，通过运用互联网技术、设置自助查询终端、在相关场所设置登记信息查询端口等方式，为申请人查询不动产登记信息提供便利；坚持"需求导向、一数一源"，与公安、民政、税务、市场监管、金融、审计、统计等部门建立信息共享机制，为相关部门履行职责提供以权证内容为主的不动产登记信息共享服务。

广州市着力从"可查""可信""可用"三个维度优化不动产登记信息查询服务，实现不动产自然状况，共有、预告、居住权、抵押、异议、查封及限制处分情形，地籍图，非居住类企业权利人等信息"可查尽查"；通过扫描二维码可在线验证不动产登记查册表真伪，实现登记信息"可验可信"；推进与教育、住房城乡建设、公安、民政、税务等多部门信息共享利用，实现在入户、入学等场景应用，实现"能用就用"。重庆市、广州市还推出经权利人授权查询服务。杭州市构建"一地一码"协同服务平台，即"一块地"从项目生成、审批、验收、登记到监管全生命周期的多部门协同服务平台。平台能构建线上"一码"走到底、集成三大平台、实现九个应用场景的综合性协同服务。"一码"是"土地码"，作为唯一身份识别码，贯穿规划、用地、不动产登记全过程，实现一块地数据信息"一码归集"，用地服务"一码管理"，企业权益"一码证明"，宏观决策"一码辅助"。珠海市、深圳市创新推出可视化"以图查房"服务模式。以互联网为载体，申办人在珠海不动产微信公众号经身份认证后进入"以图查房"模式，通过在电子地图或卫星地图上输入所需查询的地址或直接在地图上查找，选择所需查询的房产，查询页面将显示房屋坐落、房屋状况、抵押查封概况、宗地图等。

五、着力加强窗口作风建设

全面开展不动产登记窗口作风问题专项整治，中共自然资源部党组印发《关于开展不动产登记窗口作风问题专项整治工作的通知》（自然资党发〔2018〕7号），自然资源部办公厅印发《关于进一步加强不动产登记人员作风建设的通知》（自然资办函〔2021〕1691号），部署各地聚焦作风、业务、廉政三个方面11类重点问题，全面开展排查整改，建立健全廉政风险防控制度，促进登记人员廉洁履职，推进作风建设常态化。同时，自然资源部督促指导地方解决不动产登记耗时长、办理难问题，印发《关于全面推进不动产登记便民利民工作的通知》（自然资发〔2018〕60号）、《关于加快解决不动产登记若干历史遗留问题的通知》（自然资发〔2021〕1号）等，部署加快解决历史遗留问题导致的不动产"登记难"，进一步推动存量问题"销号"，严格控制新增问题。

广东省部署开展不动产登记能力和作风建设"双提升"行动，聚焦存量登记数据整合、平台建设、信息协同共享、优化窗口建设、压缩办理时限、网上申办、集成服务、精减申请材料、登记结果自助查询、作风整治等十六项任务。上海、重庆、广州、杭州等市均开通了不动产登记和权籍测绘的第三方投诉建议渠道，并建立相关处理机制。

六、聚焦营商环境改善深化改革

营商环境只有更好，没有最好。未来应着眼于更高要求和群众更高期待，进一步减环节、减材料、减时间、减成本、增质量，不断深化不动产登记营商环境改革。

（1）以涉企业务为蓝本，推动全类型登记业务提质增效。目前不动产登记营商环境改革重点放在涉企业务方面，在减环节、减时间、减成本、提服务方面有了巨大飞跃，取得突出成效。随着改革推进，将逐渐从重点突破向全面深化迈进，总结推广在涉企业务的改革经验，进一步深化个人业务的协同改革，以更好实现覆盖所有申请主体、所有业务类型的全不动产登记业务提质增效。

（2）以登记业务为核心，进一步优化办理流程。目前各地不动产登记、税务、交易"一窗受理"已基本实现，免于申请人进多门、跑多窗、对多人，后续改革将以不动产登记为核心，以"一件事"办理为目标，深化"一窗受理、并行办理"，打通部门信息共享障碍，真正实现"一窗"之后"并行办理"。从登记业务与之核心关联的"一窗办理"向可与之产生关联的更广领域的"不动产登记+N"综合业务办理纵深推进，不断向不动产登记上下游、内外围延伸，通过联合法院、金融机构、公证处、中介机构、开发企业等，实现不动产登记"多点可办""少跑快办"，让不动产登记"小窗口"更好地服务"大民生"。

（3）以登记安全为底线，深化"互联网+不动产登记"，线上线下协同一致。随着"互联网+"等科技手段广泛应用，不动产登记业务线上办理将成为业务办理的重要渠道。对标世界先进水平，以不动产登记案件申请、办理、归档为基础的网办制度规则更加规范，以人证识别、电子签章、信息共享为核心的新技术应用更加成熟，构建不动产登记咨询、预约、申请、缴税、缴费、领证以及信息查询均可实现安全高效的线上办理。

（4）以企业群众需求为导向，全面构建多元化服务体系。不动产登记便利度改革全面提质增效的同时，将以企业群众的需求为导向，构建更加多元化的服务体系。在全面推进线上服务可及性的同时，兼顾老年人群体需求强化线下服务的体验感；全面强化企业业务"管家式"服务的同时，统筹推进个人业务"帮办式"引导；全面推广不动产电子证照的同时，兼顾企业群众领取纸质权证的"仪式感"等。高效登记、便捷登记、安全登记、智慧登记、暖心登记、阳光登记等相互融合，构成我国不动产登记改革的核心内涵，并最终构建起与国际接轨、与市场相符、与民生相应，规范的、兼容的、温暖的多元化服务体系。

第四章　地籍调查制度与实践

第一节　地籍调查概述

一、地籍的内涵

地籍，通常理解为记载土地归属等内容的簿册。《辞海》对地籍的解释是："中国历代政府登记土地作为征收田赋根据的册籍。"英、法、德、俄等国家将地籍定义为土地编目册、不动产登记簿册、按地亩征税科目而设的簿册等。美国对地籍的定义，是一宗地的公开记录（位置、四至、类型、所有权、估价、法律状况）。日本对地籍的定义，是将土地的位置、地号、地类、面积、所有者的调查与确认的结果加以记载的簿册。国际测量师协会（FIG）"地籍2014"研究报告认为，"地籍的含义充满了信息化的色彩"。地籍被认为"是一个以宗地为基础描述关于土地的权利、利用、位置、数量和价值等信息的土地数据库"（Kaufmann and Steudler，2002）。

地籍是我国历代土地管理的基础，也是各个朝代的立国之本：从黄帝经土之亩，到夏禹任土作贡；从殷商有册有典，到西周天子经略；从春秋户籍田结，到战国土地经界；从秦朝统一田制，到汉代田法地籍；从隋唐申牒造籍，到宋元凭籍照勘；从明朝履亩清丈，到清代查田造册。与农田伴生的地籍，是华夏文明发展的结晶，是炎黄子孙代代传承的硕果。地籍有史以来就备受上至天子、下至百姓的重视。明朝为了进一步严密掌握全国土地田亩的占有和利用状况,洪武二十年(1387年),朝廷命各州县"沿丘履亩逐一经量",按照田地丘分区编绘图册四份,都按地权所有分号详列田主姓名、田亩面积、四至、形状、土质等级等详细记载,分存各级政权机关,作为征税的依据。这些记载全国土地的图册,实质上就是地籍图册。万历八年(1580年),朝廷正式颁布《清丈条例》,下令进行继洪武清丈之后的第二次全国性清丈;万历十一年(1583年),在清丈基础上重新编制或修订了地籍图册,这些图册为推行一条鞭法创造了条件,有的一直沿用到清代。

近代以来,孙中山先生提出"三民主义"政纲和《建国方略》,在明确提出"平均地权"的同时,力求通过查明田亩、核定地价、按价收税、增价收归国有的办法,解决土地国有问题,达到国强民富的目的。《建国方略》中特别强调测量农地,指出"中国土地向未经科学测量制图,土地管理、征税皆混乱不清,贫家之乡人及农夫皆受其害。故无论如何,农地测量为政府应尽之第一种义务",规定一县开始训政之初,必先完成土地清丈。中华民国政府成立了"经界局",在全国和各省相继开展地籍测量、土地使用调查等工作。

中国共产党从成立起,一直重视农民和土地问题。1921年7月,中共一大通过的党纲中提出了土地问题。1931年11月27日,中央人民委员会土地部在瑞金成立后,设立了"调查登记局",1932~1934年开展了查田运动等,进行了土地调查、清账等地籍工作。抗日战争时期,配合减租减息,开展了粗线条的土地调查。1946年5月4日,党中央发出《关于清算减租及土地问题的指示》(即"五四指示"),积极开展了土地调查、登记发证、建立土地台账等工作。1947年10月10日,《中国土地法大纲》公布施行,并据此开展了土地清丈、划界埋桩、确权登记发证、建立土地台账等地籍工作。

中华人民共和国成立后,结合土地改革,全国大部分地区普遍开展了土地调查、土地清丈、划界、定桩、登记和颁发土地证等工作。党的十一届三中全会后,党和政府对土地管理工作重视程度不断提升,特别是1987年1月1日起施行的《土地管理法》,对土地调查、土地登记等作出明确规定,全国相继开展了土地利用现状调查(详查)、城镇地籍调查、村庄地籍调查、土地变更调查、土地登记、土地统计、土地利用基础数据库建设、土地利用动态监测等一系列基础工作，出台了一批地籍管理办法和技术标准规范。

随着不动产统一登记制度的建立和实施，地籍由狭义的"土地"的"户籍"逐步发展为土地、海域以及房屋、林木等不动产和自然资源的"户籍"。2021年新修订的《土地管理法实施条例》明确规定："县级以上人民政府自然资源主管部门应当加强地籍管理，建立健全地籍数据库。"现代地籍是记载土地、海域及其房屋、林木等定着物的权属、位置、界址、数量、质量、利用等基本状况的图簿册及数据。现代地籍以权属为核心，主要包括地籍调查、确权登记、权属争议调处等，可以掌握不动产和自然资源的权属状况、数量、质量及其变化情况等，具有空间性、法律性、精确性和连续性等特点。它记载了不动产和自然资源的权利人、权利内容等信息，具有保护产权、定分止争、保障交易安全的重要作用，为自然资源相关管理工作、政府宏观决策以及经济社会可持续发展提供产权基础数据支撑服务。

二、地籍调查的内涵

不动产统一登记前，地籍调查是对宗地的权属、界址、位置、面积、用途等进行的调查，为土地登记提供支撑。施行不动产统一登记之初，为了全面支撑不动产统一登记并区分不动产统一登记前的地籍调查，提出了"不动产权籍调查"的概念，主要以地（海）籍调查作为基础，包括房屋、林木等定着物的权属调查和测绘。现在，为保持地籍和地籍调查的法理、逻辑一致性，回归地籍的本质并与国际接轨，将"不动产权籍调查"改称为"地籍调查"，将对土地、海域以及房屋、林木等地上（地下）定着物的不动产测绘和对自然资源地籍要素的测绘统称为"地籍测绘"。因此，按对象分，我国现行地籍调查分为不动产地籍调查和自然资源地籍调查两大类。

不动产地籍调查是指由政府统一组织或不动产权利人委托，以宗地（宗海）及其定着物为对象，通过权属调查和不动产测绘，全面查清土地、海域及其定着物的权属、位置、界址、面积、用途等权属状况和自然状况，形成数据、图件、表册等调查资料，为不动产登记和自然资源管理等提供依据和支撑的基础性工作。不动产地籍调查是不动产登记的基础工作，其资料成果经不动产登记后，具有法律效力。其中，按照组织方式不同，不动产地籍调查通常分为地籍总调查和日常地籍调查。按照区域范围不同，不动产地籍调查也可分为城镇地籍调查和农村地籍调查。城镇地籍调查是指对城市、建制镇以及城镇以外的工矿、企事业单位进行的权属调查和地籍测量。农村地籍调查既包括集体土地所有权调查，又包括房地一体的宅基地、集体建设用地地籍调查，还包括耕地、林地、草地承包经营权地籍调查等。

不动产地籍调查的工作内容，主要包括权属调查和不动产测绘。权属调查，是通过收集资料（包括已有地籍调查成果、登记成果、权利人身份证明、土地出让或转让合同、审批文件等权属来源证明材料等）和实地调查，根据权源材料核实土地权属状况，实地明确权属界址点和界址线，确保权属清楚、界址（界线）清晰、空间相对位置关系明确。不动产测绘，是依据权属调查明确的土地界址点和界址线，利用测绘技术，对界址点、界址线和房屋等建（构）筑物等进行测绘，获取坐标信息，绘制成图，并计算面积，确保面积准确。

自然资源地籍调查是以自然资源登记单元为基本单位，充分利用已有权属资料、专项调查、管理管制等成果资料，采用以资料核实为主、补充调查为辅的方式，全面查清自然资源权属状况、自然状况以及公共管制情况等，划清全民所有和集体所有之间的边界，划清全民所有、不同层级政府行使所有权的边界，划清不同集体所有者的边界，划清不同类型自然资源之间的边界，为自然资源审核登簿提供数据支撑。

三、国外具有代表性的地籍调查

（一）瑞典的地籍调查

1. 地籍调查管理机构管理模式

瑞典的地籍调查管理机构垂直统一管理，实现了全国地籍测量和土地登记垂直统一管理。瑞典制图、地籍和土地登记局隶属于瑞典健康与社会事务部，2008年不动产权利登记的职能由法院并入该局，主要业务包括地籍调查、不动产登记、地籍管理信息化和信息服务社会化等。该局在全国建立了垂直统一的管理机构，总部设在耶夫勒。全国划分8个地籍调查区，在全国38个较大市设立地籍调查局，行政工作由所属市政府管理，业务工作受瑞典制图、地籍和土地登记局指导与监督。瑞典设有75个地籍办公室，瑞典地籍调查工作由这75个地籍办公室和38个市级地籍调查局共同承担。同时，全国划分7个土地登记区，每个登记区设一个登记办公室。地籍办公室通过地籍测量形成不动产产权的权属构成，登记办公室负责审核并确定不动产产权登记。

2. 地籍调查法律体系

瑞典的地籍调查法律体系完备，土地登记具有公信力和权威性。依法管理是瑞典地籍调查的重要特点之一，地籍调查的任务、内容、程序等方面都有相关的法律法规规定，层次分明，各有侧重又互相协调。首先是由国会颁布的法律，包括《宪法》《土地法典》《不动产形成法》《确权和合法化法案》《公共设施地役权法》《共有设施法》《不动产登记法》《不动产抵押登记法》《共有产权单元抵押法》《公寓房登记法》《优先占有法》《租赁产权（承租人获得）法》《租赁财产权转所有权法》《不动产代理人法》《公共水资源法》等；其次是由政府颁布的实施条例，包括《不动产登记条例》《土地登记条例》《抵押证书登记条例》《公寓登记条例》《不动产代理人条例》等；再次是由权力机构颁布的规章或技术标准，如不动产登记收费细则等；最后是其他相关法律，主要包括《媒体自由法》《个人数据法》《著作权法》《公众服务信息再利用法》等，这些法律为信息系统建设和共享奠定法律基础。作为欧盟成员国之一，瑞典的法律法规各个层级都要受到欧盟的一些技术导则的影响，特别是技术标准和信息化建设方面基本都要遵守欧盟的技术标准。

3. 地籍调查程序

瑞典的地籍调查程序缜密完善，形成的地籍调查结果具有法律效力，是不动产登记重要的基础。瑞典地籍调查分为三个部分：第一部分是不动产单元的形成，包括不动产拆分、边界调整、分割、合并等；第二部分是不动产单元地理信息的确定；第三部分是不动产单元的权利及相关信息的确定（包括抵押权、私有土地及附属设施地役权、公共基础设施的地役权等信息）。不动产单元形成和划分的基本原则是最有利于不动产单元的使用，同时必须满足规划和能承载周围基础设施的安排。对于地块的面积没有限定，只要符合划分的基本原则即可，具体情况由地籍调查员进行判定。瑞典全国设立的每一个不动产单元都有一个唯一的标识名称（名字和编号），采用线性层次编码方式，其中99%被登记在不动产登记系统中。不动产单元变更的情形主要包括四种：分割转让、重新分配、共有财产分割与合并。

瑞典的地籍调查一般由一个地籍调查员负责和处理地籍调查的全过程，获得地籍调查的全部资料（协议、数据、图件等）。具体程序为：①接受土地所有人或利害关系人申请。②资料查阅与相关方意见咨询。③会议谈判。地籍调查员可通知利益相关方召开地籍议事会议，澄清申请事项，通过协商达成共识后形成协议，地籍议事会议达成的协议具有法律效力。④实地测量和界址标识。⑤作出结论性意见。经过上述程序后，地籍调查员应对权利和界址的变更作出决定，并将决定记录在地籍图和地籍文件中，同时将决定副本发送给相关利害关系人。相关利害关系人对决定内容有不同意见的，应在决定之日起四周内上诉至法院，由法院作出判决。四周期满无异议的，决定自动产生法律效力。⑥提交登记。地籍调查的决定生效后，即可办理登记。在瑞典，公共设施地役权登记由地籍调查员在登记系统中直接完成，并同时更新地籍图和地籍索引图。涉及其他类型登记的，地籍调查员应将调查成果提交至所属土地登记办公室，在土地登记办公室完成土地登记后，由地籍调查员完成地籍图和地籍索引图的更新入库。在瑞典，自接受申请到整个地籍调查程序的完成一般需17周，其中包含一个月的上诉期。调查过程中遇到特殊问题时，可以雇请其领域内的专家帮助解决。相关地籍调查信息更新入库前，必须由另一个地籍调查员审查整个过程，以确保地籍调查信息的质量。

瑞典地籍图规定采用大比例尺（1：1 000或1：2 000）显示，关于产权边界的界址点坐标和描述性文本具有法律效力。地籍图和地籍索引图的更新须在登记程序完成后，由地籍调查员完成图形正式更新入库。地籍图的基本内容主要包括：①图形信息，包括本不动产单元及相邻不动产单元的编号、界址点、界址线、界址点号、界址边长。②文本描述信息，包括界址点号、界址点坐标、界址标识类型，测量精度，测量方法（如GPS或全站仪等）。适用的坐标系统在2002年以前一般使用地方坐标系统，现在使用国家统一的SWEREF99坐标系统。③图示图例。

4. 登记簿记载内容

瑞典的登记簿记载内容是多个政府部门信息共享集成的结果。瑞典制图、地籍和土地登记局与税务、民政、统计、银行等部门建立了信息更新和数据交换机制，在确定税基、不动产评估、不动产税征收、银行抵押贷款等方面相互提供信息数据，进行实时动态更新共享。瑞典土地登记簿记载的信息包括地理信息、面积、坐标、地址、邮编、土地类型、建筑（附属物）、权利种类、权利人信息、抵押情况、纳税情况等。其中，地理信息、面积、土地类型、坐标、权利类型等来源于瑞典制图、地籍和土地登记局的地籍调查结果；权利人信息来源于民政部门；建筑（附属物）信息来源于市政府；邮编、地址信息来源于邮政部门；土地抵押信息来源于瑞典银行贷款信用中心；纳税信息来源于税务局。

5. 地籍信息管理和应用

瑞典建立了全国网络化地籍信息系统，地籍信息广泛应用于社会各个领域。瑞典国家地籍信息系统具有以下特点：一是该系统由国家支持建设，制图、地籍和土地登记局负责统一组织协调，既负责瑞典国家地籍信息系统建设，又负责协调其他政府部门生产和使用标准格式数据；二是法律明确规定瑞典国家地籍信息系统信息具有权威性和法律效力；三是系统数据在空间上覆盖全国；四是系统数据信息量丰富，既包括基础地理、遥感影像等信息，也包括地籍和土地权利登记信息、地址信息、建筑物信息、不动产税信息等；五是数据格式标准统一，便于数据交换和共享，有利于跨部门和社会化应用；六是在完善的数据更新机制下，各政府部门实时更新数据，保证了信息的现势性；七是系统信息广泛公开，除极少部分信息外，大部分信息可以在互联网上不受限制地查询浏览。

瑞典国家地籍信息得到广泛社会化应用，有三种应用模式：一是信息公开查询。主要是利用国家地籍信息系统中互联网站、定向通知、客户订阅、特定信息提取等方式提供给不同用户。二是政府部门之间信息共享。瑞典制图、地籍和土地登记局与国家16个政府部门间开展信息共享合作。政府部门更新国家地籍信息系统数据时，根据合同或协议，按照全国统一数据标准上传，或者直接在该局数据库上进行数据更新。三是信息数据专业化服务。瑞典制图、地籍和土地登记局与商业公司合作，向商业公司提供数据，商业公司按市场需要开发有针对性的专业产品，满足社会不同需求。

（二）德国的地籍调查

德国实行地籍登记和土地权利登记，其职能分别隶属不同的主管部门。地籍登记依据州法律，主管部门是地理空间数据和土地发展局。例如，下萨克森州地理空间数据和土地发展局隶属州内政部，下设14个直属局，汉诺威市地理空间数据和土地发展局是其中最大的直属局。地籍登记和土地权利登记部门分别建立了各自的登记系统，密切合作，实现信息共享。如果土地地理空间数据发生变化，由地理空间数据和土地发展局与从事地籍测绘的企业共同开展地籍调查和土地测绘。该局负责对土地界址、面积、空间坐标等地籍资料和数据进行地籍登记，并将地籍登记结果通知法院，更新土地权利登记信息。如果土地产权发生变化，土地空间地理数据未发生变化，则土地申请人直接向法院申请土地权利变更登记，法院也会将土地权利登记变更信息及时通知给地理空间数据和土地发展局。两个部门通过政府专网交换数据，实现信息交流和共享。

德国的地籍调查管理在世界范围独树一帜，被公认为代表着现代地籍调查管理的最高发展水平，其成功的最基本原因就是健全的地籍测量和管理法律。德国是一个联邦共和国，其立法有多种不同形式，法律体系由联邦、州和地方三个层次组成。测量与地籍事业所遵循的法规，联邦一级有《民法典》《产权登记条例》《土地整理法》《国土规划法》《建筑法》《土地质量评估法》等，州一级制定的法律有《测量与地籍法》《规划法》等。德国共分为16个州，虽然各州的测量法律不尽相同，但有一点是一致的，即测量法的制定十分详尽和完善，大到权限、管理范围，小到标石尺寸、观测方法等技术问题，都有明确规定，操作起来十分方便。地方也有相应的实施细则与具体规定，管理标准大同小异，各有特点。为了规范管理，德国还成立了州测量管理专业小组。该小组于1989年编制了地籍大辞典，对不动产地籍调查最重要的概念和符号作出了详细及权威解释，如地籍分区、街坊、宗地、建筑物以及不动产物权等，并对不动产地籍调查的组成部分也作出了详细说明。一系列严谨和清晰的定义很好地规范了地籍调查工作，保证了地籍产品的质量。

德国统一了国家地理空间基础数据参照系和数据标准，并且依法保证数据测绘、获取、存储和管理。官方的 ATKS 地形图信息系统和 LKAS 地籍图信息系统是德国地理空间基础信息系统。下萨克森州已经建成地理空间基础数据库和地籍登记数据库，在地理空间数据基础上叠加地籍图信息和各种专业数据，作为各部门规划和决策的依据。目前，德国的地籍信息已广泛应用于很多领域：一是按政府要求向公众和相关部门提供查询服务；二是针对需求开展专业化市场服务。德国当前正在探讨地籍登记和土地权利登记的系统统一整合问题，在 GIS 平台和数据获取平台基础上开发统一的土地空间信息系统（ALKIS）。该系统投入应用后，将具有属性信息登记、编辑、查询、定位、分析等功能，可以更加方便地开展信息更新和社会化服务。

（三）澳大利亚的地籍调查

澳大利亚并没有统一的土地管理机构，联邦政府内与土地有关的部门只是负责制定一些与土地有关的法律和政策，而不进行具体的土地管理。有关全国土地管理工作，涉及国家财政部、环境和遗产部、司法部等若干个部级机构，分别管理各类土地资源，土地管理的具体工作主要由州政府来执行。

地籍测量工作由属州级土地与水保护部直接领导下的土地测量局负责监督实施。地籍调查及土地登记代理由社会测量机构测量师和律师完成。澳大利亚实行地籍产业社会化，政府登记机构负责审核和认定土地的权利人及其相关权益，地籍调查及土地登记代理由社会测量机构测量师和律师完成。经业主聘请，测量师完成地籍更新工作，测量师或测量机构对结果负完全责任，大大提高了土地登记与地籍档案成果更新的速度，保证了地籍资料的现势性。

澳大利亚托伦斯土地登记系统是一个开放的动态系统。所谓开放，就是说托伦斯土地登记系统是一个公开的系统。任何单位和个人都可利用这个系统查询或获取某土地或不动产的有关信息和资料，包括可能性状况、自然状况等，方便、快速、准确，对土地相关权利人和社会都提供了极大的方便。

（四）法国的地籍调查

法国每个省大约有三个地籍办公室，直属财政部领导，每个办公室备有地籍底册和业主记录簿。地籍底册是土地注册簿，它标明每个宗地的地号、面积、用途种类、征税基数。业主记录簿提供每个宗地编号对应的自然人和或法人的身份和地址，以及业主在市镇内拥有的土地和房屋的明细表。另外，法国的每个市镇都拥有一个土地册，群众可以到市政府或地籍办公室查阅。与德国的情况不同，法国土地册主要是用作确定不动产征税基数的税收文件，对土地的面积或土地的范围，甚至产权证书，均不具有法律保证。

20世纪30年代，法国开始着手土地册更新工作，1983年全面完成，以后逐年进行修订。1987年开始，法国的地籍图开始系统地覆盖所有城镇。编制地籍图的工作持续了40年之久，因为地籍底册需要随时更新，地籍图随着时间的推移也要不断修测。

（五）新西兰的地籍测量

早在1876年，新西兰就把全国土地划分12个地籍区，并以这12个地籍区为基础开始进行地籍测量。城镇地籍图是1∶1 000或1∶2 000比例尺，农村地籍图是1∶10 000比例尺，全国地籍图已全部完成，实现全国全覆盖。新西兰地籍图的基本要素同我国相似，主要显示宗地形状、地理位置及有关数据，地籍资料的服务对象是中央和地方政府、测量师、规划师、估价师和公众。新西兰从1978年开始研究开发地籍数据库，到1992年底完成全国地籍数据库建设。新西兰非常注意系统的标准化和规范化问题，从地理数据、宗地名称和编号、各级政府的行政编码、面积、街区位置、土地利用类型、交换格式、实用编码代号等各方面进行统一的规范。新西兰的地籍早就达到现代多用途地籍阶段，不断向多功能服务方向发展，如在地籍图上把道路系统、规划系统、估价系统等有关专业数据进行叠加，以满足政府和社会多方面的不同需要。

四、地籍调查的作用和意义

综观国际国内先进的土地管理模式，各项土地管理活动均以地籍信息为基础，造成地籍信息发生变化时又及时反馈、更新地籍信息，从而实现土地管理"始于地籍，归于地籍"。总体而言，地籍调查具有以下作用和意义。

（一）有效保障自然资源和不动产统一确权登记制度落地实施

《民法典》第二百一十一条规定："当事人申请登记，应当根据不同登记事项提供权属证明和不动产界址、面积等必要材料。"《暂行条例》规定，申请人应当提交的材料包括不动产界址、空间界限、面积等，并对申请材料的真实性负责。《暂行条例实施细则》规定，不动产登记机构受理不动产登记申请后，应当查验的内容包括不动产界址、空间界限、面积等地籍调查成果是否完备，权属是否清楚、界址是否清晰、面积是否准确等。《暂行办法》规定，自然资源首次登记程序为通告、地籍调查、审核、公告、登簿；登记机构会同水利、林草、生态环境等部门应充分利用全国国土调查、自然资源专项调查等自然资源调查成果，以及集体土地所有权确权登记发证、国有土地使用权确权登记发证等不动产登记成果，开展自然资源地籍调查，绘制自然资源地籍图和自然资源登记簿附图，划清"四条边界"。因此，地籍调查是不动产和自然资源确权登记的基础及根本前提。只有通过地籍调查获得自然资源和不动产权属、界址、面积等材料，确保"权属清楚、界址清晰、面积准确"，予以登记载簿。

（二）为调处纠纷、界址判定、界址恢复提供依据

地籍调查成果在定分止争方面具有重要作用，如相邻权利人出现界标移位、损坏等情况而引起权属纠纷时，可利用已有地籍调查成果作为界址判定、界址恢复的证据。一是可以利用解析法地籍测绘获取的界址坐标，放样确定实地界址点的精确位置；二是可以利用权属调查阶段获取的地籍调查表和宗地草图（界址边长和关系距离等），在实地准确恢复界址点位置。

（三）为自然资源管理提供产权基础数据支撑

地籍调查成果可为征地拆迁、用地审批、用海用岛项目审批、土地供应、建设工程规划许可、建设项目竣工验收等自然资源管理提供产权基础数据服务，对摸清自然资源产权家底、维护所有者权益、服务"两统一"职责、夯实监管

责任等都具有重要的意义。

(四)为经济社会活动提供产权基础数据服务

地籍调查的对象包括所有土地及房屋等定着物,可以为城市更新、税收征管等提供产权数据支撑,为公安、消防等部门提供不动产空间信息服务。

第二节 不动产地籍调查

不动产地籍调查是以"权属清楚、界址清晰、面积准确"为目标,收集整理已有各类调查、登记成果及土地征收、用地用海用岛审批、规划许可、不动产交易、竣工验收等资料,利用已有地籍图、地形图、正射影像图等图件制作工作底图,设定不动产单元并编制不动产单元代码,开展权属调查,依据确定的权属界址开展不动产测绘,成果审核通过后纳入地籍数据库。

《暂行条例》实施后,不动产地籍调查体系和工作机制开始逐步建立和完善。2015年3月,国土资源部印发《不动产权籍调查技术方案(试行)》,明确了不动产地籍调查技术标准,确保日常地籍调查有序进行,实现平稳过渡。2017年8月,针对个别地方对地籍调查工作要求把握不准,出现重复测绘、违规收费、调查程序错误、指定调查单位等问题,国土资源部办公厅印发《关于规范不动产权籍调查有关工作的通知》(国土资厅函〔2017〕1272号),进一步明确了工作要求。2019年,《国务院办公厅关于压缩不动产登记办理时间的通知》(国办发〔2019〕8号),明确要求优化测绘成果获取方式。2021年11月,为贯彻落实新修订的《土地管理法实施条例》,自然资源部办公厅转发了《南宁市人民政府关于印发南宁市建设项目"多测合一"管理暂行办法的通知》,要求不动产登记机构加强对不动产测绘成果的审核,落实"只测一次",不得重复测绘,将审核通过的不动产测绘成果纳入地籍数据库,实现成果共享。

一、调查基本要求

（一）充分利用已有调查成果，避免重复调查和测绘

对于前期行业管理中已经产生的调查成果，经不动产登记机构审核，符合不动产登记要求的，应当继续沿用，避免重复调查、测绘。申请不动产变更、转移等登记时，不动产界址界限未发生变化的，原则上应当继续沿用已有的地籍调查成果，不得要求申请人重复提交。实施不动产统一登记前，已经依法办理了土地登记和房屋登记，以及依法办理了房屋登记但未办理分户土地登记的城镇住宅、成套的商业办公用房等不动产申请办理转移、变更、抵押等登记时，经确认土地权属合法且不涉及界址界限变化的，不得要求权利人开展地籍调查，不得要求权利人缴纳落宗费、测绘费、配图费等额外费用。

（二）严格调查程序，确保地籍调查成果规范准确

按照相关规定，应先开展权属调查，再进行不动产测绘，权属调查和不动产测绘是相互独立、前后相沿、互为支撑的工作环节。经调查核准的权属界址既是不动产测绘的基本依据和作业对象，又依赖不动产测绘予以精确表达，获取精准的界址坐标和面积。

（三）加强调查成果审核，及时入库上图

不动产登记机构应建立健全地籍调查成果审核管理制度，加强对调查成果审核把关，确保调查成果符合要求。同时，要加快建设以不动产单元代码为纽带、以不动产单元表为载体、图—数—属—档一体化的地籍数据库，及时将审核通过的调查成果纳入地籍数据库，进行统一管理和更新维护，并逐步形成覆盖全域的地籍"一张图"，为自然资源管理和社会公众提供优质服务。

二、地籍总调查和日常地籍调查

（一）地籍总调查

地籍总调查是指在特定的期限内，由县级以上地方人民政府组织对县级行政辖区内或特定区域内的全部土地、海域及其定着物或某种类型不动产开展的全面地籍调查。需要开展地籍总调查的情形有：①未开展过总登记或总调查的；②已有地籍资料陈旧散乱的；③国家或地方有新的需求的。例如，2008～2009年第二次全国土地调查部署开展的城镇不动产地籍调查，2010～2012年开展的集体土地所有权地籍调查等都属于地籍总调查。

地籍总调查的目的，就是在某一时期内，调查获取调查区内某类或全部不动产单元的权属、用途、位置、界址（或界限）、面积等信息，并把它们记载于不动产地籍调查表和标注在地籍图上，建立一套准确、完整的地籍表、册、图和数据库，形成地籍档案。调查成果最基本和最直接的应用就是不动产登记，同时可以为自然资源相关管理等提供产权数据服务。

地籍总调查的主要工作内容包括工作底图测制、权属调查、不动产测绘、编制不动产单元表、检查验收、成果材料整理与归档、生成不动产单元表、地籍数据库与信息系统建设等。

（二）日常地籍调查

日常地籍调查是指因不动产单元的设立、灭失、界址调整及其他地籍信息变更等开展的不动产地籍调查。需要开展日常地籍调查的情形有：①新设不动产单元；②不动产单元界址变化的；③已有地籍材料现势性不强、不清晰、存在疑问或存在明显错误的；④有必要开展不动产地籍调查的其他情形的。与地籍总调查相比，日常地籍调查具有下列特点：

（1）目标分散，发生频繁，调查范围小。与地籍总调查相比较，日常地籍调查更多地体现出局部而分散的特点，且变更发生的原因众多，次数也更频繁。

（2）变更同步，手续连续。进行日常地籍调查后，与本宗地有关的图、数、表、卡、册、文均须进行变更。

（3）任务紧急。如果土地权利发生变化，须立即进行调查；如果土地利用发生变化，应及时掌握变化的区域，并按照相关要求进行变更。由此可见，日常地籍调查是地籍管理的一项日常性工作，日常地籍调查通常由同一个外业组一次性完成。

（4）日常地籍调查精度要求高。日常地籍调查精度应不低于变化前的调查精度。

日常地籍调查主要工作内容为核实确认不动产的状况、权属调查、不动产测绘、编制地籍调查报告和不动产单元表、成果审查与入库（地籍审核确认）、成果整理与归档等。根据收集的地籍资料，核实确认不动产权属状况和界址状况，然后按照界址（含界址线、界址点及其所依附地物）是否发生变化的情形，选择适宜的权属调查方法和不动产测绘方法。如果存量建设用地新设建设用地使用权、集体土地被征收、同一权利人相连的两宗地（宗海）合并、企业改制需要将一宗地（宗海）分割为两宗地（宗海）等情形，则需要开展权属调查和不动产测绘；如果宗地（宗海）界址未发生变化，但权利人发生变化（整宗转移、抵押、继承、交换、收回土地使用权等），或变更权利人名称、权利性质、权利类型等情形，则需要开展权属调查，不需要进行不动产测绘；如果原宗地界址点是图解的，需要用解析法精确测量界址点坐标和宗地面积，则不需要开展权属调查，但需要进行不动产测绘；如果房屋或构（建）筑物新增、改建、扩建、重建，或森林、林木等定着物新增、灭失，则需要开展权属调查和不动产测绘。

三、不动产单元设定和代码编制

《暂行条例》规定，不动产以不动产单元为基本单位进行登记，不动产单元具有唯一编码。不动产地籍调查作为支撑不动产登记的重要基础性工作，应以宗地（宗海）为基础，以不动产单元为基本单位开展调查。

不动产单元是土地、海域及其定着物构成的权属界线封闭且具有独立使用价值的空间。不动产单元代码是按一定的规则赋予不动产单元的唯一和可识别的标识码，也可称为不动产单元号，是每个不动产单元唯一的"身份证号"。

（一）不动产单元设定

不动产单元设定包括地籍区和地籍子区划分、宗地划分、宗海（含无居民海岛）划分、定着物单元划分等工作。

1. 地籍区和地籍子区划分

（1）地籍区和地籍子区划分规则。一是在县级行政区划内，应当以乡（镇、街道）界线为基础，结合河流、道路等明显线性地物，划分若干地籍区；河流、公路、铁路等线性地物可单独划分线性地物地籍区；划分出的若干地籍区应当不重不漏，全覆盖县级行政辖区。二是在地籍区内，以行政村（居委会、街坊等）界线为基础，结合明显线性地物划分地籍子区；划分出的若干地籍子区应当不重不漏，全覆盖地籍区。三是地籍区和地籍子区划定后，其数量和界线应当保持相对稳定，边界原则上不随所依附界线（或线性地物）的变更而进行调整。

（2）地籍区和地籍子区划分要求。一是河流、公路、铁路等线性地物的中心线（或边界线）可作为地籍区（子区）的边界；二是乡（镇、街道）界线以及土地权属界线可作为地籍区界线；三是行政村（居委会、街坊等）界线以及土地权属界线可作为地籍子区界线；四是线性地物地籍区可不进行空间表达，不分割其他地籍区（子区）。

（3）地籍区和地籍子区划分方法。首先，从国土调查数据库和地籍数据库中提取县级行政区界线、乡（镇、街道）界线、行政村（社区、居委会等）界线等，并将提取的界线叠加到高分辨率的数字正射影像图，形成划分地籍区（子区）的工作底图；其次，在县级行政区内，利用行政区划资料、乡（镇、街道）建设规划资料和影像资料，以乡（镇、街道）界线为基础，参考河流、公路、铁路等线性地物的中心线（或边界线）以及土地权属界线，确定地籍区界线；最后，在地籍区内，利用行政村（居委会、社区等）规划资料和影像资料，以行政村（居委会、社区等）界线为基础，参考河流、公路、铁路等线性地物的中心线（或边界线）以及土地权属界线，结合宗地及房屋等建筑物、构筑物的分布和数量，确定地籍子区界线。

2. 宗地划分

（1）宗地划分规则。一是在地籍子区范围内，依据土地权属证书、土地出让合同、划拨决定书、土地承包合同以及其他相关批准文件、协议等权属来源资料，结合土地使用现状和相邻权利人的确认，划分国有土地使用权宗地和集体土地所有权宗地；二是农民集体经济组织指认所有的土地，应划分集体土地所有权宗地，其中，两个或两个以上农民集体共同所有的地块，且土地所有权界线难以划清的，应设为共有宗；三是在集体土地所有权宗地内，划分集体建设用地使用权宗地、宅基地使用权宗地、土地承包经营权宗地（耕地、林地、草地）、林地使用权宗地（承包经营以外的）、农用地的使用权宗地（承包经营以外的、非林地）以及其他使用权宗地等，其中，两个或两个以上权利人共同使用的地块，且土地使用权界线难以划清的，应设为共用宗；四是土地权属未确定或有争议的地块可设为一宗地；五是县级行政界线分割宗地的，原则上宜保持宗地的完整性，并将县级行政区面积、名称、行政界线等作为宗地图的要素，也可按照县级行政界线分割宗地；六是结建的地下空间，应与其地表部分一并划分为国有建设用地使用权宗地（地表）；七是单建的地下空间，依据土地出让合同等相关权属来源材料确定的范围，可设立国有建设用地使用权宗地（地下）。

（2）宗地划分要求。宗地界址线应当封闭，宗地界址线互不交叉重叠，图上两个宗地之间不应有实地不存在的狭缝。

（3）宗地分割、合并或调整边界的，根据相关证明材料，按照分割、合并或调整边界后的界址划分宗地。

3. 宗海（含无居民海岛）划分

（1）宗海（含无居民海岛）划分规则。在县级行政辖区内，依据宗海的权属来源，划分海域使用权宗海。在县级行政辖区内，依据无居民海岛的权属来源，划分无居民海岛用岛范围。

（2）宗海（含无居民海岛）划分要求。宗海（含无居民海岛）划分时，宗海（含无居民海岛）界址线应封闭且互不交叉重叠。

4. 定着物单元划分

定着物单元划分，是在宗地（宗海）内，划分房屋、林木等定着物单元。

（1）定着物单元划分规则。①房屋等建筑物、构筑物的定着物单元划分。一是一幢房屋等建筑物、构筑物（包括该幢房屋范围内的车库、车位、储藏室等）归同一权利人所有的，宜划分为一个定着物单元，如别墅、工业厂房等。二是一幢房屋内多层（间）等归同一权利人所有的，应按照权属界线固定封闭、功能完整且具有独立使用价值的空间划分定着物单元，如写字楼、商场、门面等。三是地下车库、地下管廊、商铺等具有独立使用价值的特定空间，或者码头、油库、隧道、桥梁、塔状物等构筑物，应当各自独立划分定着物单元。四是成套住宅（包括不单独核发不动产权证书与房屋配套的车库、车位、储藏室等）应以套为单位划分定着物单元；当同一权利人拥有多套（层、间等）权属界线固定且具有独立使用价值的成套房屋，每套（层、间等）房屋宜各自独立划分定着物单元。五是非成套住宅，可以间为单位划分定着物单元；当同一权利人拥有连续多间房屋时（非成套），可一并划分为一个定着物单元。六是全部房屋等建筑物、构筑物归同一权利人所有的，该宗地（宗海）内全部房屋等建筑物、构筑物可一并划分为一个定着物单元，如大学、机关、企事业单位、农民宅基地内的房屋等。②森林、林木的定着物单元划分。一是成片森林、林木归同一权利人所有的，应当划分为一个定着物单元。二是全部森林、林木归同一权利人所有的，该宗地（宗海）内全部森林、林木可一并划分为一个定着物单元。③其他类型的定着物单元划分。一是应当依据其他定着物的类型和权属，各自独立划分定着物单元。二是当地上全部同一其他类型的定着物归同一权利人所有的，可一并划分为一个定着物单元。三是集体土地所有权宗地、土地承包经营权宗地（耕地）、土地承包经营权宗地（草地）、农用地的使用权宗地（承包经营以外的、非林地）等不应划分定着物单元。

（2）定着物单元划分要求。一是定着物单元的权属界线应封闭，定着物单元的权属界线互不交叉重叠，图上相邻定着物单元之间不应有实地不存在的缝隙。二是定着物为房屋等建筑物、构筑物，应符合相关设计规范、规划许可、施工规范、验收标准和确权登记的要求。三是森林、林木等定着物单元，应符合森林、林木等确权登记的相关要求。

（二）不动产单元代码编制

1. 代码结构

按照每个不动产单元应具有唯一代码的基本要求，依据《信息分类和编码的基本原则与方法》（GB/T 7027—2002）规定的信息分类原则和方法，不动产单元代码采用七层 28 位层次码结构，由宗地（宗海）代码与定着物单元代码构成。宗地（宗海）代码为五层 19 位层次码，按层次分别表示县级行政区划代码、地籍区代码、地籍子区代码、宗地（宗海）特征码、宗地（宗海）顺序号，其中宗地（宗海）特征码和宗地（宗海）顺序号组成宗地（宗海）号。定着物单元代码为二层 9 位层次码，按层次分别表示定着物特征码、定着物单元号。不动产单元代码结构如图 4-1 所示。

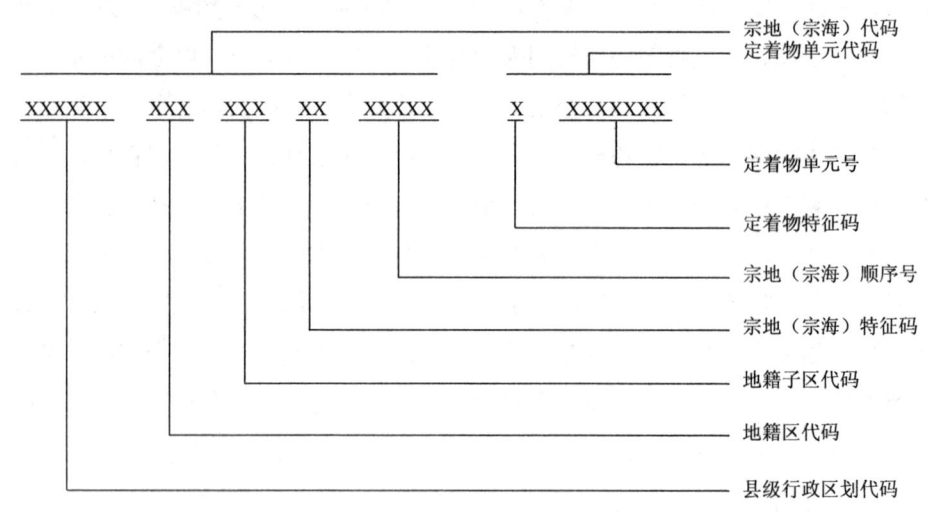

图 4-1 不动产单元代码结构

2. 编码方法

（1）县级行政区划代码编码方法。不动产单元代码的第一层次为县级行政区划代码，码长为 6 位，采用《中华人民共和国行政区划代码》（GB/T 2260）规定的行政区划代码。国务院确定的重点国有林区的森林、林木和林地，以及国务院批准的项目用海、用岛，行政区划代码应采用所在地县级行政区划代码。

对于跨行政区的，行政区划代码可采用共同的上一级行政区划代码；跨省级行政区的，行政区划代码可采用"860000"表示。

（2）地籍区代码编码方法。①不动产单元代码的第二层次为地籍区代码，码长为3位，码值为000～999，不足3位时，用前导"0"补齐；地籍区代码在同一县级行政区划内应保持唯一性。②开发园区等特殊区域，可采设置特定码段的方式编制地籍区代码；线性地物地籍区代码可用"999"表示；整建制的乡（镇、街道）级的"飞地"，采用"飞入地"所在行政辖区的行政区划，宜在"飞入地"所在行政辖区内统一编制地籍区代码；依据土地出让合同等相关权属来源材料确定的范围设立国有建设使用权宗地（地下）的，其地籍区可与地表的地籍区保持一致，地籍区代码采用地表的地籍区代码。③海域（含无居民海岛）地籍区代码可用"000"表示。其中，国务院批准的项目用海、用岛地籍区代码用"111"表示。④国务院确定的重点国有林区的森林、林木和林地，地籍区代码用"900"表示。

（3）地籍子区代码编码方法。①不动产单元代码的第三层次为地籍子区代码，码长为3位，码值为000～999，不足3位时，用前导"0"补齐；地籍子区代码在同一地籍区内应保持唯一性。②在地籍区范围内，地籍子区代码应当从西北角开始，按照自左至右、自上而下的顺序编制；线性地物地籍子区代码可用"000"补齐；村（居委会、街坊）级的"飞地"，应当在"飞入地"所在地籍区内统一编制地籍子区代码；依据土地出让合同等相关权属来源材料确定的范围设立国有建设使用权宗地（地下）的，其地籍子区可与地表的地籍子区保持一致，地籍子区代码采用地表的地籍子区代码。③海籍调查时，地籍子区代码可用"000"表示。其中，国务院批准的项目用海、用岛地籍子区代码用"111"表示。④国务院确定的重点国有林区的森林、林木和林地，地籍子区代码用"900"表示。

（4）宗地（宗海）特征码编码方法。不动产单元代码的第四层次为宗地（宗海）特征码，码长为2位。其中，第一位用G，J，Z表示。"G"表示国家土地（海域）所有权，"J"表示集体土地所有权，"Z"表示土地（海域）所有权未确定或有争议。第二位用A，B，S，X，C，D，E，F，L，N，H，G，W，Y表示。其中，"A"表示土地所有权宗地；"B"表示建设用地使用权宗地（地表）；

"S"表示建设用地使用权宗地（地上）；"X"表示建设用地使用权宗地（地下）；"C"表示宅基地使用权宗地；"D"表示土地承包经营权宗地（耕地）；"E"表示土地承包经营权宗地（林地）；"F"表示土地承包经营权宗地（草地）；"L"表示林地使用权宗地（承包经营以外的）；"N"表示农用地的使用权宗地（承包经营以外的、非林地）；"H"表示海域使用权宗海；"G"表示无居民海岛；"W"表示使用权未确定或有争议的宗地；"Y"表示其他使用权宗地，用于宗地特征扩展。

（5）宗地（宗海）顺序号编码方法。不动产单元代码的第五层次为宗地（宗海）顺序号，码长为5位，码值为00001~99999，在相应的宗地（宗海）特征码后顺序编号。

（6）定着物特征码编码方法。不动产单元代码的第六层次为定着物特征码，码长为1位，用F，L，Q，W表示。其中，"F"表示房屋等建筑物、构筑物；"L"表示森林或林木；"Q"表示其他类型的定着物；"W"表示无定着物。

（7）定着物单元号编码方法。不动产单元代码的第七层次为定着物单元号，码长为8位。具体的编码方法如下：①定着物为房屋等建筑物、构筑物的，定着物单元在使用权宗地（宗海）内应具有唯一编号。其中，前4位表示幢号，幢号在使用权宗地（或地籍子区）内统一编号，码值为0001~9999；后4位表示户号，户号在每幢房屋内统一编号，码值为0001~9999。其中，全部房屋等建筑物、构筑物归同一权利人所有，该宗地（宗海）内全部房屋等建筑物、构筑物可一并划分为一个定着物单元的，定着物单元代码的前5位可采用"F9999"作为统一标识，后4位户号从"0001"开始首次编号；每幢房屋等建筑物、构筑物的基本信息可在房屋调查表中按幢填写。②定着物为森林、林木或其他类型的，定着物单元在使用权宗地（宗海）内应具有唯一的编号，码值为00000001~99999999。③集体土地所有权宗地以及使用权宗地（宗海）内无定着物的，定着物单元代码用"W00000000"表示。例如，宗地（地表）与某幢内的一套房屋共同设定为一个不动产单元。某国有建设用地使用权宗地（地表），位于某县级行政辖区（行政区划代码为340123）内第2地籍区中的第4地籍子区，宗地顺序号为17；该宗地（地表）内某幢楼的幢号为25，该幢房屋某套住房D属于权利人甲，户号为10，则住房D的不动产单元编码示例如图4-2所示。

```
340123  002004  GB00017  F00250010
                                 └── 定着物单元代码
                         └────────── 宗地号
                └─────────────────── 地籍区、地籍子区
        └─────────────────────────── 行政区划
```

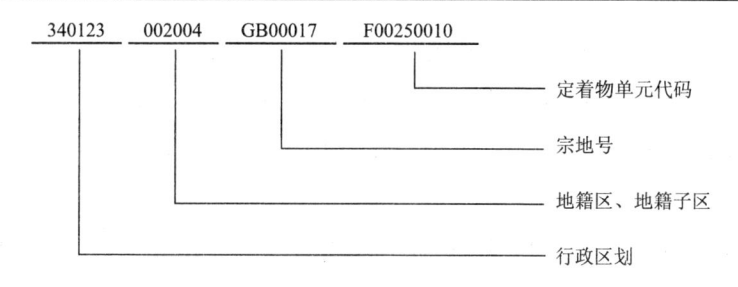

图 4-2　宗地（地表）与某幢内的一套房屋共同设定为一个不动产单元编码示意

（三）代码变更规则

县级行政区划代码按照《中华人民共和国行政区划代码》（GB/T 2260）的规定变更。不动产单元代码的变更应按地籍区代码、地籍子区代码、宗地（宗海）号、定着物单元代码的顺序依次变更。

1. 地籍区（子区）代码变更规则

（1）因城乡建设活动导致地籍区（子区）边界变化的，应调整地籍区（子区）的边界，并保持已有地籍区（子区）的代码不变。新设宗地跨地籍区（子区）的，可依据土地权属界线对地籍区（子区）界线进行调整，地籍区（子区）代码不变。

（2）因县级行政区划调整引起地籍区代码变更的，如果地籍区整体变更，新划入地籍区应作为划入行政区的新增地籍区，新增地籍区代码应在划入行政区内最大地籍区代码后续编；如果地籍区分割变更，应当在划出或划入行政区形成独立新地籍区的，新地籍区代码在所在行政区内最大地籍区代码后续编。

（3）因县级行政区划调整引起地籍子区代码变更的，如果地籍区整体变更的，该地籍区内地籍子区代码不变。如果地籍区分割变更的，一是地籍子区整体划入分割后地籍区的，且分割后地籍区在所在行政区内为独立地籍区的，地籍子区代码不变；二是地籍子区分割划入相邻地籍区的，宜在相邻地籍区内形成独立地籍子区，地籍子区代码在所在地籍区内最大地籍子区代码后续编。

2. 宗地号变更规则

（1）宗地特征未变更但界址变更的，在宗地所在的地籍子区内，宗地顺序

号在相应宗地特征码的最大宗地顺序号后续编，形成新的宗地号。

（2）宗地特征变更但界址未变更的，在宗地所在的地籍子区内，首先确定新的宗地特征码，宗地顺序号应在新宗地特征码的最大宗地顺序号后续编，形成新的宗地号。

（3）宗地特征变更且界址变更的，在宗地所在的地籍子区内，首先确定新的宗地特征码和宗地界址，宗地顺序号应在新宗地特征码的最大宗地顺序号后续编，形成新的宗地号。

3. 宗海（含无居民海岛）号变更规则

（1）宗海（含无居民海岛）特征未变更但界址变更的，宗海（含无居民海岛）顺序号在相应宗海（含无居民海岛）特征码的最大宗海（含无居民海岛）顺序号后续编，形成新的宗海（含无居民海岛）号。

（2）宗海（含无居民海岛）特征变更但界址未变更的，首先确定新的宗海（含无居民海岛）特征码，宗海（含无居民海岛）顺序号应在新宗海（含无居民海岛）特征码的最大宗海（含无居民海岛）顺序号后续编，形成新的宗海（含无居民海岛）号。

（3）宗海（含无居民海岛）特征变更且界址变更的，首先确定新的宗海（含无居民海岛）特征码和宗海（含无居民海岛）界址，宗海（含无居民海岛）顺序号应在新宗海（含无居民海岛）特征码的最大宗海（含无居民海岛）顺序号后续编，形成新的宗海（含无居民海岛）号。

4. 定着物单元代码变更规则

（1）房屋等建筑物、构筑物定着物单元代码变更规则。幢号在宗地内统一编号的，因使用权宗地合并，并入宗地的定着物单元幢号在被并入宗地内最大幢号后续编，户号不变。定着物单元发生变化的，其代码变更规则为：①幢内层、套、间界线变更的，幢号不变，户号在幢内最大户号后续编，原户号不再使用；②幢界线变更的，幢号在宗地（地籍子区）内最大幢号后续编，幢内保留部分的户号不变，新增户号在幢内最大户号后续编；③新增整幢房屋等建筑物的，幢号在宗地（地籍子区）内最大幢顺序号后续编，户号在该幢房屋内统一编号；④构筑物界线变更的，幢号在宗地（地籍子区）内的最大幢号后续编，户号使用"0001"表示；⑤同一权利人拥有的整宗地（宗海）内全部房屋等建筑物、构筑物一并划分为一个定着物单元的,该宗地(宗海)内房屋等建筑物、构筑物增加或减少且权利人不变时,幢号不变,户号在宗地(宗海)内最大户号后续编;⑥同一权利人拥有整个宗地(宗海)内全部房屋等建筑物、构筑物共同划分为一个定着物单元的,房屋等建筑物、构筑物发生部分转移时,权利人发生变更的定着物单元号宜重新编码,未发生变更的定着物单元的幢号不变,户号在原宗地(宗海)内最大户号后续编。

(2)森林、林木定着物单元代码变更规则。①因使用权宗地合并,并入宗地的定着物单元号应在被并入宗地内最大定着物单元号后续编;②同一权利人拥有整个宗地(宗海)内全部森林、林木共同划分为一个定着物单元的,发生部分转移时,定着物单元号应重新编码。

(3)其他类型定着物单元代码变更规则。①因使用权宗地合并,并入宗地的定着物单元号应在被并入宗地内最大定着物单元号后续编;②同一权利人拥有整个宗地(宗海)内全部其他同一类型定着物,共同划分为一个定着物单元的,发生部分转移时,定着物单元号应重新编码。

四、权属调查

权属调查是指查清土地、海域及其房屋、林木等定着物的权属状况和界址状况的调查工作。权属状况调查是指查清土地、海域及其房屋、林木等定着物的权利人、权属来源、权利性质、权利类型、位置、用途等状况的权属调查工作。界址调查是指查清土地、海域及其房屋、林木等定着物的界址点和界址线的类型、位置等状况,及其埋设界标、测量界址边长、记录调查结果的调查工作。

权属调查的主要内容包括:收集相关资料并进行查验,核实不动产的权属、界址(界限)、用途等状况,并判定不动产的权属是否清楚、界址是否清晰、面积是否准确。已有成果如果符合不动产地籍调查成果相关要求,则不需要开展调查;如果不符合成果要求,要到实地指界,设定界址点,绘制宗地草图等。按调查对象分,权属调查包括以下类型。

（一）土地权属调查

土地权属调查是指以宗地为单位，查清土地权属状况和界址状况的调查工作。依土地权利类型的不同，土地权属调查可分为集体土地所有权调查、宅基地使用权调查、国有或集体建设用地使用权调查、土地承包经营权调查和国有农用地的使用权调查。主要工作内容为土地权属状况调查、土地权属界址调查、宗地草图绘制、宗地调查表填写等。

1. 土地权属状况调查

根据权属来源材料采用内外业相结合的方法查清土地权利人或实际使用人、权属性质及来源、位置、用途等土地权属状况，针对土地承包经营权和农用地的使用权，还需要调查发包方、承包方、地力等级、水域滩涂类型、养殖方式、草原质量等权属状况。

2. 土地权属界址调查

对收集的地籍材料中的界址信息进行判定，如果符合现行法规政策的规定，界址标示、说明、签章清楚，红线图或宗地图或宗地草图或其他大比例尺的图件上的界线及其地籍要素清晰、可读或有界址点坐标及其坐标系统说明，将坐标或图件转换到地籍图上，与相邻的宗地、地物、地形没有空间矛盾，则土地权属界址是清晰的，不需要实地开展土地权属界址调查。否则按照下面两个步骤开展实地调查：

（1）核实。在室内判定"界址清晰"有困难时，则在实地仔细地辨认出界址的位置，并量取界址的边长或测量界址的坐标。如果核实结果与地籍材料或申请的材料一致，则实地（现场）核实工作结束，将核实结果做好记录；否则需要开展外业调查工作，实地核实调查界址的状况。

（2）调查。如果无地籍材料，或有地籍材料但需要新设界址，或经过室内核实、实地核实仍然无法确定界址空间状态，则需要按照相关技术标准进行外业调查。外业调查的工作内容为现场指界（界址位置的相邻双方共同指界认定）、界址点线的设置、界址标志的认定和埋设、丈量界址边长、记录调查结果、签字盖章等。

3. 宗地草图绘制

按照相关技术标准绘制宗地草图，对于面积较大、界线复杂的集体土地所有权宗地或国有土地使用权宗地等，宜利用工作底图绘制土地权属界线协议书附图。

4. 宗地调查表填写

按照相关技术标准填写宗地调查表，包括宗地基本信息表、界址标示表、界址说明表、界址签章表等。对于耕地、园地、林地、草地、水域、滩涂等，还应填写土地（承包）经营权、农用地使用权的调查表。

（二）海域权属调查

海域权属调查是指以宗海为单位，查清海域（含无居民海岛）的权属状况和界址状况的调查工作。主要工作内容包括海域权属状况调查、海域权属界址调查、无居民海岛用岛范围界定、填海项目实际用海范围界定、宗海草图测绘、宗海调查表和无居民海岛调查表填写等。

1. 海域权属状况调查

根据权属来源材料，采用内外业相结合的方法查清宗海的权利人或实际使用人、用海状况、用海位置（含相邻宗海的位置与界址关系）、用海类型、使用年限、共用情况等。

2. 海域权属界址调查

在室内，根据地（海）籍材料中的界址进行判定，如果符合现行法规政策的规定，界址标示、说明、签章清楚，宗海图或其他图件上的界线及其海籍要素清晰、可读或有界址点坐标及其坐标系统说明，将坐标或图件转换到地（海）籍图上。与相邻的宗地（海）没有权属矛盾，海域权属界址清晰，不需要开展海域权属界址调查，否则需要外业核实或外业调查。外业调查按照下面两个步骤开展：

（1）核实。在室内判定"界址清晰"有困难时，则实地核实界址的状况，主要工作有：①在实地仔细地辨认出界址的位置；②量取界址的边长或测量界址的坐标。如果核实结果与地籍材料或申请材料一致，则外业核实工作结束，将核实结果做好记录，否则需要开展外业调查工作。

（2）调查。如果无地籍材料，或有地籍材料但需要新设界址，或经过室内核实、实地核实仍然无法确定界址，则需要按照相关技术标准进行外业调查，主要工作内容包括宗海界址界定、指界和宗海草图测绘。其中，宗海界址界定的主要工作内容包括宗海分析、用海类型与方式确定、宗海内部单元划分、宗海平面界址界定和宗海空间范围界定等。

3. 无居民海岛用岛范围界定

以申请开发利用的范围为界，已有图件坐标精度不符合本标准要求的应进行实测界定用岛范围。无居民海岛经批准开发利用后，应对实际开发利用范围进行核查。整岛利用的，无居民海岛自然形态明显转变的拐点应作为界址点；局部用岛的，除海岛岸线部分，无居民海岛用岛范围拐点应设置界桩。

4. 填海项目实际用海范围界定

填海与陆地相接一侧以批准界址线为界。相接填海项目已经通过竣工验收的，应以通过竣工验收的界址线为界。水中以填海工程围堰、堤坝基床或回填物倾埋水下的外缘线为界。

5. 宗海草图测绘

按照相关规定测绘宗海草图。宗海草图宜与现场测量记录表的形式一致。

6. 宗海调查表和无居民海岛调查表填写

按照相关技术标准填写宗海调查表和无居民海岛调查表。

（三）房屋等建、构筑物权属调查

房屋等建、构筑物权属调查是指以房屋等建、构筑物定着物单元为单位，查清房屋等建、构筑物的权属状况和界址状况的调查工作。按照调查对象不同，房屋等建、构筑物权属调查分为房屋权属调查和构（建）筑物权属调查。

1. 房屋权属调查

房屋权属调查是指以幢、层、套、间单元为单位，查清房屋等建、构筑物的权属状况和界址状况的调查工作。主要工作内容包括房屋权属状况调查、房屋权属界线调查、房产草图绘制、房屋调查表填写等。

（1）房屋权属状况调查。根据权属来源材料，采用内外业相结合的方法查清房屋的权利人或实际使用人、权属来源、房屋性质、墙体归属、房屋坐落、层数、所在层次、建筑结构、建筑年份、房屋用途、房屋面积等。根据权属来源材料，调查核实房屋权属状况。

（2）房屋权属界线调查。房屋权属界线是指房屋所有权范围的界线，包括专有部分和共有部分的分界线。根据建设工程规划许可材料、购房协议、房屋买卖合同、已有的不动产权证书等，查清认定房屋所有权专有部分和共有部分的具体位置与界线。对有争议的房屋权属界线，应作相应记录。

（3）房产草图绘制。以层为基本单元，以房屋定着物权属单元（幢、层、套、间）为单位绘制房产草图。房产草图上的内容包括幢号、幢名称、总层数、所在层数、权属界线、共有部分界线及其名称、墙体归属、房屋边长等。对有争议的权属界线，应标注"争议"二字。

（4）房屋调查表填写。按照相关技术标准填写房屋调查表和建筑物区分所有权业主共有部分调查表。

2. 构（建）筑物权属调查

构（建）筑物权属调查是指以构（建）筑物定着物单元为单位，查清建、构筑物的权属状况和界址状况的调查工作。

（1）根据权属来源材料，采用内外业相结合的方法查清构（建）筑物的所有权人或实际使用人、类型、规划用途、建筑面积、占地面积、竣工时间、共有情况等。

（2）构（建）筑物产权草图可参照房产草图的绘制方法绘制。

（3）按照相关技术标准填写构（建）筑物调查表。

（四）森林、林木权属调查

森林、林木权属调查是指以森林、林木定着物单元为单位，查清森林、林木权属状况和界址状况的调查工作。主要工作内容为森林、林木权属状况调查、权属界线调查和调查表填写等。

1. 森林、林木权属状况调查

根据权属来源材料，采用内外业相结合的方法查清森林与林木的权利人或实际使用人、坐落、造林年度、小地名、林班、小班、面积、起源、主要树种、株数、林种、共有情况等。

2. 森林、林木权属界线调查

如果土地承包经营权宗地（林地）上存在多个林木所有权人，并且各自拥有的林木相连成片，则应单独划分设定林木所有权宗地。根据林木权属材料，经内业核实，林木权属界线清晰，则不需要开展林木权属界线调查；否则，参照土地权属界址的调查方法开展现场指界（界址位置的认定）、界址点线的设置、界址标志的认定与埋设、记录界线调查结果等工作，并将调查结果填写到林权调查表中和表示在宗地草图上。用地类界表示林木权属界线。在土地承包经营权宗地范围内用（1）（2）……（N）表示林木所有权宗地的编号，并标注在宗地范围内的适当位置。

3. 森林林木调查表填写

按照相关技术标准填写森林林木调查表。

五、不动产测绘

（一）不动产测绘的内涵

不动产测绘是指以获取土地、海域（含无居民海岛）及其房屋、森林、林木等定着物的界址、面积及编制相关图件为目的的测绘工作。

不动产测绘为不动产登记和地籍管理提供依据。在权属调查的基础上，利用测绘仪器，以科学的方法，在调查区域内，建立地籍控制网，测量每个不动产单元的地籍要素，绘制地籍图，测算和量算不动产单元的面积，为不动产登记和地籍管理提供基本依据。

不动产测绘不同于普通的地形测量。地形测量是在工作范围内测量某一时点的地物和地貌；不动产测绘除测量地籍调查范围内的地物外，主要是测绘反映不动产权属状况和利用状况的位置、界址、面积等地籍要素，而高程点等高线等地貌要素可根据地籍管理的需要测绘并表达在地籍图上。不动产测绘是法律与测绘技术的综合应用，它以测定界址为重点，无论有无明显界线，测量时都必须查明、测量并标定于地籍图上。因此，不动产测绘人员不仅要具有熟练的测绘技能，还应熟知相关的法律法规。

不动产测绘具有三个基本功能：法律功能、社会经济功能和系统功能。测定界址及确定权属界线是保证不动产测绘法律功能的手段；保持和不断更新地籍资料，为土地有效配置、合理利用服务，是不动产测绘具有的社会经济功能；不动产测绘数据是建立地籍管理信息系统的基础，为数字城市建设不可或缺的基本信息，使不动产测绘具有系统功能。

（二）不动产测绘的方法

应统筹考虑基础条件、管理需求、经济可行性和技术可能性，在满足登记需要的前提下，根据不动产单元的空间类型、位置、权利类型及其构成方式以及权属调查的结果，因地制宜、科学地选择符合本地区实际的不动产测绘方法，确保不动产单元界址空间位置准确、面积准确。

不动产测绘的主要工作内容包括控制测量、界址测量、房屋和构（建）筑物测量、地籍图测绘、土地和海域面积计算、房屋和构（建）筑物面积计算等。

1. 控制测量

控制测量是指测量基本控制点和图根控制点的工作。可选择全球定位系统静态测量、全球定位系统实时动态测量（RTK方法）和导线测量等方法施测平面控制网点。可选择水准测量、三角高程测量和GNSS测量等方法施测高程控制网点。

2. 界址测量

界址测量是指测定宗地或宗海权属界线的界址点坐标的工作。施测界址点的方法有两种，即解析法和图解法。

（1）解析法是指采用全站仪、GNSS接收机、钢尺等测量工具，采用全野外测量技术获取界址点坐标和界址点间距的方法。根据其测量原理的不同，解析法包括极坐标法、距离交会法、角度交会法、截距法、直角坐标法和RTK方法等。

（2）图解法是指采用标示界址、绘制宗地草图、说明界址点位和说明权属界线走向等方式描述实地界址点的位置，由数字摄影测量加密或在正射影像图、土地利用现状图、扫描矢量化的地籍图和地形图上获取界址点坐标及界址点间距的方法。图解界址点坐标不能用于放样确定实地界址点的精确位置。

3. 房屋和构（建）筑物测量

房屋和构（建）筑物测量是指测量房屋的位置、高度等工作。可选择全野外数字测绘法、数字摄影测量法和数字编绘法等方法施测房屋和构（建）筑物。用于建筑占地面积和建筑面积计算的房屋边长应实地丈量或实地测量。

4. 地籍图测绘

地籍图测绘是指测绘地籍图和不动产单元图的工作。不动产单元图包括宗地图、宗海图和房产图等。可选择全野外数字测绘法、数字摄影测量法和数字编绘法等方法施测地籍图。以地籍图为基础，利用地籍数据编绘宗地图和宗海图，宗海图包括宗海位置图和宗海界址图；以地籍图为基础，利用地籍数据编绘无居民海岛开发利用图，包括用岛范围图、建筑物和设施布置图；以宗地图、宗海图（含无居民海岛开发利用图）为基础，以幢、层、套、间为单元，根据房屋权属调查和测量的结果绘制房产图。具体的测绘或编制方法按照相关技术标准执行。

为便于检索和使用，地籍调查工作结束后，应以县级行政辖区为单位编制地籍索引图。

5. 土地和海域面积计算

土地和海域面积计算是指根据坐标、边长、角度计算土地和海域面积的工作，包括计算宗地、宗海的面积。根据用于计算面积的坐标、边长、角度的获取方法不同，计算土地或海域面积的方法可分为解析法和图解法；根据计算公式的不同，又可分为坐标法和几何要素法。

利用解析法获取的界址点坐标或界址点间距计算面积的方法称为解析法面积计算；利用图解法获取的界址点坐标或界址点间距计算面积的方法称为图解法面积计算。

利用坐标计算面积的方法称为坐标法面积计算；利用边长、角度计算面积的方法称为几何要素法面积计算。

解析法、图解法与坐标法、几何要素法相互组合，可综合得到四种面积计算方法，分别是解析坐标法、解析几何要素法、图解坐标法、图解几何要素法。

6. 房屋和构（建）筑物面积计算

房屋和构（建）筑物面积计算是指根据边长、坐标计算房屋和构（建）筑物面积的工作。应采用解析几何要素法计算房屋和构（建）筑物的建筑占地面积与建筑面积；形状不规则或直接丈量边长有困难的房屋和构（建）筑物，可实测房角点或构（建）筑物角点坐标，采用解析坐标法计算房屋和构（建）筑物的建筑占地面积与建筑面积。具体的计算规则和方法按照《房产测量规范》或地方标准的相关规定执行。

六、调查成果审核

不动产地籍调查完成后，不动产登记机构应对调查成果进行审核，确保成果"权属清楚、界址清晰、面积准确"。具体审核要求为：

（1）权利人身份证明材料和权属来源材料齐全规范，符合政策法规规定。

（2）地籍调查材料齐全规范，符合地籍调查技术标准的要求。

（3）宗地、宗海（含无居民海岛）及其房屋、林木等定着物单元的划分设定及其不动产单元代码的编制符合相关标准规定。

（4）地籍材料中图形信息、属性信息与实地现状之间的时空逻辑关系正确，能够相互印证或校核。

（5）对履行了指界程序的不动产单元，地籍调查材料中的界址标示、说明、签章等内容清楚并与实地一致。

（6）地籍调查材料中的权属要素及其控制点坐标、控制点边长、界址边长、界址点坐标、房屋边长、面积等检核说明完整，其检核结果符合技术规程要求。

（7）房屋、构（建）筑物、森林林木等定着物单元与所属宗地、宗海（含无居民海岛）之间的权利关系和空间关系正确。

（8）地籍图、宗地图、宗海图、房产图等图件上的要素清晰、可读并与实地一致，有坐标系统说明，且与权属来源材料中的图件可进行有效对比转换。

（9）将地籍调查材料中不动产单元的坐标、边长或图形转换到地籍图上，与相邻的宗地、宗海（含无居民海岛）、定着物及其地物、地貌的空间位置关系正确，没有空间交叉、重叠等错误。

审核通过后，不动产登记机构应及时将调查成果录入地籍数据库进行统一管理，并根据工作需要，以不动产单元代码为纽带开展成果共享应用。

第三节　自然资源地籍调查

《暂行办法》中明确规定，"自然资源首次登记程序为通告、权籍调查、审核、公告、登簿"，"开展自然资源权籍调查，绘制自然资源权籍图和自然资源登记簿附图，划清全民所有和集体所有的边界以及不同集体所有者的边界；依据分级行使国家所有权体制改革成果，划清全民所有、不同层级政府行使所有权的边界"，"登记机构依据自然资源权籍调查成果和相关审批文件，结合国土空间规划明确的用途、划定的生态保护红线等管制要求或政策性文件以及不动产登记结果资料等，会同相关部门对登记的内容进行审核"。2020年2月，自然资源部办公厅印发《操作指南》，对自然资源地籍调查相关内容进行了规范。因此，自然资源地籍调查是自然资源确权登记的依据和基础，为自然资源管理和履行"两统一"职责提供数据支撑。

一、自然资源地籍调查总体思路

自然资源统一确权登记在我国是一项全新的制度，自然资源地籍调查在我国也是一项全新的任务。自然资源部结合试点研究探索，通过融合应用全国国土调查、各类自然资源专项调查、不动产登记和国土空间规划等成果以及现代测量、航天航空遥感、地理信息系统等技术手段，通过构建统一的自然资源登记单元编码规则以及地籍调查指标体系和调查技术要求，规范自然资源登记单元界址、权属分区界线、自然资源类型界线的采集与调查方法、精度指标，统一调查内容、程序和成果要求等，创建了自然资源地籍调查技术体系，有效支撑全国自然资源地籍调查工作的规范、有序开展。

（一）调查内容和程序

自然资源地籍调查内容以自然资源登记簿记载事项为主，依据调查程序和登记内容等相关要求扩展确定，以确保满足调查过程回溯和登簿的双重需求。自然资源地籍调查内容指标具体通过自然资源地籍调查表予以表现。

自然资源地籍调查工作程序根据自然资源确权登记的需求，具体分为准备工作、预划登记单元并编制代码、权属调查、自然状况调查、公共管制调查、调查成果核实、调查成果编制、成果检查入库等。

（二）调查方法和精度指标

自然资源地籍调查主要采用"内业为主、外业为辅"的内外业相结合的方式开展。对于内业无法确认或缺少相关权属来源资料的，应开展外业实地调查。在充分利用不动产登记成果和自然保护地审批范围等自然资源登记单元已有权属来源资料基础上，结合全民所有自然资源资产清单划定成果以及相关许可信息等，开展权属调查、调查成果核实等自然资源地籍调查工作。

开展自然资源地籍调查时，坐标系统应采用 2000 国家大地坐标系（CGCS2000）。投影方法采用高斯-克吕格投影，标准的三度分带。高程基准采用1985国家高程基准。调查方法主要采用"内业为主、外业为辅"，其调查精度指标要求与调查方法有关，采用图解法获取界址点坐标和界址边长时，相邻界址点的间距误差、界址点相对于邻近控制点的点位误差均不得大于图上0.3毫米；采用解析法获取界址点坐标和界址边长时，界址点相对于邻近控制点的点位误差和相邻界址点间的间距误差不大于±0.10米。

（三）调查成果

自然资源地籍调查成果包括自然资源地籍调查表、自然资源登记单元图、自然资源专题图和地籍图等。

1. 自然资源地籍调查表

自然资源地籍调查表是自然资源地籍调查工作的全面记录，也是自然资源登记簿的重要信息和数据来源，由封面、单元信息表、界址标示表、界址说明表和调查记事表组成。

2. 自然资源登记单元图

自然资源登记单元图是自然资源登记簿的附图，也是自然资源统一确权登记公告的内容之一。自然资源登记单元图应以自然资源地籍图为基础，结合自然资源登记单元大小、形状选取合适比例尺和幅面，采用数字编绘法编绘而成。与自然资源地籍图相比，自然资源登记单元图以自然资源登记单元为单位，更为集中、具体地表达某个自然资源登记单元的相关信息，对于面积较大或横跨多个县级行政区的自然保护地、水流等自然资源登记单元，其登记单元图可适当缩小比例尺或分幅编制。分幅编制时，其整饰要求参照自然资源地籍图相关样式。

3. 自然资源专题图

自然资源专题图是以工作底图为基础，根据自然资源地籍调查成果，以权属、自然资源类型、公共管制等为专题，采用数字编绘法编绘而成。自然资源专题图可根据工作需要制作。

4. 自然资源地籍图

自然资源地籍图是分幅编制的涉及一个或多个自然资源登记单元的全部或部分区域的图件。自然资源地籍图是以工作底图为基础，根据自然资源地籍调查成果，采用数字编绘法编绘而成。考虑自然资源登记单元涉及面积较大，且调查成果均已数字化，自然资源地籍图可根据工作需要适时制作成图。

二、自然资源登记单元划分和代码编制

自然资源地籍调查的基本单元是自然资源登记单元。类似不动产单元代码，自然资源登记单元也具有唯一编码，即自然资源登记单元代码。

（一）自然资源登记单元划分

根据《操作指南》有关规定，自然资源登记单元可以分为海域登记单元，无居民海岛登记单元，自然保护地登记单元，水流登记单元，国务院确定的重点国有林区登记单元，湿地、森林、草原、荒地等自然资源登记单元，以及探

明储量的矿产资源登记单元。自然资源登记单元应按照不同自然资源种类和在生态、经济、国防等方面的重要程度以及相对完整的生态功能、集中连片等因素划定，确保应划尽划、不重不漏。

需要注意的是，同一个登记单元内的国有自然资源，只能包含一个所有权直接行使主体或代理行使主体。例如，自然保护地内有铀矿等矿产资源，由于所有权代理行使主体不同一，应当划分为自然保护地登记单元和探明储量的矿产资源登记单元两个单元。自然资源登记单元的划分，应按照《操作指南》有关规定执行。

（二）代码结构

自然资源地籍调查的基本单元是自然资源登记单元，自然资源登记单元代码是自然资源确权登记系统的关键字段。统一自然资源登记单元代码语义，能够确保各级登记机构生产的登记数据以"共同语言"进行描述，确保在全国统一的自然资源确权登记系统中自然资源登记单元代码的唯一性、规范性。

在充分吸收不动产单元设定与代码编制规则中分层编码经验的基础上，按照每个自然资源登记单元应具有唯一编码的要求，依据《信息分类和编码的基本原则与方法》(GB/T 7027)，自然资源登记单元代码为三层 15 位层次码（表 4-1）。按层次分别表示行政区划代码（6 位）、首次登记机构级别代码（1 位）、自然资源登记单元类型代码（2 位）和登记单元顺序号（6 位），其中，后 9 位（即第二层+第三层）表示自然资源登记单元号。

表 4-1 自然资源登记单元代码层次

层级	第一层	第二层		第三层
编码含义	登记单元所在行政区划代码	自然资源特征码		登记单元顺序号
		首次登记机构级别代码	自然资源登记单元类型代码	
编码值	000001~999999	1~4	00~99	000001~999999

自然资源登记单元采用"行政区划代码+自然资源特征码+登记单元顺序号"的编码方法，能够唯一标识且清晰表达自然资源登记主客体特征，既保证

了登记单元编码的唯一性，又清晰表达了自然资源登记单元所在行政区域、登记机构级别和登记单元类型，破解因代码语义不同导致的数据交换共享难问题，推动以自然资源登记单元代码为纽带的信息平台建设。

（三）各层次代码表示方法

第一层行政区划编码采用《中华人民共和国行政区划代码》（GB/T 2260）中的6位数字码，前2位表示省级行政区划，第3~4位表示市级行政区划，后2位表示县级行政区划。自然资源登记单元坐落在县级行政区内，行政区划编码宜采用所在地县级行政区划代码。自然资源登记单元跨行政区的，行政区划编码宜采用共同的上一级行政区划代码。自然资源登记单元坐跨两个以上的省级行政区，行政区划代码宜采用"860000"表示。

第二层自然资源特征码包含首次登记机构级别代码和自然资源登记单元类型代码。其中，首次登记机构级别代码采用1位数字码。根据《暂行办法》规定，自然资源统一确权登记工作机构有国家级、省级、市级和县级四级登记机构（表4-2）。自然资源登记单元类型代码采用2位数字码，前1位表示一级类，后1位表示二级类（表4-3）。

表4-2 首次登记机构级别代码

代码	首次登记机构级别
1	国家级
2	省级
3	市级
4	县级

表4-3 自然资源登记单元类型代码

一级类		二级类	
编码	名称	编码	名称
00	海域	—	—
10	无居民海岛	11	领海基点所在海岛
		12	其他海岛

续表

一级类		二级类	
编码	名称	编码	名称
20	自然保护地	21	国家公园
		22	自然保护区
		23	自然公园
		24	其他自然保护地
30	水流	31	河流
		32	湖泊
		33	水库水面
		34	冰川及永久积雪
40	国务院确定的重点国有林区	—	—
50	湿地	—	—
60	森林	—	—
70	草原	—	—
80	荒地	—	—
90	探明储量的矿产资源	—	—

第三层代码登记单元顺序号采用 6 位数字顺序码，码值为"000001～999999"。在自然资源登记单元类型代码后按顺序编号。登记单元代码在表示时，段与段之间可用全角字符"空格"进行分隔，"空格"不占用登记单元代码的位数。

同时要注意，自然资源登记单元代码在数据库中存储时，不应包含任何形式的"空格"。自然资源登记单元代码分段结构如图 4-3 所示。

860000　121　000001
- 登记单元顺序号（6位）
- 自然资源特征码（3位）
- 登记单元所在行政区划代码（6位）

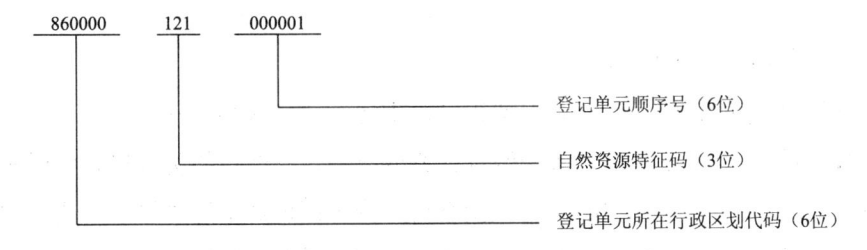

图 4-3　自然资源登记单元代码分段结构（跨省）

（四）登记单元代码的变更

（1）行政区划代码应当按照《中华人民共和国行政区划代码》（GB/T 2260）的规定变更。

（2）首次登记机构级别代码确定后宜保持不变。

（3）自然资源登记单元类型代码和界线未变更的，登记单元代码宜保持不变。

（4）行政区划代码变更且自然资源登记单元类型代码或界线也发生变更的，先确定新的行政区划代码，再确定自然资源登记单元类型代码，登记单元顺序号应在新自然资源登记单元类型代码的最大登记单元顺序号后续编，形成新的登记单元代码。

（5）自然资源登记单元类型代码未变更但界线变更的，登记单元顺序号在相应的自然资源登记单元类型代码的最大登记单元顺序号后续编，形成新的登记单元代码。

（6）自然资源登记单元类型代码变更但界线未变更的，首先确定新的自然资源登记单元类型代码，登记单元顺序号应在新自然资源登记单元类型代码的最大登记单元顺序号后续编，形成新的登记单元代码。

（7）自然资源登记单元代码变更后，原登记单元代码不再使用。

（8）自然资源登记单元灭失或已注销登记的，原登记单元代码不再使用。

三、主要工作内容

（一）准备工作

1. 资料收集与处理

所需收集的资料主要涉及自然资源、生态环境、水利、农业农村、林草等部门，包括各类基础数据，各类资源调查成果，各类资源的所有权和使用权等不动产登记成果，各部门的公共管制资料和特殊保护规定等资料，自然保护地管理或审批资料，河流、湖泊等水流的堤防、水域岸线和管理范围资料，矿产资源储量估算范围等。其中，基础数据包括正射影像图、高分辨率遥感影像（优于1米分辨率）等；各类资源调查成果包括国土调查、湿地资源调查、草地资源调查、森林资源调查、水利普查、水资源调查、海域调查等；各类资源的所有权和使用权等不动产登记成果主要包括不动产的位置、面积、界址、单元号等自然状况信息。

原始数据的处理主要包括纸质图件的矢量化、数据格式转换、坐标系转换等。

2. 编制工作底图

针对不同自然资源登记单元类型，以不低于1∶10 000的最新正射影像图为基础，叠加国土调查成果、自然资源专项调查成果、农村集体土地所有权确权登记成果中的集体土地所有权权属界线、国有土地使用权登记成果中的国有土地使用权权属界线以及其他相关界线，制作自然资源地籍调查工作底图。涉及自然保护地的，还应叠加自然保护地管理或保护审批范围界线；涉及水流的，还应叠加管理范围线、堤防线、征地范围线，水库正常蓄水位线和洪水位线等；涉及国务院确定的重点国有林区的，还应叠加国家批准的重点国有林区界线；涉及海域的，还应叠加领海外部界限、全国海域勘界成果中的省县两级海域行政区域界线、全国海岸线修测成果岸线、自然保护地范围界线、海域使用权权属界线、无居民海岛岸线等；涉及无居民海岛的，还应叠加无居民海岛岸线、领海基线及领海外部界限、海域行政管理界线、自然保护地范围界线、无居民海岛的使用权属边界线。

（二）预划登记单元和编码

按照相关规定开展登记单元划定和自然资源登记单元代码编制工作。

（三）权属调查

权属调查包括权属状况调查和界址调查，是自然资源地籍调查的核心内容。其目的是查清登记单元权属状况，登记单元内所有权状况，相关不动产权利及许可信息，以及自然资源登记单元界址等。

1. 主要内容

（1）登记单元基本状况调查，包括自然资源登记代码、登记单元名称、坐落、四至等。

（2）登记单元权属状况调查，包括自然资源所有权主体、所有权代表行使主体、所有权权利行使方式。其中，直接行使的，调查行使内容；代理行使的，调查代理行使主体和代理行使内容。

（3）登记单元内所有权状况调查，包括登记单元内集体土地所有权宗地的权利人、权利性质、空间范围等权属状况以及权属争议界线等。

（4）登记单元内相关不动产权利及许可信息调查，包括不动产单元号、不动产权利类型、登记时间、登记机构等，以及登记单元内相关许可信息，主要包括取水许可证号、取水权人、取水地点、取水量、有效期限、审批机关；排污许可证号、单位名称、污染物种类、排放浓度限值、有效期限、发证机关；勘查/采矿许可证号、探矿/采矿权人、地址、开采矿种、勘查/矿区面积、有效期限、发证机关等。

2. 权属调查的方法

权属状况调查是以不动产登记成果和自然资源登记单元已有权属来源资料为基础，结合全民所有自然资源资产清单划定成果以及相关许可信息，获取自然资源登记单元的基本状况和权属状况，登记单元内所有权状况，以及登记单元内相关不动产登记及许可信息。对于内业无法确认或缺少相关来源资料的，应开展外业实地调查。调查过程中，对于无法确认或存在疑义的内容，在调查记事表中填写情况说明及建议，必要时应附由权利人提供的相关证明材料的复印件。对于界址调查，是否需要指界，根据实际情况确定：

（1）在地籍调查等工作中对重要界址点已经指界确认的，不需要重复指界。

（2）对于登记单元界线来源资料合法、界址明确以及因工作底图比例尺或精度原因造成登记单元界线与实际位置偏差的，不需要进行界址调查。

除上述情况以外，因自然资源登记单元界线来源资料缺失、不完整等原因，内业无法确定的界址点和界址线，以及存在可能影响界址线走向、容易引起纠纷等情形的重要界址点，应参照《地籍调查规程》开展界址调查。

（四）自然状况和公共管制调查

应充分利用国土调查、各类自然资源专项调查等调查成果，通过内业图层叠加，直接提取相应地类图斑，形成水流、湿地、森林、草原、荒地等各类自然资源类型界线，获取登记单元内自然资源的类型、面积、包含图斑数量等。针对不同类型的自然资源，依据各类自然资源专项调查成果，获取自然资源质量等专项自然状况信息。海域和无居民海岛登记单元内需要调查登记范围内的自然保护地、湿地、探明储量的矿产资源以及其他自然资源的自然状况，并将调查成果填写到地籍调查初表相应部分。

通过将国土空间规划明确的用途管制范围、生态保护红线、特殊保护区范围线等管理管制成果套合登记单元边界，获取登记单元内相关管理管制信息，包括区块编号、面积、用途管制和特殊保护要求等内容、划定/设定时间、设置单位等，查清登记单元内用途管制状况、生态保护红线情况、特殊保护规定情况，并将调查成果填写到地籍调查初表相应部分。

（五）调查成果核实

与以往地籍调查工作不同，自然资源地籍调查在初步成果形成后，需要开展自然资源地籍调查成果核实。调查成果核实的主体为自然资源登记单元所在地的县级人民政府，以县为单位组织开展。具体工作可由自然资源主管部门会同相关部门实施。应充分利用不动产登记、自然保护地管理或保护审批以及国土调查和专项调查等有效的相关已有成果，采用内外业结合的方式开展核实工作，并完成调查成果核实表的填写。必要时，同步开展相关地籍调查和不动产登记工作。调查成果核实的内容主要包括自然资源登记单元界线、登记单元内所有权界线、相关权利和许可信息、不同类型自然资源之间的边界、公共管制信息以及调查记事表中记载的疑问或问题。

1. 登记单元界线核实

重点核实各类自然资源登记单元界线是否分别依据有效的相关来源材料，按照单元划定的要求划定。

经核实与实际情况不一致的，应根据登记单元界线来源相关资料，结合影像和实地情况，予以标注并提出纠正建议，在调查成果核实表的"登记单元界线核实情况"栏中填写核实情况说明与调整建议；核实无误的，以现有成果为准，在调查成果核实表的"登记单元界线核实情况"栏中按照填写说明要求填写相关内容。

2. 登记单元内权属状况核实

（1）核实内容。重点核实登记单元内所有权界线是否与集体土地所有权登记成果一致，登记单元内相关权利、许可信息关联的图上位置与实际位置是否发生偏移。

核实登记单元内所有权界线是否与集体土地所有权登记成果一致。原则上，集体土地所有权登记的权属界线不得调整，确属征地等原因导致所有权发生变化或确有错误的除外（如河流、重点国有林区等划入集体的）。

核实登记单元内相关权利和许可信息关联是否正确。对登记单元内国有土地、海域上的不动产登记，取水许可、排污许可、勘查和采矿许可等信息进行核实。

（2）核实结果处理。根据不动产登记成果，以自然资源登记单元为单位，采用内外业相结合的方法对调查成果中的权属界线进行核实，并将核实结果填写到调查成果核实表中。要注意的是，在核实登记单元内所有权界线与集体土地所有权登记成果一致性时，原则上，集体土地所有权登记的权属界线不得调整。但是，存在确属征地等原因导致所有权发生变化未及时开展变更登记或已有登记结果确有错误时，应酌情分别处理。①若核实发现单元内所有权界线与集体土地所有权登记成果不一致的，在调查成果核实表的"登记单元内权属状况核实情况"栏中填写核实情况说明与纠正建议。②若核实发现属征地等原因导致所有权发生变化的，可依据征地等资料调整所有权界线，在调查成果核实表的"登记单元内权属状况核实情况"栏中填写纠正情况说明。属地登记机构应同步开展不动产变更登记或注销登记。③对调查记事表记载的集体土地所有权登记错误内容或核实中发现的登记错误，应及时组织开展地籍调查，形成调查成果，并将核实调查情况填写到调查成果核实表的"登记单元内权属状况核实情况"栏中。属地登记机构应同步开展不动产更正登记。登记单元内相关权利和许可信息核实工作中，不对具体登记及许可内容进行核实，只对初步调查成果中的图上位置与实际位置是否发生偏移进行核实。发生偏移的，予以标注并提出纠正建议，在调查成果核实表的"登记单元内权属状况核实情况"栏中填写核实情况说明与纠正建议。核实无误的，以现有成果为准，在调查成果核实表的"登记单元内权属状况核实情况"栏中按照填写说明要求填写相关内容。

3. 自然资源类型和公共管制情况核实

由于自然资源类型和公共管制信息为自动关联与提取信息，原则上不对两类信息进行内外业核实。主要核实是否存在信息漏提或错提情况。

4. 调查成果核实表填写

根据对登记单元界线、登记单元内权属状况、登记单元内相关权利和许可信息等的核实情况，分别填写调查成果核实表"登记单元界线核实情况""登记单元内权属状况核实情况""是否存在自然资源类型和管制信息错（漏）提情况"栏。

（六）调查成果编制

自然资源地籍调查成果编制包括地籍调查表填写、界址点测量、地籍图和登记单元图编绘等。自然资源地籍调查成果包括基础数据资料、调查统计表格成果、图件成果、文字成果和数据库成果等。

1. 地籍调查表填写

自然资源地籍调查表由封面、单元信息表、界址标示表、界址说明表和调查记事表组成，包括初表和终表两个版本。

自然资源地籍调查初表和终表均由调查单位负责填写，样式相同，但填写阶段不同，填写的具体内容也有所差异。地籍调查初表是在完成权属调查、自然状况调查和公共管制调查后，由调查单位根据调查初步结果填写。地籍调查初表作为地籍调查初步成果的组成部分，交由登记单元所在地的县级人民政府开展调查成果审核。地籍调查终表则是在县级人民政府组织完成调查成果核实后，由调查单位结合调查成果核实情况，对登记单元界线、登记单元内权属状况、自然资源类型和公共管制情况等内容修改完善后另行填写的表格，作为自然资源地籍调查最终成果的组成部分。因此，自然资源地籍调查初表和终表是在自然资源地籍调查不同阶段形成的两套成果表格。自然资源地籍调查表中与自然资源登记簿相同的字段，按照自然资源登记簿要求填写。界址调查的相关信息填写到界址标示表和界址说明表中。对于调查过程中无法明确的特殊情况，应在调查记事栏中进行说明。

2. 界址点测量

自然资源登记单元界址点坐标主要采用图解法获取。确需实地解析测量的，宜采用基于 CORS 的 RTK 方法或极坐标法进行测量。

3. 地籍图和登记单元图编绘

自然资源地籍调查成果图件主要包括自然资源地籍图和自然资源登记单元图，编绘的技术要求参照《地籍调查规程》执行。

四、调查成果审核

自然资源地籍调查成果应根据实际情况，由调查单位自检、不动产登记机构或授权机构检查后，填写地籍调查成果审核表。自然资源地籍调查成果审核可采用内外业结合的方法，充分利用已有与自然资源登记单元相关的数据库和信息系统等检查审核地籍调查成果，确有必要时，可到实地进行核实。

自然资源地籍调查成果主要应从完整性、规范性、有效性和一致性四个方面进行审核。

（一）完整性审核

检查自然资源地籍调查所要求的基础数据、图件、表格、文字和数据库成果内容是否完整；调查表格内容是否完整，权属来源材料、指界手续、权属确认材料是否齐备；按类型统计、按权属统计、按公共管制统计等各类统计表格是否完整；工作方案、技术方案、工作总结、技术总结等报告成果以及各级检查记录是否完备。

（二）规范性审核

根据《自然资源地籍调查技术要求》和相关技术规范要求审核成果是否规

范，包括：调查成果格式、命名和组织是否符合相关规定的要求，调查表格内容填写是否规范，调查成果电子数据是否符合规定的内容和格式等；地籍调查成果空间数据的坐标系、比例尺是否满足规范要求，属性字段的名称、代码、类型、长度等是否符合数据库标准要求。

（三）有效性审核

根据《自然资源地籍调查技术要求》和相关技术规范要求审核成果是否有效，包括：登记单元界线、单元内权属界线和资源类型边界界线是否经过核实，是否准确；各项精度是否满足相关的规范规程规定要求；调查成果是否经过"两检一验"制度进行检查验收；调查程序是否按照技术方案要求；检查记录是否齐全，检查比例是否满足相关规定要求；调查统计表格成果、图件成果、文字成果是否均有责任人签名和单位盖章。

（四）一致性审核

审核调查表格成果、图件成果、文字成果是否一致；调查成果和数据库成果是否一致；地籍调查确认的自然资源权利性质、权利主体、权利内容与权属来源证明材料是否一致；调查成果与基础数据资料是否一致；成果图件、表格、簿册之间自然资源要素内容和面积统计结果是否一致。

调查成果通过审核后，应及时录入地籍数据库，按照信息化方式进行统一管理，并按照有关规定开展成果共享与应用。

第四节 地籍调查实践案例

一、城镇全覆盖不动产地籍调查案例

2018～2020年，自然资源部在上海市、江苏省宿迁市、江西省南昌市和新余市、山东省昌邑市、广东省广州市、甘肃省兰州市和武威市等地开展了城镇

全覆盖不动产地籍调查示范工作。通过示范区建设，探索查清示范区内所有不动产的权属、界址、面积、用途等权属状况和自然状况，推动示范区地籍调查全覆盖，构建地籍"一张图"。下面以江西省南昌市城镇全覆盖不动产地籍调查为例进行说明。

（一）技术路线

在全面开展宗地、构（建）筑物地籍调查工作的基础上，充分利用已有城镇地区地籍数据、不动产登记数据、土地管理类数据（批、供、用）、建筑工程审批类数据（工程规划许可、竣工验收）及各阶段调查或测绘成果，采取数据整合、关联、分析与实地调查相结合的方法，形成全覆盖地籍数据库，并规范和完善地籍调查成果的管理与应用，保障地籍数据库的现势性（图4-4）。

（二）主要工作内容

1. 前期准备

前期准备主要包括组织准备、宣传准备、设备准备、人员准备和技术准备等。①成立了由区政府分管领导统筹协调，各镇（街道、管理处）和相关职能部门分管领导参与的工作专班，负责定期调度工作中的难点问题；成立了市自然资源局为主的工作领导小组，负责项目协调、项目指导与咨询，定期督导项目进度和质量；成立了以技术单位为主的项目工作组，项目负责人向工作领导小组汇报工作并负责项目内部协调，推动项目进展。②以市自然资源局和区政府的名义统一编制宣传单、横幅进行张贴，通过物业、居委会、业主委员会等进行宣传。③准备台式计算机、外业平板、喷墨绘图仪、激光打印机、全站仪、RTK、手持激光测距仪等硬件以及相关测图软件等。④明确内业组、外业组和质检组，各司其职，相互配合。⑤项目初期开展技术培训，以及制定项目生产过程建立的"反馈—修正"机制。

2. 资料收集整理

结合本地实际，从自然资源、公安、统计、建设（房管）、交通、市政管理、水利、农业、电力、供排水等部门，以及街道社区、天然气公司、房地产开发企业等多渠道收集所需资料。按不动产登记档案管理规范进行分析整理，剔除

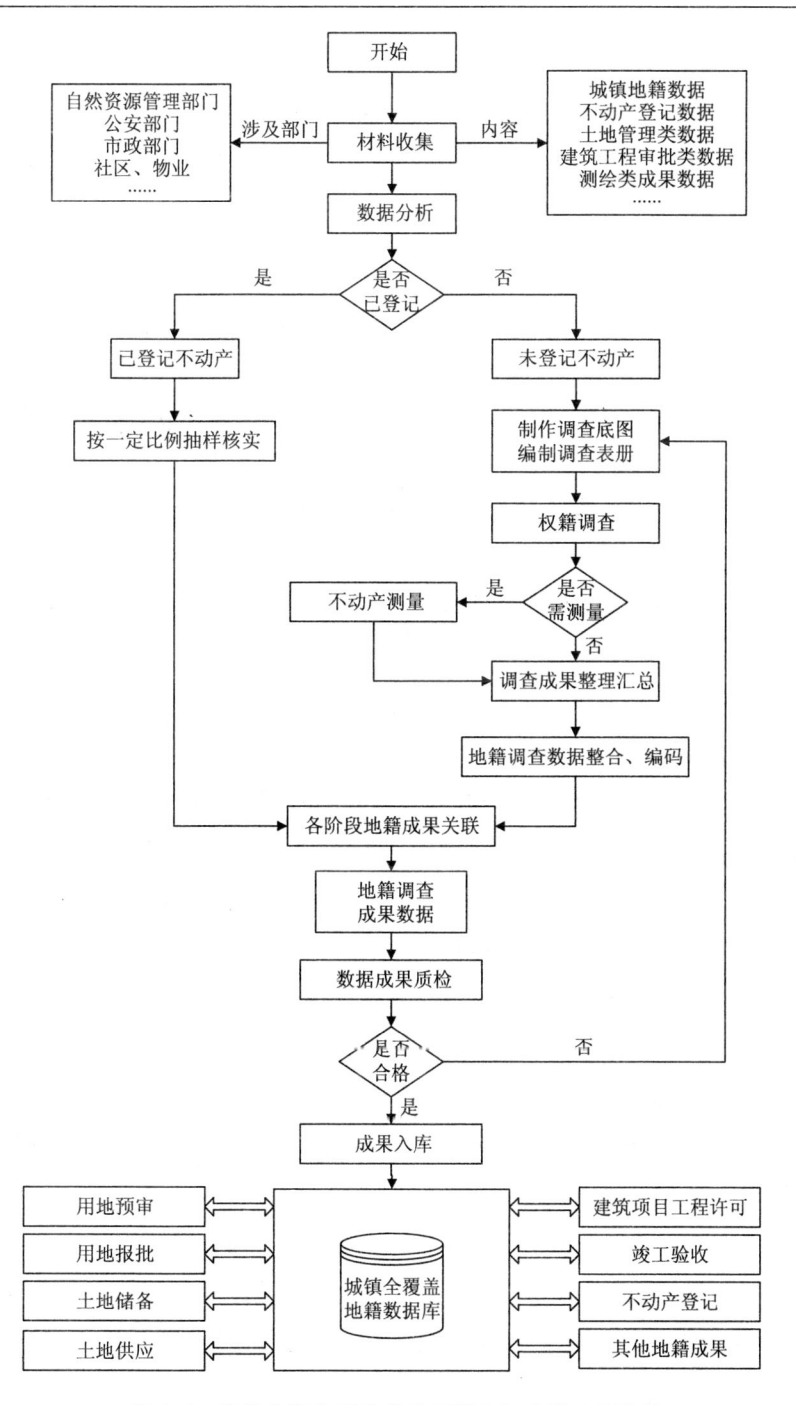

图 4-4　城镇全覆盖不动产地籍调查与建库工作流程

重复数据和无效数据，建立索引目录，备注数据来源、数据内容、使用范围、可用信息等内容，便于使用。在此基础上，对纸质材料进行扫描电子化。空间矢量数据主要包含 shp、dwg 等格式数据，进行格式统一和坐标系转换，同时对空间数据与档案数据进行挂接。

3. 数据处理

根据资料收集成果，分析不动产登记状态，区分已登记和未登记不动产单元。提取未登记不动产单元，结合不动产登记数据库、最新遥感影像，预判未登记不动产单元的坐落、空间位置等信息，为制作外业调查表单和工作底图作准备。在数据分析的基础上，依据地形图、遥感影像等基础图件，标绘调查区范围界线及相关调查信息，分析提取示范区范围内需地籍调查的宗地和房屋，合理划分调查网格大小，每个调查网格分别制作一张外业调查图。红谷滩示范区范围共计制作 110 张外业调查图。

4. 地籍调查

（1）权属调查。以宗地为调查单元，利用已有土地登记结果，采用资料核实和实地调查相结合的方法，查清调查范围内所有宗地的权属状况和界址情况等，主要调查内容包括宗地权利人/实际使用人信息、权利类型、权利性质、坐落、面积、宗地四至、批准用途、使用期限等。对于交通道路而言，在交通道路两边宗地基本已经确权登记且有空间数据的情况下，以道路两边已登记发证宗地界线为基础，套合道路规划设计红线，提取道路宗地界线；对于开放性公园、广场、绿地等基础设施与公共设施，可在确认相邻宗地界址线的基础上，再对基础设施与公共设施进行范围线确定。

房屋等构（建）筑物权属调查基本单元为幢、套、间。主要工作包括标绘工作底图、预编定着物单元[房屋等建（构）筑物]代码、房屋等建（构）筑物权属状况调查、绘制房屋权界线示意图、填写房屋等建（构）筑物调查表。

（2）不动产测绘。主要工作包括控制测量、不动产测绘、不动产（房屋）测绘。不动产控制测量基准采用南昌市卫星定位连续运行系统（NCCORS），通过卫星定位进行控制测量。不动产测绘是在权属调查的基础上，对新增、原无宗地界址或已发生改变的宗地进行现场界址点的测量，主要为解析法。对于房屋占地面积的测量，采用逐幢测绘的方式，并进行房角点测量、房屋附属设施测量、其他建（构）筑物测量、房屋等建（构）筑物共有部位的认定与测量。对于房屋建筑面积的测量，能够通过竣工图、房屋备案等相关资料确定房屋面积、结构等信息的，将资料提供的面积及其他相关信息填写到不动产单元表中，同时对面积的来源进行备注；原房管部门已经做过房屋面积备案但未登记的房屋，直接沿用房管部门的房屋建筑面积测绘报告，填写房屋调查基本信息表并作备注说明；对于无相关资料而需实地测量房屋建筑面积的情况，特别是房屋内部格局发生变化，考虑到无法准确获取分摊系数、公共区域面积等信息，采取只测量房屋专有建筑面积，填写房屋调查基本信息表并作备注说明。

5. 数据库建设

（1）数据整合。结合最新遥感影像对资料收集成果、外业调查成果进行综合分析，按规范整理空间图形、属性字段内容及权属来源材料，并建立户、幢、宗地之间以及电子信息和档案材料之间的关联关系，经检查合格后形成调查范围内的空间图形、属性信息和档案材料等成果。

（2）数据检查。为确保数据质量，在数据入库前进行单独检查，同时对比最新的不动产登记数据库，发现重复编码的及时处理，新登记的不动产信息须同步进行数据更新，做到不重不漏。具体检查内容包括数据完整性、数据规范性和数据一致性。

（3）数据入库。将示范区范围内已登记及未登记的空间矢量数据、属性数据进行检查，数据检查无误后整合关联，形成全覆盖地籍数据库。空间矢量数据主要包括行政区界线、宗地和幢等空间数据图层。属性数据主要包括不动产单元表、权利人表单及登记业务表单等。

（二）经验和启示

1. 实现地籍调查全覆盖，助力登记效率提升

整合已有不动产登记数据，实现"房落幢、幢落宗、宗落地"，对现有成果开展补充地籍调查；对未登记的不动产开展地籍调查，全面查清示范区内所有不动产权属、界址、面积和用途等权属状况和自然状况，实现地籍调查成果全覆盖。不动产登记可实时从地籍数据库中提取应用最新调查成果，减少调查环节、缩短审批时间，提高办事效率。

2. 构建地籍"一张图"，丰富数据查询内容

形成了以不动产单元代码为纽带，图属一体、房地一体、图—数—属—表—档一体化联动的地籍数据库，构建全覆盖地籍"一张图"，对公众开放查询。在"互联网+不动产登记"基础上，在线或通过不动产登记大厅查询机依法依规查询地籍图信息，查询结果可显示不动产来源、权属、界线、性质、面积等状况，登记、抵押、查封等限制信息，未登记部分是否经过确权，丰富了地籍图可查询内容。

3. 方便企业群众，优化营商环境

在调查全覆盖的基础上，形成全覆盖地籍数据库，通过调查成果的集中管理和沿用共享，有效地避免了重复测绘和重复提交测绘成果，达到了"精简办事材料、压缩办事时间、减轻办事成本"的目标。

4. 提升自然资源审批管理的效率

调查数据和三维数据为审批管理提供全面数据支撑，提高管理的科学性，提升审批工作效率。基于地籍数据库快速统计土地、房屋、自然资源等实际情况，可为全域资产统计及核算提供基础数据支撑。

5. 科学用好大数据，加快调查进程

收集住建、公安、民政、税务、市场监管、水电气、机关事务管理等数据，分类整理分析建立大数据集，辅助外业调查和保障成果准确性。如通过小区供水、供电数据查询不动产权属、权利人身份等信息，并通过和水电公司合作，与抄表员联合开展户外调查，加快了调查进程。

6. 研发调查软件，规范调查程序

调查工作涉及大量不动产矢量数据、档案资料等，需投入大量人力物力，南昌市设计开发了全覆盖不动产地籍调查系统，实现内业作业流程控制、外业调查测绘及成果数据分析检查、入库、导出等功能。

二、冰川自然资源地籍调查案例

冰川和沙漠类型在我国的分布相对集中，但针对该类自然资源登记单元的确权登记工作研究较少。为进一步推进自然资源统一确权登记工作，探索自然

资源登记单元划分和地籍调查技术方法，2020年5月，自然资源部选择西藏自治区林芝市波密县米堆冰川作为示范点，开展自然资源登记单元划定和编码、地籍调查和数据建库等一系列工作，进行了很多有益的探索和经验总结。

米堆冰川（又名贡扎冰川）地处藏东南念青唐古拉山山系，位于波密县岗日嘎布中部北坡的米堆沟上游，是藏东南典型的海洋型冰川，其特征典型，不同海拔景观各异，是世界上海拔较低的冰川景观。米堆冰川中部分布有巨大的冰瀑布，冰川末端进入光谢错（米堆冰川退缩过程中形成的冰碛湖），湖面海拔3 770米。

（一）技术路线

利用全国国土"三调"土地利用现状数据库阶段性成果中的地类图斑、境界与政区等要素及其属性信息，与中国第二次冰川编目数据中米堆冰川范围进行套合判断，确定冰川范围的影像工作地图。通过内业数据处理、补充开展外业调查核实及内外业相结合的调查方法，划定自然资源登记单元界线，查清示范区自然资源的类型、面积、权属和分布信息，建立地籍调查和自然资源登记数据库。冰川资源特有的要素属性（包括估算体积、冰川高程及其他冰川自然要素等自然状况信息）的设定和获取，引用中国第二次冰川编目数据中的六类冰川指代属性数据；对于冰川的六类几何属性，采用中国第二次冰川编目对应的计算方法和最新的数据，进行自主量算。在实地补充调查时，充分应用了无人机航摄技术，实现外业调查图斑实时定位、现场拍照、举证、记录、勾绘、修改等操作，提高外业调查效率，保证外业调查的真实可靠。

（二）主要工作内容

1. 资料收集

资料收集涉及自然资源、水利、农业、林草、科技和旅游等部门。在资料收集中，优先收集数字化成果、数据更新后的变更成果。

2. 编制工作底图

采用时相2017年12月分辨率0.5米的全国国土"三调"初始卫星影像制作米堆冰川1：10 000比例尺的正射影像底图，并选用2019年12月分辨率1

米的全国国土"三调"统一时点更新影像和 2020 年 1 月分辨率 2 米的高分一号卫星影像作为辅助影像，再叠加全国国土"三调"阶段性成果、中国第二次冰川编目数据成果、集体土地所有权确权登记成果、国有土地使用权登记成果及生态保护红线等管制资料，形成电子工作底图。

3. 米堆冰川登记单元划定

以中国第二次冰川编目中米堆冰川界线范围为基础，结合已收集的全国国土"三调"阶段性成果、2015 年中国西部冰湖编目数据等资料，对裸冰区边界、表碛区边界、冰湖边界和冰川上部积累区边界（分水岭）进行译定。在冰川单元划定过程中，光谢错冰湖是否划入的问题是关键技术难点。经过专家研判，综合考虑到光谢错冰湖面积小于水利部湖泊管理划定阈值，未在湖泊管理范围内；冰湖面积小于水利部门湖泊管理面积阈值且与冰川或者冰川表碛区相连，纳入冰川登记单元。

根据全国国土"三调"数据对米堆冰川预划登记单元内部地类进行划分，单元内包含"三调"地类：冰川及永久性积雪、其他草地、天然牧草地、河流水面、湖泊水面等八类。

4. 发布通告

米堆冰川为首次确权登记，由波密县人民政府发布了首次登记通告。主要通过户外张贴、网站发布、新闻媒体宣传三种形式发布通告。通告内容主要包括冰川自然资源登记单元的划定范围、开展冰川自然资源登记工作的时间、冰川类型、范围、需要相关主体配合的事项及其他需要通告的内容。

5. 地籍调查

在工作底图基础上，通过内业采集和信息提取分析，开展地籍调查，调查获取登记单元范围内的权属状况、自然资源自然状况等。

（1）自然资源权属调查。一是权属状况调查。利用集体土地所有权、国有土地使用权确权登记等权属界线，查清米堆冰川登记单元权属状况、登记单元内所有权、相关不动产权利及许可等信息。通过叠加不动产登记数据库、勘查和采矿点相关信息、取水点和排污点信息，判定米堆冰川登记单元内不存在集体土地、不动产登记信息、取水点、排污点、勘查和采矿点相关关联信息。二是界址调查。由于米堆冰川登记单元地理位置的特殊性，采用图解界址点方法划定界址点。对登记单元界线来源资料合法，界址明确，利用已有资料填写地籍调查初表，并将原登记单元界线来源资料复印件作为地籍调查初表的附件。对于可能影响界址线走向、容易引起纠纷等情形的重要界址点，确需开展界址调查的，参照《地籍调查规程》相关规定执行。

（2）自然资源自然状况调查。利用全国国土"三调"阶段性成果、中国第二次冰川编目数据等专项调查成果进行内业采集，提取相应地类图斑信息和界线，查清米堆冰川登记单元范围内的冰川、水流、湿地、森林、草原等各类自然资源的类型边界、数量等自然状况信息，提取冰川资源的估算体积、冰川类型及自然要素等自然状况信息。

（3）公共管制调查。利用西藏自治区波密县的自然保护地、生态保护红线和特殊保护区范围线等公共管理资料进行内业分析。将米堆冰川登记单元内相关管理管制信息与登记单元进行关联，查清登记单元内用途管制状况、生态保护红线情况、特殊保护规定情况。经调查，米堆冰川登记单元范围未涉及自然保护地，仅涉及波密县生态保护红线中的"科学评估区"。

（4）调查核实。按照《操作指南》的要求，充分利用不动产登记、自然保护地管理或保护审批以及国土调查和专项调查等成果，采用以"内业为主、外业为辅"的方式，对米堆冰川自然资源地籍调查初步成果开展核实工作。其中，内业主要采用波密县第三次国土调查阶段性数据、中国第二次冰川编目数据、集体土地所有权数据以及相关管制数据等，进行叠加分析核实；外业主要采用实地人工和无人机结合方式进行调查核实。调查成果核实以波密县为单位，由波密县人民政府负责组织开展，具体由波密县自然资源局会同相关部门实施。

（5）实地补充调查。组织专班人员现场核实冰川登记单元界线和登记单元内部各地类等自然状况信息。经进一步核实，调查核实成果仍有缺失、不清晰、不一致或者存在争议的开展补充调查。

（6）调查成果编制。经过内业调查、成果核实、外业补充调查核实后，对米堆冰川登记单元界线、登记单元内权属状况、自然资源类型和公共管制情况等进行修改完善，并填写自然资源地籍调查终表，形成调查成果。调查成果编制包括地籍调查终表填写、界址点测量、地籍图编绘和登记单元图编绘。

6. 数据库建设

按照《自然资源确权登记数据库标准（试用版）》《自然资源地籍数据库标准（试用版）》中相关规定，根据《米堆冰川自然资源权籍调查实施方案》要求，在保证自然资源确权登记信息和现有不动产登记信息有效衔接与融合的基础上，将米堆冰川地籍调查成果录入地籍数据库。

（三）经验和启示

1. 冰川工作底图选择

冰川自然资源工作底图制作宜采用不低于2米的最新正射影像图，可根据冰川所处的高寒山区等特殊区域放宽至5米；基础正射影像图选取结合云层遮挡、积雪覆盖情况优先选取3~5年全国国土（土地）年度变更调查工作影像底图或自然资源卫星遥感中心获取的原始影像图制作正射影像图。建议优先选择各地卫星遥感中心影像，其次选择年度变更调查影像。如以上两种影像获取时间不能满足需求，建议考虑商业购买国内卫星数据源。

2. 冰湖纳入冰川登记单元

冰湖是由末次冰期以来在进退过程中侵蚀地表形成的洼地，由现代冰川融水或由大气降水补给的湖泊，可分为冰川补给湖和非冰川补给湖。冰川补给湖中的湖水全部或者部分依靠冰川融化补给，与冰川生态功能完整性息息相关。根据水利部湖泊管理规定，湖泊面积小于1平方千米，且影响力较小的湖泊均不在湖泊管理范围内。根据中国科学数据网（www.csdata.org）2018年发布的《2015年中国西部冰湖编目数据集》，西藏区域冰湖个数为12 044个，面积小于1平方千米的冰湖占西藏总冰湖数量的99.12%，其中冰川补给湖数量为7 796个，数量多、占比高。经过此次示范工作，将冰湖纳入冰川登记单元的条件为冰湖位于冰川范围内，或与冰川表碛区相连，属于冰川补给湖，且不能作为单独登记单元（未在湖泊管理范围内）时，纳入冰川自然资源登记单元范围。西藏自治区绝大部分冰湖应纳入冰川自然资源登记单元中，保证生态功能完整性。

3. 冰川登记单元划定

冰川分属于水流登记单元，但与河流、湖泊等液态水资源存在一定差异。目前有关水流自然资源属性的描述和要求均不适合冰川自然资源。由于冰川自然资源的特殊性，在自然资源地籍调查中冰川属性标准缺失的前提下，有必要设定一套描述冰川自然特征的属性标准。例如，将冰川编目数据中的冰川自然特征属性以引用方式入库到冰川自然资源斑块中，引用的数据为冰川编目中米堆冰川的指代属性；以冰川编目的属性计算方法，自主量算冰川编目中米堆冰川的几何属性。冰川划定时，可增加中国第二次冰川编目数据、第二次青藏科考冰川相关初步成果，收集自然保护区等相关登记单元（含其他已划定自然资源登记单元）及各类保护红线与冰川范围套合，扣除冰川范围内与各类登记单元和保护红线交叉重叠区域，保障冰川登记单元的独立性。当冰川跨国界时，因管理权限所限，只登记国界范围内的冰川；当冰川穿过非国界的行政区界线时，为保持冰川的完整性，按冰川的范围划登记单元，不作分割处理。当出现零星冰川（即面积小于 1 平方千米的独立冰川），可按合理的间距进行优划，将优划间距内流域码相同的零星冰川划到同一冰川登记单元。

三、三维地籍实践探索

《民法典》第三百四十五条规定："建设用地使用权可以在土地的地表、地上或者地下分别设立。"《国务院关于做好自由贸易试验区第六批改革试点经验复制推广工作的通知》（国函〔2020〕96 号）明确要求，建立以三维地籍为核心的土地立体化管理模式，即建立三维地籍管理系统，将三维地籍管理理念和技术方法纳入土地管理，开发建设和运营管理全过程。随着社会经济的发展，人与土地等资源之间的关系日益紧张，一些地方逐渐进入了土地立体开发阶段，为表达现实产权主体间错综复杂的空间关系，开展了三维地籍相关实践探索。

吉林省长春市于 2010 年初便启动了城区 350.9 平方千米三维地籍数据库管理系统建设工作，用界址点、界址线、界址面、宗地体和不同颜色展现土地权属、位置、用途、地上和地下空间土地利用状况，实现了地籍管理三维可视化。

江苏省在 15 个市、县部署开展试点，积极探索以三维地籍为核心的自然资源立体化管理模式，加快建设三维地籍，建成可视化三维地籍模型，实现三维地籍数据快速生产、智能化管理，提升了自然资源治理能力。宿迁市在城镇全覆盖不动产地籍调查示范工作中，基于施竣工 CAD 数据、倾斜摄影等技术构建一体化的三维模型，完成二、三维不动产单元数据的可视化展示，直观显示不动产数据中宗地、楼幢、单元的空间关系、状态和属性，实现二、三维的统一管理、查询分析、带图审批等功能。同时，通过"互联网+"系统建设，实现二、三维不动产单元数据的共享与应用，并探索以不动产单元代码为纽带，将三维模型数据与地籍数据进行关联，建立"三维不动产单元代码表"。

浙江省丽水市为保障新冠疫情期间广大人民群众对房屋购置的需求，打造了在线选房系统，实现了小区—楼幢—户室的多层次三维建模与在线可视化。

江西省南昌市以不动产单元代码为纽带，关联三维模型与地籍数据库，逐步取代传统的宗地图，让权利人能够通过扫描二维码就能查看三维模型和权利真伪等信息，更加直观地了解不动产单元状况及周边环境，达到便民利民目的。

深圳市前海深港现代服务业合作区尝试应用三维地籍技术，在技术支持、理论研究等方面不断开拓创新，制定了三维产权体数据规范，建立了三维地籍管理平台系统，提出了立体复合开发空间的管理、供应模式，开展土地立体化利用管理。

第五章　自然资源权属争议调处制度与实践

第一节　自然资源权属争议调处概述

一、自然资源权属争议调处基本情况

（一）自然资源权属争议调处的概念

自然资源权属争议是指土地、林木、林地、草原、海域等自然资源所有权或使用权归属争议，包括单位之间、个人之间、单位与个人之间的争议。自然资源权属争议调处是指在政府及其相关职能部门的主导下，通过行政调解、行政处理（行政裁决）解决自然资源所有权和使用权争议的行政行为，是自然资源管理制度的重要组成部分，是解决自然资源权属争议的重要途径。

（二）自然资源权属争议的类型与范围

自然资源权属争议包括两种类型：

（1）所有权争议。主要包括国家土地所有权与集体土地所有权之间的争议，集体土地所有权之间的争议，林木、林地所有权之间的争议，以及草原所有权之间的争议等。

(2)使用权争议。主要包括建设用地使用权争议，林木、林地使用权争议，草原使用权争议，海域使用权争议等。

关于土地权属争议的范围问题，2007年国土资源部办公厅《关于土地登记发证后提出的争议能否按权属争议处理问题的复函》（国土资厅函〔2007〕60号）明确，"土地权属争议是指土地登记前，土地权利利害关系人因土地所有权和使用权的归属而发生的争议。土地登记发证后已经明确了土地的所有权和使用权，土地登记发证后提出的争议不属于土地权属争议"。随后，最高人民法院在多起判例（如〔2018〕最高法行再160号、〔2019〕最高法行申699号）进一步明确指出，已经颁发权属证书但属于以下两种情况，可以认定为存在权属争议：一是仅有一方的权属凭证包含有争议地，但凭证之间对争议地记载的四至不清楚；二是双方的权属凭证均包含有争议地，但凭证之间对争议地记载的四至存在重叠、交叉或者包含等情形。实践中，如果土地登记发证后已经明确土地所有权和使用权，土地登记发证后提出的争议就不属于土地权属争议；如果登记发证后仍存在范围四至不清、交叉重叠等情形，由此产生的争议仍属于土地权属争议，不能简单机械地认为只要登记发证了，就都不属于土地权属争议。

（三）自然资源权属争议调处的主体

根据《土地管理法》《森林法》《草原法》等法律法规规定，土地、林木、林地、草原等自然资源所有权或使用权争议调处的主体是各级人民政府。实践中，具体工作由相关职责部门负责。

统一登记前，土地、林木、林地、草原等自然资源的权属争议调处工作分别由原国土资源、林业、草原等部门具体承办。统一登记后，对原分散在不同部门的土地、林木、林地、草原等自然资源的权属争议调处职责进行了整合。2013年，《中央编办关于整合不动产登记职责的通知》（中央编办发〔2013〕134号）规定：国土资源部会同有关部门负责制定不动产权属争议的调处政策。国家林业局负责调处合同纠纷，协同调处权属纠纷。2019年9月，《中央编办关于修订整合不动产登记职责文件的通知》（中央编办发〔2019〕218号）规定，自然资源部负责制定不动产权属争议的调处政策，国家林草局负责调处合同纠纷等。根据《自然资源部职能配置、内设机构和人员编制规定》，自然资源部负责制定各类自然资源和不动产争议调处制度、标准、规范，指导监督权属争议调处工作。需要说明的是，自然资源部门的工作职责范围中不包括农村土地承包经营纠纷仲裁以及宅基地纠纷仲裁管理工作。

二、自然资源权属争议调处的目的和意义

为适应经济社会发展需要，国家在不同历史时期颁布了一系列自然资源管理法律法规和政策文件，关于不同类型自然资源的权利主体、内容、客体等规定也存在不同程度变化。自然资源权属争议问题复杂、形式多样，如果长期不能得到有效解决，不但影响权利人正常行使权利，也影响经济社会高质量发展。随着法治国家、法治社会建设的加快，自然资源资产产权制度改革不断深化，土地等各类自然资源资产产权的经济、社会和生态价值日益显化，人们的产权保护意识不断增强，自然资源权属争议调处工作愈加受到重视。自然资源权属争议调处的主要目的是依据有关法律政策，通过一定的工作程序，界定自然资源资产所有权和使用权的权利归属，明确权利内容，保障权利人的合法权益，维护社会安定团结。其意义或作用具体表现为：

（1）有利于维护社会主义公有制。我国社会主义经济制度的基础是生产资料的社会主义公有制，即全民所有制和劳动群众集体所有制。以土地为例，按所有制形式分为国家土地所有和集体土地所有两种。通过自然资源权属争议调处，依法明确各类自然资源资产的权利归属，划清国有与集体的界线，全面依法平等保护各类主体的合法财产权益，有利于维护国家社会主义公有制，进一步夯实中国特色社会主义市场经济体制建设的产权基础。

（2）有利于保护合法权益，维护社会稳定团结。土地等各类自然资源资产，是广大人民群众享受的最重要、最基础的财产。人们进行生产、生活离不开占有、使用各类自然资源。依法及时调处自然资源权属争议，确定权利归属，是保护权利人合法财产权益的重要措施。按照《暂行条例》等规定，存在尚未解决的权属争议的，不动产登记机构不予登记。通过自然资源权属争议调处，依法明确自然资源资产的产权主体及其享有的占有、使用、收益、处分权能，明晰不同权利主体的权利义务关系，满足不动产统一登记工作需要。各类自然资

源资产产权一经法律确认，权利人的合法权益将受到法律保护，任何人不得侵犯，有利于维护社会公平正义，对保障社会安定团结具有重大意义。

（3）有助于发挥定分止争的作用，实现物尽其用。自然资源权属争议调处是我国处理社会矛盾纠纷的一项特殊制度，在定分止争方面具有重要作用。自古以来，定分止争就是法律的重要功能。商鞅在《商君书》中指出："一兔走，百人逐之，非以兔为可分以为百，由名之未定也。夫卖兔者满市，而盗不敢取，由名分已定也。故名分未定，尧、舜、禹、汤且皆如鹜焉而逐之；名分已定，贪盗不取。"《民法典》第二百三十四条规定："因物权的归属、内容发生争议的，利害关系人可以请求确认权利。"物权确认请求权是物权保护请求权的一种。物权归属或者内容发生争议，物权人可以请求有关行政机关、人民法院等部门确认该物权的归属或者内容（黄薇，2020d）。通过自然资源权属争议调处，依法确认权利归属并进行登记颁证，有利于维护市场交易安全，促进自然资源合理优化配置和集约高效利用，达到物尽其用的目的。

三、自然资源权属争议调处的原则

1. 维护社会主义公有制原则

维护社会主义公有制，是自然资源权属争议调处工作的最基本原则。我国社会主义公有制的确定经历一个漫长探索过程。中华人民共和国成立后，通过社会主义改造，逐步实现土地私有制向公有制的转变。1950年制定《城市郊区土地改革条例》，明确城市郊区所有没收和征收得来的农业土地一律归国家所有。1982年《宪法》规定城市的土地属于国家所有。农村和城市郊区的土地，除由法律规定属于国家所有的以外，属于集体所有；宅基地和自留地、自留山，也属于集体所有。国家为了公共利益的需要，可以依照法律规定对土地实行征收或者征用并给予补偿。与此同时，森林、草原等类型的自然资源所有权通过立法方式予以明确。《民法典》明确，城市的土地属于国家所有。法律规定属于国家所有的农村和城市郊区的土地，属于国家所有；森林、山岭、草原、荒地、滩涂等自然资源，属于国家所有，但是法律规定属于集体所有的除外。自然资源权属争议调处工作在生产资料社会主义公有制的体制背景下展开，以不断维护和巩固社会主义公有制为基本前提与基本要求。

2. 依法依规原则

自然资源权属争议调处工作必须依法依规进行：一是处理自然资源权属争议，应以法律法规、规章政策为依据，正确适用有关法律政策；二是严格遵守工作程序，需要下达处理决定书的，应由人民政府下达或经人民政府批准后下达，按照程序规范开展工作；三是在案件管辖上，要严格遵守属地管辖为原则、分级管辖为例外的规定，既不能缺位，也不能越位。

3. 尊重历史、面对现实，分阶段处理原则

不同历史阶段的法律政策依据不同，自然资源权属争议必须分阶段处理，特别是对历史遗留问题，要充分考虑当时特定的历史背景和权属变化过程，实事求是、稳妥审慎处理。坚持法不溯及既往原则，各类法律政策只能适用于它颁布生效以后发生的行为，不能适用于它颁布生效以前发生的行为，即不能用今天的法律政策规定去衡量判定以前的事情。对于历史上已经依法依规处理解决的，要予以维护认可，不能随意推翻重来。

4. 有利于生产生活、有利于社会稳定原则

自然资源权属争议涉及当事人切身利益，要从有利于生产生活、有利于社会稳定的大局出发，有效化解自然资源权属争议，保护权利人合法权益。要保持足够的历史耐心，工作细致全面，避免引起新的矛盾纠纷，影响社会稳定团结（国土资源部地籍管理司，2002）。

四、自然资源权属争议调处的新形势新要求

党的十八大以来，党中央、国务院高度重视矛盾纠纷多元化解工作，为建立健全自然资源权属争议调处制度，规范推进自然资源权属争议调处工作指明了方向，提供了根本遵循。

一是习近平总书记针对矛盾纠纷化解工作多次作出重要指示批示。2013年12月，习近平总书记在中央农村工作会议上指出，重视化解农村社会矛盾，确保农村社会稳定有序。提高预防化解社会矛盾水平，要从完善政策、健全体系、落实责任、创新机制等方面入手，及时反映和协调农民各方面利益诉求，处理

好政府和群众利益关系，从源头上预防减少社会矛盾，做好矛盾纠纷源头化解和突发事件应急处置工作，做到发现在早、防范在先、处置在小，防止碰头叠加、蔓延升级。要学习和推广"枫桥经验"，做到"小事不出村，大事不出镇，矛盾不上交"。2015年3月，习近平总书记在参加十二届全国人大三次会议上海代表团审议时指出："要调整和完善不适应的管理体制机制，推动管理重心下移，把经常性具体服务和管理职责落下去，把人财物和权责利对称下沉到基层，把为群众服务的资源和力量尽量交给与老百姓最贴近的基层组织去做，增强基层组织在群众中的影响力和号召力。"2020年9月，习近平总书记在基层代表座谈会上的重要讲话指出，要加强和创新基层社会治理，坚持和完善新时代"枫桥经验"，加强城乡社区建设，强化网格化管理和服务，完善社会矛盾纠纷多元预防调处化解综合机制，切实把矛盾化解在基层，维护好社会稳定。2021年，习近平总书记在第5期《求是》杂志发表重要文章"坚定不移走中国特色社会主义法治道路，为全面建设社会主义现代化国家提供有力法治保障"，指出要推动更多法治力量向引导和疏导端用力，完善预防性法律制度，坚持和发展新时代"枫桥经验"，完善社会矛盾纠纷多元预防调处化解综合机制，更加重视基层基础工作，充分发挥共建共治共享在基层的作用，推进市域社会治理现代化，促进社会和谐稳定。

二是党中央针对建立健全矛盾纠纷多元化解机制工作作出部署。党的十八届四中全会提出，"健全社会矛盾纠纷预防化解机制，完善调解、仲裁、行政裁决、行政复议、诉讼等有机衔接、相互协调的多元化纠纷解决机制"，"健全行政裁决制度，强化行政机关解决同行政管理活动密切相关的民事纠纷功能"。2020年11月，《中共中央关于制定国民经济和社会发展第十四个五年规划和二〇三五年远景目标的建议》要求："坚持和发展新时代'枫桥经验'，畅通和规范群众诉求表达、利益协调、权益保障通道，完善信访制度，完善各类调解联动工作体系，构建源头防控、排查梳理、纠纷化解、应急处置的社会矛盾综合治理机制。"2020年12月，中共中央印发《法治社会建设实施纲要（2020～2025年）》，提出"完善社会矛盾纠纷多元预防调处化解综合机制，努力将矛盾纠纷化解在基层。2018年12月，中共中央办公厅、国务院办公厅印发《关于健全行政裁决制度加强行政裁决工作的意见》，要求做好自然资源权属争议等行政裁决工作,更好地为经济社会发展服务;各地区各部门根据职责和改革发展需要,加强行政裁决工作队伍建设,培养一批擅长办理行政裁决案件的专业人员;对行政裁决比较集中、案件量较大的部门,可明确相关机构或专人承担具体工作。2019年4月,中共中央办公厅、国务院办公厅印发《关于统筹推进自然资源资产产权制度改革的指导意见》(中办发〔2019〕25号),提出"建立健全协商、调解、仲裁、行政裁决、行政复议和诉讼等有机衔接、相互协调、多元化的自然资源资产产权纠纷解决机制"。

第二节 自然资源权属争议调处制度与工作实践

一、自然资源权属争议调处理论基础

根据《土地管理法》《森林法》《草原法》等法律规定,自然资源权属争议当事人可以通过自愿协商、行政调解、行政处理、行政裁决、行政复议等方式解决。

(一)行政调解的理论基础

调解,是指发生纠纷的双方当事人,在第三者的主持下,通过第三者依照法律和政策的规定,对双方当事人的思想进行排解疏导、说服教育,促使发生纠纷的双方当事人互相协商、互谅互让,依法自愿达成协议,由此而解决纠纷的一种活动。按照我国法律规定,行政调解,是国家行政机关依照法律规定,在其行使行政管理的职权范围内,对特定的民事纠纷及轻微刑事案件进行的调解(林万泉,2003)。

行政机关是行政调解的实施主体。实施对象包括与行政有关的民事纠纷以及行政纠纷,具有行政司法性质。实践中,随着经济快速发展,社会结构发生深刻变化,政府职能在不断转变,政府不仅要履行管理、计划、调控等职能,还要承担服务、监督等职能,纠纷的解决方式也不再局限于诉讼,行政指导、行政调解、行政服务等一些非强制性行政行为，也逐步运用到社会矛盾纠纷化解中。2010 年颁布的《国务院关于加强法治政府建设的意见》强调，要把行政调解作为地方各级人民政府和有关部门的重要职责，建立由地方各级人民政府负总责、政府法制机构牵头、各职能部门为主体的行政调解工作体制，充分发挥行政机关在化解行政争议和民事纠纷中的作用。可见行政调解不仅体现政府的管理职能，还体现了政府的服务职能、监督职能和维持稳定的职能（梁圆圆，2011）。

自治属性是行政调解的重要特征。具体体现在：一是由当事人决定是否通过调解方式解决，有一方不同意，都无法通过调解实现。二是争议当事人须达成协商一致，才能签订调解协议，不受行政机关的强制干涉。

（二）行政处理的理论基础

行政处理是行政主体为了实现法律法规规章所确定的行政管理目标和任务，而依行政相对人申请或依职权处理涉及特定行政相对人某种权利义务事项的具体行政行为，表现形式一般为作出"行政处理决定"或者"行政决定"。行政处理是我国非诉讼纠纷解决机制中的一项重要制度。

从实施主体和实施效果看，行政处理具有以下特征：一是具有行政性。行政处理实施主体以拥有行政职权为基础，目的在于实现行政管理目标。二是具有特定性。行政处理的作出是针对特定事项或特定行政相对人。三是行政处理决定具有法律效力，将对行政相对人的权利和义务产生影响。四是具有可诉性。根据《行政复议法》《行政诉讼法》，当事人对行政处理不服的，可以申请行政复议或提起行政诉讼（孙明，2010）。

行政处理由于其特殊性，在解决民事纠纷中的优势主要表现为：首先，行政机关熟悉纠纷所涉及的技术性和专业性知识。例如，在处理自然资源权属争议过程中，熟悉自然资源制度本身的历史沿革，便于获取所争议自然资源的有关权属来源材料等，对信息的收集和判断以及对法律法规的运用和理解比一般机构具有优势（牟元军，2009）。其次，有利于纠纷处理结果的履行。行政机关拥有行政管理权和行政监督权，在纠纷解决过程中，当事人会考量行政机关的专业性和权威性，尊重行政机关作出的处理决定。

从法律规范上看，行政处理具有诸多内涵，其中行政裁决属于行政机关作出的行政行为的一种类型。2019年，中共中央办公厅、国务院办公厅印发的《关于统筹推进自然资源资产产权制度改革的指导意见》《关于健全行政裁决制度加强行政裁决工作的意见》等文件中，强调行政裁决在处理自然资源权属领域纠纷的作用，并引入自然资源领域。行政裁决是行政主体根据法律授权和法律程序，对与行政管理活动密切相关、与合同无关的当事人之间发生的具体民事、经济纠纷，作出决定的具体行政行为。行政裁决的特征主要包括四个方面：一是行政裁决的主体是法律授权的行政机关。二是行政裁决是具体的行政行为。当事人对行政裁决不服的，可以申请行政复议或者提起行政诉讼。三是民事纠纷与行政管理有关。只有当民事纠纷与行政管理密切相关时，行政机关才能对民事纠纷作出裁决，以实现行政管理的目的。四是行政裁决具有准司法性质。行政机关以第三者的身份居间进行裁决时，一定程度上具有司法性质，加上行政机关身份的行政性质，故行政裁决具有司法性和行政性双重性质。相比于行政诉讼、行政复议等方式，行政裁决更有利于发挥主管部门专业、居间、简便、效能等优势。

二、不同历史阶段自然资源权属争议调处法律政策

（一）不同历史阶段土地权属争议调处法律政策

1. 中华人民共和国成立后通过法律和中央文件明确土地权利归属

中华人民共和国成立之初，城市地区通过没收国民党政府、官僚资本家和大地主的地产，将其性质转为国有，奠定了社会主义城市土地国有化的基础。农村地区按照"耕者有其田"的原则，将土地分配给农民所有。1950年6月，《土地改革法》明确了土地没收和征收、土地分配、特殊土地问题处理、预留国有的原则和具体规定，城市土地为国有，农村土地为农户个体所有和国家所有，土地制度改革以前的土地契约一律作废。

1955年11月，《农业生产合作社示范章程》规定：按照自愿和互利的原则组织起来，统一地使用社员的土地、耕畜、农具等主要生产资料，并且逐步地

把这些生产资料公有化；对于社员交来统一使用的土地和别的生产资料，在一定的期间还保留社员的所有权；要逐步地用生产资料的劳动群众集体所有制代替生产资料的私人所有制。这一时期，农户自愿带着土地入社，土地折股分红，土地所有权仍保留私有。

1956年6月，《高级农业生产合作社示范章程》规定：入社的农民必须把私有的土地和耕畜、大型农具等主要生产资料转为合作社集体所有；把社员分编成若干个田间生产队和副业生产小组或者副业生产队。这一时期，农户必须带土地入社，收归高级社集体统一经营。从此，土地私有制灭失，农户转为高级社社员。

1960年11月，中共中央印发《关于农村人民公社当前政策问题的紧急指示信》，规定人民公社实行三级所有，队为基础，坚持生产小队的小部分所有制，劳力、土地、耕畜、农具必须坚决实行"四固定"，固定给生产小队使用，并且登记造册，颁发《生产队土地房产所有证》。

1962年9月，《农村人民公社工作条例修正草案》进一步明确山林、土地、水面、草原等自然资源归属问题，确定了"二级所有，队为基础"的集体土地所有制形式。生产队是人民公社中的基本核算单位，实行独立核算，自负盈亏，直接组织生产，组织收益的分配；生产队范围内的土地，归生产队所有；生产队所有的土地，包括社员的自留地、自留山、宅基地等，一律不准出租和买卖；生产队所有的土地，不经过县级以上人民委员会的审查和批准，任何单位和个人都不得占用。这些规定，为后续处理权属界限或归属不清等权属争议提供了重要依据。

2. 20世纪八九十年代土地权属争议调处制度初步建立

1986年6月，我国第一部《土地管理法》对土地权属争议处理进行了规定，"土地所有权和使用权争议，由当事人协商解决；协商不成的，由人民政府处理。全民所有制单位之间、集体所有制单位之间、全民所有制单位和集体所有制单位之间的土地所有权和使用权争议，由县级以上人民政府处理；个人之间、个人与全民所有制单位和集体所有制单位之间的争议，由乡级人民政府或者县级以上人民政府处理。当事人对有关人民政府的处理决定不服的，可以自接到处理决定通知之日起三十日内，向人民法院起诉"。1989年，国家土地管理局印发《关于确定土地权属问题的若干意见》(〔1989〕国土[籍]字第73号；1995年5月废止)，对国家土地所有权、集体土地所有权、国有土地使用权、农村集体土地建设用地使用权以及土地所有权确定以及使用权证明文件上的四至界线与实地一致如何处理等提出四十条具体意见。1995年，国家土地管理局在总结地方实践的基础上，将《关于确定土地权属问题的若干意见》修订为《确定土地所有权和使用权的若干规定》(〔1995〕国土[籍]字第26号)，明确土地所有权和使用权由县级以上人民政府确定，土地管理部门具体承办，并对国家土地所有权、集体土地所有权、国有土地使用权、集体土地建设用地使用权提出具体确权要求。1995年12月，国家土地管理局首次以部门规章形式印发《土地权属争议处理暂行办法》(国家土地管理局令〔1995〕第4号；2003年废止)，规范了土地权属争议调处工作。

以国家和集体土地所有权为例，分阶段的确权政策如下：

(1) 国有土地所有权确权政策。依据1950年《土地改革法》及有关规定，凡当时没有将土地所有权分配给农民的土地属于国家所有；实施1962年《农村人民公社工作条例修正草案》(以下简称《六十条》)未划入农民集体范围内的土地属于国家所有。《六十条》公布以前，全民所有制单位，城市集体所有制单位和集体所有制的华侨农场使用的原农民集体所有的土地(含合作化之前的个人土地)，迄今没有退给农民集体的，属于国家所有；《六十条》公布时起至1982年5月《国家建设征用土地条例》公布时止，全民所有制单位、城市集体所有制单位使用的原农民集体所有的土地，存在签订过土地转移等有关协议、经县级以上人民政府批准使用等六类情形之一的，属于国家所有。《国家建设征用土地条例》公布时起至1987年《土地管理法》开始施行时止，全民所有制单位、城市集体所有制单位违反规定使用的农民集体土地，依照有关规定进行了清查处理后仍由其使用的，确定为国家所有。凡属上述情况以外未办理征地手续使用的农民集体土地，由县级以上地方人民政府根据具体情况，按当时规定补办征地手续，或退还农民集体。1987年《土地管理法》施行后违法占用的农民集体土地，必须依法处理后，再确定土地所有权。

(2) 集体土地所有权确权政策。土地改革时分给农民并颁发了土地所有证的土地，属于农民集体所有；实施《六十条》时确定为集体所有的土地，属农民集体所有。依照第二章规定属于国家所有的除外。根据《六十条》确定的农民集体土地所有权，由于村、队、社、场合并或分割等管理体制的变化引起土地所有权变更等原因发生变更的，按变更后的现状确定集体土地所有权。关于乡（镇）或村办企事业单位使用的集体土地，《六十条》公布以前使用的，分别属于该乡（镇）或村农民集体所有；《六十条》公布时起至1982年国务院《村镇建房用地管理条例》发布时止使用的，存在签订过用地协议等四种情形情况之一的，分别属于该乡（镇）或村农民集体所有；1982年国务院发布《村镇建房用地管理条例》时起至1987年《土地管理法》开始施行时止，乡（镇）、村办企事业单位违反规定使用的集体土地按照有关规定清查处理后，乡（镇）、村集体单位继续使用的，可确定为该乡（镇）或村集体所有。乡（镇）、村办企事业单位采用上述以外的方式占用的集体土地，或虽采用上述方式，但目前土地利用不合理的，如荒废、闲置等，应将其全部或部分土地退还原村或乡农民集体，或按有关规定进行处理。1987年《土地管理法》施行后违法占用的土地，须依法处理后再确定所有权。

3. 21世纪以来土地权属争议调处制度逐步完善

21世纪以来，我国土地权属争议调处制度不断健全完善。2003年1月，国土资源部在《土地权属争议处理暂行办法》的基础上，研究制定了《土地权属争议调查处理办法》（国土资源部令第17号），进一步明确了权属争议案件管辖、调处工作程序等，土地权属争议调处工作迈上新台阶。2005年4月，《国务院关于2005年深化经济体制改革的意见》（国发〔2005〕9号）指出，要加快建立健全土地权利体系，推动土地确权立法，完善土地调查和登记制度，规范土地交易行为，建立土地权属争议调处机制。2006年，中共中央办公厅、国务院办公厅印发《关于预防和化解行政争议 健全行政争议解决机制的意见》（中办发〔2006〕27号），强调努力把行政争议化解在基层、化解在初发阶段、化解在行政程序中。原国土资源部、现自然资源部门积极贯彻中央文件有关精神，印发相关规范性文件，或对地方提出的特殊问题请示进行批复或函复。2007年，国土资源部印发《关于加强土地权属争议调处工作的通知》（国土资发〔2007〕94号），要求建立健全土地权属争议机制，保障土地权属争议调处工作有效开展，实现定分止争、化解社会矛盾的目的。2011年5月，国土资源部联合财政部、农业部印发《关于加快推进农村集体土地确权登记发证工作的通知》（国土资发〔2011〕60号），对农村集体土地确权登记工作进行部署，并强调"加强争议调处。要及时调处土地权属争议，建立土地权属争议调处信息库，及时掌握集体土地所有权、宅基地使用权和集体建设用地使用权权属争议动态，有效化解争议，为确权创造条件"。2011年11月，国土资源部、中央农村工作领导小组办公室、财政部、农业部联合印发《关于农村集体土地确权登记发证的若干意见》（国土资发〔2011〕178号），明确提出"加强土地权属争议调处。各地要从机构建设、队伍建设、经费保障、程序规范等各方面，切实采取有力措施，建立健全土地权属争议调处机制，妥善处理农村集体土地权属争议"。

党的十八大以来，国家持续加强政策研究与配套制度供给。国土资源部、财政部、住房和城乡建设部、农业部、国家林业局《关于进一步加快推进宅基地和集体建设用地使用权确权登记发证工作的通知》（国土资发〔2014〕101号）、《关于进一步加快宅基地和集体建设用地确权登记发证有关问题的通知》（国土资发〔2016〕191号），自然资源部《关于加快宅基地和集体建设用地使用权确权登记工作的通知》（自然资发〔2020〕84号）等系列文件印发，对宅基地和集体建设用地使用权确权登记工作中面临的"一地多宅"、面积超占等问题，明确分阶段、分类型的确权登记政策，为工作规范推进提供了有力保障。

近年来，伴随法治国家、法治政府、法治社会建设步伐加快，自然资源权属争议制度体系进一步完善，《民法典》及新修订的《土地管理法》均对土地权属争议调处工作作出规定。《民法典》第二百三十三条规定："物权受到侵害的，权利人可以通过和解、调解、仲裁、诉讼等途径解决。"第二百二十四条规定："因物权的归属、内容发生争议的，利害关系人可以请求确认权利。"《土地管理法》第十四条规定："土地所有权和使用权争议，由当事人协商解决；协商不成的，由人民政府处理。单位之间的争议，由县级以上人民政府处理；个人之间、个人与单位之间的争议，由乡级人民政府或者县级以上人民政府处理。当事人对有关人民政府的处理决定不服的，可以自接到处理决定通知之日起三十日内，向人民法院起诉。在土地所有权和使用权争议解决前，任何一方不得改变土地利用现状。"

实践中，各地结合实际先后出台了地方性法规规章及政策性文件，如《北京市土地权属争议调查处理办法》《天津市确定土地权属办法》《辽宁省土地权属确定和争议处理办法》《浙江省土地权属争议行政处理程序规定》《广西壮族自治区土地山林水利权属纠纷调解处理条例》等，为规范推进基层自然资源权属争议处理工作提供了法治保障。

（二）不同历史阶段林木林地权属争议调处法律政策

1. 改革开放前林权制度初步建立

1950年6月颁布实施的《土地改革法》规定，各地没收地主和祠堂、庙宇的山林，征收富农、工商业者出租的山林，根据山田结合、树随地走的原则，平均分配给无山、少山的贫下中农并颁发《土地房产所有证》。大片森林、荒山等均收归国家所有，由国家经营。土地改革时期的分山，由于一些客观因素，导致一些林权纠纷隐患。例如，农民担心缴农业税，一定程度存在瞒报、少报、漏报山林现象；一些分配的山场面积没有丈量，由群众估算，造成农户持有的所有证记载的面积与实际面积不符。

农业合作化时期，林权主体由私人逐渐变为集体。初级合作社时期，农户将山林作价入社，由初级社统一经营管理，按股分红，山林权属不变，仍归农户所有。发展高级农业合作社时，除零星树木归个人所有外，成片的土地山林都由高级合作社统一经营。进入高级合作社后，取消土地山林收益分红，山林权属为高级社集体所有，全部按劳分配。随着各地相继建立农村人民公社，林业实行"三级所有制"管理体制，即农民所有的山林统归公社、大队、生产队集体所有。创办国营垦殖场林场，动员集体无偿赠山、献山，将集体山林变为国有林。

20世纪60年代初期，根据中央有关人民公社的政策精神，各地对土地、劳力、耕畜、农具实行"四固定"，对森林和林地所有权属进行清查核定，落实国家的山林所有权和人民公社各级集体山林所有权。1961年6月，中共中央印发《关于确定林权保护山林和发展林业的若干政策规定》（史称"林业十八条"），要求开展确定山林权属工作，并分别对属于国家所有的山林和荒山以及归公社、大队、生产队所有的山林权具体情形予以明确和细化。

这一阶段，森林和林地所有权属清查造册等工作相对粗糙。加上"三级所有制"中生产队变化频繁，如南方重点林区各地大办社队林场，社队规模变换频繁，林权经常变更，留下一定林权纠纷隐患。

2. 20世纪八九十年代林权登记与争议调处工作探索开展

1981年3月，中共中央、国务院《关于保护森林发展林业若干问题的决定》要求开展以"四固定"权源为基础的林业"三定"工作。全国迅速掀起了以"稳定山权林权、划定自留山、确定林业生产责任制"为内容的林业"三定"工作。这一时期，县级人民政府为公社、大队、生产队颁发了《山权林权所有证》。为农户颁发了《社员自留山证》，明确自留山所有权归集体，使用权归农户个体，长期经营、允许继承。将集体的山林划出部分作为责任山，承包给农户，集体与农户间签订了《林业生产责任书》，俗称责任山，约定产品和收益交足国家的，留够集体的，余下都是自己的。林业"三定"时期的确权发证，是对"四固定"时期的权属进一步明确，是以后调处林木、林地权属争议时的重要权属依据。同时，由于技术标准要求、操作政策规定、产权保护意识等影响，林业"三定"时期的林权登记发证成果不同程度地存在证书记载面积与实际面积不符、四至界址不准确甚至一山多证等问题。这些不规范问题主要与当时特定的历史背景条件密切相关，应客观理性看待。

1984年，我国第一部《森林法》对林木、林地的所有权和使用权归属作出明确规定，为林业发展提供了法治保障。同年7月，国务院批转了林业部、民政部等部门《关于调处省际山林权纠纷问题的报告》，明确了调处省际山林权纠纷应掌握的政策原则，如1949年以前的旧契约不能作为确定山林权属的依据，山林权属应以土地改革时确定的权属为基础，以人民政府颁发的土地证为主要凭证；1949年以后，确属越界在对方土地上营造的人工林，应当按照山权不变，林权归造林者所有，适当照顾山权一方利益等八个方面的原则，协商解决，并强调要坚持双方主动协商，上级帮助，把纠纷解决在基层。

1989年6月，《国务院办公厅转发林业部关于国有林权证颁发情况及限期完成发证工作意见报告的通知》（国办发〔1989〕28号）要求加快国有林的确权发证工作，明确国营林业局、国营林场（采育场、伐木场）、国营苗圃、自然保护区（系指森林和野生动物类型的自然保护区）以及其他部门、单位的国有林为国有林发证的范围，要求发证工作必须做到地块的四至清楚、权属明确、标志显著，林权证与现地、图面相符，并建立档案。但受各种因素影响，国有林发证进展缓慢，存在大量国有林地未确权发证，也是造成林木、林地所有权争议的重要原因。

1996年10月，林业部印发《林木林地权属争议处理办法》（林业部令第10号），从处理依据、处理程序等方面，对林木、林地权属争议处理进行了规定。1998年4月，修正后的《森林法》进一步对林木、林地权属归属和林木、林地权属争议处理予以明确。

3. 21世纪以来林权确权与争议调处制度逐步完善

进入21世纪后，党中央、国务院对林权改革作出重要部署。2003年6月，中共中央、国务院发布《关于加快林业发展的决定》，明确要求进一步完善林业产权制度。对权属明确并已核发林权证的，要切实维护林权证的法律效力。对权属明确尚未核发林权证的，要尽快核发。对权属不清或有争议的，要抓紧明晰或调处，尽快核发权属证明，开始全面使用全国统一式样林权证。2008年6月，中共中央、国务院发布《关于全面推进集体林权制度改革的意见》，明确提出用五年左右时间，基本完成明晰产权、承包到户的集体林权制度改革任务。要求依法进行实地勘界、登记，核发全国统一式样的林权证，做到林权登记内容齐全规范，数据准确无误，图、表、册一致，人、地、证相符。对权属有争议的林地、林木，要依法调处，纠纷解决后再落实经营主体。2003年开始的林权换发证和2008年开始的集体林权制度改革确权发证，被统称为"林改确权发证"。为权利人颁发全国统一式样的《中华人民共和国林权证》，是对林业"三定"时期确权成果的维护、补充和完善。

2019年，新修订的《森林法》第二十二条规定："单位之间发生的林木、林地所有权和使用权争议，由县级以上人民政府依法处理。个人之间、个人与单位之间发生的林木所有权和林地使用权争议，由乡（镇）人民政府或者县级以上人民政府依法处理。当事人对有关人民政府的处理决定不服的，可以自接到处理决定通知之日起三十日内，向人民法院起诉。在林木、林地权属争议解决前，除因森林防火、林业有害生物防治、国家重大基础设施建设等需要外，当事人任何一方不得砍伐有争议的林木或者改变林地现状。" 2020年以来，自然资源部与国家林业和草原局联合印发的《关于进一步规范林权类不动产登记做好林权登记与林业管理衔接的通知》(自然资办发〔2020〕31号)和自然资源部办公厅印发的《关于林木林地权属争议调处事宜的函》(自然资办函〔2021〕2154号)等文件,为稳妥化解林木、林地权属争议提供了重要政策依据。

近年来,地方林木林地权属争议调处制度建设步伐加快,各地先后出台了相关办法,如《安徽省山林权纠纷调处办法》《福建省林木林地权属争议处理条例》《江西省山林权属争议调解处理办法》《湖南省林木、林地权属争议处理办法》《广东省林木林地权属争议调解处理条例》《四川省林权纠纷调处办法》《新疆维吾尔自治区林木林地权属争议处理办法》。

(三)不同历史阶段草原权属争议调处法律政策

1. 改革开放前草原权属管理制度初步建立

1952年之后,我国开始全面实行社会主义改造,广大牧区在1958年底基本完成了社会主义改造,完全消灭了封建时期的千户、百户、牧主头等贵族大户。在极短时间内,牧区和农区一起实现了从互助组到初级社和高级社的发展阶段,形成了"三级所有,队为基础"的组织单元,边界清晰的公社、大队、小队逐步形成。这一时期,草原归全民所有,而牧民牲畜自愿入社集体经营。牲畜分类分等级按市价入股,按劳畜比例分配收益。

人民公社时期,牲畜和草原都基本实现了完全的公有化,基本确立了牧区牧户定居的模式。据统计,1962年内蒙古全区定居的牧户占总牧户的79%以上(营刚等,2014)。这意味着大规模的游牧生产基本结束,逐步形成以一个村组为边界的空间集聚单元。有学者认为,这一段公有制时期的草原权属制度虽然将牧区划分为相对较小的区域,但这一制度模式注入了某些现代管理方式和技术,达到了较高的草场利用水平(周立、董小瑜,2013)。

2. 改革开放以来通过立法明确了草原权属争议处理制度

改革开放以后,农村家庭联产承包责任制相继实施,全国各地逐步实现承包到户。1985年6月审议通过的《草原法》不仅明确了草原的所有权、使用权归属,也明确了草原承包经营制度以及草原权属争议处理的原则。其中,第四条规定,草原属于国家所有,即全民所有,由法律规定属于集体所有的草原除外。全民所有的草原,可以固定给集体长期使用。全民所有的草原、集体所有的草原和集体长期固定使用的全民所有的草原,可以由集体或者个人承包从事畜牧业生产。全民所有制单位使用的草原,由县级以上地方人民政府登记造册,核发证书,确认使用权。集体所有的草原和集体长期固定使用的全民所有的草原,由县级人民政府登记造册,核发证书,确认所有权或者使用权。第六条规定,草原所有权和使用权的争议,由当事人本着互谅互让、有利团结的精神协商解决;协商不成的,由人民政府处理。全民所有制单位之间、集体所有制单位之间以及全民所有制单位与集体所有制单位之间的草原所有权和使用权的争议,由县级以上人民政府处理。个人之间、个人与全民所有制单位或者集体所有制单位之间的草原使用权的争议,由乡级或者县级人民政府处理。当事人对有关人民政府的处理决定不服的,可以在接到通知之日起一个月内,向人民法院起诉。在草原权属争议解决以前,任何一方不得破坏草原和草原上的设施。

随后,《草原法》历经多次修订或修正。如2002年12月28日对《草原法》进行修订,2009年8月27日、2013年6月29日和2021年4月29日先后三次进行修正。不过,对草原权属及争议处理的规定基本延续了1985年《草原法》的规定,只是在表述上进行了完善。例如,2021年修正后的《草原法》第十六条规定:草原所有权、使用权的争议,由当事人协商解决;协商不成的,由有关人民政府处理。单位之间的争议,由县级以上人民政府处理;个人之间、个人与单位之间的争议,由乡(镇)人民政府或者县级以上人民政府处理。当事人对有关人民政府的处理决定不服的,可以依法向人民法院起诉。在草原权属争议解决前,任何一方不得改变草原利用现状,不得破坏草原和草原上的设施。

(四)不同历史阶段海域权属争议调处法律政策

1. 20世纪90年代初步构建海域权属管理与争议调处制度

随着改革开放不断深化,我国海洋战略的工作重点逐步转向开发和利用海洋资源。为加强对海洋资源的合理开发与可持续利用,提高海域经济、社会和生态综合效益,1993年5月,财政部、国家海洋局发布《国家海域使用管理暂行规定》(财综字〔1993〕第73号;2008年废止),不仅明确了海域使用权制度,也对海域使用权争议处理进行了规定。其中,第十三条规定,海域使用权争议,由当事人协商解决,协商不成的,由当地人民政府调解。调解不服的,可以通过司法程序解决。在海域使用权争议解决之前，任何一方不得改变海域使用现状。

2. 21世纪后逐步完善海域权属管理与争议调处制度

21世纪，我国进入全面开发利用海洋资源的新阶段，以发展海洋经济和开发海洋资源为核心的海洋政策体系不断健全，海域权属管理与权属争议调处制度不断完善。

为了加强海域使用管理，维护国家海域所有权和海域使用权人的合法权益，促进海域的合理开发和可持续利用，2001年10月27日，《海域使用管理法》明确规定海域属于国家所有，国务院代表国家行使海域所有权。任何单位或者个人不得侵占、买卖或者以其他形式非法转让海域。单位和个人使用海域，必须依法取得海域使用权。明确海域申请使用制度、建立海域使用权登记制度、有偿使用制度等，也对海域使用权争议处理进行了新的规定。其中，第三十一条规定："因海域使用权发生争议，当事人协商解决不成的，由县级以上人民政府海洋主管部门调解；当事人也可以直接向人民法院提起诉讼。在海域使用权争议解决前，任何一方不得改变海域使用现状。"前述关于海域使用权争议处理的表述与财综字〔1993〕第73号规定的区别在于：一是调解主体由原来的政府调解调整为人民政府海洋主管部门调解；二是程序上，对于协商不成的，可以由人民政府海洋主管部门调解，也可以直接向人民法院提起诉讼，删除了诉讼前须调解的程序。

2004年4月，为贯彻实施《海域使用管理法》，国家海洋局制定《海域使用权争议调解处理办法》（国海发〔2002〕10号），明确规定："调解处理海域使用权争议，适用本办法。"首次明确了海域使用权争议处理程序、案件管辖以及受理案件范围等，在处理主体和程序上紧扣《海域使用管理法》第三十一条的相关规定。该办法已于2019年6月废止。

三、现行自然资源权属争议处理程序

根据现行制度规定，分别介绍土地、林木林地两类自然资源权属争议处理的工作程序。关于草原权属争议处理的规定主要见于《草原法》，国家没有专门出台配套制度，实践中一般按照申请、受理、调解、处理等程序办理。同时，鉴于国家海洋局制定的《海域使用权争议调解处理办法》（国海发〔2002〕10号）已废止，不再介绍海域使用权争议调解处理程序。

（一）土地权属争议处理程序

按照《土地管理法》第十四条规定，单位之间的争议，由县级以上人民政府处理；个人之间、个人与单位之间的争议案件，由乡级人民政府或者县级以上人民政府处理。《土地权属争议调查处理办法》规定，根据争议案件具体情况分别由不同层级自然资源主管部门具体处理。①县级自然资源主管部门。调查处理本辖区内个人之间、个人与单位之间、单位与单位之间发生的争议案件。个人之间、个人与单位之间发生的争议案件，可以根据当事人的申请，由乡级人民政府受理和处理。②设区的市（自治州）自然资源主管部门。调查处理本辖区内跨县级行政区域以及同级人民政府、上级自然资源主管部门交办或者有关部门转送的争议案件。③省（自治区、直辖市）自然资源主管部门。调查处理跨设区的市（自治州）行政区域的、争议一方为中央国家机关或者其直属单位且涉及土地面积较大的、争议一方为军队且涉及土地面积较大的、在本行政区域内有较大影响的以及同级人民政府、自然资源部交办或有关部门转送的争议案件。④自然资源部。调查处理国务院交办的以及在全国范围内有重大影响的争议案件。

1. 申请

当事人发生土地权属争议，经协商不能解决的，可以依法向县级以上人民政府或乡级人民政府提出处理申请，也可以根据管辖规定，向有关的自然资源行政主管部门提出调查处理申请。

申请调查处理土地权属争议的，应当符合下列条件：一是申请人与争议的土地有直接的利害关系；二是有明确的请求处理对象、具体的处理请求和事实根据。当事人申请调查处理土地权属争议，应当提交书面申请书和有关证据材料，并按照被申请人数提交副本。

当事人提交的申请书内容主要包括：申请人和被申请人的姓名或名称、地址、邮政编码、法定代表人姓名和职务；请求的事项、事实和理由；证人的姓名、工作单位、住址、邮政编码。

当事人可以委托代理人代为申请土地权属争议的调查处理。委托代理人申请的，应当提交授权委托书。授权委托书应当写明委托事项和权限。

2. 受理

（1）受理范围。自然资源主管部门受理范围主要包括当事人提出的土地权属争议调查处理申请，也包括同级人民政府、上级自然资源主管部门交办或者有关部门转办的争议案件。土地侵权、行政区域边界争议、土地违法、农村土地承包经营权争议等案件不作为土地权属争议案件受理范围。

（2）受理的程序和条件。对申请人提出的土地权属争议调查处理的申请，自然资源主管部门应当按规定进行审查，并在收到申请书之日起七个工作日内提出是否受理的意见。认为应当受理的，在决定受理之日起五个工作日内将申请书副本发送被申请人。被申请人应当在接到申请书副本之日起三十日内提交答辩书和有关证据材料。逾期不提交答辩书的，不影响案件的处理。认为不应当受理的，应当及时拟定不予受理建议书，报同级人民政府作出不予受理决定。当事人对不予受理决定不服的，可以依法申请行政复议或者提起行政诉讼。

3. 调查

自然资源主管部门决定受理后，应当及时指定承办人，对当事人争议的事实情况进行调查。调查是查清案件事实的过程，是处理土地权属争议的重要阶段。

首先，确定案件承办人。承办人与争议案件有利害关系的，应当申请回避；当事人认为承办人与争议案件有利害关系的，有权请求该承办人回避。承办人是否回避，由受理案件的自然资源主管部门决定。

其次，调查取证。承办人在调查处理土地权属争议过程中，可以向有关单位或者个人调查取证。被调查的单位或者个人应当协助，并如实提供有关证明材料。在调查处理土地权属争议过程中，自然资源主管部门认为有必要对争议的土地进行实地调查的，应当通知当事人及有关人员到现场。必要时，可以邀请有关部门派人协助调查。土地权属争议双方当事人对各自提出的事实和理由负有举证责任，应当及时向负责调查处理的自然资源行政主管部门提供有关证据材料。

最后，证据材料审查认定。自然资源主管部门在调查处理争议案件时，应当审查双方当事人提供的下列证据材料：①人民政府颁发的确定土地权属的凭证；②人民政府或者主管部门批准征用、划拨、出让土地或者以其他方式批准使用土地的文件；③争议双方当事人依法达成的书面协议；④人民政府或者司法机关处理争议的文件或者附图；⑤其他有关证明文件。

对当事人提供的证据材料，应当查证属实，方可作为认定事实的根据。

4. 调解

自然资源主管部门对受理的争议案件，应当在查清事实、厘清权属的基础上先行调解，促使当事人以协商方式达成协议。调解应当坚持自愿、合法的原则。

调解达成协议的，应当制作调解书。调解书的内容主要包括：当事人的姓名或者名称、法定代表人姓名、职务；争议的主要事实；协议内容及其他有关事项。

调解书经双方当事人签名或者盖章，由调处机构承办人署名并加盖自然资源主管部门的印章后生效。

生效的调解书具有法律效力，是不动产登记的依据。自然资源主管部门应当在调解书生效之日起十五日内，依照民事诉讼法的有关规定，将调解书送达当事人，并同时抄报上一级自然资源主管部门。根据2009年7月最高人民法院发布的《关于建立健全诉讼与非诉讼相衔接的矛盾纠纷解决机制的若干意见》的规定，当事人可以申请有管辖权的人民法院确认调解书的效力。

5. 处理

自然资源权属争议经调解未达成协议的，自然资源主管理部门应当及时提出调查处理意见，报同级人民政府作出处理决定。

首先，提出调查处理意见。自然资源主管部门应当自受理自然资源权属争议之日起六个月内提出调查处理意见。因情况复杂，在规定时间内不能提出调查处理意见的，经该自然资源主管部门的主要负责人批准，可以适当延长。

其次，作出处理决定。自然资源主管部门提出调查处理意见后，应当在五个工作日内报送同级人民政府，由人民政府下达处理决定。自然资源主管部门的调查处理意见在报同级人民政府的同时，抄报上一级自然资源主管部门。处理决定的内容主要包括：①当事人的姓名或者名称、地址、法定代表人的姓名、职务；②争议的事实、理由和要求；③认定的事实和适用的法律、法规等依据；

④拟定的处理结论。

最后，不服处理决定的处理。当事人对处理决定不服的，可以依法申请行政复议或者提出行政诉讼。在规定的时间内，当事人既不申请行政复议，也不提出行政诉讼，处理决定即发生法律效力。

（二）林木林地权属争议处理程序

根据《森林法》《林木林地权属争议处理办法》等规定，林木林地权属争议处理程序如下。

1. 申请

林权争议发生后，当事人经协商不能达成协议的，可以向林权争议处理机构申请处理。当事人申请处理林权争议的，应当提交《林木林地权属争议处理申请书》。

《林木林地权属争议处理申请书》应当包括以下内容：①当事人的姓名、地址及其法定代表人的姓名、职务；②争议的现状，包括争议面积、林木蓄积，争议地所在的行政区域位置、四至和附图；③争议的事由，包括发生争议的时间、原因；④当事人的协商意见。

《林木林地权属争议处理申请书》由省（自治区、直辖市）人民政府林权争议处理机构统一印制。

2. 受理

林权争议处理机构在接到《林木林地权属争议处理申请书》后，应当及时组织办理。

3. 调解

当事人对自己的主张应当出具证据。当事人不能出具证据的，不影响林权争议处理机构依据有关证据认定争议事实。

林权争议经林权争议处理机构调解达成协议的，当事人应当在协议书上签名或者盖章，并由调解人员署名，加盖林权争议处理机构印章，报同级人民政府或者林业行政主管部门备案。

4. 处理

林权争议经林权争议处理机构调解未达成协议的，林权争议处理机构应当制作处理意见书，报同级人民政府作出决定。处理意见书应当写明下列内容：①当事人的姓名、地址及其法定代表人的姓名、职务；②争议的事由、各方的主张及出具的证据；③林权争议处理机构认定的事实、理由和适用的法律、法规及政策规定；④处理意见。

需要说明的是，为进一步明确涉及国家重点林区的林木林地权属争议的处理，《自然资源部办公厅关于林木林地权属争议调处事宜的函》（自然资办函〔2021〕2154号）规定，涉及国务院确定的国家重点林区的林木林地权属争议，暂由争议所在地省级自然资源主管部门会同林草行政主管部门具体办理，需要作出处理决定的，报省级人民政府作出处理决定。争议处理后，涉及原确权登记范围变更的，处理结果报自然资源部和国家林业和草原局。

四、自然资源权属争议调处工作实践探索

近年来，在现行制度体系和已有工作基础上，自然资源部围绕建立健全协商、调解、仲裁、行政裁决、行政复议和诉讼等有机衔接、相互协调、多元化的自然资源资产产权纠纷解决机制进行了积极探索。2019年，自然资源部印发《关于建立自然资源权属争议调处工作统计报告机制的函》（自然资办函〔2019〕1917号），推动建立自然资源权属争议调处工作定期统计报告制度，建立重大自然资源权属争议事件及时报告制度。2020年4月，自然资源部在广东省汕头市、清远市部署示范点建设，初步形成了一批政策性、技术性和工作性成果。实践中，各地不断加快探索步伐，呈现良好工作局面。

1. 广东省汕头市、清远市开展自然资源权属争议行政裁决试点探索

根据工作部署，汕头市选择濠江区和澄海区作为行政裁决先行调解示范点，清远市将清新区作为自然资源权属争议行政裁决示范创建点。试点工作中，两市注重从制度和机制上探索土地山林权属纠纷案件有效解决途径。在行政裁决制度规范方面，探索形成统一的程序规定，对行政裁决工作涉及的申请、受理、回避、调解、审理、裁决、送达和执行等内容作出明确规范。汕头市出台了《汕头市土地林木林地权属争议行政裁决程序暂行规定》，明确了行政裁决的申请、受理、回避、证据、调解、审理、救助途径、权属登记（执行）、期间和送达等

内容，构建了"调解优先、简繁分流、多元化解"的自然资源纠纷多元化解服务平台。清远市出台了《清远市清新区自然资源权属争议行政裁决示范创建联席会议工作制度》《清新区自然资源权属纠纷案件庭审办法（试行）》等制度规范。清远市清新区探索搭建"一站式"纠纷解决服务平台，在区司法局设示范创建领导小组办公室，由负责行政复议、行政诉讼的法制股股长担任办公室主任，行政裁决与行政调解、行政复议、行政诉讼有机衔接联动、相互协调。建立村（社区）法律顾问、人民调解员名册，将清新区 42 名村居法律顾问、1 323 名人民调解员纳入行政裁决调解人才库，充实行政裁决力量，充分发挥律师、村（社区）法律顾问、人民调解员的作用，邀请参与到行政裁决工作中，成为行政裁决工作的宣传员、引导员、服务员，把调解贯穿行政裁决全过程，把矛盾纠纷化解在基层。

2. 四川省印发实施《自然资源权属争议行政裁决暂行办法》

2020 年 9 月，四川省委全面依法治省委员会部署开展全面依法治县示范试点工作，明确省级自然资源部门为示范试点单位之一。2021 年 9 月 22 日，四川省自然资源厅印发《四川省自然资源权属争议行政裁决暂行办法》，细化了行政裁决具体程序，进一步明确行政裁决参加人、行政裁决申请、受理条件、受理审查、被申请人答辩、当事人举证、调查取证、先行调解、作出行政裁决、办理时限、中止、终止、回避等具体内容，符合行政裁决申请便利化、行政裁决办理高效化的改革要求，对规范办理行政裁决案件，及时有效化解自然资源权属争议，切实保障人民群众合法权益、维护社会和谐稳定具有重要意义。

3. 湖南省组建自然资源资产行政争议协调化解中心

2021 年 9 月 3 日，湖南省自然资源厅与湖南省高级人民法院联合成立湖南省自然资源资产行政争议协调化解中心，构建了自然资源资产纠纷在诉讼之外的重要纠纷化解渠道。这是我国省级层面多部门联合探索机构建设的重大创新，为加快建设现代化诉讼服务体系，进一步增强人民法院解决纠纷和服务群众的能力水平，促使当事人平等协商、互谅互让，快速解决争议纠纷提供了重要平台。该中心的调解室和接待室设在湖南省自然资源事务中心，凡起诉至长沙铁路运输法院或长沙市中级人民法院的自然资源资产一审行政争议案件，相关人民法院可以在立案前交由该中心协调化解。

4. 江西省探索完善不动产权属争议调处机制

2021年，江西省委机构编制办公室、江西省自然资源厅印发《关于健全完善不动产权属争议调处机制的意见》（赣自然资字〔2021〕11号），明确在自然资源部门设立市、县（区）政府不动产权属争议调处工作领导小组办公室，全面受理不动产权属争议调处申请。2021年6月，省自然资源厅印发《关于做好不动产权属争议调处工作的通知》（赣自然资规〔2021〕2号），明确土地、山林不动产权属争议由各级政府负责调处，自然资源主管部门负责办理调处的具体工作，并进一步明确权属争议调处范围的界定、统一争议调处管辖和程序。该通知要求各地依法受理属于确权前置、须由政府处理的案件，明确土（林）地不动产所有权和使用权归属的争议，受理范围不包括合同纠纷等可仲裁或可诉讼的不动产权属争议案件，以及不动产侵权案件、行政区域边界争议案件、不动产违法案件、农村土（林）地承包经营权争议案件、农村土（林）地经营权争议案件和其他不作为权属争议的案件。

5. 山东省青岛市探索建立土地权属争议调查处理和案件审判信息公开制度

为进一步优化登记财产评价指标，深入推进政务公开，加强土地争议案件审判工作规范化、标准化、透明化，完善土地争议案件审判信息公开工作，2020年7月，青岛市自然资源和规划局、青岛市中级人民法院印发《关于建立土地权属争议调查处理和案件审判信息公开制度的通知》（青自然资规字〔2020〕108号）。该通知要求，建立完善全市土地权属争议案件调查处理信息公开制度，加强法院系统涉及土地纠纷案件审理信息依法公开，加强自然资源部门和人民法院在涉及土地纠纷案件信息方面的依法互通共享。

6. 福建省龙岩市借鉴"枫桥经验"探索矛盾纠纷多元化调解机制

为加强和规范自然资源领域矛盾纠纷调解工作，及时化解征地拆迁、不动产登记等自然资源行政管理职能有关的各类争议纠纷，切实维护权利人合法权益，2020年9月，龙岩市委办公室、市政府办公室印发《龙岩市坚持和发展新时代"枫桥经验"进一步完善矛盾纠纷多元化调解机制若干意见》（岩委办发〔2020〕14号）。该意见明确，探索多元化解方式，积极探索涉自然资源矛盾纠纷非诉讼化解方式，对于未能以非诉讼和不适宜以非诉讼方式解决的涉自然资源矛盾纠纷，依照法定程序调解。建立自然资源矛盾纠纷调解人员库，完善自然资源矛盾纠纷专业性调解组织平台和自然资源矛盾纠纷对接平台。

第三节　自然资源权属争议调处典型案例分析与启示

一、自然资源权属争议案例指导探索

近年来，我国法院、检察院及司法等部门加快探索建立案例指导制度，取得一定成效。最高人民法院先后发布了《关于案例指导工作的规定》（法发〔2010〕51号）、《〈关于案例指导工作的规定〉实施细则》（法〔2015〕130号）等，对于社会广泛关注、法律规定比较原则、具有典型性、疑难复杂或者新类型等已经发生法律效力的裁判案例，由最高人民法院发布为指导性案例，各级人民法院审判类似案时参照。2010年7月，最高人民检察院发布《关于案例指导工作的规定》，对案件处理结果已经发生法律效力，案件办理具有良好法律效果与社会效果，在事实认定、证据采信、法律适用、政策掌握等方面具有指导意义的案例，确定为指导性案例。为便于案例的推广应用，司法部搭建了中国法律服务网（12348中国法网），建立了司法行政（法律服务）案例库。截至2022年2月底，已收集发布案例40 417篇。

由于自然资源权属争议多涉及不同时期的政策，案情复杂，调处难度大，为促进各地有效处理各类自然资源权属争议，充分发挥典型案例的指导作用，自2019年起，自然资源部广泛征集自然资源权属争议典型案例。截至2021年底，已收集各地自然资源权属争议案例500余个，从中精选出200余个典型案例编成《自然资源（土地）权属争议调处典型案例选编》出版。自2006年起，已编辑出版10辑《土地矿产典型案例评析与法律实务操作指南》。大量典型案例的推广，为各级法院、人民政府及自然资源主管部门解决争议提供了参考。

与此同时，自然资源部积极推动自然资源权属争议调处工作规范化、信息化建设，2021年组织开发并部署试运行"自然资源权属争议案件登记系统"，探

索建立统一的权属争议案件数据库,为基层调处类似案件提供参考和指导。

二、自然资源权属争议调处典型案例评析

(一)农民使用"四固定"时期未分配给农民集体的土地权属确认案

1. 案情介绍

争议的土地位于海南省某市 A 村小溪水泥桥东侧,其四至为:东至 B 村田洋排水沟,南至 C 村王某耕作坡地,西至小溪边,北至小溪。争议土地面积为 35.20 亩。争议双方分别为 B 村和 A 村。

B 村称:该地名叫黄洲坡(洲口坡),系本村历史使用的土地,1949 年以前 B 村村民就在该地开垦种植农作物。土地改革时期政府没有分配给农民;人民公社化时该地归 B 村集体使用,从 1962 年起,B 村原第十队、第十二队就开始陆续在该地上种植木麻黄树,"四联队"时期(1972~1981 年),B 村又将该地归全村集体统一管理使用。1985 年 B 村把该地上的木麻黄树砍掉,承包给村中杨某等人种植西瓜,1986 年再将该地发包给村中的刘某种植木麻黄树。2001 年 3 月,刘某把自己种植木麻黄树出售给本村林某和金江镇蔡某,并到县林业局办理林木采伐许可证(〔2001〕澄林采字第 75 号)。此期间,A 村村民多次在该地挖土建房引起两村矛盾;2003 年 A 村曾某等人不顾 B 村长期使用管理该地的事实,故意砍掉该地上篱笆毁坏 B 村村民种植的木薯作物,进行退耕还林。2004 年 3 月农村土地确权时,该地才圈划为争议地。因此,该地应属 B 村农民集体所有。

A 村称:争议地叫溪边坡,A 村与 B 村并乡时,黄洲坡的土地没有任何人耕作;成立高产队时种植番茨(又名红薯、地瓜);20 世纪 60 年代,A 村的小学任校长曾经带领学生在该地上种植西瓜一年;1972 年 B 村并队时,B 村发动群众在现争议地上种植木麻黄树,当时 A 村在争议地南端种植黑豆、番茨等作物。后来,B 村又在该地上种树。农村体制改革后,A 村所建房屋所用土沙基本是在该地处取用,至今还是继续取沙填宅基地。现争议地南端还有 A 村第四

村民小组曾某在 2004 年种植木麻黄树约 2 亩。因此，该宗土地应归 A 村集体所有。

2. 处理情况

经查，上述争议地在 20 世纪 50 年代进行土地改革时期，县政府没有将争议地分配给农民，从国家测绘局 1959 年航摄、1960 年调绘的地形图判读，争议地为荒地，实施《六十条》时也未将该争议地划入农民集体范围。1969 年，B 村在争议地上种植木麻黄树，管理成林砍伐出售；农村体制改革时，双方当事人也没有把该争议地发包给村民；1986 年，B 村把该地发包给该村刘某种植木麻黄树；2001 年 3 月，刘某把林木出卖给该村林某和金江镇蔡某，并到县林业局办理林木采伐许可证（〔2001〕澄林采字第 75 号）；1992 年县土地详查时，争议地南端有 A 村管理的约 6 亩土地。2003 年 A 村曾某在黄洲坡进行退耕还林时引起争议，2004 年土地确权圈为争议地。

依据所调查的事实情况和相关确权规定，县政府认为：争议双方当事人均以使用过该地为由主张集体土地，缺乏法律依据，且各方均拿不出确凿证据证明土地归属。根据双方当事人实际使用情况，为妥善处理，县政府有关部门把争议地分为东西两块：东侧为地块 1，西侧为地块 2。根据两村实际使用情况，按照原国家土地管理局《确定土地所有权和使用权的若干规定》第十八条和《海南省确定土地权属若干规定》第十八条的规定，作出如下决定：①争议地黄洲坡四至为：东至 B 村田洋排水沟，南至 C 村王某耕作坡地，西至小溪边，北至小溪；争议土地面积为 35.20 亩的土地属于国家所有。②争议地地块 1 面积为 26.47 亩的土地确定给 B 村集体使用；地块 2 面积为 8.73 亩的土地确定给 A 村集体使用。

3. 案例评析

该宗地争议发生在 20 世纪 50 年代土地改革时期，政府没有颁发土地证；1962 年"四固定"时期，政府也没有将争议地分配给农民集体，各方在主张权利的同时都拿不出确凿证据证明土地归属，根据《确定土地所有权和使用权的若干规定》第十八条的规定，将该宗地的土地所有权确定为国家所有。同时本着尊重历史、面对现实的原则，当地政府在确认该宗地的使用权时，根据争议双方使用争议地的情况和《海南省确定土地权属若干规定》第十八条的规定，

"对土地所有权和土地使用权有争议,争议各方均拿不出确凿证据证明土地归属,又调解不成的,由县级以上土地主管部门根据具体情况作出处理意见",作出争议地所有权为国家所有、使用权由现使用的两个村分别享有的处理决定。从现行法律规定分析,是正确的,从稳定农村、促进农村经济发展的角度分析也是非常有利的。

4. 案例启示

我国土地所有权主体为国家和农民集体。在国家和集体之间发生土地所有权争议时,一方面,双方往往都缺乏证据材料;另一方面,国家所有权主体不明确,行使不到位。因此,造成有的争议事实非常明确,但是,因争议双方都缺乏证据材料,而争议调处部门又没有裁决权,造成众多土地权属争议久拖不决,影响社会稳定。各地在处理此类争议时,除了依据国家法律法规确权外,在处理特殊问题时,也遵循当地的法规,如海南省人大通过的《海南省确定土地权属若干规定》在确定国有和集体所有的土地中即规定,自《六十条》公布前,农民集体经济组织一直使用至今的土地确定为集体所有。这些地方性确权规定虽然根据实际需要作了一些相应的规定,但在行政诉讼中法院经常以证据不足为由,撤销地方政府依据地方规定作出的处理决定,从而造成争议调处的恶性循环。为规范促进全国土地权属争议的调处工作,应结合不动产登记法研究起草工作,加快自然资源权属争议调处立法进程,提升土地权属争议调处工作水平[中国土地矿产法律实务中心(国土资源部土地争议调处事务中心),2007]。

(二)汕头市李某曾某土地权属争议行政裁决案

1. 案情介绍

李某父亲于 1985 年 1 月与曾某签订合作建房契约,由曾某出资在李某父亲提供的两处宅基地上建造两幢楼房,曾某因此分得其中一幢楼房。1987 年,李某取得曾某分得楼房所在宅基地批准文件;1993 年,土地管理部门对曾某与李某父亲的违法合建行为进行处罚,决定没收曾某分得楼房及相应宅基地为国有,后又将其作价确定给曾某,并根据曾某申请为其办理了国有土地使用权证书。

李某不服土地管理部门的上述行政处罚申请复议,汕头市人民政府于 2004

年2月5日作出复议决定,确认上述行政处罚违法并撤销该处罚;曾某不服,提起行政诉讼,经区、市两级法院审理,终审维持了复议决定。2004年7月,国土行政管理部门根据市人民政府的上述复议决定,撤销将上述国有土地使用权及楼房作价确定给曾某的批准文件以及相应的国有土地使用权证书,曾某不服提起行政诉讼,市中级人民法院终审撤销了土地管理部门对曾某作出的撤销决定。与此同时,李某提起要求土地管理部门为其办理上述宅基地登记的诉讼,二审期间,因区人民政府受理上述土地权属争议行政裁决申请,李某撤诉。

该宗权属纠纷历经双方当事人的多次复议、诉讼,历时十几年,始终未能得到解决。

2. 处理情况

汕头市自然资源局金平分局(原市国土资源局金平分局)具体承办该宗土地权属争议行政裁决案件后,对存在争议的土地进行全面调查取证。由于市中级人民法院终审撤销了土地管理部门对曾某作出的撤销决定后,曾某的国有土地使用权证书依然有效,作出裁决有较大的难度,且难以做到案结事了,若能以调解的方式解决系最佳方案。

市自然资源局金平分局因此多次约见双方当事人及代理律师,耐心了解双方诉求,研究如何解决双方的分歧。市局分管领导也高度重视,亲自带领有关处室以及市不动产登记中心工作人员到金平分局组织进行多场调解活动,最终促成双方当事人就该宗土地权属争议达成了一致的调解意见:申请人李某同意补偿被申请人曾某人民币110万元,被申请人曾某同意该宗土地的全部上盖物归申请人李某所有且放弃对该宗土地使用权的一切权利。

双方最终签署《土地权属纠纷调解书》并报区人民政府确认。李某按约定向曾某支付了全部补偿款后,不动产登记机构根据其申请为其办理了不动产权证书,该宗土地权属争议行政裁决案件圆满结案。

3. 案例评析

(1)李某是否对涉案土地享有使用权。李某于1987年经汕头市国土局汕国土管补(1987)211号文批准取得涉案宅基地使用权,虽尚未办理宅基地使用权登记,但依法可确认其享有宅基地使用权,然而,由于该土地上的楼房系曾某建造,该楼房的所有权属于曾某。依据房地权利主体一致的登记规则,如曾某不同意将该土地上的楼房让与李某，李某无法办理相应的不动产登记。

（2）曾某是否对涉案土地享有使用权。原土地管理部门虽然作出撤销曾某国有土地使用权证书的决定，但该决定被人民法院撤销，故曾某仍享有涉案土地的国有土地使用权。

（3）本行政裁决的焦点及解决办法。李某和曾某都提供了对涉案土地享有使用权的证据，究竟应当认定谁是合法的土地使用权人是本行政裁决的焦点。从穷尽法律途径的角度来说，李某有推翻曾某对涉案土地享有使用权的可能性，却无法推翻曾某因历史原因享有涉案土地上楼房所有权这一事实，这也是本行政裁决案件在处理上的最大问题。即使就涉案土地使用权作出裁决，依然无法实际解决双方争议，只会激化双方进一步的矛盾，继续引发持续不断的诉讼。

因此，根据没收涉案土地及楼房的行政处罚决定已被依法撤销的事实，结合被申请人曾某没有在涉案房屋居住实际需求（其将房屋出租于他人，长期居住于异地）的情况，土地管理部门提出由李某作价补偿曾某、曾某放弃土地使用权并将地上房屋让与李某的合理调解方案，同时确保李某办理不动产登记的路径畅通，最终双方当事人达成一致意见，长达二三十年的权属纠纷圆满解决。

4. 案例启示

首先，针对土地权属争议历史遗留问题，本着尊重历史、承认现实、合理合法的原则，在查清事实的基础上，在法律、法规和政策的框架内，引导当事人达成和解，是解决该宗权属争议的有效途径，也能减少当事人和行政机关的讼累，充分发挥了行政裁决在化解民事纠纷中的"分流阀"作用。

其次，在行政裁决的调解活动中，部门负责人高度重视，亲自带队、全程参与、靠前指挥，对最终促成调解协议起到关键作用。部门负责人通过亲自参加调解活动，及时回应当事人的关切、诉求，很大程度提高行政裁决当事人在调解过程中的积极性、灵活性。同时，充分考虑调解过程可能碰到的难点问题，比如此案中当事人对调解后办理不动产登记的担忧等，争取其他相关部门提前介入，及时找出解决办法，有利于提高裁决工作效率。

最后，鉴于土地权属争议涉及面广、专业性强、历史权属复杂，行政裁决工作人员必须熟悉国家法律法规政策，并具备丰富的实践经验。通过聘请有丰富经验的第三方专家、顾问参与行政裁决活动，对调解过程中涉及的法律、政策问题，提供专业的分析研判和解决意见，有助于提高行政裁决的专业化水平。[1]

（三）农民集体以取得时效为由主张土地所有权案

1. 案情介绍

"四固定"时，甲村分得一块荒草地，面积为 24.5 亩。1982 年乙村办理村办企业需使用土地，经与甲村协商，双方达成协议，甲村同意乙村无偿占用该荒草地作为乙村办企业用地。乙村于 1983 年在该地建 9 栋平房作为厂房，用于农产品加工。随后的几年，乙村先后利用该厂房进行养鸡、养猪等。该土地在前述使用过程中，未办理土地所有权的登记发证。2009 年，由于建设国家工程需要，拟征收该土地。在确定征地补偿对象时，甲村与乙村发生争执。甲村认为该土地一直归其所有，当时只是同意乙村使用，且未收取任何使用的费用，乙村则主张，其已连续使用该土地多达 27 年，且为征地时的实际使用人，因此应享有对该土地的征地补偿。

2. 处理情况

当地国土资源管理部门经多次协调，并根据原《土地管理法》《土地管理法实施条例》《确定土地所有权和使用权的若干规定》等规定，将该争议土地确定给甲村所有，由甲村作为该土地的所有权主体享有征收补偿。

3. 案例评析

本案看似关于征地补偿款归属的纠纷，但实际涉及两个问题：

（1）关于集体土地所有权主体如何确认的问题。根据《宪法》《民法典》《土地管理法》等法律法规规定，我国的土地所有权主体有两种， 是国家，其对城市土地及法律规定属于国家所有的农村和城市郊区的土地享有所有权；二是农民集体，包括村民小组、村农民集体及乡（镇）农民集体，对农村和城市郊区的土地（法律规定属于国家所有的除外）以及宅基地和自留地、自留山等享有所有权。在所有权具体行使时，前者由国务院代表行使，后者则依据规定分别由相应集体经济组织代表行使。例如，《民法典》规定："对于集体所有的土地和森林、山岭、草原、荒地、滩涂等，依照下列规定行使所有权：（一）属

---

[1] http://alk.12348.gov.cn/Detail?dbID=37&dbName=FXSF&sysID=11272.

于村农民集体所有的,由村集体经济组织或者村民委员会代表集体行使所有权;(二)分别属于村内两个以上农民集体所有的,由村内各该集体经济组织或者村民小组代表集体行使所有权;(三)属于乡镇农民集体所有的,由乡镇集体经济组织代表集体行使所有权。"关于国家与农民集体之间土地权属的划分,主要依据以下三种情形:一是通过法律规定方式,如《宪法》规定的城市土地属于国家所有;二是国家通过法定程序征收农民集体土地的方式,根据《民法典》《土地管理法》规定,国家为了公共利益的需要,并依照法律规定的权限和程序可以征收集体所有的土地;三是通过确权的方式,从广义上理解,土地确权是针对土地主体、权利归属、权利内容依据法律规定进行确认的过程,其法律效力是确认土地的归属及相应权能。目前,我国尚未就专门的土地权利立法。实践中,土地确权的依据主要是国家土地管理局《确定土地所有权和使用权的若干规定》(〔1995〕国土〔籍〕字第26号),其中明确规定了可将土地确定为国家所有的适用情形。例如,第十六条规定:"1962年9月《六十条》公布以前,全民所有制单位、城市集体所有制单位和集体所有制的华侨农场使用的原农民集体所有的土地(含合作化之前的个人土地)迄今没有退给农民集体的,属于国家所有。《六十条》公布时起至1982年5月《国家建设征用土地条例》公布时止,全民所有制单位、城市集体所有制单位使用的原农民集体所有的土地,有下列情形之一的,属于国家所有:(一)签订过土地转移等有关协议的;(二)经县级以上人民政府批准使用的;(三)进行过一定补偿或安置劳动力的;(四)接受农民集体馈赠的;(五)已购买原集体所有的建筑物的;(六)农民集体所有制企事业单位转为全民所有制或者城市集体所有制单位的。1982年5月《国家建设征用土地条例》公布时起至1987年《土地管理法》开始施行时止,全民所有制单位、城市集体所有制单位违反规定使用的农民集体土地,依照有关规定进行了清查处理后仍由全民所有制单位、城市集体所有制单位使用的,确定为国家所有。凡属上述情况以外未办理征地手续使用农民的集体土地,由县级以上地方人民政府根据具体情况,按当时规定补办征地手续,或退还农民集体。1987年《土地管理法》施行后违法占用的农民集体土地,必须依法处理后,再确定土地所有权。"

关于农民集体内部不同所有权主体之间的土地权属确定,最初始依据是土地改革、"四固定"时期所分配和固定的土地，后来实施的《六十条》以及其他法律法规等多是在"四固定"基础上进行调整，实践中对不同农民集体所有土地的确认依据主要是《确定土地所有权和使用权的若干规定》，其第三章规定了确认给各农民集体具体情形，如可确定为村内两个以上农民集体所有的情形有：①未打破组（原生产队）的界限发包的农用集体土地；②未打破组（原生产队）的界限分配的用作宅基地的集体土地；③村民小组（原生产队）单独投资设立的企业或公益设施所使用的原由该村民小组占有、使用的集体土地。其他不属于乡（镇）及村农民集体所有的集体土地。可确定为村农民集体所有的情形有：村农民集体修建并管理的道路、水利等设施所使用的集体土地；村集体经济组织为本村农民集体公共利益而使用的学校用地、办公用地等公用设施及公益事业用地；已经打破组的界限在全村范围内发包的农用集体土地；已经打破组的界限在全村范围内分配的宅基地。可确定为乡（镇）农民集体所有的情形有：乡（镇）修建并管理的道路、水利设施所使用的集体土地；《六十条》公布以前就由乡（镇）集体单独设立的企事业单位使用并且现在仍然由乡（镇）集体企事业单位使用的集体土地。另外，1962年9月《六十条》公布时起至1982年2月国务院《村镇建房用地管理条例》公布时止，乡（镇）或村办企事业单位开始使用的集体土地，有下列情形之一的，分别确定为乡（镇）或村农民集体所有：通过签订用地协议（不含租借）将土地交与乡（镇）集体或村集体的；经县、乡（公社）、村（大队）批准或同意，将土地所有权调整为乡（镇）或村集体所有的；经县、乡（公社）、村（大队）批准或同意，由乡（镇）集体对村集体进行了一定补偿或由村集体对乡（镇）集体进行了一定补偿的；原集体企事业单位性质已由村集体所有转变为乡（镇）集体所有或者已由乡（镇）集体转变为村集体所有的。1982年国务院《村镇建房用地管理条例》发布时起至1987年《土地管理法》开始施行时止，乡（镇）、村办企事业单位违反规定使用的集体土地按照有关规定清查处理后，乡（镇）、村集体单位继续使用的，也可确定为该乡（镇）或村集体所有。

本案中，甲村对该土地的取得是符合法律规定的，即为"四固定"时期固定给甲村的土地，政府的处理比较合理。政府确权所依据的是1995年国家土地管理局发布的《确定土地所有权和使用权的若干规定》，其制定和发布主要是为了满足我国土地确权、登记工作的需要，尤其是解决当时历史遗留的大量土地权属问题，一定程度上成为法院审理涉及土地权属案件的判决依据。但该规定仅为部门的规范性文件，立法层次低。近年来，一些地方出现了人民政府依照该规定作出的土地确权决定，在行政诉讼中被人民法院以适用法律条文不当被撤销的现象。该规定的有关内容侧重的是解决当时的历史遗留问题。经过十几年经济的发展，尤其是土地利用方式的转变后，有关土地权利的种类、名称、主体、客体、权利内容以及权利的取得、丧失等方面亟待进一步完善。因此，为理顺规范性文件与国家法律法规的统一协调，避免冲突，更重要的是为满足新形势下多样化的土地开发利用对权利立法的迫切需求，建议国家在《民法典》等法律所确定的土地权利体系框架下，进一步梳理现行实践中已存在的诸多土地权利类型，制定明晰土地权利内容的专门法律，以适应实践中土地权利的确认以及司法审判等的需要。

（2）关于我国土地取得时效是否适用的问题。本案中，乙村以长达27年使用土地为由主张土地的所有权，其主要依据是《确定土地所有权和使用权的若干规定》第二十一条的规定："农民集体连续使用其他农民集体所有的土地已满二十年的，应视为现使用者所有；连续使用不满二十年，或者虽满二十年但在二十年期满之前所有者曾向现使用者或有关部门提出归还的，由县级以上人民政府根据具体情况确定土地所有权。"而前述规定实际涉及的是关于不动产取得时效是否适用的问题。根据法理上对取得时效的定义，取得时效指财产的占有人以所有的意思（即以所有人的名义），善意地、公开地、和平地持续占有他人财产达到法定期间，即依法取得对该项财产所有权的法律制度。取得时效是民法中的一项重要法律制度，它起源于罗马法，后逐渐被世界许多国家采纳，当下大多数大陆法系国家（如法国、德国、日本等）已承袭了这一制度。事实上，在我国司法实践中已有有关取得时效的判例，如1992年7月31日《最高人民法院关于国营老山林场渭昔屯林木土地纠纷如何处理的复函》，被学术界普遍认为是在实务上运用了取得时效。该案中老山林场在权属不明的土地上种植杉木林，其后该土地确权给他人，就形成了老山林场对其杉木林所享有的土地权利。老山林场对该土地权利的取得，并非经双方合意而取得，而是依实际占有使用，且这种事实状态持续了20年余年而取得，因而是基于依取得时效而取得。最高人民法院的复函既是有效的批复性司法解释，也具有较强的判例性质，表明我国实务中对取得时效已持部分肯定的态度。虽然《确定土地所有权和使用权的若干规定》第二十一条规定可以理解为我国对取得时效的规定，但我国至今未从法律层面作出明确规定。实践中，《确定土地所有权和使用权的若干规定》自1995年发布实施以来，以第二十一条所规定的时效确认土地新的所有权主体的情形很少。

4. 案例启示

本案中，乙村虽已连续使用甲村土地长达27年之久，但使用之初的目的很明确仅为使用，而非享有所有权，且在使用过程中，甲、乙村对该土地所有权的归属清晰明了，应不符合法理上关于取得时效成立的要件。只是在该地将被国家征收而可能给予相应补偿的过程中，由于补偿的分配而引发的争议。因此，在实践处理过程中，对该地征收补偿的分配，乙村虽无权主张对该地土地的补偿，但可以考虑乙村对该土地的投入及地上附着物进行适当的补偿[中国土地矿产法律实务中心（国土资源部土地争议调处事务中心），2012]。

（四）当事人对已登记发证后提出的争议处理案

1. 案情介绍

争议地为判官岭下原大队园艺场林地，四至界线为：东至岩门前5组塘边，南至山脚及4组田边，西至石墙界基，北至判官岭下小路，面积约20亩，系荒地。该宗地在土地改革和"四固定"时期确权不明，亦没有相关权属凭证。1971年全县大办乡、村集体茶果场时，原日月大队（现鼎锅塘村委会）占用判官岭下林地约20亩，租用鼎锅塘村4组稻田7.07亩，创办大队园艺场，种植果树，饲养牛羊。1981年林业"三定"时，鼎锅塘村委会申报了园艺场林地权属，东安县政府给鼎锅塘村委会颁发了第0007769号《山林权证》（以下简称"7769号山林权证"）。该证记载："大队园地（艺）场，面积20亩，四至界线为东至岩门前5组塘边，南至4组田边为界，西至判官岭回场（围墙），北至判官岭五队牛路为界。"鼎锅塘村5组申报判官岭林地权属，东安县政府给鼎锅塘村5组颁发第0007765号《山林权证》（以下简称"7765号山林权证"）。该证记载："判官岭，面积100亩；四至界线：东至胡家岭茶山火坑，南至类子岭早木岭，西至丝瓜岩，北至本队茶山。"经实地勘验，鼎锅塘村委会持有的7769号山林权证记载的"大队园艺场"四至与争议林地四至相符；鼎锅塘村5组持有的7769号山林权证记载的"判官岭"四至不仅包括鼎锅塘村委会尚在经营的大队园艺场约20亩林地，还包括争议林地周边的稻田及山塘。1982年农村实行家庭联产承包责任制时，原大队园艺场停办，所租稻田退给鼎锅塘村4组，占用林地上种植的果树分给本村各组移走，林地自此抛荒。

2010年林权制度改革时，鼎锅塘村委会没有申报争议地权属。鼎锅塘村4组申报了包括争议林地在内的"大山岭"林地权属，经鼎锅塘村委会、东安县井头圩镇人民政府（以下简称"井头圩镇政府"）共同出具证明说明"该林地所有权、使用权属鼎锅塘村4组，与周边村组无任何权属纠纷"后，东安县政府为鼎锅塘村4组颁发第431003678208号《林权证》（以下简称"8208号林权证"）。该证记载："大山岭，面积329.1亩。四至界线为：东至零陵山，南至零陵山，西至本组稻田小路，北至本村5组山塘，并配有《东安县林地林权现场核实图》。"但因该证档案资料中的《林地林权登记现场核实表》中没有村干部及相邻宗地有关权益人到现场核实和签名确认，违反了《湖南省林地林权登记换发证实施办法》第六条第五项的规定，故该《林权证》的合法性存在质疑。

东安县林地林权登记换发证档案显示：当时鼎锅塘村5组申请换发"判官岭"原来的山林权证，东安县政府为其颁发第431003678235号《林权证》（以下简称"8235号林权证"），该权证登记的"判官岭"四至不包括争议林地。经查，8235号林权证档案中的《林地林权登记现场核实表》中的签名"廖三仔、廖荣发、周静"，因鼎锅塘村5组村民廖三仔、廖荣发和原鼎锅塘村支部书记周静当庭否认是其本人签名，故该《林地林权登记现场核实表》存在伪造嫌疑。且鼎锅塘村5组始终否认自己对换发林权证进行申报，故8235号林权证的合法性存在质疑。

2017年初，东冷城际快速通道建设过程中征用了争议林地的大部，鼎锅塘村5组、鼎锅塘村4组、鼎锅塘村委会为征地款归属发生林地权属争执。该争议林地权属经井头圩镇政府调解不成后，鼎锅塘村5组、鼎锅塘村4组分别向东安县政府提交申请书，请求依法确权。

2. 处理情况

本案经历了当地人民政府处理以及一审、二审、再审。

东安县政府深入调查了解后，多次做三方的思想工作，组织进行调解，但鼎锅塘村5组与鼎锅塘村4组和鼎锅塘村委会始终没有达成协议。2017年4月24日，东安县政府作出东政决字〔2017〕2号处理决定（以下简称"2号处理决定"）。该决定认为："县级人民政府依法颁发的林权证，是处理林地权属争议的依据。本案申请人鼎锅塘村4组、申请人鼎锅塘村5组与被申请人鼎锅塘村委会争议的原大队园艺场约20亩林地，1981年林业'三定'时，鼎锅塘村5组与鼎锅塘村委会虽申请县政府颁发了山林权证，但自1982年原大队园艺场停办后，林地长期抛荒。2010年'林改'时，鼎锅塘村5组申请换发的新林权证登记的判官岭不包括争议地，鼎锅塘村委会放弃了申报争议地权属。鼎锅塘村4组申报了包括争议地在内的大山岭林地权属，县政府给鼎锅塘村4组颁发林权证，该争议林地权属由鼎锅塘村4组所有。该府调处期间，鼎锅塘村4组与鼎锅塘村委会自愿达成协议，约定争议林地被征用部分4组占70%，村委会占30%，未征用部分归4组。双方约定不违反法律政策规定，应予准许。根据《中华人民共和国森林法》第十七条、《中华人民共和国民法通则》第五十七条、《林木林地权属争议处理办法》第六条、《湖南省行政程序规定》第八条之规定，决定如下：争议的原大队园艺场约20亩林地，东冷城际快速通道建设征地红线范围内的林地，鼎锅塘村4组占70%，鼎锅塘村委会占30%，征地红线范围外的林地归鼎锅塘村4组所有。"

鼎锅塘村5组不服2号处理决定，申请行政复议。2017年6月20日，永州市政府作出永政复决字〔2017〕28号行政复议决定（以下简称"28号复议决定"）。2017年7月7日，鼎锅塘村5组提起行政诉讼，请求撤销东安县政府作出的2号处理决定和永州市政府作出的28号复议决定，并确认争执林地（20亩）属鼎锅塘村5组所有。

永州市中级人民法院〔2017〕湘11行初54号行政判决（以下简称"54号行政判决"）认为：本案系鼎锅塘村5组、鼎锅塘村4组、鼎锅塘村委会之间的山林权属纠纷，根据《中华人民共和国森林法》第十七条、《林木林地权属处理办法》第四条的规定，东安县政府对鼎锅塘村5组、鼎锅塘村4组、鼎锅塘村委会之间争议的林地具有作出行政行为的法定职权。根据《中华人民共和国行政复议法》第十三条第一款的规定，永州市政府对鼎锅塘村5组不服东安县政府的行政行为提起的行政复议申请，有作出行政复议决定的法定职权和职责。本案双方诉讼争执的焦点是2号处理决定采信林权证进行确权是否正确。因本案中的8208号、8235号林权证的合法性均存在质疑，故东安县政府仅以上述两个林权证为依据进行确权，属于采信证据不当，确权依据错误。又因东安县政府已查明："1971年全县大办乡村集体茶果场时，原日月大队占用判官岭下林地约20亩、租用鼎锅塘村4组稻田7.07亩创办大队园艺场，种植果树、饲养牛羊。"这说明本案争议林地权属还没有明确是鼎锅塘村4组所有。故东安县政府认为"鼎锅塘村4组与鼎锅塘村委会自愿达成协议，约定争议林地被征用部分4组占70%，村委会占30%，未征用部分归4组。双方约定不违反法律政策规定，应予准许"，属于认定事实错误。综上，东安县政府在本案处理中，认定事实不清，采信证据不当，其作出的2号处理决定依法应予撤销。永州市政府作出的28号复议决定，维持2号处理决定亦不当，一并应予撤销。依照《中华人民共和国行政诉讼法》第七十条第一款第一项、第七十九条的规定，判决：①撤销东安县政府于2017年4月24日作出的2号处理决定；②撤销永州市政府于2017年6月20日作出的28号复议决定；③本案由东安县政府重新作出处理。本案受理费50元，由东安县政府承担。

鼎锅塘村4组不服一审判决，提出上诉。湖南省高级人民法院二审对一审判决认定的事实予以确认，并另查明：鼎锅塘村5组、鼎锅塘村4组均未能提供土地改革、"四固定"时期争执林地的权属凭证，各级政府亦未对争议林地确权。2018年4月19日，湖南省高级人民法院作出〔2017〕湘行终1560号行政判决（以下简称"1560号行政判决"），认为鼎锅塘村5组和鼎锅塘村4组向东安县政府申请调处双方林地权属在东安县政府的职权范围内，东安县政府没有越权。在尊重历史和事实的基础上化解纠纷并无不当，但从2号处理决定查明的事实来看，1971年全县举办乡村集体茶场时，原日月大队占用的判官岭下林地约20亩。至于占用谁的林地并不清楚，说明该20亩林地权属不清，存在争议。因而东安县政府认为"鼎锅塘村4组与鼎锅塘村委会自愿达成协议，约定争议林地被征用部分4组占70%，村委会占30%，未征用部分归4组。双方约定不违反法律政策规定,应予准许"的依据不足。鼎锅塘村5组对鼎锅塘村4组的8208号林权证提起诉讼,亦说明鼎锅塘村4组持有的林权证包含的判官岭下原大队园艺场存在争议。鼎锅塘村委会提供的林权证中的部分宗地在争议范围内,东安县政府据以作出处理决定的主要事实证据不充分,应予撤销。永州市政府复议决定维持该林权的裁决,因对争议林地是否存在权属争议认定事实不清,亦应一并予以撤销。依照《中华人民共和国行政诉讼法》第八十九条第一款第一项之规定,判决驳回上诉,维持一审判决。

鼎锅塘村4组不服湖南省高级人民法院作出的1560号行政判决,向最高人民法院申请再审,请求撤销一、二审判决,维持处理决定及复议决定。审理过程中,鼎锅塘村5组答辩称:原审认定2010年颁发的林权证合法性存疑,认定事实清楚,该颁证行为违反《湖南省林地林权登记换证发证实施办法》的规定。东安县政府以2010年林权证为依据作出处理决定,永州市政府作出维持的复议决定,没有事实和法律依据,应予撤销。一、二审判决处理正确。请求驳回鼎锅塘村4组的再审申请。东安县政府答辩称:政府作出的2号处理决定认定事实清楚,证据确凿充分,适用法律法规正确,是正确的行政行为。一审查明的基本事实正确,但以2010年林权证合法性存疑,撤销该府的处理决定及市府的复议决定,认定事实错误。两林权证在没有发证机关确认为无效证件且未被法院确认违法的情况下,其合法性应依法予以认可,且鼎锅塘村5组没有就该府颁证行为的合法性在本案中提起。一审审理政府的颁证行为,系对两个行政行为进行审理,有悖法律规定。二审判决没有认同一审的理由,未对颁证行为合法性作出判定,却维持了一审判决,亦无法律依据。请求撤销一、二审判决。永州市政府、鼎锅塘村委会也均认为东安县政府的处理决定正确。请求撤销一、二审判决。

最高人民法院经审理,认为鼎锅塘村4组的再审申请符合《中华人民共和国行政诉讼法》第九十一条第三、四项规定的情形。一、二审认定事实不清,适用法律错误,依照《最高人民法院关于适用〈中华人民共和国行政诉讼法〉的解释》第一百一十九条、第一百二十二条之规定,判决如下:①撤销湖南省永州市中级人民法院54号行政判决;②撤销湖南省高级人民法院1560号行政判决;③驳回东安县井头圩镇鼎锅塘村5组的诉讼请求。一、二审案件受理费各50元,由东安县井头圩镇鼎锅塘村5组负担。(本判决为终审判决。)

3. 案例评析

本案焦点问题主要包括：一是当事人对已登记发证后提出的争议是否属于权属争议，政府按权属争议调查处理是否妥当；二是 2010 年两本林权证的效力及是否可以作为确权的依据。

关于对已登记发证后提出的争议是否属于权属争议，政府按权属争议调查处理是否妥当的问题，本案在审理中，法院认为，根据《土地管理法》《森林法》《林木林地权属争议处理办法》规定，林木林地权属争议，是指因森林、林木、林地所有权或者使用权的归属而产生的争议。一般而言，在林木林地登记前，争议双方均没有林木林地的有效权属凭证，此时产生的有关林木林地有所有权和使用权的争议，当然属于林木林地权属争议。但是，林木林地已经登记发证，林木林地的所有权和使用权已经依法予以确认，一方当事人仍以存在权属争议为由向林权争议处理机构提出的申请是否属于林木林地权属争议，则应当根据不同的情况进行区分。参照国土资源部办公厅发布的《关于土地登记发证后提出的争议能否按权属争议处理问题的复函》（国土资厅函〔2007〕60 号；以下简称"60 号函"）规定，已经颁发权属证书且该凭证对林木林地权属、四至范围界定清楚明确的，不属于林木林地权属争议，无须进行林木林地权属争议处理。但是以下两种情况则可以认定为存在林木林地权属争议：一是仅有一方的权属凭证包含有争议地，但该凭证对争议地记载的四至不清楚；二是双方的权属凭证均包含有争议地，但凭证之间对争议地记载的四至存在重叠、交叉或者包含等情形。如果一方当事人认为另一方持有的林权证侵犯其林木林地权属，但又不属于前述两种特殊情形时，则其更为合理有效的救济途径应当是请求撤销对方林权证中侵犯其权利的部分，而非提出林木林地权属争议申请来寻求救济。一些专家学者也认可最高人民法院的观点，认为对已经登记后提出的争议是否按权属争议处理，可以 60 号函为基础，如发证后四至清楚、与实际情况相符的，按 60 号函要求，但要有例外，如确实出现四至不清、交叉重叠，相当于界线从一开始就不清楚的，应该作为权属争议案件来处理。前述情形如严格按照 60 号函的规定，作出不予受理或驳回调处申请的话，容易引发群众越级访或社会不稳定。

关于 2010 年两本林权证的效力及是否可以作为处理林权争议依据的问题。

根据《林木林地权属争议处理办法》第6条规定，县级以上人民政府或者国务院授权林业部依法颁发的森林、林木、林地的所有权或者使用权证书，是处理林权争议的依据。在处理林权争议案件过程中，生效林权证是处理林权证争议的主要依据，只有当林权证存在重大且明显违法的情况下，权属争议处理机构才可以不采信该林权证，并根据其他有效证据对权属争议进行处理。登记发证行为本身就是基于政府公信力作出的行政行为，该行政行为一旦作出非因法定原因不能随意更改。若登记发证行为有误，也应依程序由行政机关依法纠错或由当事人通过申请复议、提起诉讼等方式寻求救济，不宜在权属争议处理引起的诉讼中直接否定该行为的效力。在登记发证的基本事实能够确认的情况下，如果仅是程序上的瑕疵或者不完备，则不能简单地否认登记发证的效力。

本案中，鼎锅塘村4组、5组2010年的林权证均是在1981年林权证的基础上换发而来。根据《湖南省林地林权登记换发证实施办法》规定，换发证程序包括提出申请、张榜公布、现场核实、出榜公示、登记造册、核发证书等。东安县政府根据鼎锅塘村4组的申请颁发8208号林权证，虽然该组的《林地林权登记现场核实表》，没有村干部及相邻宗地有关权益人到现场核实和签名确认。但是结合全案证据，当时的村干部参与了换证的整个过程，未在核实表上签名确认仅是形式上的瑕疵，并不能据此否认登记发证的效力。且鼎锅塘村5组2010年亦申请了登记换证，在公示期内没对4组及5组权属界线提出异议。东安县政府为鼎锅塘村4组、5组颁发的2010年两本林权证可以作为处理林权争议的依据。

4. 案例启示

实践中，自然资源权属争议大部分是"疑难杂症"，存在争议时间跨度长、情况复杂、现状变化大、部门协调难、资料不完整甚至缺失，造成调查取证难、证据认定难等问题。在处理过程中，要坚持"尊重历史、面对现实"的原则，对各类自然资源权属争议要充分考虑特定的历史背景，结合实际依法依规、稳妥审慎处理，要从有利于生产和生活、有利于社会稳定的大局出发，有效处理自然资源权属争议，避免引起新的矛盾纠纷。[①]

---

① 选自《中华人民共和国最高人民法院行政判决书》〔2018〕最高法行再160号。

（五）土地权属争议中行政区域界线与土地权属界线处理案

1. 案情介绍

内蒙古自治区 E 市 H 旗甲村、乙村（以下简称"甲村""乙村"）与 B 市 W 旗丙村（以下简称"丙村"）因其交界地区土地的所有权归属产生争议。争议土地位于甲村、乙村与丙村交界地区，面积 300 亩，属河水冲积形成的滩涂地。2002 年 12 月 12 日，在自治区民政厅主持下，E 市 H 旗与 B 市 W 旗签订了《行政区域界线认界协议书》，该协议书写明："双方同意以 2001 年两市签订行政区域界线的协议和标绘的附图为准进行认界。对 2002 年 6 月已认定的两段界线和东段将要认定界线两侧的耕地，其使用权均维持认界前的现状，但不得再扩大使用范围。""界线全部认定后，因黄河淘出来的新土地，应按照行政界线管理使用，不再跨界耕种，其使用权与权属一致。"上述协议书签订后，双方都按规定履行了该协议。2003 年上半年，在 E 市行政区域界线内，因河水冲积形成新的滩涂地 300 亩。2004 年 5 月，B 市 W 旗丙村村民抢种该新形成的滩涂地（上述争议土地），遭到 E 市 H 旗甲村、乙村村民阻拦后发生纠纷，E 市、B 市人民政府分别向自治区人民政府申请土地确权。

2. 处理情况

自治区人民政府组成了由自治区原国土资源厅牵头，民政、水利等部门组成的督查组，负责调查此次纠纷。经过调查了解，由于本案涉及的不仅是行政界线划分的问题，而是有关权属界线的确定，将本案定性为"土地权属争议"，并根据实际情况，提出了处理意见，报自治区人民政府作出如下处理决定：一是将争议土地确认为国家所有；二是考虑到当地农民的利益，争议土地的使用权确定给行政区域界线两侧的农民集体；三是 E 市 H 旗与 B 市 W 旗认真贯彻执行 2002 年 12 月 12 日签订的《行政区域界线认界协议书》所划定的行政区域界线。上述处理决定送达当事人后，双方均未提起行政复议，该处理决定已生效。

自治区人民政府处理本案主要依据以下法律文件规定。《土地管理法》规定："土地所有权和使用权争议，由当事人协商解决；协商不成的，由人民政府处理。单位之间的争议，由县级以上人民政府处理；个人之间、个人与单位之间的争议，由乡级人民政府或者县级以上人民政府处理。当事人对有关人民政府的处理决定不服的,可以自接到处理决定通知之日起三十日内,向人民法院起诉。在土地所有权和使用权争议解决前,任何一方不得改变土地利用现状。"《中华人民共和国河道管理条例》规定:"因修建水库、整治河道所增加的可利用土地,属于国家所有,可以由县级以上人民政府用于移民安置和河道整治工程。"原国家土地管理局颁布的《确定土地所有权和使用权的若干规定》规定:"河道堤防内的土地和堤防的护堤地,无堤防河道历史最高洪水位或者设计洪水位以下的土地,除土改时已将所有权分配给农民,国家未征用,且迄今仍归农民集体使用的外,属于国家所有。"国家土地管理局《对山东省土地管理局有关黄河滩地权属问题的复函》(〔1997〕国土函字第55号)规定:"由于河水冲积逐渐形成的滩涂地,为新增土地,土地所有权属国有。国有土地使用权可优先确定给土地坍塌前曾在此范围内耕种的农民集体;如滩涂地已由他人开发耕种的,国有土地使用权可确定给开发人。"

3. 案例评析

在E市H旗与B市W旗于2002年12月12日签订的《行政区域界线认界协议书》中,行政区域界线与土地权属界线相吻合,并予以特别说明;双方签订上述协议时,没有提出土地权属争议。因此,本案中的行政区域界线可以作为确定土地权属的界线。争议土地系河水冲积形成的滩涂地,属新增土地,根据《中华人民共和国河道管理条例》第十八条第二款和原国家土地管理局颁布的《确定土地所有权和使用权的若干规定》第十一条的规定,从稳定农村地区安定团结的政治局面的高度出发,自治区人民政府作出前述处理决定是合理的,也是符合法律规定的。

在实践中,很多土地权属争议是由于土地权属界线以行政区域界线为准,而行政区域界线不清造成的。目前,我国一些地区行政界线的勘界工作仍在持续完善中,个别地方的行政区划不精准,在行政交界处没有明确的界标,更多的是根据当地风俗习惯来划分行政区域界限,因而造成交界双方对毗邻土地的争议,从而导致大量土地权属争议。在这些争议中,在以下方面需要注意:

(1)关于基本概念解析。行政区域界线,是指国务院或者省、自治区、直辖市人民政府批准的行政区域毗邻的各有关人民政府行使行政区域管辖权的分界线,体现了地方政府的行政管理权限。土地权属界线,是相邻的土地权利人行使土地所有权和使用权的界线。自然资源权属界线与行政区域界线既有区别，又有联系。目前，全国绝大部分地区，行政区域界线与自然资源权属界线是一致的，但个别地区不一致，最为典型的就是"飞地"现象，即在一方行政区域内有另一方的土地。行政区域界线与土地权属界线的区别包括：其一，二者性质不同：行政区域界线涉及行政区域管辖权；土地权属界线涉及土地权利人的土地所有权和使用权。其二，划定界线的主管部门不同：划定行政区域界线是由民政部门牵头，各有关部门参加的勘界、定界工作，各级民政部门是各级人民政府勘界工作的主管部门；确定土地权属界线是由自然资源行政主管部门牵头，各有关部门参加的勘界、定界工作，各级自然资源行政主管部门是各级人民政府土地权属界线认定工作的主管部门。其三，划定界线的程序和依据不同：行政区域界线主要依据《行政区域边界争议处理条例》的规定划界；土地权属界线主要依据《确定土地所有权和使用权的若干规定》等政策技术规范。其四，已划定界线的稳定性不同：行政区域界线为行政管辖的界线，为维护行政区域界线附近地区的稳定，必须保持该界线的稳定性；土地权属界线因土地征收、互换等权利经常发生变动，为保持土地权利的现势性，该界线经人民政府批准、农民集体同意等可以根据实际情况变动，如集体土地征收、集体土地互换等。

（2）关于行政区域界线与土地权属界线出现冲突的原因。行政区域界线与土地权属界线的不一致，一般都发生在两个行政区域交界地区，在这类地区，经常出现跨越行政区域界线的土地所有权和使用权界线或者"飞地"。出现这种情况的原因多种多样。例如，行政区域界线与土地权属界线的勘界、定界单位不同，沟通不够；个别地区的行政区域勘界工作时，在没有认真调查土地权属和当地自然风俗习惯的情况下，只是按照较明显的地状物划分界线；某些被用于划定界线的标志性地物因自然灾害等原因发生位移或灭失；某些特殊地区习惯或历史原因造成的"飞地（插花地）"；等等。

（3）解决行政区域界线与土地权属界线冲突的原则和具体办法。国务院发布的《省、自治区、直辖市行政区域界线勘定办法（试行）》（1989）第四条规定在法律层面上明确，在边界地区，行政区域界线与土地等自然资源权属界线的区别和联系，强求两条界线完全统一是很困难的。只有处理好行政区域界线与自然资源权属界线的关系，才能顺利勘界，才能保持已勘定的行政区域界线的稳定。

在具体工作中,在两条界线勘界定界阶段,民政部门和自然资源管理部门应密切配合,加强沟通,并交换工作底图;在勘界过程中应优先勘定土地权属界线,随后再视情况勘定行政区域界线,并在签订《行政区域界线认界协议书》时对土地使用现状予以说明。在出现土地权属争议时,应当依据土地权属争议调查处理的程序,实地调查争议土地的权属。发现行政区域界线与土地权属界线的不一致时,应参考行政区域界线,根据调查结果划定土地权属界线,确定土地权属;如果发现上述两条界线在实地相吻合,则应维持这条界线,作为确定土地权属的依据。处理因行政区域界线不明确而发生的边界争议,还应当按照有利于团结,有利于社会稳定,有利于自然资源保护、开发和利用的原则,由争议双方人民政府从实际情况出发,兼顾当地双方群众的生产和生活,实事求是,互谅互让地协商解决。经争议双方协商未达成协议的,由争议双方的上级人民政府决定。必要时,可以按照行政区划管理的权限,通过变更行政区域的方法解决。

对行政区域界线已经明确无误的,原土地利用现状调查工作界线要以勘定的行政区域界线为依据进行调整。应规定土地调查、行政区域界线勘定中经双方政府认定的"飞地""插花地",土地所有权已经明确的可以不变。边界线原则上以行政区域管辖的现状为基础划定,除特殊情况外不作变更。边界线的划定原则上与自然资源权属界线相一致。特殊情况必须分开的,应当在划定边界线的同时,明确跨越边界线的自然资源权属。

4. 案例启示

根据《土地权属争议调查处理办法》的规定,行政区域边界争议案件不作为争议案件受理,但实践中,发生在行政区域边界附近的权属纠纷往往是行政界线争议和土地权属争议交织在一起,因此,当地自然资源管理部门在具体处理可能涉及行政区域边界争议方面的案件时,应主动向当地政府报告,由政府组织调查确认案件的性质,明确案件的处理部门[中国土地矿产法律实务中心(国土资源部土地争议调处事务中心),2006]。

第六章 不动产登记信息平台建设与应用

第一节 信息平台工作概况

一、信息平台的概念

信息时代，从社会治理到企业生产经营，再到个人生活，信息技术的应用无处不在。具体表现在普遍采用计算机和网络通信技术采集、管理和应用信息，信息系统的概念应运而生。一般来说，信息系统是由计算机硬件、网络和通信设备、计算机软件、信息资源、信息用户和规章制度组成的，以处理信息为目的。按照功能和特点，信息系统分为数据处理系统、管理信息系统、决策支持系统、专家系统等。随着信息化应用的不断深化和普及，很多领域建设本专业的信息平台。目前，对信息平台还没有一个公认的定义。信息平台一般是指在网络环境下，把各种信息系统、数据资源和网络资源综合集成为一体，开展信息采集、处理、管理、传输、应用服务的平台。

不动产登记机构在履行职责过程中，必然涉及相关信息的录入与管理，部门内和部门间信息互通共享，信息分析和服务。在此过程中，需要基于计算机和网络环境，建立和运行不同的数据库及信息系统。2013年11月20日召开的国务院常务会议明确提出,要全面实现登记依据、登记机构、登记簿册和信息平台"四统一",第一次将信息平台概念引入不动产登记领域。

《暂行条例》中首次提出"不动产登记信息管理基础平台"的概念。随着自然资源统一确权登记制度的实施,《暂行办法》规定,在国家不动产登记信息管理基础平台上,拓展开发全国统一的自然资源登记信息系统。因此,不动产登记信息平台是对《暂行条例》中"不动产登记信息管理基础平台"在内涵和功能上的扩展,不仅包括不动产登记业务相关的数据库和信息系统,也包括自然资源登记业务相关的数据库和信息系统。如果按照一般理解来下定义,不动产登记信息平台是自然资源和不动产登记相关信息的采集、处理、管理、传输、应用服务的平台,包含数据库、信息系统、硬件和网络设施等。

二、信息平台的地位与作用

不动产登记信息平台是以网络等信息化基础设施为载体,以法律政策为依据,以技术标准为指导,以信息安全为保障,以自然资源和不动产登记数据的集中管理、更新维护为核心,服务于自然资源和不动产统一登记、信息应用服务的专业化信息系统,在经济社会发展和生态文明建设中有着重要作用。

(一)信息平台是办理登记业务的主要载体

政务信息化是推动信息技术与管理业务深度融合,加速实现管理业务规范化、现代化的过程。通过建立统一的信息平台,把登记业务规则固化在计算机程序上,将业务逻辑转化为技术逻辑,将登记制度落实为系统实体功能,登记机构通过信息平台完成不动产登记业务的申请、受理、审核、登簿和发证,以及自然资源预划单元、通告、数据处理入库、审核、公告、登簿,满足登记需要。

(二)信息平台是信息互通共享与依法查询的重要基础

自然资源和不动产登记信息的完备、准确、及时,是开展信息互通共享和依法查询的基础,通过建立统一的信息平台,并与相关部门的系统或数据无缝对接,确保信息的互通共享,有效促进部门间业务协同联动。

(三)信息平台在推动自然资源管理与生态文明建设中发挥重要作用

不动产的总量、结构、布局、时序,是宏观经济分析和形势研判的重要信息。通过建立连接全国各级不动产登记信息的统一信息平台,按地域、时间动态展示各类不动产、各种登记类型的变化趋势,为市场调控和政策制定提供基础数据;及时掌握自然资源数量质量、分布变化,为生态文明建设提供数据支撑。

三、信息平台的建设依据

习近平总书记对网络安全和信息化工作提出了一系列新思想新观点新论断:一是将网络安全和信息化提升为国家战略;二是将信息化作为实现现代化的必要途径;三是将信息化与人民利益紧密关联。相关法规政策对信息平台建设作出了明确规定。根据《暂行条例》规定,国务院自然资源主管部门应当会同有关部门建立统一的不动产登记信息平台,各级不动产登记机构登记的信息应当纳入统一的不动产登记信息平台,确保国家、省、市、县四级登记信息的实时共享。《暂行办法》规定,在国家级不动产登记信息平台上,拓展开发全国统一的自然资源登记信息系统,实现自然资源确权登记信息的统一管理;各级登记机构应当建立标准统一的自然资源确权登记数据库,确保自然资源确权登记信息日常更新。自然资源确权登记信息纳入不动产登记信息平台,实现自然资源确权登记信息与不动产登记信息有效衔接和融合。

四、信息平台的功能

信息平台主要面向四类用户提供服务,如图 6-1 所示。

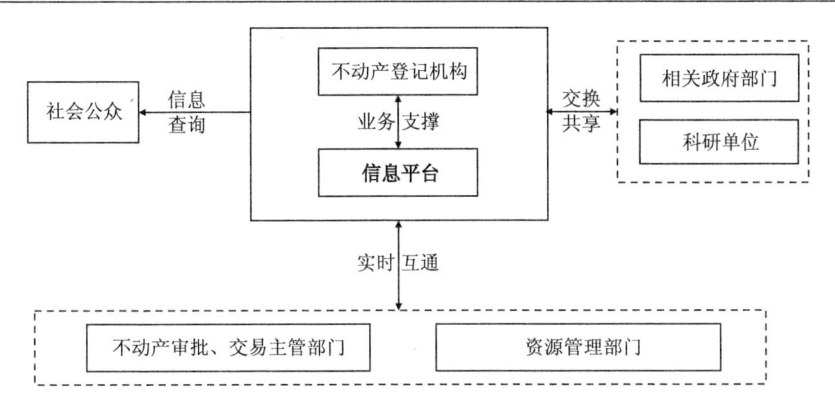

图 6-1　信息平台基本定位

（一）面向四级登记机构提供业务支撑服务

信息平台为各级不动产登记机构提供自然资源和不动产登记业务全流程支撑，满足登记机构办理登记的需要。通过自然资源和不动产登记信息综合分析，为登记业务的科学、精细化管理提供支持，有效提升登记机构治理能力。

（二）面向业务联动部门提供信息实时互通服务

自然资源和不动产登记的业务联动部门是指不动产审批、交易主管部门和各类自然资源保护和开发利用管理部门。不动产登记信息是履行不动产审批和交易日常管理及行业监管职责的重要基础，自然资源确权登记信息是资源保护和利用监管部门履行职责的基础。信息平台支撑不动产审批、交易和登记信息以及自然资源确权登记信息和管理信息在部门间的实时互通，提高管理效能。

（三）面向其他相关部门提供信息共享服务

通过部门间信息共享获取登记所需信息，让信息多跑路、群众少跑腿，推动不动产登记材料免提交，同时为相关部门提供不动产登记信息共享服务，支撑高效管理，更好地服务企业群众。同时，通过适度的数据开放，为科研院所、高校等研究单位提供数据服务，服务研究工作。

（四）面向社会公众提供信息依法查询服务

消除信息不对称是保障交易安全、维护合法权益的前提。不动产权利人和利害关系人只有充分了解不动产信息，才能有效保障合法权益，维护市场经济秩序。自然资源确权登记结果信息依法在互联网上向全社会发布，接受社会监督，保障群众的知情权和监督权，提高自然资源保护利用等工作的效率和透明度。

五、信息平台的组成

（一）信息平台的功能架构

根据信息平台的基本定位和信息化建设规律，信息平台在统一的基础设施云平台支撑和网络安全设施保护下，其功能架构包括数据库、应用系统、技术标准、信息安全等（图6-2）。

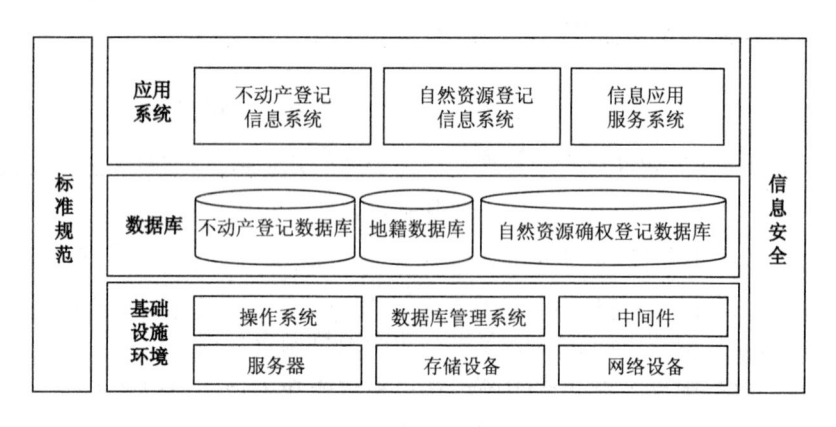

图6-2　信息平台功能组成

1. 数据库及数据库管理系统

数据库及数据库管理系统包括地籍数据库、不动产登记数据库、自然资源确权登记数据库三大类数据库及相应的数据库管理系统。

（1）地籍数据库及管理系统。地籍数据库是根据自然资源和不动产地籍调查成果，经数据质量检查、入库后建立的数据库，包括不动产地籍数据集和自然资源地籍数据集。地籍数据库的数据内容包括自然资源登记单元和不动产单元的自然属性信息以及权属状况、权利人/实际使用人、公共管制等信息。地籍数据库是自然资源和不动产登记业务的基础，通过地籍数据库管理系统进行日常维护和更新。

（2）不动产登记数据库及管理系统。不动产登记数据库是各类不动产登记的数据集合，支撑应用系统的运行，日常登记业务办理、信息共享服务等都离不开不动产登记数据库。不动产登记数据库的数据内容包括不动产单元的自然属性、权利/权利限制、权利人、登记业务等信息，数据来源于地籍数据库和日常不动产登记业务办理形成的数据。不动产权利设定后，因交易、司法判决等市场交易或法律手段可能会导致不动产权利发生转移以及设定查封等权利限制，都必须及时更新体现在不动产登记数据库中，所以不动产登记数据库具有很强的时效性。不动产登记数据库通过不动产登记数据库管理系统对各类数据进行管理、维护和更新。

（3）自然资源确权登记数据库及管理系统。自然资源确权登记数据库是各类自然资源确权登记的数据集合，内容包括自然资源登记单元的自然属性、权利主体、权属、公共管制、关联的不动产、登记业务等信息，数据来源于地籍数据库和自然资源登记业务办理形成的数据。自然资源确权登记数据库通过自然资源确权登记数据库管理系统对各类数据进行管理、维护和更新。

（4）数据库之间的关系。地籍数据库主要支撑自然资源和不动产地籍调查成果的集中管理、成果审核、数据更新，是自然资源和不动产登记业务的基础。地籍数据库中的自然资源和不动产地籍调查数据一经审核确认，相关数据内容将分别导入自然资源确权登记数据库和不动产登记数据库，用于支撑自然资源和不动产登记业务办理。自然资源和不动产登记业务办理结果实时同步到地籍数据库，实现地籍数据库的动态更新，并作为地籍调查数据成果审核的基础。

2. 应用系统

应用系统包括登记业务办理和信息应用服务系统。其中，登记业务办理系统用于登记业务办理，包括不动产登记信息系统和自然资源登记信息系统；信息应用服务系统用于信息分析和共享服务。

（1）不动产登记信息系统。不动产登记信息系统以不动产登记数据库为支撑，用于办理不动产登记业务，采用信息化手段为不动产登记的申请、受理、审核、登簿等全流程提供服务。不动产登记数据库对不动产登记信息系统的支撑作用，体现在用系统进行受理和审核工作中，都需要查看不动产登记数据库中的已有数据，保证登记安全和工作效率。通过不动产登记信息系统办理的业务数据实现对不动产登记数据库的更新，保障各类权利的现势有效性。

（2）自然资源登记信息系统。自然资源登记信息系统以自然资源确权登记数据库为支撑，为各级登记机构的登记业务办理全流程网上运行提供技术支撑。主要功能包括业务办理、业务查询、登记簿管理、流程管理、组织架构管理等。

（3）信息应用服务系统。主要用于自然资源和不动产登记信息的分析与共享服务。信息分析功能主要对自然资源和不动产的数量、质量、分布、权属情况、变化情况等进行分析，服务于资源监管和决策，以及信息产品定制、报表生成、多维分析和智能分析展示，服务于宏观经济形势分析研判。信息共享服务功能面向社会公众、相关部门提供信息查询、信息推送等服务。

3. 技术标准

"标准先行"是信息化建设的基本原则。建立覆盖全国四级登记机构、互联互通的信息平台，就是要通过消除"信息孤岛"实现登记信息的实时互通共享，支撑自然资源和不动产统一登记制度的实施。只有通过统一的技术标准体系，把标准贯彻到登记业务和信息服务的每一个环节，才能使全国四级登记信息和系统"书同文、车同轨"，实现内部"可融可通"、对外无障碍"对话"，避免产生"信息孤岛"，将四级系统连起来，数据汇集起来，建立起四级互联互通的统一信息平台。

（1）《不动产登记数据库标准》。以《暂行条例》及簿册样式为主要依据，基于原有土地、房屋、林地、草原、海域等登记数据，面向各级不动产登记数据库建设需求，明确不动产登记数据库的术语定义、内容、要素分类与编码、数据结构、命名规则、字段常量等内容，指导不动产登记数据库建设、数据交换与数据共享。《不动产登记数据库标准》主要规范不动产登记结果数据，各地结合本地不动产统一登记职责整合等实际情况，可在此基础上进行扩展，满足本地不动产登记业务需要。

（2）《不动产登记数据整合建库技术规范》。依据《不动产登记数据库标准》，面向不动产统一登记制度实施前已有的各类不动产登记存量数据，明确不动产登记数据整合建库的目标、任务、内容、方法和程序，指导各级不动产登记机构开展存量不动产登记数据整合建库工作。

（3）《不动产登记数据汇交规范》。按照数据归集需求，明确汇交数据内容、汇交格式、汇交时间、汇交程序、汇交职责等内容，为上级不动产登记数据库建设、各级数据库上下一致奠定基础。

（4）《不动产登记数据共享交换规范》。主要面向不动产登记机构与相关部门之间的数据共享交换，明确共享内容、共享方式、共享职责、共享流程等内容，为实现信息互通共享提供技术依据。

（5）《不动产登记信息管理基础平台接入技术规范》。按照数据实时归集要求，对日常业务办理中产生的增量数据，明确自动提取数据、生成报文并自动上传，对确保数据上下一致起着关键作用。

（6）《不动产登记信息系统建设技术规范》。依据不动产登记制度设计，面向不动产登记业务全过程信息化管理，明确系统功能模块、接口要求等内容，指导不动产登记信息系统建设。

（7）《自然资源确权登记数据库标准》。依据自然资源确权登记制度设计及登记簿样式，面向自然资源确权登记数据库建设及确权登记业务需求，建立自然资源确权登记数据模型，明确自然资源确权登记数据库的术语定义、内容、要素分类与编码、数据结构、命名规则、字段常量等内容，指导自然资源确权登记数据库建设与信息应用服务。

根据不动产登记网上办事需要，还研究制定了《"互联网+不动产登记"建设指南》《不动产登记共享国家层面相关部门信息服务指南（试行）》等标准，指导"互联网+不动产登记"等信息平台建设工作。

4. 信息安全

开展信息平台等保测评，按照自然资源关键信息基础设施予以保护，在物理安全、网络安全基础上，制定信息平台的安全管理制度，设计安全策略，强化应用系统安全，采用国密算法对重要数据项进行加密处理，保障信息平台的安全平稳运行和敏感信息不泄露。

（二）信息平台的组织架构

信息平台由国家、省、市、县四级构成，根据建设模式选择和基础条件差异，各级信息平台的组织架构可以不完全一样（图6-3）。

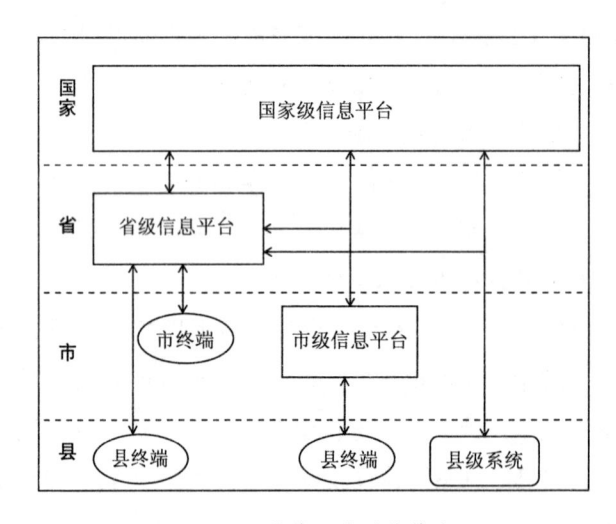

图6-3 信息平台总体构成

1. 国家级信息平台

（1）汇集并管理全国地籍数据。国家级信息平台管理全国地籍数据，通过地方地籍数据定期汇交实现数据更新。

（2）汇集并管理全国不动产登记数据。国家级信息平台包含全国不动产登记数据库，管理全国不动产登记数据。全国各级登记机构将分散登记时期的已有登记资料经标准化整合，成果数据汇交至国家级信息平台，将日常登记的数据实时上传国家级信息平台，保持全国不动产登记数据的时效性。

（3）汇集并管理全国自然资源确权登记数据。国家级信息平台包含国家自然资源确权登记数据库，管理全国自然资源确权登记数据。全国各级登记机构的自然资源调查确权数据汇交至国家级信息平台，并将日常登记的数据实时写入国家级信息平台。

（4）办理国家级不动产登记业务。国家级信息平台支撑的登记业务包括国务院批准用海、用岛项目登记以及国有重点林区林权登记。

（5）办理全国自然资源登记业务。国家级信息平台支撑各级自然资源登记业务办理。

（6）向相关部门提供全国范围自然资源和不动产登记信息共享查询服务。

（7）为不动产登记"跨省通办"申请提供入口服务。对于身在异地的申请人，通过互联网申请不动产登记的提供统一入口服务。同时，为地方各级不动产登记机构共享相关部门信息提供"总代理"服务。

（8）自然资源和不动产登记数据综合分析。对全国不动产登记数据进行总量、结构、布局、时序分析，对全国自然资源的分布、数量、质量、变化进行综合分析，形成信息产品，为宏观经济形势分析、国土空间规划和用途管制、自然资源管理绩效评估以及相关研究提供数据支持。

2. 省级信息平台

主要管理本辖区地籍数据库、自然资源确权登记数据库和不动产登记数据库，利用国家级信息平台的自然资源登记系统办理省本级自然资源登记业务。对于不动产登记业务，省级信息平台建设方式分为以下两种情形：

（1）省级"大集中"。省级信息平台不仅支撑省本级登记业务，归集并管理辖区内所有不动产登记数据，而且将各地市、县级登记业务等各项功能纳入进来，市、县级不动产登记机构作为终端，直接利用全省统一的信息平台，按照登记管辖开展本地不动产登记业务。省级信息平台统一接入国家级平台，确保本辖区每一宗登记的信息都实时纳入国家级信息平台，实现四级实时共享。市、县级不动产登记机构从省级统一信息平台上查看本地登记数据，履行指导本辖区不动产登记工作的职责。

（2）省级"部分集中"。部分市县使用省级信息平台开展登记业务，其他市、县建有本地信息平台。两部分分别按照省级"大集中"和市、县级信息平台的运行方式，开展相关业务。

3. 市、县级信息平台

市、县级行政区域利用国家级信息平台的自然资源登记系统办理市、县本级自然资源登记业务。

对于不动产登记业务，没有使用省级统一平台的市、县级行政区域，建立本地的信息平台，支撑市、县级登记业务，归集并管理辖区内所有不动产登记数据，面向市、县级部门开展不动产登记信息共享服务，面向权利人和利害关系人提供信息查询服务。通过将本地不动产登记信息系统接入国家级和省级信息平台，将日常登记数据上传到省级和国家级信息平台。

省级"大集中"统一平台的方式，在统一业务标准、规范地方业务办理等方面具有较大优势。同时，可以实现信息化基础设施节约集约建设和利用，减少市、县级行政区域的信息化投入，解决市、县级行政区域因缺少人员技术力量等原因带来的信息化建设和运维难等问题。随着不动产登记法治化、标准化、规范化、信息化的不断深入，市、县级信息平台逐步整合，使用省级及以上统一平台是信息技术发展和信息平台升级完善的趋势。

六、信息平台建设与应用成效

（一）信息平台建设成果

信息平台建设与不动产统一登记制度设计、职责和机构整合同步启动。2015年，国家级信息平台上线运行。2016年，各市县信息平台相继投入使用，保障不动产登记"停旧发新"的实施。2017年，各级不动产登记业务通过信息平台实现常态化运行，各级信息平台全部接入国家级信息平台。2018年，全国城镇地区不动产登记数据完成第一轮整合建库和数据汇交，基本建成覆盖全国的信息平台，标志着不动产登记"四统一"改革目标全面实现。自2019年起，在信息平台基础上建立自然资源登记信息系统并用于自然资源确权登记试点工作。

（1）建立了全国联网运行的信息平台。全国四级不动产登记机构按照统一的技术标准，因地制宜地选择信息平台建设方式，通过信息平台"停旧发新"，颁发出第一本不动产权证书。2017年7月，信息平台支撑不动产登记制度落地实施全国覆盖；8月，全国所有市县接入国家级信息平台，实现不动产登记数据的四级实时互通，完成《暂行条例》中规定的将各级登记机构登记的信息实时纳入信息平台的目标。

（2）建成了全国不动产登记数据库。全国四级不动产登记机构按照统一的技术规范，对土地、房屋、草原、林地、海域登记资料进行清理和整合建库，建成统一的不动产登记数据库，支撑了不动产登记业务运行。分阶段、分步骤逐级汇交城镇和农村地区不动产登记数据成果，省级、全国不动产登记数据库主体建成，基本形成了标准统一、内容全面、覆盖全国、实时更新、互通共享的不动产登记数据库体系，初步掌握了全国不动产的权属状况。

（3）建立了不动产登记信息应用服务体系。国家层面，建立不动产登记信息"总对总"共享机制，面向相关部门提供不动产登记信息共享服务。地方层面，各级不动产登记机构积极与同级相关部门开展共享，充分发挥不动产登记信息在社会治理、宏观形势分析和政策研究等方面的作用。

（4）初步建立自然资源登记信息系统。在信息平台基础上，开发了自然资源登记信息系统，并应用到国家公园、长江干流等自然资源确权登记试点工作中。

（5）建成自然资源确权登记数据库框架。对国家公园、长江干流等自然资源确权登记试点成果进行整合处理和入库，初步建成自然资源确权登记数据库框架。

（6）形成了登记信息化技术标准体系，建立了信息平台长效运行和完善机制。制定了《不动产登记信息管理基础平台建设总体方案》《不动产登记数据库标准》《不动产登记数据整合建库技术规范》等标准规范，初步编制《自然资源确权登记数据库标准》标准规范，保障了信息平台建设遵循全国统一标准。

（二）信息平台应用成效

随着信息平台建设逐步完善，应用工作同步开展，实现了边建设边应用、以用促建。2018年基本建成覆盖全国的信息平台，信息平台应用也进入新的阶段。

（1）全国不动产登记业务全面实现信息化、常态化运行。全国各级不动产登记机构每天办理数十万笔登记业务，已完全脱离传统的手工作业，全部采用信息化手段。不动产登记机构日常登记产生的信息实时上传，省级和国家级信息平台实时汇集不动产登记信息。

（2）不动产登记便民利企服务不断完善，人民获得感不断增强。通过"互联网+不动产登记"、信息集成共享等手段，实现"最多跑一次""24小时不打烊""一网通办""一窗受理、并行办理""跨省通办"等便民服务，不断压缩办理时间，减少纸质材料，方便群众和企业办事。

（3）不动产登记业务监督管理能力不断提升，业务规范化程度不断提高。通过数据综合分析，加强对各地不动产登记业务监督指导，支撑管理政策的研究制定，促进不动产统一登记制度的完善和不动产登记行为规范化。

（4）不动产登记信息共享应用范围不断扩展，助推了政府治理效能提升。通过向相关部门提供共享服务，不动产登记信息在推进国家治理体系和治理能力现代化中发挥了重大作用。通过数据分析，辅助经济社会发展形势分析和政策研究。

（5）为全面开展自然资源确权登记奠定了坚实基础。信息平台在开展的国家公园、长江干流等自然资源确权登记试点工作中得到应用，形成了技术方法和流程，利用试点成果数据，初步建成自然资源确权登记数据库框架，为全国各级登记机构全面开展自然资源确权登记工作奠定了坚实的基础。

第二节 自然资源和不动产登记业务办理系统

一、不动产登记信息系统

不动产登记信息系统将不动产登记的业务逻辑转换为软件功能逻辑，为各类不动产登记申请、受理、审核、登簿、发证、归档等业务全流程提供服务，实现各级不动产登记日常业务的网络化、规范化和信息化管理。

（一）系统架构

不动产登记信息系统在架构上体现为数据服务、业务支撑、应用服务三个层级（图6-4）。

第六章 不动产登记信息平台建设与应用

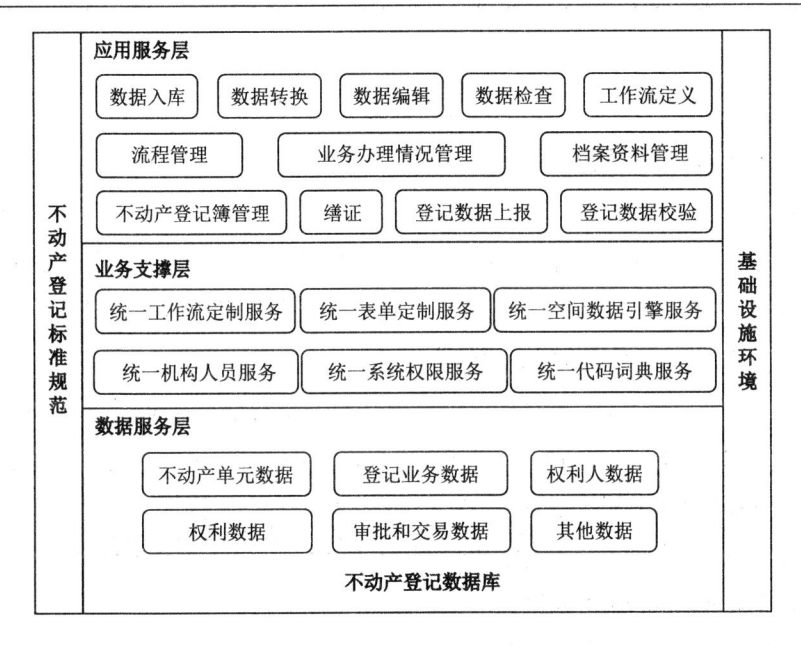

图 6-4 不动产登记信息系统架构

1. 数据服务层

数据服务层中存放系统所产生和涉及的数据库，是整个系统的数据核心。除了不动产登记数据库本身涉及的登记簿、工作流和附件外，还与不动产地籍数据和其他审批交易部门的数据进行交换和共享。

2. 业务支撑层

通过模块化的技术将系统的各通用功能设计为功能模块，通过调用功能模块来实现对系统的登录、权限、访问、开发等各操作的控制。业务支撑层的功能支撑了系统的业务运行。

3. 应用服务层

应用服务是提供给用户进行业务办理的功能。根据工作流定义的角色权限确定使用系统的功能权限和访问数据库的权限。通过应用服务层的各项功能进行业务的办理，也是通过应用服务层的功能与数据服务层的数据库实现实时交互。

（二）系统主要功能

1. 地籍调查成果管理

不动产登记业务围绕不动产单元、单元上的权利、权利归属等是否符合登记条件开展审查、核实。地籍调查成果数据是登记业务的要件资料，包括权属调查、不动产测绘成果内容，是不动产登记业务办理必不可缺的数据。

2. 不动产登记业务流程化管理

不动产登记业务是流程化业务，申请、受理、审核、登簿等每一环节都有明确主体、具体事务、起止条件、转承要求、时间期限和办理结果，需要不动产登记信息系统能够对业务流程进行科学设置、管理，将不动产登记业务逻辑和办理流程固化为信息系统逻辑和软件功能。

3. 不动产登记业务办理

一是根据不动产登记业务流程，实现数据的录入、修改、保存、查看等操作。二是对办结、在办、挂起、急件等业务办理情况进行管理。三是对电子登记簿进行管理，浏览电子登记簿内容，对已办结业务的电子簿册内容锁定等。四是对不动产登记数据进行浏览、查询和分析。五是制作并打印图件、证书证明等。

4. 不动产登记业务图属一体化管理

落实不动产登记"房地一体"登记原则，土地、海域及其上建筑物、构筑物在登记业务办理过程中的各类权利要实现挂接关联，即实现建筑物、构筑物的落宗落幢。

5. 登记安全和信息安全保障

一是不动产登记信息系统需在源头上避免登记安全事件，通过严格的业务规则设定和数据智能分析，防范人为错误，降低错误率。二是不动产登记信息涉及个人隐私、商业秘密，信息安全防护应贯穿业务办理全过程和数据生产、管理、共享与应用等环节。

（三）系统运行关键环节

1. 申请受理

按照规定将各类登记业务要件材料数字化，审核要件是否齐全。在业务申请受理环节，要核实档案资料，将不动产登记簿记载信息和相关业务数据采集录入登记系统，确保不动产登记簿记载数据项不为空。同时，将要件材料形成电子扫描件。不动产登记机构通过设置不动产登记信息系统，对数据项填写进行提醒、校验和检查，辅助数据采集。能够关联和共享获取的，减少重复录入。同时，加强对数据录入环节的监督和检查，预警数据录入过程的问题，避免数据录入错误。

2. 审核登簿

一是获取办理不动产登记业务需要的相关部门信息，辅助登记业务办理，推动实现材料免提交。二是按照《操作规范》的要求，对登记业务的合法合规性进行审核。对各审核环节全过程留痕，透明化管理。三是记载登簿。按照要求将不动产权利事项规范记载于不动产登记簿。四是数据上传。在登簿环节，自动将登记结果实时上传至省级、国家级信息平台，实现各级登记机构的登记信息纳入统一信息平台的目标。

3. 发证归档

一是按照登记簿记载信息，进行缮证，印制纸质不动产权证书、不动产登记证明。二是制作不动产登记电子证照。三是登记业务办理完成后，将登记业务电子档案资料归档。四是通过系统设置实现不动产登记业务办理全流程管理，全过程留痕。

（四）互联网+不动产登记

随着互联网技术的发展，为方便群众办事，在不动产登记信息系统的基础上，按照党中央、国务院关于"互联网+政务服务"的有关要求，以便民利企为出发点，构建形成上下联动、属地优先、部门协同、省级统筹、国家支持，基于信息共享集成的"互联网+不动产登记"服务体系。

1. 主要内容

"互联网+不动产登记"是信息平台在互联网端的服务延伸，主要包括建设网上"一窗办事"平台、升级改造不动产登记信息系统、完善扩展信息共享集成等三项内容（图 6–5）。落实《优化营商环境条例》（国务院令第 722 号）和《国务院关于在线政务服务平台的若干规定》（国务院令第 716 号）相关要求，建设不动产登记网上"一窗办事"平台，实现不动产登记、交易、缴税等业务协同联办，与不动产登记信息系统和全国一体化在线政务服务平台（以下简称"一体化平台"）有序对接；升级改造不动产登记信息系统，完善扩展部门间信息共享集成，为不动产登记业务全程网上办理提供支撑，为企业和群众办事提供便捷和高效的服务。

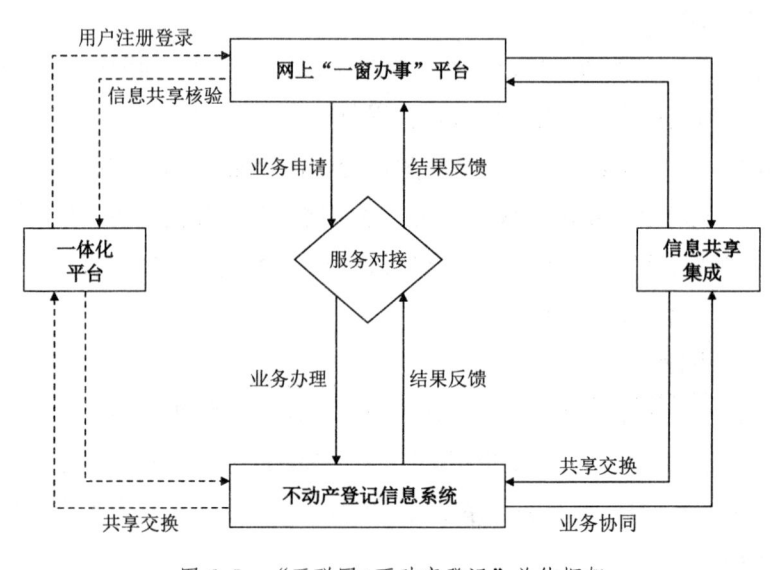

图 6–5 "互联网+不动产登记"总体框架

（1）建设网上"一窗办事"平台。面向社会公众，以互联网为载体，通过 PC 端、手机 APP 等形式，提供不动产登记业务在线申请的统一入口。网上"一窗办事"平台按照一体化平台的相关标准要求，实现与统一身份认证系统、统一电子印章系统、统一电子证照共享服务系统对接，依托一体化平台公共支撑能力，实现用户线上申请统一注册、统一身份认证和人像比对，实现符合登记要求的电子证照及文件跨地区、跨部门共享，促进材料免提交。衔接不动产登记信息系统，实时为企业和群众等在互联网上提供网上申请、反馈受理意见、办理进度和结果查询、不动产登记电子证照共享应用等全过程服务。

（2）升级改造不动产登记信息系统。开展不动产登记信息系统与网上"一窗办事"平台的服务对接，实现网上申请与登记业务办理的实时交互。不动产登记信息系统负责网上申请业务受理、审核、登簿、电子证照生成、电子归档并及时反馈业务办理进度和结果。为银行类金融机构、房地产开发企业、房屋经纪机构、登记代理机构等提供线上集中申请办理通道。对接各类不动产审批管理和交易监管、协同部门业务系统，实现登记与审批、交易、缴税、司法等业务的协同联动。运用信息化思维推动不动产登记信息系统升级改造，支持数据交换和可扩展接口服务，实现相关部门共享信息的嵌入式集成应用，支撑相关部门电子证照或共享文件下载、留存，支持不动产登记电子证照制证、管理、应用。

（3）完善扩展信息共享集成。依托一体化平台和自然资源业务网，通过电子政务外网和专线网络，按照"属地优先、省级推动、国家支持"原则，分类推进不动产登记所需相关部门信息共享，实现在申请、受理、审核等业务办理环节自动获取、实时调用共享信息，提高工作效率。

2. 层级设定

立足于各地已有不动产登记信息化基础，"互联网+不动产登记"覆盖全国，以网上"一窗办事"平台为服务门户。网上"一窗办事"平台由国家、省、市县三级关联组成，各层级之间通过服务对接实现业务联动（图6-6）。通过各级联动，为企业和群众提供多渠道、多形式的不动产登记便捷化网上服务。

（1）市县层面。市、县级可根据实际需要建设不动产登记网上"一窗办事"平台，实现市县业务网上申请，与审批、交易、税务等业务协同联办，更新办理进度并反馈结果，力争不动产登记全流程、各环节在线一窗办事。在此基础上，与一体化平台中的市县级政务服务平台对接，实现部门间信息共享，支撑相关材料免提交、网上预约、网上支付、网上查询、不动产登记电子证照下载等，方便企业和群众办事。跨域共享信息可申请省级、国家层面提供的信息共享服务。

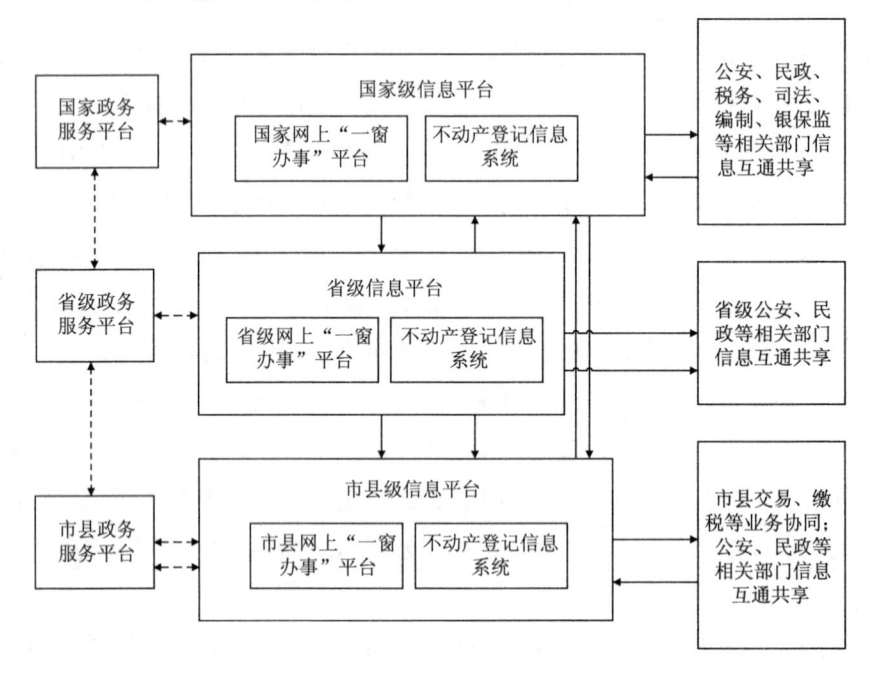

图 6-6　不动产登记网上"一窗办事"平台服务层级

（2）省级层面。省级可推动建设全省统一的不动产登记网上"一窗办事"平台，实现本省域不动产登记业务网上申请。向上对接全国不动产登记"一窗办事"平台，向下对接所辖市县网上"一窗办事"平台或不动产登记信息系统，推送通过省级"总对总"方式获取的审批、交易、完税结果、司法判决等信息。横向与一体化平台中的省级政务服务平台对接，与同级相关部门进行信息共享，实现与省级相关审批管理、交易监管、税务、法院等部门协同。跨省域共享信息可申请国家层面提供的信息共享服务。

（3）国家层面。自然资源部建立全国不动产登记网上"一窗办事"平台受理门户，实现国务院批准用海用岛项目和重点国有林区登记业务的网上申请受理。同时，纵向与省级或市县网上"一窗办事"平台对接，为企业和群众提供全国各地不动产登记业务申请办理的导航服务；横向与一体化平台中的国家政务服务平台对接，实现统一用户注册、身份认证和相关部门信息共享、核验。根据地方实际情况，为暂不具备开发建设网上"一窗办事"平台条件的市县配发相关软件，市县利用配发软件与当地不动产登记系统对接，并推进信息共享集成和业务联办，逐步具备网上"一窗办事"服务能力。

3. 网络环境

按照《关于完善信息平台网络运维环境推进不动产登记信息共享集成有关工作的通知》（自然资办函〔2019〕1041号）要求，完成申请、受理、审核、登簿等业务环节和相关数据向外网迁移工作，并符合三级等保要求。

（1）互联网。部署运行不动产登记网上"一窗办事"平台和服务对接相关的功能模块，与一体化平台的身份认证等子系统实时对接，主要包括不动产登记业务网上申请、预约、材料提交，以及申请人查询和不动产登记机构办理进度等信息反馈。

（2）电子政务外网。部署不动产登记信息系统，扩展与相关部门共享协同的功能模块，与一体化平台对接，实现不动产登记机构业务办理与审批、交易、缴税、司法等业务协同信息和其他部门信息集成共享，规范不动产登记的属性信息审核、登簿、缮证环节业务和不动产登记数据库（不含空间图形数据）管理。办理登记时，应通过不动产登记系统实时共享税务、公安、民政、法院等部门的信息，实现在线审核，并可作为办事依据和档案资料，促进申请资料免提交；登簿同时将登记结果和登簿日志实时写入电子政务外网不动产登记数据库，同步自动导入业务内网不动产登记数据库。登记办理进度、结果和电子证照信息实时、逐级反馈至省和国家网上"一窗办事"平台。电子证照实现与一体化平台对接。

（3）业务内网。业务内网与互联网物理隔离，开展的业务主要包括地籍调查、基础地理等空间图形管理及审核。外网受理的申请材料涉及空间图形的通过单向光闸单向导入内网，内网审核结果通过光盘刻录等离线方式摆渡到外网。

4. 办事流程

根据《暂行条例》及相关规范性文件有关规定，以为企业和群众提供最便捷的服务为原则，按照网上办事的特点和场景，形成网上办事的主要环节（图6-7），通过流程优化提升服务质量和效率。

（1）与企业和群众互动业务。主要包括办事指南、用户注册、网上预约、网上申请、材料提交、身份和相关材料核验、办理进度信息查询、网上支付、电子证照获取。

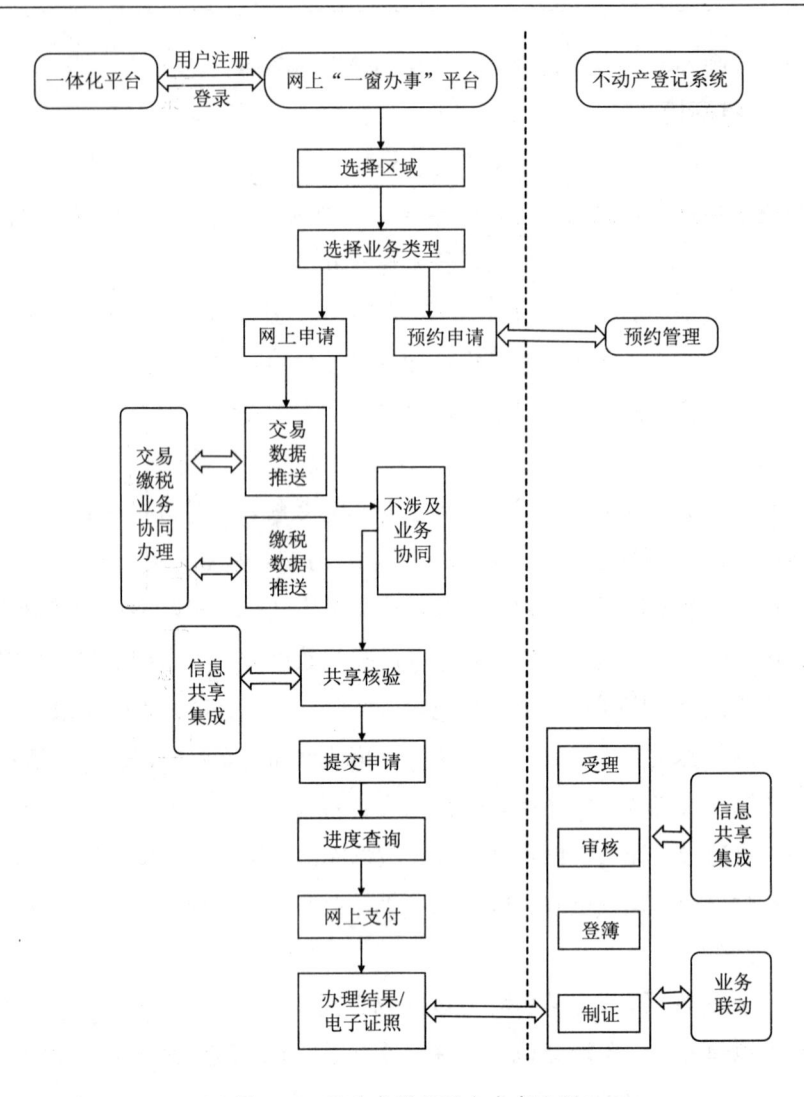

图 6-7 不动产登记网上办事流程

（2）后台业务审核。主要包括受理、审核、登簿、缮证，向网上"一窗办事"平台推送办理进度信息，便于查询。

5. 应用模式

各地可根据本地实际，选择不同的不动产登记业务网上办理应用模式（图 6-8）。

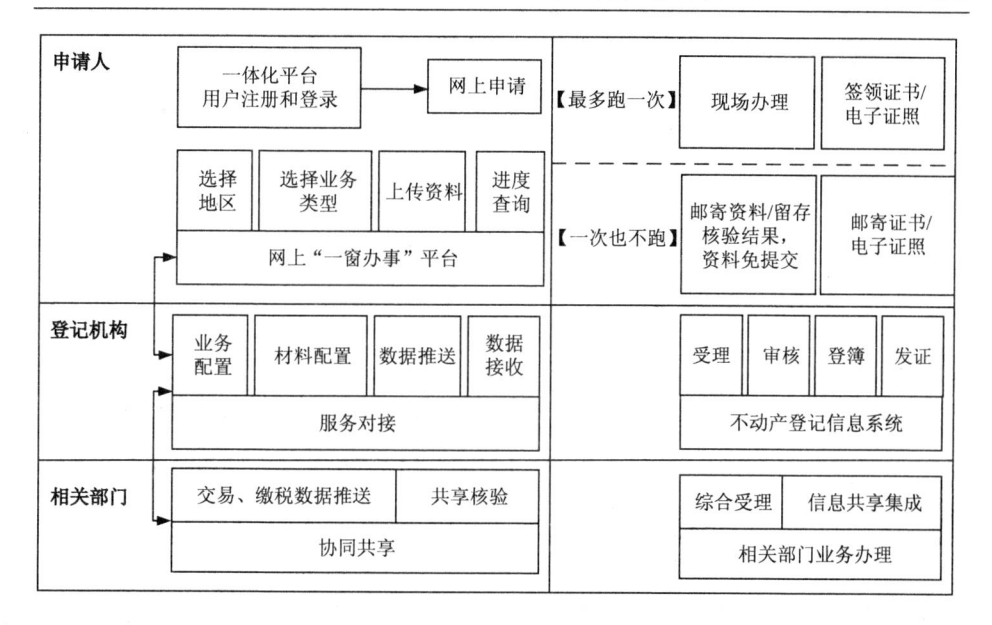

图 6-8　不动产登记网上"一窗办事"平台应用模式

（1）支撑"最多跑一次"。申请人网上提交申请和材料，通过信息共享集成，经内部审核，申请人须持纸质材料到窗口现场核验，一次办结，现场领证，实现"最多跑一次"。

（2）支撑"一次都不跑"。申请人经过实名认证后按照规范化的业务流程，在线提交申请，通过信息共享集成实现资料免提交，填写格式化的询问笔录并进行真实性承诺，在线进行电子签名，经过审核，完成登记业务，下载电子证照或者邮寄纸质证书。

（五）信息共享集成

信息共享集成是指各级不动产登记机构在办理不动产登记业务中，共享不动产登记所需的外部门信息。信息共享集成是不动产登记服务创新的重要手段，遵循"属地优先、省级推动、国家支持"的原则，构建和完善信息互通共享机制，充分利用一体化平台上提供的数据共享交换、电子证照等服务，分类嵌入在不动产登记信息系统中。

1. 主要内容

信息共享集成包括身份核验类、业务协同类和信息查核类三类信息共享。

（1）身份核验类。对于自然人、法人和非法人组织等身份核验类信息，市县不动产登记机构应通过一体化平台对申请人或代理人进行人像比对，实时在线核验，获取公安、市场监管、机构编制、民政部门的自然人基本信息、营业执照信息和机关、群团、事业单位、社会组织统一社会信用代码信息，促进身份证明材料免提交。

（2）业务协同类。对于审批、交易、税收等业务协同类信息，按照《优化营商环境条例》要求，建立集成、统一的不动产登记网上"一窗办事"平台，建立用地审批、用海用岛项目审批、林权管理、不动产交易等协同信息推送机制，涉及国家级和省级统一存储的，可通过"总对点"方式实现信息共享，确保信息共享与业务联办有机融合。不动产登记机构通过网上"一窗办事"平台受理涉税登记申请后，向交易管理、税务部门推送相关信息；市县级税务部门据此核税缴税后，通过网上"一窗办事"平台或一体化平台向不动产登记机构实时推送是否完税的结果信息。同时，为提升依法办事能力，探索地方各级人民法院通过一体化平台或部门专线，实时推送司法判决文书给市县级不动产登记机构。

（3）信息查核类。市县级不动产登记机构需要获取公安部门的户口簿登记信息、民政部门的婚姻登记和社会组织统一社会信用代码信息、市场监管部门的营业执照信息、银保监部门的金融许可证信息、司法部门的公证书信息、卫生健康部门的出生和死亡医学证明信息等。自然资源部门内部的规划、供地、测绘、闲置土地等信息，应率先实现共享。

2. 实现方式

根据相关部门信息归集的层级和网络环境，参照《不动产登记共享国家层面相关部门信息服务指南（试行）》，确定信息共享集成的具体可操作实现方式。已通过国家数据共享交换平台开展国家层面信息共享的，继续按照原共享渠道开展信息共享；尚未申请国家层面信息共享的，可由一体化政务服务平台统一受理和提供服务，具体申请方式、信息共享内容、接口规范等参照申请使用国家数据共享交换平台方式。对于个别部门系统或共享信息尚未接入一体化平台的，可先采取部门"点对点"方式通过部门专线获取。

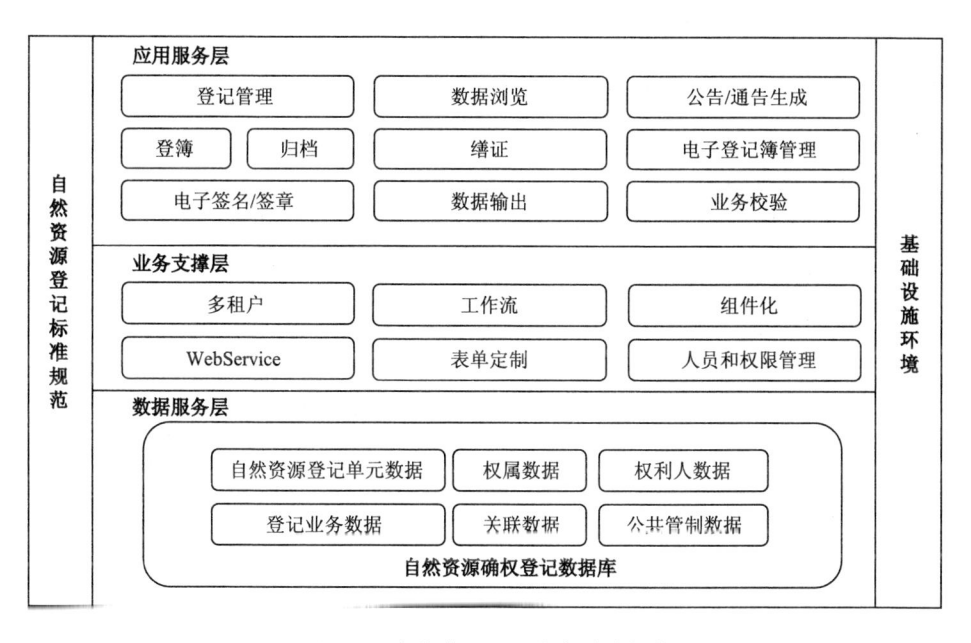

二、自然资源登记信息系统

自然资源登记信息系统以自然资源确权登记数据库为支撑，为自然资源登记审核、登簿等全流程提供信息化服务。

（一）系统架构

自然资源登记信息系统在架构上体现为数据支撑、业务支撑、应用服务三个层级（图6-9）。

图 6-9 自然资源登记信息系统架构

1. 数据服务层

存放自然资源登记系统所产生和涉及的数据库，发挥支撑作用，包括自然资源确权登记过程中的数据和相关附件，以及自然资源登记单元内关联的不动产登记数据和公共管制数据。

2. 业务支撑层

基于统一应用支撑框架，建立微服务服务库，提供各类工具服务、数据实体服务和任务服务，提供分布式服务治理，所提供的微服务应用及统一支撑框架可同时支撑自然资源登记的各类应用。

3. 应用服务层

基于各类支撑资源，建立自然资源登记信息系统，为自然资源登记业务全流程提供信息化服务。通过应用服务层的各项功能进行业务的办理，同时是通过应用服务层的功能与数据层的数据库实现实时交互。

（二）系统功能

自然资源登记信息系统是全国各级自然资源登记机构规范化办理登记业务应用的统一化技术工具，是在自然资源确权登记数据库的支撑下运行，并为自然资源确权登记数据库提供登记信息。系统的核心功能如下。

1. 流程定制功能

自然资源登记信息系统提供基于工作流技术的业务流程定制功能，满足初始登记、变更登记、注销登记和更正登记业务的流程定制需求。

2. 登记受理功能

自然资源登记信息系统基于自然资源地籍调查成果和相关基础资料等，启动登记业务，提供新业务受理功能，能够受理依职权或依嘱托的首次、变更、注销、更正等各类登记等业务；提供业务受理要件数据的关联、录入与审核功能，形成业务受理要件数据，满足业务受理需求。

3. 地籍调查结果数据浏览功能

自然资源登记信息系统提供对自然资源调查表的浏览功能，提供自然资源登记单元图形数据的浏览功能，提供通告信息浏览功能等。

4. 审核功能

自然资源登记信息系统提供自然资源登记单元自然状况、权属状况、管制要求等内容的审核功能；提供审核结果报告的生成功能，并作为登记依据。

5. 公告生成功能

自然资源登记信息系统提供公告生成模板功能，提供公告生成与打印功能，提供公告保存功能，提供与社会化服务系统的对接接口。

6. 登簿功能

自然资源登记信息系统提供登簿内容的自动审核功能，包括对登簿主体、登簿条件、登簿内容等的自动规则化校验；提供登簿入库功能，生成自然资源电子登记簿。

7. 归档功能

自然资源登记信息系统提供登记簿相关数据的归档功能，完成自动归档，登记业务自动办结。

8. 业务办理情况管理功能

自然资源登记信息系统提供对用户权限下业务办理情况的管理功能，实现在办件、已办件、挂起件、超期件、紧急件等总体情况的实时展现。

9. 业务操作功能

自然资源登记信息系统为用户提供表单填报、报件资料查阅、自然资源登记单元空间数据浏览查询、查询统计、综合分析、流程流转、已办结流程回溯、操作错误更正、表单打印等操作功能。

10. 自然资源登记电子簿册管理功能

自然资源登记信息系统提供登记簿的查询检索、统计报表功能；提供电子登记簿的打印输出功能，保障电子簿与纸质登记簿内容一一对应；提供电子登记簿的归档功能。

第三节 数据库建设

一、数据库组成及相互关系

（一）数据库组成

信息平台中的数据资源由三大数据库组成，分别是地籍数据库、不动产登记数据库和自然资源确权登记数据库。

1. 地籍数据库

地籍数据库的主要作用是对不动产和自然资源地籍调查成果进行集中统一管理，确保不动产和自然资源地籍调查数据的完整、规范、准确、一致，实现对不动产和自然资源登记业务的有效支撑。

（1）不动产地籍数据集。不动产地籍数据集包含一个辖区内空间全覆盖的不动产地籍总调查和日常调查成果、登记结果等信息。不动产地籍数据有两个来源：

①不动产地籍调查成果入库。通过不动产地籍调查，将获取到的已登记和未登记不动产的类型、面积、界址等自然属性和权属状况、权利人/实际使用人等数据入库，调查单位对数据进行处理，确保空间数据数学基础和拓扑关系正确，数据内容、语义、格式一致，数据质量和数据完整性符合相关技术标准。地籍调查审核部门依职责对不动产地籍调查成果数据审核，经审核的数据可以作为不动产首次、变更等登记的基础。

②不动产登记结果信息回写。不动产地籍数据在支撑不动产登记业务后，登记结果信息向地籍数据库回写，实现不动产地籍数据登记状态信息的实时更新。

（2）自然资源地籍数据集。自然资源地籍数据集包含一个辖区内自然资源登记单元地籍调查成果、登记结果等信息。自然资源地籍数据有两个来源：

①自然资源地籍调查成果入库。通过自然资源地籍调查，将获取到的自然资源登记单元界址、类型和面积以及单元内各种资源类型、面积、权属状况等数据入库，调查单位对数据进行处理，确保空间数据数学基础和拓扑关系正确，数据内容、语义、格式一致，数据质量和数据完整性符合相关技术标准。地籍调查审核部门依职责对自然资源地籍调查成果数据审核，经审核的数据可以作为自然资源登记的基础。

②自然资源登记结果信息回写。自然资源地籍数据在支撑自然资源登记业务后，登记结果信息向地籍数据库回写，实现自然资源地籍数据登记状态信息的实时更新。

2. 不动产登记数据库

主要作用是直接支撑不动产登记业务，登记过程和结果产生的信息实时沉淀在不动产登记数据库中。不动产登记数据库数据内容包括不动产单元的类型、面积、坐落、界址等自然属性以及权利、权利人、登记业务信息，数据来源于不动产地籍调查和不动产登记业务。由于不动产登记数据的作用不仅仅是支撑不动产登记业务，还在相关部门中有着差别化应用服务需求，应用场景复杂、频次高，需要对数据进行合理的组织，来达到高效应用的目的。根据应用目的不同，不动产登记数据库划分以下数据集：

（1）业务数据集。以不动产单元为核心，面向不动产登记权利变化全生命周期的数据挂接机制，通过数据权利上下手挂接、现势性维护，实现挂接在该不动产单元上的权利从设立到变更、转移全过程完整更新，确保数据实体关联关系正确无误，实现不动产登记安全高效。

（2）共享数据集。采用基于列式存储和全文检索库的弹性检索库分布式存储，建立以权利主体为核心的不动产登记数据组织管理机制，实现不动产登记数据"总归户"，满足与法院、民政、公安、税务等相关部门以权利主体为关键索引的不动产登记信息查询需求。

（3）分析数据集。按照数据仓库的逻辑模型和物理模型，建立多维不动产登记数据仓库，将不动产登记单元、权利等数据按照"雪花模型"建模，通过各个维度的度量值预先聚合形成最小数据立方体，提供在线多维度即席分析和信息产品定制。

3. 自然资源确权登记数据库

主要作用是直接支撑自然资源登记业务，登记过程和结果产生的信息实时纳入自然资源确权登记数据库中。自然资源确权登记数据库数据内容包括自然资源登记单元的类型、面积、界址和登记单元内各类自然资源的类型、面积、界址等自然属性信息，权属状况、权利人、登记业务信息，关联信息和公共管制信息，数据来源于自然资源地籍调查、自然资源登记业务和不同渠道收集的数据。

（二）数据库之间的关系

地籍数据库、不动产登记数据库和自然资源确权登记数据库三库之间存在紧密的数据交互关系。

1. 数据内容关系

地籍数据库包括地籍调查过程和结果信息、不动产和自然资源登记结果信息，不包括登记业务信息；不动产登记数据库和自然资源确权登记数据库包括部分地籍调查结果信息与全部登记业务信息，不包括地籍调查过程信息。

2. 数据交互关系

三者之间的数据交互关系如图 6-10 所示。地籍数据库是不动产和自然资源登记业务的基础，体现在地籍调查成果入库并经过成果审核后，将新设立或发生空间位置变更的不动产单元或自然资源登记单元数据，按照规定的数据格式、内容、组织方式导出，导出数据主要包括宗地图/分户图、自然资源登记单元成果图、属性数据及其他文本和图片数据，分别导入不动产登记数据库和自然资源确权登记数据库，支撑登记业务办理。完成登记后，将登记结果信息回写入地籍数据库，实现地籍数据库中不动产单元和自然资源登记单元登记状态信息的实时更新。

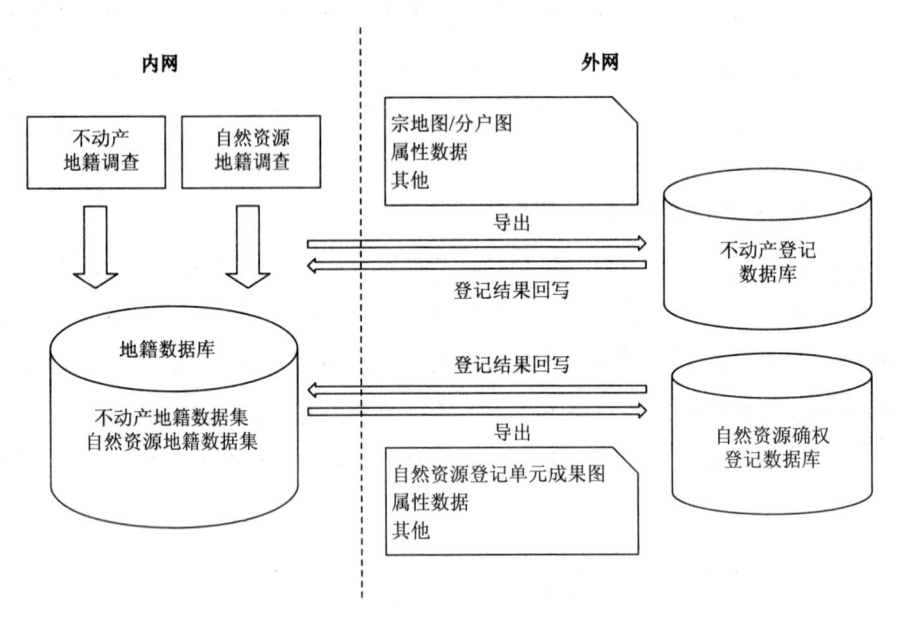

图 6-10 数据库之间的关系

二、地籍数据库建设

（一）数据库设计

1. 不动产地籍数据模型

（1）概念模型设计。通过要素分析形成的"不动产单元—权利—权利人"三要素，映射到不动产地籍概念数据模型，即为不动产单元、权利、权利人三个概念实体。"不动产单元"用于表示土地、房屋、构筑物或其组合的客体信息，以不动产单元代码作为标识符。"权利"数据包括所有权、用益物权和担保物权等。

每种权利关联到一个"不动产单元"数据；每个"权利"数据可包含一个或多个"权利人"数据。不动产地籍数据概念模型如图6-11所示。

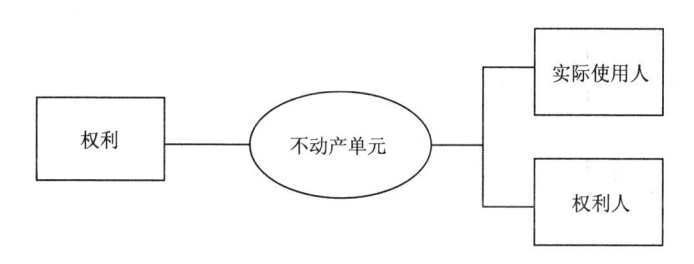

图6-11 不动产地籍数据概念模型

不动产单元最终必须落在宗地（宗海），权利必须基于不动产单元设定，权利人的权利必须是承载于不动产单元之上的权利，实际使用人的记载也必须依附于特定不动产单元。权利人和实际使用人的变化一部分根据登记数据库的变动而变动，另一部分则要根据不动产调查得来。这种数据模型可以有效解决不动产权利落地、多项权利空间并存的问题，避免重登漏登、重复抵押等现象，有利于维护不动产交易安全，保护不动产权利人合法权益，推动不动产权利合理流动。

（2）逻辑模型设计。地籍数据要对不动产地籍调查成果做好承接，其数据指标既要体现统一性、整体性、自成体系，同时，各级地籍数据要实时互通，并向相关部门提供信息共享。因此，在新的数据框架下吸纳的数据指标项既要满足不动产地籍调查的全覆盖性、准确性，又要满足相关部门的行业管理需要。不动产地籍数据逻辑模型在概念模型的基础上，以不动产单元为核心，以不动产的各类权属信息为主线，建立不动产地籍数据实体及其之间的各类关系。不动产地籍数据逻辑模型如图 6-12 所示。

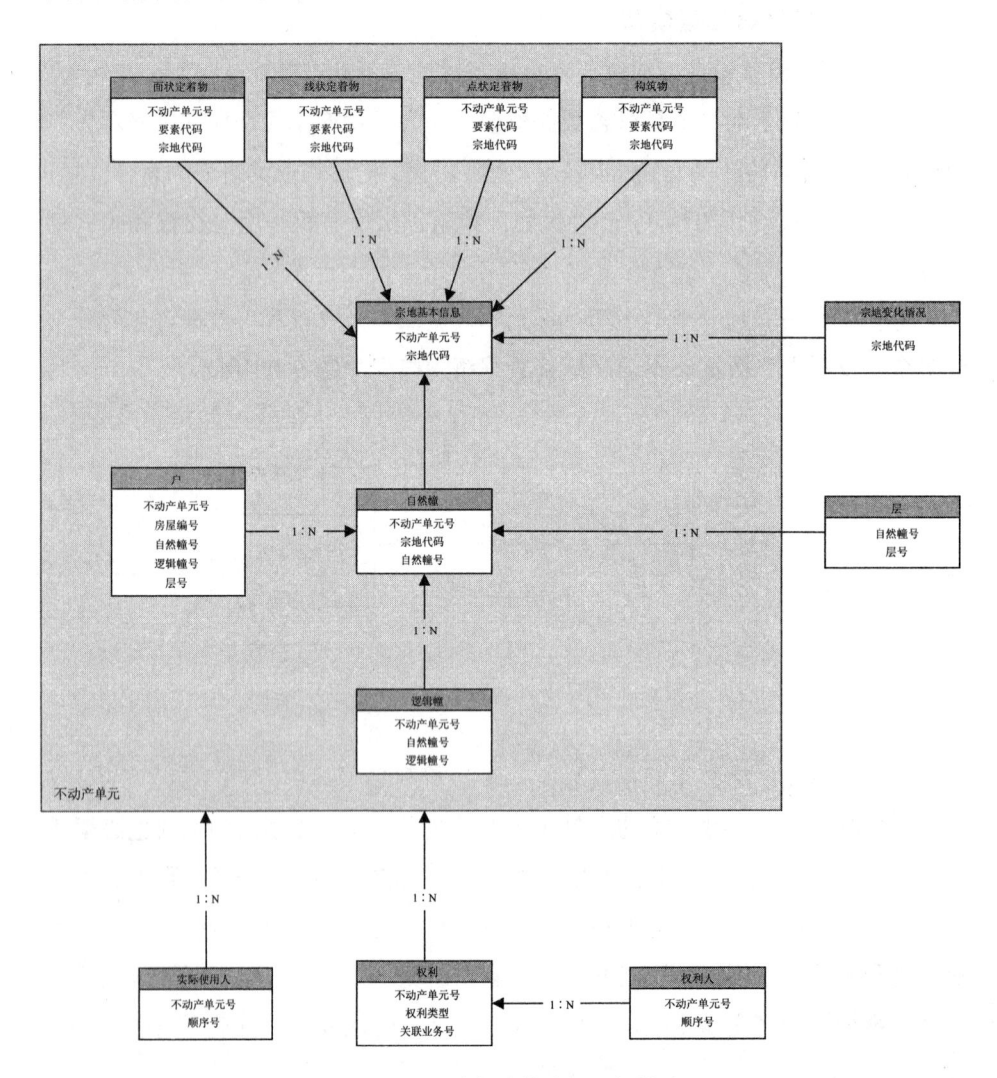

图 6-12 不动产地籍数据逻辑模型

①不动产单元是宗地（宗海）、幢、构筑物、户、构（建）筑物、面状定着物、线状定着物、点状定着物的合集，通过要素代码加以区分。不动产单元吸纳相关部门在土地（海域）、房屋等领域已有的数据项，如共性的坐落、面积等信息，土地的利用类型、容积率信息，房屋的楼盘表信息等。

②权利包括土地所有权、房屋等建筑物所有权、构（建）筑物所有权、建筑物区分所有权、建设用地使用权、地役权、抵押权等，通过权利类型加以区分，每个权利以不动产单元号与不动产单元关联。

③权利人及权利人相关信息。权利和权利人是 1∶N 的关系，以不动产单元号关联。

④实际使用人。主要记录无权属来源材料但实际占有或占用的单位或个人。不动产与实际使用人之间是 1∶N 的关系，以不动产单元号关联。

⑤相关调查信息。在逻辑模型中，还要表达在进行不动产地籍调查中产生的各类调查表、审核表，这类信息都以附件的形式存储在数据表中。

⑥不动产单元表。表达不动产单元与宗地（宗海）之间、自然幢等的关系。

2. 自然资源地籍数据模型

（1）概念模型设计。基于自然资源地籍调查信息，同时按照自然资源地籍调查要素间的逻辑关系进行重构，地籍数据要以"登记单元"—"权属分区"—"自然资源状况分区"—"公共管制分区"四类地理空间信息为基础，以自然资源登记单元号为关联主键，同时包含全民所有自然资源权利主体、自然资源地籍调查信息和确权登记结果的自然资源地籍数据模型。自然资源地籍数据概念模型如图 6-13 所示。

（2）逻辑模型设计。自然资源地籍数据逻辑模型在概念模型的基础上，以自然资源登记单元为核心，以权属分区、自然资源状况分区、公共管制分区为主线，建立自然资源统一确权登记数据实体及其之间的各类关系，为描述自然资源地籍数据集的设计和组织提供基本方法。自然资源地籍数据逻辑模型如图 6-14 所示。

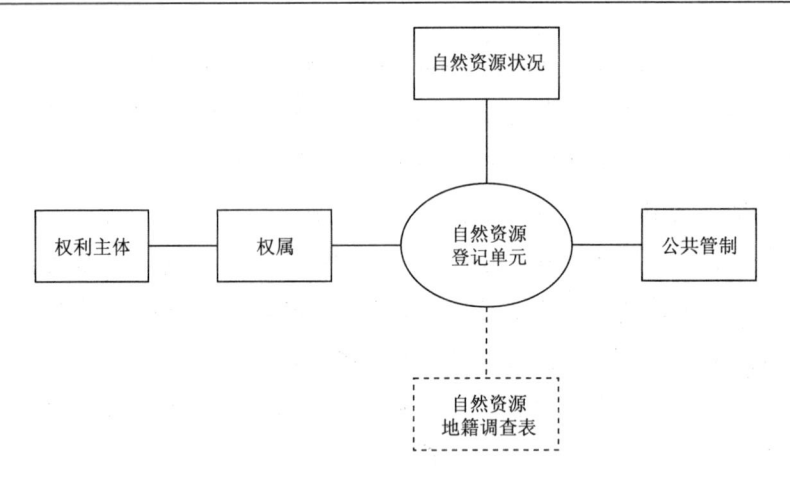

图 6–13 自然资源地籍数据概念模型

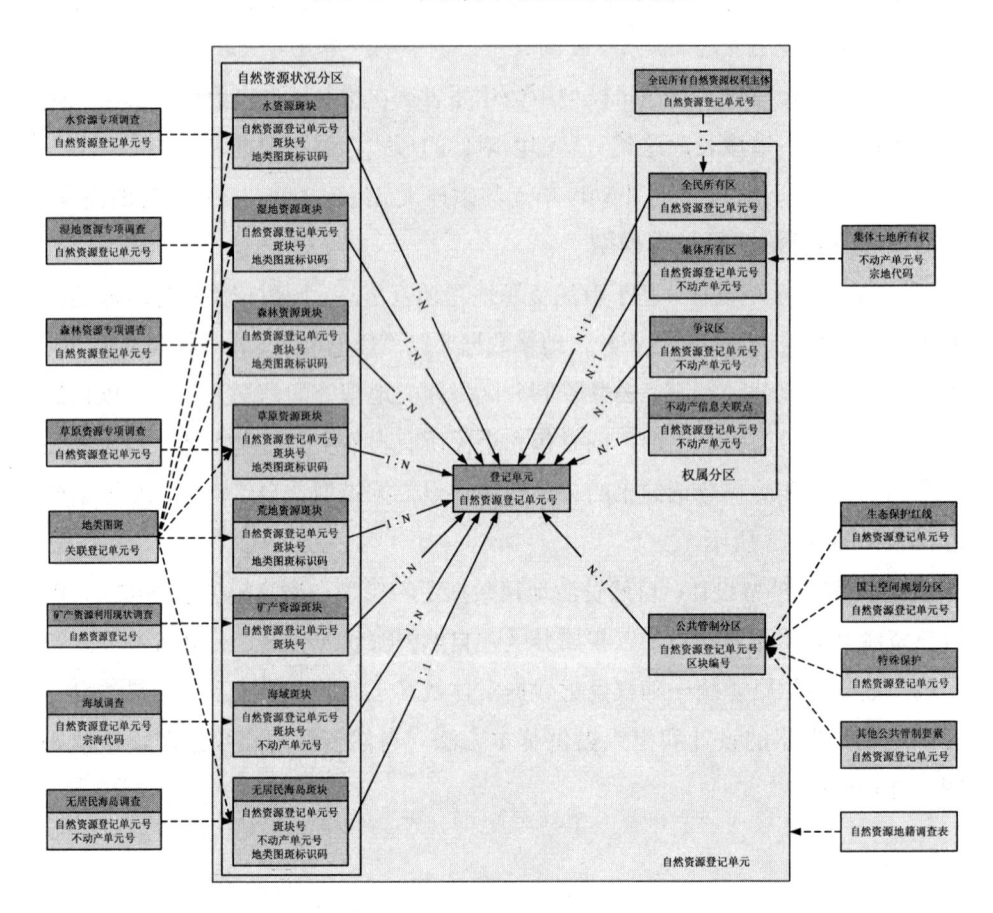

图 6–14 自然资源地籍数据逻辑模型

①自然资源登记单元是权属分区（全民所有区、集体所有区、争议区、不动产信息关联点）、自然资源状况分区（水资源斑块、湿地资源斑块、森林资源斑块、草原资源斑块、荒地资源斑块、矿产资源斑块、海域斑块、无居民海岛斑块）、公共管制分区的合集。自然资源登记单元融合相关部门在土地、房屋、海洋、林地、草原、湿地、矿产等领域已有的数据项，如共性的坐落、面积等信息，林地的林班、小班信息，海域的用海、用岛类型信息。

②权属分区、权利及权利主体相关信息。权属分区包括全民所有区、集体所有区、争议区、不动产信息关联点，与自然资源登记单元分别是 1∶N 的关系，以自然资源登记单元号或不动产单元号与自然资源登记单元关联。集体所有区信息来源于农村集体土地确权登记发证工作成果，通过不动产单元号与不动产登记数据库相关联。权利是国家和集体土地所有权。权利主体信息主要包括所有权人、代表行使主体、权利行使方式、行使内容、代理行使内容等。全民所有区和全民所有自然资源权利主体是 1∶1 的关系，以自然资源登记单元号关联。

③各类自然资源状况和自然资源登记单元之间是 1∶N 的关系，以自然资源登记单元号与自然资源登记单元相关联。自然状况信息包括自然资源的坐落、空间范围、面积、类型以及数量、质量等。

该逻辑模型建立了数据共享和交换的统一数据基础，确定了核心数据集，规范化了自然资源地籍数据的客体、主体、地籍调查结果的法定数据指标，基本满足了自然资源统一确权登记成果的数据汇总、对外共享、行业监管等需求。自然资源地籍数据逻辑模型相对稳定，根据确权登记流程再造进一步细化、扩展。自然资源统一确权登记制度和登记流程的完善是一个长期的过程，在调整的过程中，自然资源地籍数据模型将随之变化调整，因此，自然资源地籍数据逻辑模型也是一个不断完善的过程，将根据全国自然资源统一确权登记工作的推进和信息化建设情况进行不断扩展完善。

（二）数据建库

1. 准备工作

（1）方案制订。根据实际情况制订数据库建设方案，主要包括数据库建设的目标任务、方法、技术路线、组织管理、进度安排等内容,但其相关内容不得与数据库建设标准相抵触。

(2)软硬件准备。软件主要包括操作系统、数据库和 GIS 软件、数据质量检查软件等,硬件准备包括服务器、网络设备、终端设备、数据输入输出设备、数据存储设备等。

(3)数据源准备。数据源为各类地籍调查数据库或各类地籍调查成果、确权登记结果;其他数据源资料格式需符合建库要求;数据精度需符合要求。

2. 数据入库

数据入库主要包括矢量数据、非空间数据、元数据等数据入库。具体流程见图 6–15。

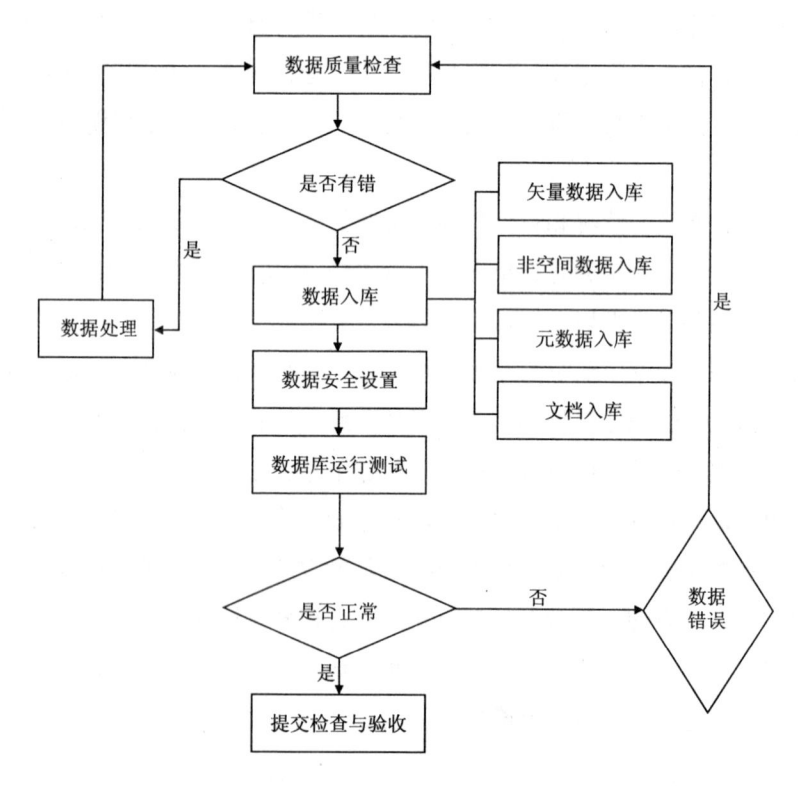

图 6–15 地籍数据入库流程

对收集到的原始数据成果，首先应对数据库进行检查，包括数据的完整性和一致性检查。然后，按照地籍数据汇交要求，进行语义一致性、数据类型规范性整理。数学基础不统一的，需要进行坐标系统转换，形成统一的坐标系统。最后，对整理后的空间数据和非空间数据进行关联和整合，形成符合汇交要求的地籍数据成果。

（1）不动产地籍数据入库。①空间数据入库：地籍区、地籍子区数据。对尚未完成划分的地籍区、地籍子区进行补充划分；对划分错误的进行修正；对错误或缺失的属性数据进行修正或补充完善。②乡（镇、街道）行政区数据入库。对数据缺失或需要更新的，进行补充完善或更新；对与县级行政区不一致的，进行数据修正；对错误或缺失的属性数据进行修正或补充完善。③宗地（宗海）数据入库。按照实体化的要求，原则上每一种类型的宗地或宗海，都应单独分层。房屋信息入库。将地籍调查的房屋空间信息整理后，形成房屋空间信息，房屋要建立与宗地的关联关系。④其他定着物信息入库。将地籍调查的点状、线状、面状定着物空间信息整理后形成其他定着物空间信息，其他定着物要建立与宗地的关联关系。⑤非空间数据入库：宗地非空间数据。分所有权宗地非空间数据和使用权宗地非空间数据，包括宗地基础信息、权利信息、权利人信息、查封解封信息等。对完成登记的宗地，宗地非空间数据采用登记信息；对只完成地籍调查未完成登记的宗地，宗地非空间数据采用调查信息；对完成地籍调查和登记，但两部分数据分别管理没有衔接的宗地，宗地非空间数据采用将调查、登记数据关联整理完善的信息。⑥权利人信息整理。整理后的权利人信息通过隶属宗地、不动产单元号与空间信息数据进行关联，通过隶属宗地与宗地进行关联。⑦元数据入库：按照元数据信息填写的要求，填写元数据。

（2）自然资源地籍数据库入库。对于自然资源地籍数据库来讲，按照地籍数据库文件命名规则、空间数据分层要求和属性数据库结构，进行数据组织、编码、入库，建立空间数据库和属性数据库，形成标准的数据交换文件、数据字典和元数据文件需要完成如下工作。①基础地理信息数据入库：基础地理信息数据入库包括测量控制点、行政区、地籍区、地籍子区、栅格要素空间数据入库，还包括属性表达的标准化。此部分数据入库后必须满足空间数据的质量要求，并生成标识码。②自然资源登记单元数据入库：将自然资源登记单元空间数据入库。此部分数据入库后必须满足空间数据的质量要求并生成标识码。③权属状况分区数据入库：将权属状况分区的空间数据入库，根据自然资源地籍数据库标准的要求进行属性值代码化、表达标准化。此部分数据入库后必须满足空间数据的质量要求，并生成标识码。④自然资源状况分区数据入库：按照自然资源类型，依据自然资源地籍数据库标准，将不同的自然资源数据分层分类入库并实现属性值代码化、表达标准化。此部分数据入库后必须满足数据完整性、逻辑关系一致性以及语义一致性的要求。⑤公共管制分区数据入库：按照公共管制类型，依据自然资源地籍数据库标准，将不同的公共管制数据分层分类入库并实现属性值代码化、表达标准化。⑥地籍调查表等数据入库：将地籍调查表等属性表信息入库。⑦自然资源地籍调查信息元数据生成：参照自然资源核心元数据标准，在信息入库后形成自然资源地籍调查信息元数据。

3. 数据检查

（1）地籍数据库质量要求。地籍数据库的数据质量提出了以下要求：

首先，要素表达完整。地籍数据库应包含能够准确无误地表达地籍调查成果的所有数据并能同步登记结果信息。其中，空间要素集—空间要素类—空间要素不重不漏，各种图形元素和属性元素表达完整，非空间数据要记载自然资源登记簿的全部信息。

其次，数据组织规范。地籍数据库中空间数据类型多样、数据庞杂，涉及大量数据分析，需严格执行相应的数据库规范，便于统一入库、管理、更新、服务。

最后，精度符合要求。地籍数据库要做到精细化管理，必须保证数据准确可靠。空间数据须保证位置精度、属性精度、时间精度的准确性和空间要素拓扑关系完整无误；非空间数据要与空间数据有明确的对应关系，确保图、数一致。

（2）生产过程质量控制。生产过程中须严格遵守规定的技术方法路线和各项技术指标质量要求，保证项目质量。

实行"两级检查、一级验收"制度。"两级检查"由生产作业单位完成。其中，一级检查由生产作业部门完成，采用作业人员进行自查互查、质检人员对产品进行详查的方式进行；二级检查由作业单位独立的质量检查部门完成，二级检查需提交最终成果的检查报告。自查、一级检查、二级检查需要对生产作业内容的100%进行检查，并形成详细的过程检查记录。

生产过程中要抓好"首件产品"的检查与总结工作，统一技术认识和质量标准；作业人员的成果须经自查、互查、质检人员检查，确认无误后方可按规定整理上交。

"一级验收"即最终成果验收，由委托生产的甲方负责。采用施工监理制的，需要在一级验收过程前提供监理报告，并在验收时一并对监理成果进行验收。

生产结束后要编写技术总结，详细描述技术设计的执行情况和生产过程中质量控制措施的执行情况。

（3）数据库成果质量核查的内容包括：

首先，明确数据质量准则。质量准则的确定，需要以地籍调查规程、地籍数据库标准等技术文件为主要依据，同时参考空间数据生产的相关规范标准。地籍数据质量准则分为五类，即数据完整性准则、属性取值准则、空间约束准则、图数一致准则和逻辑一致性准则。

数据完整性是指空间数据在范围、内容、结构等方面满足所有要求的完整程度。在地籍数据库中，图层、属性表、属性字段、数据说明等内容要完整无误，能够整体表达地籍数据库的各方面内容；图层内的空间要素不重不漏，属性表中的非空字段值不能为空，保证空间数据库各具体内容的完整表达。

属性取值准则主要是对空间要素图形元素及属性元素取值的限定准则。空间要素的图形元素要能准确表达地籍调查的各种信息，属性元素的取值符合取值规范，如取值唯一、根据特定编码规则取值等。

空间约束准则是对空间要素空间关系的限定准则，主要用来约束层内和层间空间关系，具体有空间唯一性、不重叠、不自重叠、不相交、不自相交、包含、包含于、无缝隙、无碎面、无碎线等准则。

图数一致准则是对空间要素与汇总数据是否一致的限制准则，主要约束空间对象的属性与统计汇总数据，确保数据库、统计数据成果严格一致等准则。

逻辑一致性准则是对数据表内、数据表间是否逻辑保持一致的限制准则，主要约束属性表内部关联数据、数据表内关联数据以及数据表之间关联数据的逻辑一致性，确保具有逻辑校验关系的数据保持严格一致。

其次，统一数据质检内容。根据地籍数据库的质量准则，在以下方面进行质量检查：①数据完整性，检查图层、空间要素、数据表、记录、数据项、符号、注记与文档等信息的完整程度；②空间定位准确性，检查坐标系、投影参数、控制点坐标以及空间要素位置的准确度；③属性数据准确性，检查数据文件、数据库结构、图层命名、数据格式、值域等准确度和正确性；④逻辑一致性，检查空间数据的拓扑一致性以及空间数据与其属性、非空间各数据表之间、空间数据与非空间数据间的数据一致性。

再次，确定质量元素指标。为判断地籍数据库的数据是否满足质量要求，需要研究数据质量的描述指标。根据地籍数据库的质量准则，建立了一套针对性的质量元素指标（表6-1），明确用哪些信息项描述空间数据的质量。

表 6-1 地籍数据库的数据质量元素

一级质量元素	描述	二级质量元素	描述
数据完整性	图层、空间要素、属性项、数据说明等信息的完整程度	多余	数据集中多余数据的程度，如图层、空间要素、数据表、记录、数据项、符号、注记与文档等
		遗漏	数据集中遗漏数据的程度，如数据范围、图层、空间要素、数据表记录、数据项、符号、注记与文档等
空间定位准确性	空间要素位置的准确度	数学基础精度	坐标系、投影参数、控制点坐标等是否符合要求
		校正精度	校正控制点与分布的合理性，校正后数据符合精度要求
		形状再现精度	空间要素的形状保真度大小，也就是反映现实地物形状的精确程度
属性数据准确性	定量属性的准确度、定性属性一级实体及其属性分类的正确性	名称准确性	与标准的符合程度，如与数据库结构的符合程度
		格式准确性	数据存储同数据集的物理结构匹配程度，包括数据文件、图层命名和数据格式等
		值域准确性	值对值域的符合程度。值不应超出值域的范围，值应满足值域之间的运算关系
		分类的正确性	空间要素及其属性分类与真值或参考数据集的符合程度
		定性属性正确性	定性属性取值的正确性，如基本农田调整性质描述的正确性
		定量属性准确度	定量属性的准确度，如数据值及其单位的正确性

续表

一级质量元素	描述	二级质量元素	描述
逻辑一致性	数据逻辑关系规则的一致性程度	图属一致性	空间要素的图形特性值与相应属性字段取值的插值在容差之内
		属属一致性	空间要素的属性之间的某种约束关系
		拓扑一致性	拓扑特征的准确度
		权籍空间布局一致性	各权籍要素间存在空间对应关系，如包含关系、不相互覆盖关系、协调一致关系等

最后，编制质检细则并研发质检软件。根据地籍数据库质量要素，结合地籍数据库标准，细化编制地籍数据库质量检查细则，并依据数据库标准、数据汇交要求以及质量检查细则编制研发地籍数据库质检软件，保证地籍数据库的成果质量，服务于不动产登记和自然资源确权登记工作。

（4）数据库成果质量检查。采用内外业检查核实的方法，充分利用已有资料、地籍数据库核查规则和地籍数据库质检软件等，从完整性、规范性、有效性和一致性四个方面，计算机自动检查和人工检查相结合的工作模式，对地籍数据库成果进行检查。

第一，完整性检查。检查基础数据、调查表格成果、数据库成果、图件成果和文字成果等成果资料的完整性。

第二，规范性检查。检查调查成果格式、命名和组织是否符合相关规定的要求；调查成果空间数据的坐标系、比例尺是否满足该规定的要求；调查成果属性数据字段的名称、代码、类型、长度等是否符合数据库标准要求。

第三，有效性检查。检查各类界线是否经过核实，是否准确；各项精度是否满足相关的规范规程规定要求；调查成果是否经过"两检一验"制度进行检查验收，检查记录是否齐全，检查比例是否满足相关规定要求；调查成果是否均有责任人签名和单位盖章。

第四，一致性检查。检查调查表格成果、图件成果、文字成果是否一致；调查成果和数据库成果是否一致；调查成果与基础数据资料是否一致；调查成果与实地情况是否一致。

（三）数据库应用

地籍数据库是国家重要的信息基础设施之一，将服务于不动产和自然资源产权管理的各个方面。地籍数据库建成后，成果应用主要包括以下四方面。

1. 支撑不动产登记业务

地籍数据库建成后，通过日常地籍管理工作进行数据库更新并支撑不动产登记的各项登记业务，不动产登记业务的办理结果同时可驱动地籍数据库更新。

2. 支撑自然资源登记业务

自然资源地籍调查数据库建成后，支撑自然资源确权登记业务的开展，同时自然资源确权登记业务办理可驱动自然资源地籍调查数据库的更新。

3. 服务于自然资源资产权益

自然资源地籍数据库涵盖权责明确、边界清晰的自然资源确权登记及其更新成果，能提供明确各类自然资源的空间位置、资源数量、资源质量等信息，支撑自然资源实物核算和价值量核算、存量核算与流量核算、分类核算与综合核算，是编制国家自然资源资产负债表的主要依据。

4. 实现地籍数据库（地籍"一张图"）的功能

地籍数据库属于属地建设的内容。为了全面掌握本地地籍状况，各地应依据地籍数据库标准、地籍数据库质检要求等，加快推进管辖区域地籍调查全覆盖，并通过征地拆迁、用地审批、日常登记业务办理等，及时更新地籍数据库内容，确保地籍数据库现势性。同时，通过全面实现可视化应用，形成覆盖本地区的地籍"一张图"，为建立明晰的产权制度、保护所有者权益以及服务于经济社会的全面发展起到技术支撑的作用。

三、不动产登记数据库建设

（一）不动产登记数据模型

1. 不动产登记数据概念模型

不动产登记数据概念模型的建立，一方面取决于不动产登记业务应用需求，另一方面参考借鉴了国际标准 ISO 19152：2012 土地管理域模型（Land Administration Domain Model，LADM）。

从不动产登记业务出发，不动产登记概念数据模型将不动产登记抽象为不动产单元、权利人、权利和登记业务四个概念实体。"不动产单元"用于表示土地、海域、房屋、森林、林木、构筑物或其组合的客体信息，以不动产单元代码（也称不动产单元号）作为标识符；"权利"数据包括所有权、用益物权、担保物权和法定事项中的具体权利。每种权利关联到一个"不动产单元"数据；每个"权利"数据可包含一个或多个"权利人"数据；所有"权利"数据均通过登记业务产生、变更或注销，一个"登记业务"可以产生多个"权利"。

不动产登记的四个概念实体与 ISO 19152：2012 提出的 LADM 概念数据模型基本一致。在满足我国不动产登记业务基础上，参考 LADM，设计不动产登记概念数据模型（图 6–16）。

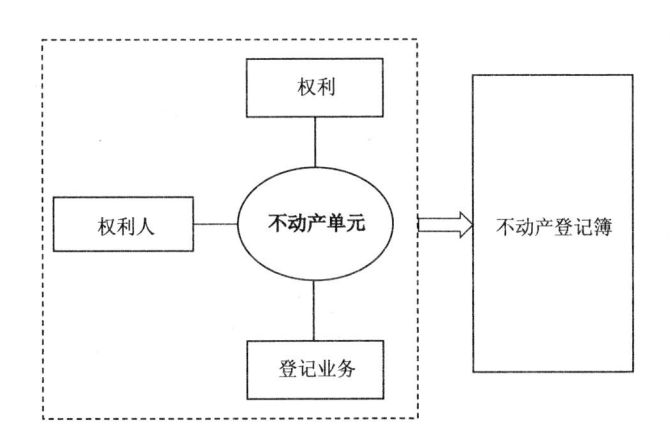

图 6–16　不动产登记数据概念模型

2. 不动产登记数据逻辑模型

在概念模型的基础上，以不动产单元为核心，以不动产的各类权属登记为主线，建立不动产登记数据实体及其相互之间的各类关系，为描述不动产登记数据库的设计和组织提供基本方法。不动产登记数据逻辑模型如图 6–17 所示。

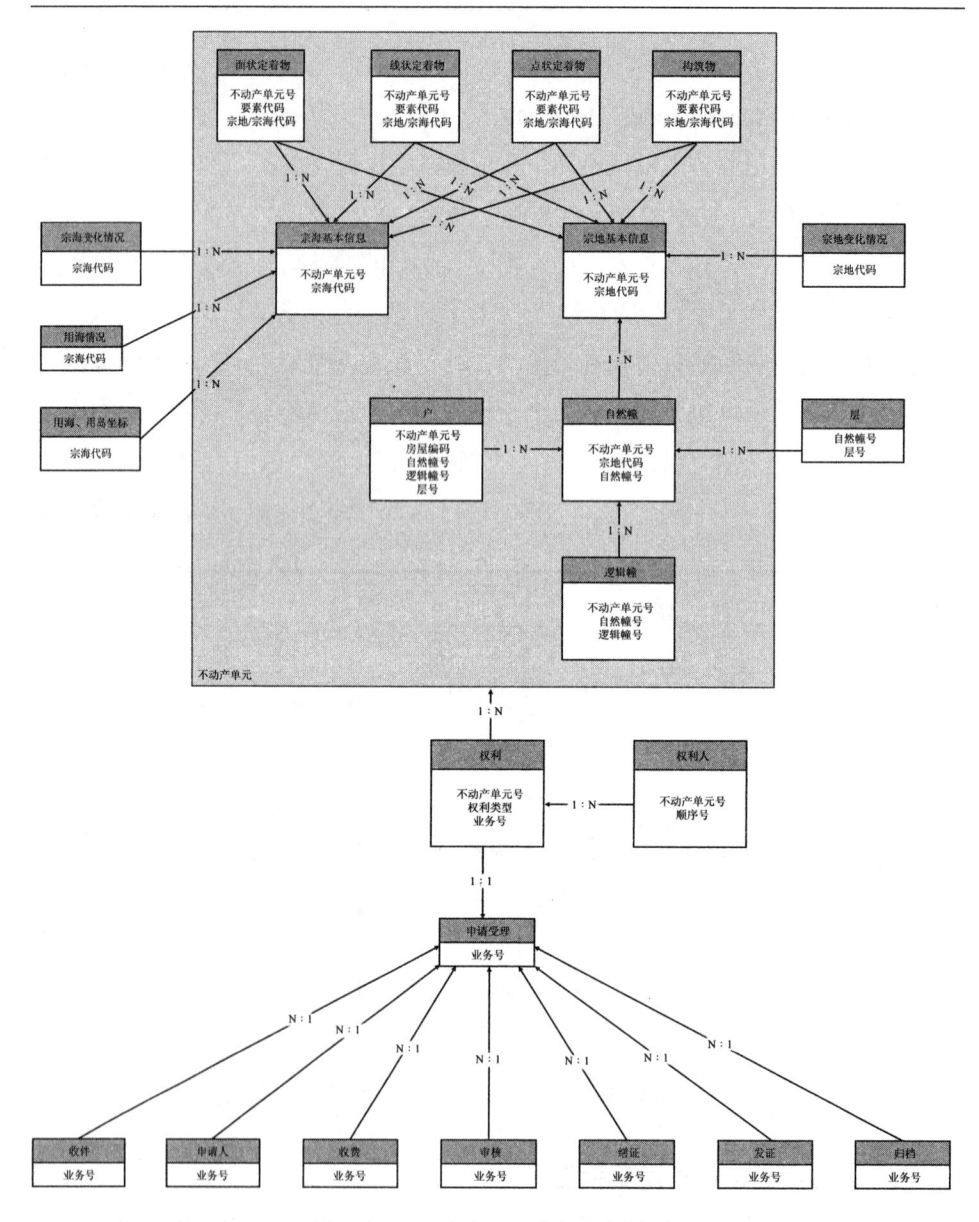

图 6-17 不动产登记数据逻辑模型

（1）不动产单元是宗地基本信息、宗海基本信息（含无居民海岛）、自然幢、构筑物、户、构（建）筑物、面状定着物、线状定着物、点状定着物的合集，通过要素代码加以区分。不动产单元吸纳相关部门在土地、房屋、海洋、林地、草原领域已有的数据项,如共性的坐落、面积等信息,土地的利用类型、容积率信息,房屋的楼盘表信息,林地的林班、小班信息,海域的用海、用岛类型信息。

(2)权利是集体土地所有权、建设用地使用权、海域使用权、构(建)筑物所有权、房地产权、林权、地役权、抵押权等权利的集合,通过权利类型加以区分,每个权利以不动产单元号与不动产单元关联,以业务号与登记申请受理关联。

(3)权利人记载权利人相关信息权利和权利人是 1:N 的关系,以不动产单元号关联。

(4)登记业务包括登记申请受理、登记审核、登簿发证、归档等信息基本数据项,登记业务通过业务号与权利关联。

(二)数据内容

不动产登记数据包含主体、客体、权利和业务四类信息。

(1)主体信息。是指不动产权利归属的权利人信息,包含权利人名称、权利人证件号等数据。

(2)客体信息。是指不动产的自然状况信息,包含土地、海域以及房屋、林木等定着物的面积、坐落、四至、用途等数据。

(3)权利信息。是指所有权、用益物权和担保物权等物权信息,包含各类权利的权利类型、登记类型、登记时间、起止时间、权利转移的价格、权属状态、不动产权证书号或不动产登记证明号等数据。

(4)业务信息。是指受理、审核、登簿、发证等业务流程信息,包含流程起始时间、办理人员等相关数据。

上述四类信息之间通过不动产单元号、权利人证件号、不动产权证书号/不动产登记证明号、业务号进行互相关联,按照国家统一的标准格式规范,生成相应的不动产登记簿、不动产权证书、不动产登记证明以及不动产登记电子证照。

（三）数据来源

不动产登记数据的来源，从时间上分为统一登记之前和统一登记之后产生的数据（图6-18）。统一登记之前，即土地、房屋、林地、草原、海域登记历史数据分散在不同的部门，通过资料移交和整合纳入统一的不动产登记数据。统一登记制度实施后，由登记业务形成登记数据。主要有以下五种来源。

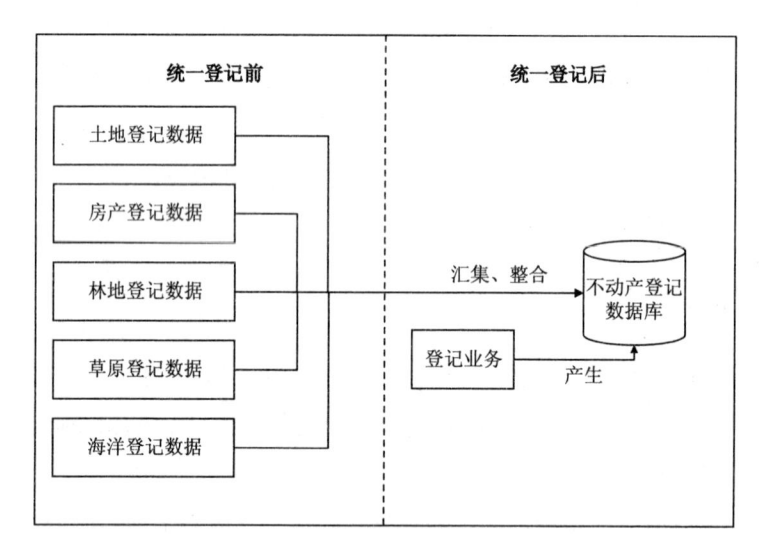

图6-18 不动产登记数据库数据来源

（1）地籍数据库导入数据。不动产地籍调查作为不动产登记的基础，是不动产登记数据的重要来源。地籍调查以宗地、宗海为单位，查清宗地、宗海及其房屋、林木等定着物组成的不动产单元的自然属性信息和权属信息。自然属性信息指不动产单元的空间信息、坐落、四至、面积等，权属信息是指不动产单元的权利人、权利类型、权利性质等。

（2）申请人提交资料。申请人向不动产登记机构申请登记，要填写不动产登记申请表。主要内容包括登记收件情况、申请登记事由、申请人情况、不动产情况、抵押情况、地役权情况、登记原因及其证明情况、申请的证书版式及持证情况等。

（3）不动产审批、交易结果。包括用地（用海）审批文件、土地出让合同、房屋交易合同等资料。

（4）登记过程信息。申请人提交不动产登记申请后，不动产登记机构进行受理和审核，在流转的各个环节形成的数据，如收件时间、受理人、受理时间、审核人、审核时间、审核意见、缮证情况、发证情况、归档情况等信息。

（5）其他来源。登记业务过程中需要的其他数据，如共享的相关部门数据。

市县级不动产登记机构完成本地不动产登记数据库建设后，要将存量数据和增量数据两部分分别纳入省级、国家级信息平台，实现对不动产登记数据的统一管理。

（四）存量数据整合建库与汇交

建立不动产登记数据库，首先要对分散登记时期积累的土地、房屋、林权、海域使用权等登记资料，按照《不动产登记数据库标准》进行清理和规范化整理，建立关联关系并入库。

存量数据整合建库主要由市、县级不动产登记机构开展，整合建库成果用于支撑本地不动产登记业务的日常办理。同时，按照不动产登记数据汇交规范规定的汇交程序、汇交内容、数据组织、命名规则、数据质量等要求，从本地不动产登记数据库中导出，经过质量检查，向省级和国家级信息平台汇交，国家级和省级不动产登记机构通过数据集成入库，建立国家级和省级不动产登记数据库，确保各级不动产登记数据库底数一致。存量数据整合建库工作流程如图 6-19 所示。

1. 准备工作

（1）收集资料。应对已有土地登记、房产登记、林权登记、海域登记等信息的开展现状调查，收集土地、房屋、林地、海域等不动产登记执行的标准、技术规程以及原来的各类登记图、表、卡、册等纸质资料和电子数据，并和《不动产登记数据库标准》做好比对分析。

（2）数据库设计。依据《不动产登记数据库标准》，参照原执行土地登记、房产登记、林权登记、海域登记的技术规程和数据库标准，设计不动产登记数据库的空间数据分层和属性结构，确定数据库和 GIS 平台。

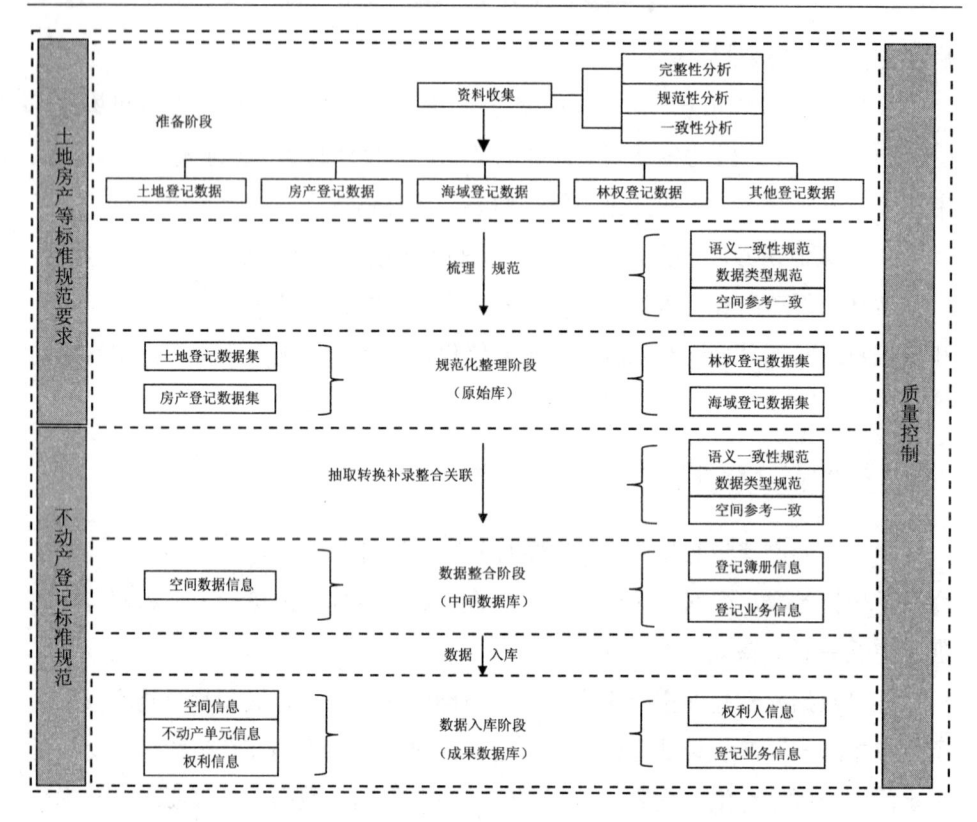

图 6-19 不动产登记存量数据整合建库工作流程

（3）制订实施方案和技术细则。对收集的已有的登记簿进行整理，将分散登记时执行的技术标准与不动产登记簿、《不动产登记数据库标准》进行对照，找出源数据和不动产登记簿之间的差异，确认核实同名异质、同质异名的情况，核实空间参考、面积单位、小数点位数等情况，确定转换规则，针对存在的具体问题进行整理归纳，形成技术细则并验证。

2. 规范化整理

以土地、房屋、森林、林木、海域等不动产登记的最小单元为单位进行整理，对各类登记的登记档案、登记簿、地籍图等信息进行梳理、补充和完善，形成包括登记簿和登记档案等内容的规范化成果。必要时，进行外业实地核实和补充调查。

3. 数据整合关联

首先，通过对整理后的空间数据进行空间参考一致性处理、图层合并、冗余数据剔除、信息补录等操作，形成符合《不动产登记数据库标准》要求的空间数据以及与之关联的属性数据，并以此为基础进行地籍区、地籍子区、宗地以及建筑物、构筑物等空间数据统一编码。通过对整理后的非空间数据进行数据归并、冗余数据剔除、信息补录等操作，形成与《不动产登记数据库标准》要求相符的数据成果。其次，将整合后的空间数据和非空间数据进行关联，用不动产单元代码把不动产和不动产权利关联，用业务号实现不动产权利和登记过程的关联，最终形成空间数据、非空间数据关联，历史和现状信息清晰完整的不动产登记信息。

4. 数据入库

将整理后的不动产登记信息按照《不动产登记数据库标准》的规定对基础地理信息、宗地数据、幢数据、权利数据、权利人数据、登记业务等进行数据组织、编码、入库，建成支撑不动产登记信息管理基础平台运行的不动产登记数据库（成果数据库）并生成元数据。

5. 质量检查

按照数据检查规则，用质检软件对全部数据进行质量检查。

6. 数据汇交

为实现各级不动产登记信息纳入统一的信息平台，各市、县级不动产登记机构完成存量数据整合建库后，要开展存量数据成果汇交，将数据纳入省级、国家级信息平台统一管理。

（1）汇交程序。以县级行政区域为单位组织不动产登记存量数据成果逐级汇交，汇交成果满足《不动产登记存量数据成果汇交规范》的要求。省级、部接收汇交成果，对数据完成质量检查后，纳入省级和全国不动产登记数据库统一管理。

（2）汇交内容。不动产登记存量数据库成果以县级为基本组织单元，由县级不动产登记机构统一组织本行政辖区内的不动产登记存量数据库建设，并进行数据自检。各省级组织本行政辖区内的所有县级不动产登记存量数据库成果，以县级为汇交单元汇交。汇交数据包括本地数据库中现有的各类不动产登记数据。

（3）数据汇交质量。数据汇交应在满足《不动产登记存量数据成果汇交规范》要求。汇交数据的数据量、数据内容应当与市、县级本地数据库一致，不能少交漏交、选择性汇交。

（五）日常增量业务数据接入

为实现各级不动产登记机构登记的信息应当纳入统一的信息平台，确保国家、省、市、县四级登记信息的实时共享的目标，市、县级不动产登记机构在日常办理登记业务、完成登簿的同时，要上传增量业务数据到省级和国家级信息平台，实现全国不动产登记数据库的及时更新。一是建立增量数据接入机制。市、县级按照接入技术规范要求形成上报数据，及时、完整、准确接入上报登记信息，实现信息上下同步一致。二是建立增量数据接入监测机制。各省级要加强对市、县级数据接入的稳定性、完整性、一致性和实时性的监测评价工作，及时发现异常情况并反馈处理。市、县定期检查数据接入情况。三是建立不动产登记登簿与数据接入日志技术机制。各地将当天登簿情况，以日志方式上报。

1. 不动产登记数据接入流程

市、县级不动产登记机构使用当地信息平台办理登记后，通过不动产统一接入系统，将登记结果信息上传、归集至省级和国家级信息平台。接入流程如图 6-20 所示。

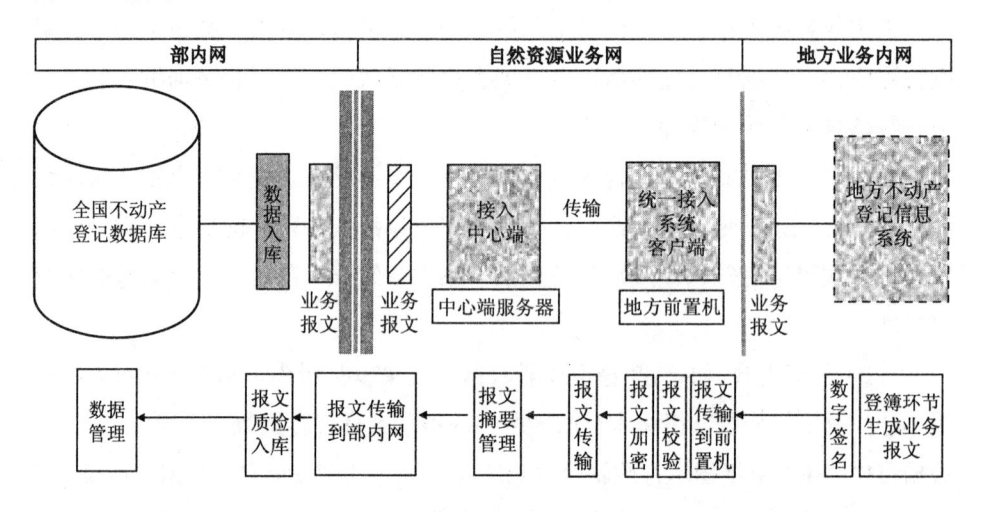

图 6-20 增量数据接入流程

信息平台接入由接入中心端和接入客户端组成。接入客户端部署在地方登记机构，负责对增量业务数据的接入报文进行校验、加密并将报文传输至接入中心端。接入中心端部署在自然资源部，负责接收各登记机构接入的数据，进行解密、校验并将数据传输至内网入库，实现数据接入。地方不动产登记机构与自然资源部通过自然资源业务网联通。具体接入流程如下：

（1）地方在登记业务办理完成时，在登簿环节按照接入技术规范的内容和要求，生成接入数据 XML 文件，并对 XML 文件进行数字签名。

（2）将生成的 XML 数据文件发送至接入客户端进行 Schema 报文校验，保障文件逻辑格式正确，进行数据完整性、错误数据、数据必填项、重复数据、数据合规性等方面的检查。校验失败的，接入客户端会返回失败响应报文，失败报文中包含失败的具体原因。地方需要根据失败原因处理，重新生成 XML 文件进行校验。校验成功后，使用 Hash 算法对文件进行摘要，形成 XML 报文并进行加密。

（3）将加密后的 XML 报文通过自然资源业务网传输至接入中心端。

（4）中心端接收到 XML 报文后，对加密报文解密，结合摘要信息进行传输校验，校验未通过的，返回失败响应报文，地方处理后重新上传。校验成功的将报文单向传入自然资源部内网。

（5）传输至内网后，对报文进行质检并存入全国不动产登记数据库进行存储、管理和应用。

（6）登簿日志上传。将每天本地登簿的情况上传。包括每天各种登记类型的登簿量、接入量总数、不动产单元号和不动产权证书（证明）号详单等。

2. 接入质量要求

增量业务数据接入的总体要求是确保各地不动产登记机构办理的每一笔登记业务都实时接入省级、国家级信息平台，实现各级不动产登记机构对本辖区全部增量不动产登记信息的全面、准确掌握。

（1）一致性要求。各级登记机构日常产生的登记业务全量上报，达到数量上的一致性；登记业务产生的相应信息项全部上报，没有缺项漏项，达到内容上的一致性。

（2）规范性要求。接入信息项属性包括字段类型、字段值域范围，空间数据的参考坐标系等符合相应的标准规范，字段取值符合实际情况。

（3）及时性要求。各级登记机构日常产生的登记业务报文需要满足及时性，登簿环节自动实时上传。

（4）稳定性要求。要保证系统运行的网络环境和软硬件环境稳定，不出现中断现象。保证数据接入量的稳定性，不出现长时间无数据接入或接入失败率高的情况。

（5）数据安全性要求。包括权利人信息等敏感数据传输和加解密，网络和系统安全性，防止病毒和恶意程序有可能通过增量接入系统入侵和蔓延。

3. 增量业务数据接入监测监管

省级和国家级信息平台对增量业务数据接入情况进行实时监测。

（1）信息平台接入状态监管。依据信息平台接入稳定性、完整性、一致性、及时性四个要求开展接入运行状态检测监管。不符合要求的，进行预警和反馈，保障信息平台接入运行环境稳定，接入业务类型、接入数据量和接入内容与地方业务保持一致，接入时间间隔满足要求。

（2）数据文件质量校验。①XML 数据完整性检查。数据完整性可通过 Schema 进行校验发现。包括：文件头完整性检查，与业务关联的文件表头字段是否齐全；文件体完整性检查，包含数据表的完整性，与业务关联的表是否缺失；表结构完整性；字段完整性；类型匹配等。②错误数据检查。数据是否具有明显错误，如超出值域等。③数据必填项检查。检查数据表必填字段是否有值。④重复数据检查。接入的数据文件不能重复提交。⑤合规性检查。检查不动产单元号、宗地代码、邮政编码、自然幢号、证件号等代码类字段是否符合编码规则；日期型字段是否符合设定格式要求等。

（3）日常监测监管。各级不动产登记机构根据日常增量业务数据接入情况对各地进行监督指导，推动各地不动产登记业务规范办理，四级登记信息实时共享。各增量接入节点要完善接入日常管理工作。①正确规范生成接入报文数据。业务人员要全程参与属地数据库与接入报文数据对应关系的关联建立，确保上报数据抽取正确，数据项完整、规范，确保本地登记簿中有的信息，对应的接入数据上下一致。②确保全量接入。规范开展登记业务办理，日常登记业务产生的业务报文和登簿日志报文准确、及时、不重不漏。不得对上传数据进行筛选、过滤,确保全量上传。登簿日志要确保每天工作结束后定时上传。③及时处理上传失败数据。一个工作日内要将处理后的失败报文重新上报,并跟进落实已成功上报。④建立自查工作机制。自查报文是否全量上报,对于漏传或上级信息平台未成功接收到的报文进行梳理,并及时进行补充上报。自查报文上报是否内容准确、全面、规范,对于内容有问题的报文进行处理并及时重新上报。

(六)不动产登记数据库管理系统

1. 系统架构

不动产登记数据库由数据库管理系统管理和维护,系统架构如图6-21所示。

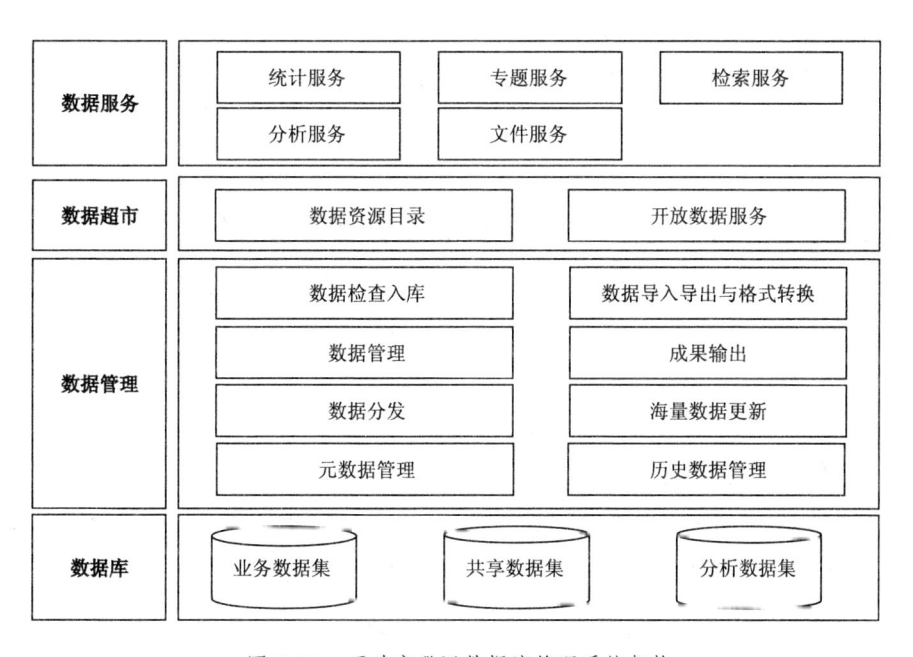

图 6-21 不动产登记数据库管理系统架构

(1)数据超市。包括数据资源目录、开放数据服务。大数据超市将数据以资源目录和服务的形式统一开放给用户,让用户详细浏览数据的名称、来源、描述,查看数据服务的请求方式、服务描述等,各取所需,促进行业应用的开发与垂直整合。

（2）数据服务。包括资源服务、专题服务、逻辑服务和检索服务等。基于信息资源共享平台，对底层的各类数据统一封装，对外提供统计分析、逻辑、专题等各种类型的数据服务，满足相关应用的开发。

（3）数据管理。包括数据监控、数据权限、数据质量、机制保障四个主要部分。每一部分定义相关的数据管理方向与领域，完成从数据抽取、整合到利用等整个数据生命周期的治理，提供普遍深入的数据管理机制，为用户交付及时、可信的数据。

2. 数据库内容

数据库内容主要包括不动产登记业务数据集、共享数据集、分析数据集。

（1）业务数据集。业务库支撑不动产登记业务办理，并以此为基础支撑信息查询服务。业务数据集包含不动产单元自然属性、权利、权利人、登记业务等信息，关联挂接档案数据。不仅包含现势权利信息，还包含历史权利信息，支持历史信息的回溯。

（2）共享数据集。共享数据集按照各级政府部门、社会公众等服务对象组织信息，确保信息查询严格按照用户权限进行。共享数据集基于业务数据集，利用自动化数据抽取、转换、关联技术，实时或定时将业务数据进行转换提取。

（3）分析数据集。分析数据集主要面向不动产登记机构开展登记信息综合分析的需要，建立指标体系和维度模型，通过抽取、转换、加载从基础数据库中提取相关信息，直接支撑综合分析。

3. 数据库更新机制

由于不动产登记数据库应用服务中对数据的时效性要求高，各级不动产登记数据库采用实时更新方式更新。本地数据库实时更新通过登记业务触发，日常登记业务由不动产登记数据库支撑办理，同时，办理过程和结果数据实时沉淀在本地不动产登记数据库中。

通过信息平台接入建立各级不动产登记数据实时互通机制，对于不属于国家级和省级不动产登记机构办理的登记业务，市、县级不动产登记机构在完成每一笔登记业务办理的同时，实时上传国家级和省级信息平台，分别实时更新全国和省级不动产登记数据库。

四、自然资源确权登记数据库建设

（一）数据架构

自然资源确权登记数据架构如图6-22所示。

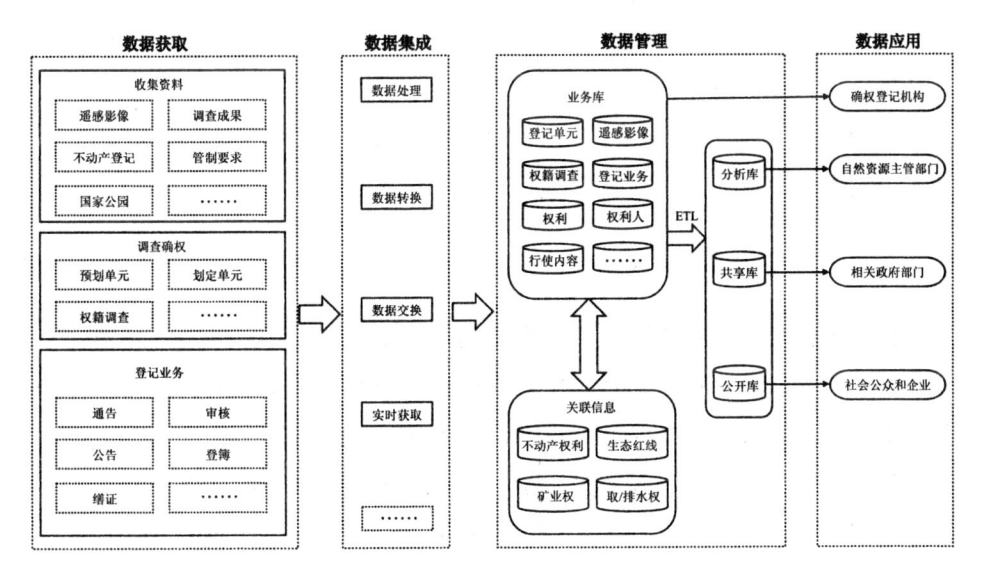

图6-22 自然资源确权登记数据架构

1. 数据内容及来源

确权登记数据来源于基础资料收集、调查确权、登记、关联等，形成基础数据、地籍调查数据、登记数据、关联数据。

（1）基础数据。主要是在确权登记开展之前收集的基础资料，包括正射遥感影像数据、各类资源调查成果数据、相关审批资料等。

（2）地籍调查数据。登记单元内各类资源属性数据（类型、范围、面积、数量）、地籍调查表、相关附图等数据，在地籍调查环节产生。

（3）登记数据。包括所有权人、代表行使主体、权利行使方式、行使内容、代理行使主体、代理行使内容、登记类型、登记时间、登簿人、审核人、相关说明（附记）等数据，在登簿环节产生。

（4）关联数据。国土空间用途管制、生态保护红线、特殊保护规定、不动产权利、矿业权、取水权、排污权等数据，主要是收集和整合产生。

2. 数据类型

数据类型包括属性数据、图片数据、文本数据等。

3. 数据管理

基于数据来源、类型及应用服务场景，采取以下管理：

（1）建立自然资源确权登记数据库，实现数据的集中管理，形成业务驱动下的数据动态更新机制。

（2）立足数据来源和在各级之间的传输互通，面向不同的应用服务场景，建立逻辑上集中统一、物理上分库的数据管理策略。

（二）数据库逻辑组织

根据数据架构中对数据来源、类型、应用场景的分析及设计的数据组织管理策略，自然资源确权登记数据库数据逻辑组织的思路是，建立数据库集群，划分业务库、分析库、共享库、公开库，对全国自然资源确权登记数据进行统一存储与管理，将不同的登记机构负责登记的自然资源登记单元进行分区存储，便于数据的查询共享应用。按照不同的登记机构，以省（自治区、直辖市）划分为物理单元进行登记数据的分区存储，并按数据类型的不同，如二维数据、三维数据等，进行分表存储管理，满足全国各级登记机构的各类自然资源确权登记数据的统一存储和管理。数据逻辑组织架构如图 6-23 所示。

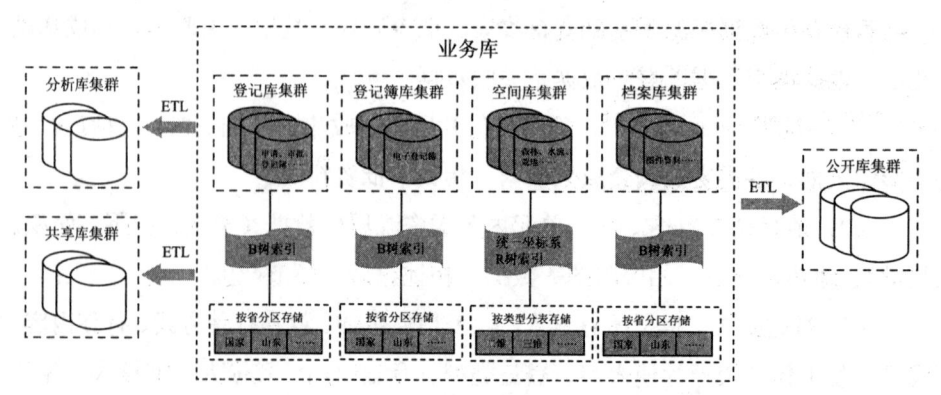

图 6-23 自然资源确权登记数据库逻辑组织

1. 图形数据组织

由于自然资源确权登记数据复杂、数据量大，适合采用分层方式组织，按照其属性和实际应用需要，依据自然资源确权登记数据库标准，把不同特性的空间数据放置在不同层中，分为行政区划层、自然资源单元层、栅格要素层。

2. 属性数据组织

属性数据组织主要包括自然保护地、森林、水流、湿地、草原、海域、无居民海岛、探明储量矿产资源等自然资源登记单元的基本属性（包括权属属性）、界址点和界址线的基本属性、登记过程信息等。

（1）对于自然资源登记单元、界址点和界址线等的基本属性，不同的管理具有不同的属性数据，如界址线属性信息包括界址线长度、界址线类别、界址线位置、界线性质等。因此，属性数据应以相应的图形数据分层为标准存贮，即水流属性数据对应水流层，湿地属性信息对应湿地层等。

（2）自然资源确权登记的过程信息，主要是以扫描图像的形式存在。

3. 图形数据与属性数据关联

在数据组织中，图形与属性数据应建立关联，实现图形与属性数据的相互查询。主要通过图形实体存贮的"自然资源登记单元号"字段与属性表进行关联。

4. 属性数据与登记业务数据关联

在具体的自然资源确权登记业务（如首次登记、变更登记、注销登记和更正登记）中，自然资源属性数据和登记业务数据需结合使用，经常要对自然资源属性数据进行编辑、查询、修改等操作。为了方便地使用属性数据，需要充分考虑属性数据的存储方式，即哪些应与图形数据一起保存在空间数据库中，哪些应单独放在关系数据库中，在保证图形与属性数据一体化组织的基础上，实现属性数据与登记业务的集成。

（三）数据库管理系统

1. 数据管理

数据库管理系统具有以下功能：三维数据的处理功能，包括坐标转换、数据融合等；查询功能，包括图查属性、属性查图、图属互查等；三维分析功能，包括三维空间运算、三维网络分析、三维量算分析等；三维可视化功能，包括三维数据浏览（放大、缩小、旋转等）、专题图制作、三维输出等。

2. 数据检查与入库

数据检查与入库时，要完成以下工作：数据完整性检查、逻辑一致性检查、自定义检查等；对收集到的数据进行检查并入库；对于各级登记和调查确权数据进行自动逻辑检查与入库；针对数据入库情况，自动生成数据入库报告。

3. 图形浏览

在图形浏览方面，具有以下功能：对二维矢量数据的漫游、放大、缩小、全图、选择（点选、框选）等图形操作功能；对三维数据的漫游、放大、缩小、全图、选择、旋转等操作功能；属性数据的二维表格展现功能；空间数据与属性数据的交互浏览功能；对影像数据的操作功能等。

4. 数据编辑

在数据编辑方面，具有对点、线、面等矢量图形数据的编辑功能，包括图形编辑、节点编辑、线合并、面合并、线分割、面分割、空间要素属性定制、空间要素属性增删改、属性表记录的增删改等。

5. 自然资源登记单元管理

自然资源登记单元管理包括：对自然资源登记单元的二维、三维全要素空间数据管理；自然资源登记单元与各类权调属性数据、统计数据的关联；自然资源登记单元空间数据与属性数据的编辑；自然资源登记单元与登记簿的关联展示；自然资源登记单元图件展示等。

6. 查询检索

对海量数据进行索引，以提升数据查询速度；各类数据查询，包括属性查询、全文查询、空间查询等；对各类基础、业务、查询、分析数据资源建立统一目录体系；关键字查询、组合查询、按年份查询、按地区查询、按主题查询等多种方式查询，并对查询结果的统计汇总。

7. 海量数据更新与历史数据管理

对海量数据进行更新和维护，包括批量更新、单条更新和动态更新，实现方式可以是人工更新，也可以通过命令自动更新，并自动生成数据更新报告；对数据更新历史回溯与查询统计。

第四节　信息应用服务系统

一、不动产登记信息共享服务

不动产登记信息共享服务指各级不动产登记机构向相关部门提供登记信息共享服务。

（一）服务类型

1. 统计汇总类信息服务

主要是向财政、税务、金融、审计、统计等部门，提供不动产登记主体、客体或权利相关数据的汇总统计信息服务，为相关部门制定政策提供支持。

2. 不动产登记信息核验类服务

主要是向金融、审计、税务、工商、民政、法院等部门提供不动产登记主体、客体或权利相关信息的合法性、有效性或权利状态等验证服务。

3. 不动产登记信息查询类服务

主要是向相关部门提供有关不动产登记信息的查询服务。

（二）服务场景

1. "总对总"服务

当相关部门需要查询本辖区以外的不动产登记信息，同级不动产登记机构无法提供，需要上级不动产登记机构提供。具体方式是，有共享需求的上级相关部门作为总代理，汇总下级部门的查询需求，向同级不动产登记机构提出查询请求，收到结果后反馈给需求部门。有以下两种情形：

（1）省级"总对总"。市县级相关部门需要查询本省域范围内的不动产登记信息时，将查询需求汇总至省级部门，省级部门作为总代理向省级不动产登记机构提出查询请求，省级不动产登记机构将查询结果推送至省级相关部门并由其反馈市县级部门。

（2）国家级"总对总"。省级和市县级相关部门需要查询全国范围内的不动产登记信息时，将查询需求汇总至国家级部门，国家级部门作为总代理向自然资源部提出查询请求，自然资源部将查询结果推送至国家级相关部门并由其反馈省级和市县级部门。

2."点对点"服务

属地市县级不动产登记机构按照同级相关部门不同共享服务类型的共享内容和方式需求，向同级相关部门提供信息共享服务。

（三）服务对接方式

1. 接入全国一体化在线政务服务平台

充分利用全国政务服务"一张网"优势，接入全国一体化在线政务服务平台，为同样接入全国一体化政务服务平台的部门和地方提供不动产登记信息的"跨地区、跨部门、跨层级"共享服务。

2. 部门间专线连接

对于不能通过外网提供信息共享服务的，通过建立部门间网络专线连接，提供不动产登记信息的共享服务。

二、不动产登记信息综合分析

为了充分发挥不动产登记数据库的价值，应针对不动产登记行业监管以及决策支持、形势研判、金融风险防控等受关注的热点难点问题，开展不动产登记信息综合分析。

（一）登记情况分析

基于不动产登记数据库，对不动产登记的宗地、楼幢、房屋等基本情况提供统计、多维分析展示。提供不动产登记发证量（证书量和证明量）、业务量的总量、时序、布局和变化分析。

（二）专题分析

包括住宅供应量分析（期房供应量、新增住宅供应量）、住宅交易量分析（一手房交易量、二手房交易量、住宅换手率、住宅交易均价）、住宅抵押分析（抵押数量、面积、金额）、土地抵押分析（抵押数量、面积、金额）等多专题分析展示。从分布情况、变化情况、数量、类型等方面进行统计分析，可实现空间与时间图表联动分析。

（三）多维分析

多维分析模块提供多维分析语义层配置、分析报告配置功能及后台分析引擎。预先定义多维数据模型、数据分析维度和量度，可任意选取时间维度、空间维度、不动产登记发证情况、登记发证面积、登记业务量、权利类型、登记类型等指标维度，自定义生成分析报表和柱图、饼图等图形，基于自定义分析报表提供数据钻取、切片、旋转、维度转换及报告导出等功能。

（四）模型预测

引入趋势分析模型，以日、月、年等不同维度，建立不动产登记趋势预测模型库，实现不动产登记发证量、证明量、房地产交易量、土地交易量、不动产发证面积等指标的趋势分析和预测。建立异常数据甄别算法，及时发现和甄别不动产发证量、交易量等指标的异常值并进行展示，形成异常监测告警机制。建立关联分析模型，开展不动产登记数据与社会经济数据关联比对分析。

（五）信息产品定制

如基于基础地理底图提供不动产登记业务量、发证量空间分布热力图产品，可实现同区域不同时间的多维度对比，按照要求自动生成报告。提供不动产登记业务量、发证量日历图产品等。

三、自然资源确权登记信息共享服务

（一）部门间信息共享服务

自然资源确权登记信息部门间共享服务基于自然资源登记簿数据，面向企业和群众的权益维护、监督及相关管理部门提供信息公开服务。核心功能如下：

（1）信息推送和接口服务功能。提供信息推送和接口服务，为水利、林草、生态环境、财税等相关部门提供专业化信息服务，实现与相关部门管理信息的互通共享。

（2）共享服务定制功能。提供信息服务产品定制功能，面向水利、林草、生态环境、财税等相关部门提供产品推送和按需定制服务。

（3）查询结果导出功能。提供查询结果信息导出功能，并提供下载打印服务。

（4）共享数据现势性保障功能。提供数据更新情况，实时动态获取更新数据，共享数据与自然资源登记簿数据保持同步。

（5）查询日志和统计功能。提供查询情况统计、日志记录与管理功能，确保依规查询。

（二）信息社会化服务

自然资源确权登记信息社会化服务基于自然资源登记簿数据，面向社会公众、企业，以门户网站为载体，向全社会公开全民所有自然资源分布、管制要求等信息，接受社会监督；面向科研机构、高校等，提供自然资源确权登记数据开放服务，满足资源生态环境领域科学研究对自然资源数据的共享需求。核心功能如下：

（1）用户注册与认证功能。提供用户注册功能，核验用户身份，依法依规提供社会化服务的要求。

（2）发布通告模块。提供通告发布功能，可从自然资源登记信息系统中自动接收通告或发布线下制作的通告，并向社会公众发布。

（3）发布公告与接收异议功能。提供公告发布功能，能够从登记信息系统中自动接收公告，并向社会公众发布；提出异议功能，用户可对登记单元信息提出异议，上传异议证明材料；提供异议处理告知功能，对用户反馈异议审核结果，可查看异议处理告知书。

（4）信息公开功能。提供自然资源确权登记信息公开目录，面向全社会提供自然资源确权登记信息公开，接受社会监督。

（5）数据开放服务功能。提供查询浏览、统计、数据下载等数据开放服务，满足科研机构、高校等在资源生态环境领域科学研究需求。

（6）数据申请审核功能。对科研机构、高校院所申请下载数据内容进行审核并向用户反馈审核结果。

四、自然资源确权登记数据综合分析

（一）多维即席分析

利用商业智能分析手段，提供多维即席分析服务，优化数据查询分析能力，强化分析服务。同时，将分析结果通过统计表和各类统计图进行动态，并导出为各种格式。

1. 基本分析

包括钻取分析，即各类自然资源数据的上卷、下钻操作；多维专题分析切片、切块；各分析主题下的数据立方体维位置的互换。以图形和报表的形式展现分析成果。

2. 自定义分析

按照选定的分析主题，选择关键数据，自定义分析表的行维度、列维度和度量指标。对已生成的分析报表进行个性化定制。

3. 主题分析

通过多维模型设计，开展多种设置好的主题分析，根据自然资源业务关系，实现多主题分析。

4. 专题分析

根据不同的组合条件，分析指定时间段内目标区域的自然资源确权登记数量，结果以柱状图和分析表展示。

5. 图表联动

图表联动实现单个模板的图表超链，可在同一页面中查看多张关联的图表，支持组件联动和图表联动两种方式。

（二）信息产品

1. 分析报告制作与输出

自动生成各类格式化报告和信息产品并导出、打印。

2. 基础数据报表分析

利用大数据技术，实现海量数据的近实时汇总，对各类自然资源固定报表分析，按月、季、年生成各类基础报表，支持柱状图、饼状图等多种方式。

3. 自定义报表分析

针对自然资源类型以及确权登记类型，系统可按照受理量、办件量、发证量等档案，按不同时间区间进行统计分析并报表展示，以实现自然资源状况的动态掌握。

（三）综合分析查询

1. 属性查询

通过单一条件或多条件实现各类自然资源数据属性的查询。

2. 范围查询

通过选定范围、划定范围、导入范围实现范围内各类自然资源数据的查询。

3. 模糊查询

通过输入时间、区域等模糊条件，对各类自然资源数据进行查询。

4. 精确查询

通过时间、区域、数据类型多条件设定，以最快的速度搜索到所要查询的目标。

5. 综合查询

将图形数据与属性数据进行关联，对录入的数据与外部自动导入的数据进行自动关联，可以根据空间数据浏览功能完成对自然资源数据图形与属性进行关联查询，综合查询服务可以对自然资源数据相关内容的查询、图属互查等多种查询方式。

6. 二、三维数据综合分析

对空间区域各类自然资源进行综合分析。包括缓冲区、叠加、对比、三维空间运算和分析、三维网络分析。

五、不动产登记电子证照服务体系

（一）体系架构

不动产登记电子证照服务体系基于区块链技术设计（图6-24），由不动产登记电子证照制证系统、全国不动产登记电子证照目录系统、不动产登记信息门户和不动产登记信息移动客户端构成，自下而上分为资源层、存储层、数据层、平台层、应用层、用户层。

（二）服务模式

1. 基本流程

采用区块链技术，将不动产登记机构办理的不动产登记结果信息及电子证照 Hash 上链，实现链上链下相结合的不动产登记电子证照信息汇聚，对接全国一体化在线政务服务平台，在电子政务外网为相关政府部门提供跨层级、跨地区不动产登记信息共享服务，在互联网为社会公众提供不动产登记电子证照信息统一核验服务。

2. 电子证照生成

不动产登记机构通过不动产登记系统受理登记申请，完成审核、登簿、缮证，在按照常规做法颁发纸质证书、证明的同时，制作不动产电子证照（电子

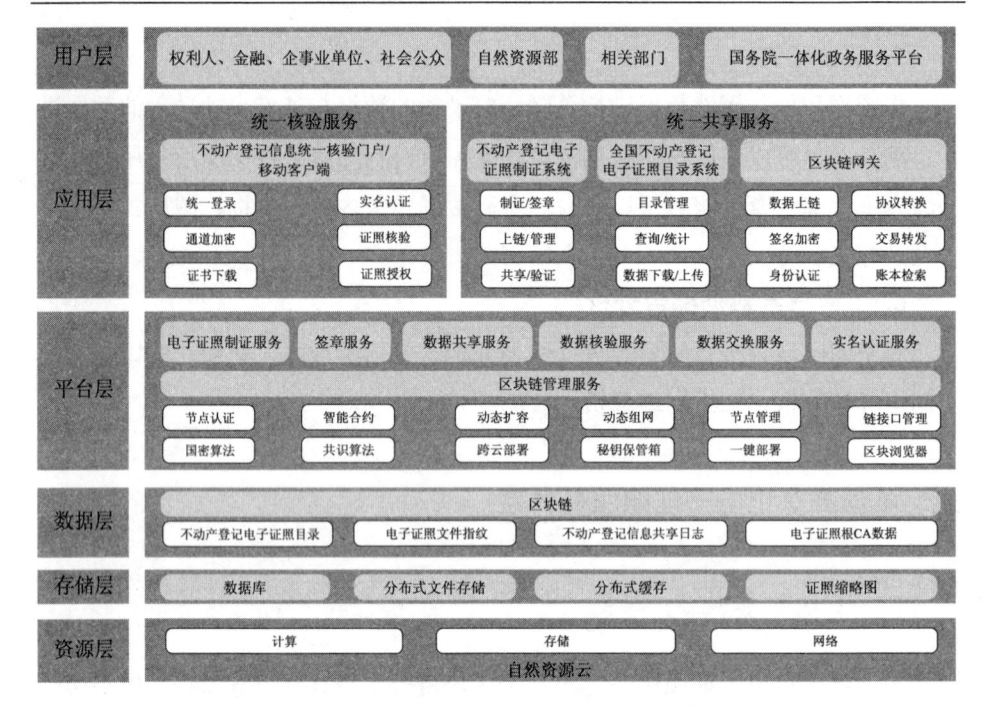

图 6-24 不动产记电子证照服务体系技术架构

证照可以由登记系统完成制作，也可由本级或上级政务服务平台完成制作），将电子证照元数据、电子证照文件 Hash 值通过省级节点上链，通过区块链平台为本地区或全国提供服务，利用区块链平台跨地区核验电子证照。

3. 电子证照信息的存储管理方式

结合区块链技术的特点，电子证照及相关的信息采用链上与链下相结合、集中与分散相结合的数据存储管理策略。

（1）主节点。主节点可授权访问各节点数据，保障数据一致性、安全性。链上存储全国不动产登记电子证照目录信息、不动产登记电子证照指纹信息、不动产登记共享日志信息、电子证照根 CA 信息。链下存储不动产登记共享信息、不动产登记电子证照信息等。按照国家电子证照库的要求和标准定期将电子证照元数据上传到国家电子证照库。

（2）省节点。省节点存储全国不动产登记电子证照目录信息、不动产登记电子证照指纹信息、不动产登记共享日志信息、电子证照根 CA 信息。链上信息包括非敏感信息（如电子证照编号、电子证照状态等）、敏感信息（如不动产登记权利人信息）。对于非敏感信息可直接从节点访问；对于有查询原文需求的敏感信息，链上加密存储，省节点可访问权限范围内敏感信息原文；对于仅有核验信息需求的敏感信息，链上可仅存储 Hash，省节点可从链上获取 Hash，并进行比对核验。链下存储本省电子证照库、不动产登记信息共享库。链下存储的不动产登记电子证照和信息可以在省节点集中存储，也分散在市县分布式存储，逻辑上统一。省级不动产登记机构在调用非本机构生成和汇聚的电子证照时，通过调用区块链平台的访问接口，从目标电子证照库下载电子证照，并与链上信息进行比对验证以确保电子证照真实性、完整性。

4. 电子证照应用服务场景

（1）部门间共享。构建跨部门业务协同机制，推进不动产登记所需的相关部门的数据入链，与住建、税务、公安、社保、法院、民政、银保监、编办、卫健委、市场监管、司法等部门建立不动产登记业务协同共享机制，实现不动产登记电子证照在相关部门的共享应用。

（2）为社会公众提供证书核验服务。建立全国不动产登记信息统一核验系统，提供不动产权证信息核验服务，方便权利人用证，为群众赋能。支持为权利人、社会公众、金融及企事业单位提供全国不动产登记信息核验服务，支持权利人授权他人访问自己的电子证照码，金融及企事业等用证单位输入需要进行核验的不动产证书编号，需要进行核验的客体信息，也可以同时选择抵押、查封选项，系统根据用证单位的选择，对不动产客体信息以及抵押、查封等信息进行单项或者多项内容进行核验，并给出核验结果。该过程的相关信息将写入区块链中。

第七章　不动产登记人员队伍建设

第一节　人员队伍是确权登记事业发展的重要保障

人员队伍建设是不动产登记"四统一"改革的重要基础。事业发展的关键靠人，统一登记改革以来，国家出台了一系列加强不动产登记人员队伍管理、提高登记工作效率的政策措施，切实服务企业和群众。当前，全国共3 000多个大厅、4万多个窗口、10万名工作人员，每天为40多万企业和群众提供服务。全国不动产登记人员履职尽责、认真工作，在推动制度落地实施、保障交易安全、方便登记信息查询、保护人民群众财产权益、优化营商环境等方面取得了积极成效，维护了党和政府的形象，支撑了经济社会发展。

一、组建不动产登记队伍，保障统一登记制度落地实施

2014年，经中央机构编制委员会办公室同意，国土资源部地籍管理司加挂不动产登记局牌子并明确新的"三定"方案，调整成立了国土资源部不动产登记中心。2015年，31个省（自治区、直辖市）和新疆生产建设兵团均在国土资源厅（局）设立了不动产登记局（处），成立了不动产登记中心等支撑单位，300多个市（地、州、盟）、2 800多个县（市、区、旗）也基本组建完成不动产登记行政机构和经办机构，共划转不动产登记行政人员2 500多人、事业人员5.8万多人。2015年3月1日，随着《暂行条例》的正式实施，实现工作平稳过渡，

不动产登记在保护权利、保障交易、便民利民等方面的成效越来越显著，人民群众改革获得感不断增强。

二、压缩时限、优化流程，切实便民利企

在不动产登记"四统一"的基础上，按照党中央、国务院关于深化"放管服"改革、推进审批服务便民化等重大决策部署，全面推行不动产登记便民利民举措，切实解决不动产登记耗时长、办理难等问题。落实《国务院办公厅关于压缩不动产登记办理时间的通知》要求，以为企业和群众"办好一件事"为标准，加强部门协作，实行信息共享集成、流程集成或人员集成。

精简申请材料，全面清理烦扰企业群众的"奇葩"证明、重复证明等各类无谓证明，坚决取消没有法律法规依据的盖章、审核、备案、确认、告知等手续。进行全流程优化，梳理了95种不动产登记业务类型，选取企业、个人和机关单位最常见的26种登记事项绘制印发了流程优化图，指导各地优化办理流程。全面实施不动产登记、交易和缴税"一窗受理、并行办理"，让群众、企业主只到一个窗口、交一套材料、只跑一次，全面提高办事效率。优化抵押办理流程，推进"互联网+不动产抵押登记"。

加快建立集成统一的"网上受理"平台，大力推进网上受理审核，推广使用电子证照及电子材料，加强登记纳税衔接，深化登记金融协同，全面实施预告登记，不断延伸拓展登记信息网上查询服务。完善不动产登记信息管理基础平台功能，积极探索"互联网+不动产登记"新模式，推动实体大厅向网上大厅延伸，推进网上咨询、预约、申请、查询、反馈等服务事项"能上尽上"，打造"不打烊"的"数字不动产登记"，探索不动产登记"不见面办理""自助办理"等措施，为企业和群众办事提供良好环境。

推出上门服务、志愿服务、错时服务、值班服务、预约服务、延伸服务、免费邮寄等多项便民利民措施。积极向银行金融机构延伸服务网点，主动下社区、进企业，多渠道听民意、询建议，坚持以解决群众"办证难"问题为导向。

截至目前，全国绝大多数市县实施了登记、交易和缴税"一窗受理、并行办理""互联网+不动产登记"，近1 000个市县进行了交易登记职责整合，向银

行延伸登记服务点 3.6 万多个，在乡（镇）设立服务点近 1.2 万个，全国所有市县基本实现一般登记、抵押登记办理时间压缩至五个工作日以内，基本实现了"商品房预售、抵押涉及的不动产预告登记及不动产登记资料查询、不动产抵押登记"三类不动产登记事项跨省通办。

三、担当作为，加快处理因历史遗留问题导致的"登记难"

近年来，随着不动产登记制度的全面实施，登记办证环节之前相关管理工作不到位导致的历史遗留问题逐步显现，造成难以登记的情况时有发生。历史遗留问题大多在登记环节发现，表象是"登记难"，实质是"难登记"，群众权益受损，对老百姓落户、入学、房产交易和抵押融资等造成很大影响，群众反应十分强烈，必须引起高度重视，加大处置力度，化解存量、防止增量。2021年1月6日，自然资源部印发《关于加快解决不动产登记若干历史遗留问题的通知》（自然资发〔2021〕1号），明确了国有土地上已经出售的城镇住宅的用地手续不完善、欠缴土地出让价款和相关税费、未通过建设工程规划核实、开发建设主体灭失以及原分散登记的房屋、土地信息不一致等五大类历史遗留问题的处理办法，积极推动构建"政府主导、部门联动"的工作机制，坚持疏堵结合、严控新增，实现本部门全业务封闭动态管理，防止新增历史遗留问题。2021年5月6日，自然资源部办公厅印发《不动产登记领域开展"我为群众办实事"实践活动工作方案》，把因历史遗留问题导致的不动产"登记难"纳入党史学习教育予以推进。

一是加快化解存量问题。推动各地构建"政府主导、部门联动"的工作机制，按照"尊重历史、照顾现实、信守承诺、让利于民、完善手续""缺什么补什么，谁审批谁负责"的原则，明确责任主体、措施和时限，积极推动处理国有土地上已经出售的城镇住宅因历史遗留问题导致的不动产"登记难"。坚持急需优先，对量大面广、直接与自然资源部门职责相关的突出问题率先处理，切实维护群众权益，绝不能因开发商违法违规、职能部门监管不到位，让群众"买单"。

二是严格控制增量问题。实施用地审批、规划许可、土地供应、开发利用、执法监察等各环节、全业务链条封闭动态监管到位，确保不动产登记所依据的要件齐全，及时为群众办证。形成联动合力，构建贯穿土地和规划管理全生命周期的地籍调查工作机制，深化不动产单元代码应用，方便查询、支撑监管，推广"交地即交证""交房即交证"做法，从源头上避免新的遗留问题产生。

目前，大量历史遗留问题得以解决，群众领到了不动产权证书，重大财产权益得到有效保护，工作取得了阶段性进展。

第二节 不动产登记人员队伍建设面临的形势

不动产登记作为优化营商环境改革的重点领域，在"减事项、减材料、减环节、减时间、减费用、减次数"、"互联网+不动产登记"、业务联办等方面提出了高标准、高要求，面对新形势和不断增加的任务，现有人员队伍存在诸多不足。

一、人员编制不足，流动性大

从房地产到不动产再到自然资源确权登记，不动产登记机构工作人员的工作范围不断扩大，而"放管服"和优化营商环境改革不断升级，对登记人员的要求越来越高。不动产登记经办机构（即不动产登记中心）的性质不统一，有参公及公益一类、二类、三类事业单位等，人员存在参公编制、全额拨款、自收自支、政府雇员等多种身份，来源既有不同部门转隶的，也有聘用的，还有劳务派遣的。鉴于不动产登记法律属性强，原则上关键岗位需由编制内人员担任，但登记机构的事业编制一直捉襟见肘，与工作量严重不匹配，难以满足企业和群众的办事需求，只能通过补充一定数量的编外人员来完成工作。近年来，各地聘用人员越来越多，不少地方的聘用人员数量已超过编制内人员。据统计，全国聘用人员累计超过4万名，浙江等个别省份聘用人员近70%，北京、天津、上海、江苏、福建、山东、广西、青海8个省份聘用人员超过50%。由于聘用人员多、工作待遇低、晋升渠道窄等原因，人员流失较为普遍，影响登记业务持续稳定开展。例如，杭州聘用人员每年流失率超过20%。总的来看，编外职工工资水平较低且工作量大，工作态度、责任心与预期有较大差距，人员流动性也大，不同程度影响了登记业务办理的连续性，再加上登记错误发现的潜伏期较长，一些问题在聘用期间很难发现，给不动产登记工作埋下了风险隐患。

二、业务复杂，专业人才缺乏

不动产登记类型较多，新纳入统一登记的权利也在增多，登记工作对人员素质的要求较高，《暂行条例》第十一条规定："不动产登记工作人员应当具备与不动产登记工作相适应的专业知识和业务能力。不动产登记机构应当加强对不动产登记工作人员的管理和专业技术培训。"这是对不动产登记机构人才队伍能力建设提出的明确要求，一般而言，登记队伍需要有具备法律、土地、房屋、森林、海洋、测绘、规划、建筑、经济、计算机等专业知识的各种人才，推行"一窗受理、并行办理"以后，还需要有人掌握交易监管、税务征缴等方面的基本知识。近年来，各地不动产登记机构干部老龄化严重、新进人员少、素质水平差异大、专业人才匮乏，新招录外聘人员缺乏专业知识和工作经验等问题较为突出。各地登记机构在编人员大多从有关部门转隶而来，对房屋登记等业务较熟悉，对不动产登记相关法律法规的知识储备不足，对林权、海域使用权、农村承包经营权等业务熟悉的人才少；聘用人员接触业务时间不长，缺乏工作经验，能力水平不高，难以处理复杂疑难业务；还普遍存在法律、信息化等专业人员不足的问题。

三、培养机制不足，培训形式单一

统一登记之前，各部门对登记人员的要求不尽相同，主要包括土地登记人员持证上岗制度和房屋登记官制度；统一登记改革以后，各地登记人员以原房管、国土资源部门从业人员为主，相关制度未能延续。当前，在人才培养方面还存在以下问题：一是登记人员的培养锻炼机会少、方法较单一，采取集中统一培训多，培养计划性不够强；二是一线人员特别是窗口工作人员受制于业务量和场地，难以长期离岗参加培训，现有培训方式缺乏个性化设计；三是继续教育培训的激励措施不够，忽视了知识更新、潜能开发、能力储备和综合素质的提高；四是培训多为满足岗位技能需求，缺乏多岗位锻炼，对于挑重担、经摔打、促成长等方面有意识的培训不够；五是主要通过参加上级部门专项培训、单位定期学习和轮岗等方式，邀请业务骨干授课、业内专家辅导、赴先进地区学习交流相对少。

四、职业化发展不畅，缺乏职业认同感、归属感

我国不动产登记起步较晚，一直未进入国家职业分类体系，但约10万人的登记人员缺乏职业准入资格认定和职业等级划分标准，影响了行业人才职业化发展，职称评定和晋升渠道窄、工作业绩难获取认证证明等问题成为制约登记人员进一步发展的瓶颈。在岗的专业技术人员只能套用自然资源部门现有的工程或经济类技术职称，相对紧缺的法律专业人员无法套用法律类职称体系，而获得工程或经济类职称的难度较大，进一步制约个人职业发展。特别是，职务、职称的晋升对于基层登记机构人员而言，直接关系着薪酬福利待遇，是被社会认可的重要标志，虽然基层登记机构也采用"导师带教"、轮岗等方式增强职工复合技能的螺旋式提高，但受体制、机制制约，登记人员职业发展路径不明、激励手段不足等短板还是明显存在。对于在编管理岗人员，领导职数有限、晋升难度较大，难以形成良性竞争氛围；对于在编专技岗人员，专业技术职务晋升的数量、时间和空间受限，聘任程序繁复，容易打击青年职工的积极性；对于外聘人员，成为事业编制职工的希望渺茫，离职率较高。

五、窗口工作压力大，容易出现倦怠等情况

统一登记改革以来，地方自然资源主管部门成立自然资源确权登记局（处、科）和不动产登记中心，各项工作任务十分繁重。不动产登记专业性、政策性、法规性强，面对日益提高的工作要求，登记人员的业务能力面临新的挑战。特别是，不动产登记作为是自然资源部门对外的重要窗口，涉及百姓切身利益，

容易产生投诉信访；一线窗口的工作人员每天要面对办事群众和企业，服务对象多、任务重、时间要求紧，需要精通专业知识、按承诺时限办结业务，及时处理各种突发状况，主动接受社会监督，工作压力特别大。随着"放管服"改革和优化营商环境各项措施相继落地，各方监管检查力度不断加强，对一线工作人员的服务接待能力、处理问题的心理素质、精神状态等都提出了更高的要求。面对上述情形，登记人员长期在同一岗位处理繁重、重复的工作，一定程度上导致干部职工心理压力大、工作获得感差，疲于应付、不求有功但求无过的思想倾向明显。个别人员特别是临聘人员，学习效率不高、工作主动性低、对业务政策理解不深入、责任心和服务意识缺乏、工作效率低，存在着一定的履职风险。

六、监管不到位，廉政问题时有发生

不动产登记涉及企业和群众切身利益，责任重大，作风建设十分重要。2018年以来，各地开展不动产登记窗口作风问题专项整治，积极推进便民利民服务，工作取得积极成效。但是，一些地方由于监管不到位、制度不完善、技术支撑不到位等原因，问题还是时有发生：有的地方风险防范意识不强，谈心谈话记录流于形式，未覆盖风险防控、廉政教育等内容，监督管理"宽、松、软"；有的地方登记人员业务操作不规范，个别业务"一人办到底"，存在风险；有的地方系统技防不到位，不能通过系统实现管控，人员账号管理混乱；有的地方窗口人员对政策掌握不清，办事诉求不能做到一次性告知，服务意识不强、业务水平不高；有的地方违规收取非必要申请材料，违规设置前置环节；有的地方办理业务时优亲厚友不按顺序办理，接受服务对象财物；个别地方还发生登记人员与中介、"黄牛"勾结，违规收取"代办费""加急费"等严重违反廉洁纪律问题。这反映出部分地方登记机构作风建设松懈、监管不到位，少数工作人员以权谋私、为民服务意识淡薄，亟待加强人员管理，持之以恒推进作风建设。

第三节 不动产登记人员队伍建设的主要举措

统一登记改革以来，围绕不动产登记人员队伍建设，国家和地方相继出台了一系列政策，进行了积极探索，登记机构和人员队伍不断得到充实和加强，作风建设持续向好，不动产登记便民利民服务水平不断得到提升。

一、完善顶层制度设计，强化不动产登记人员队伍管理和作风建设

（一）加强登记人员融合，筑牢不动产登记工作基础

为促进不动产登记人员融合，强化不动产登记队伍建设，保障不动产登记工作依法规范、高效服务、便民利民，创建不动产登记特色文化，2017年8月1日，国土资源部办公厅印发《关于加强不动产登记工作人员管理的通知》，对做好不动产登记工作人员管理提出明确要求。

1. 充分认识加强不动产登记工作人员管理的重要性

加强不动产登记工作人员队伍管理，建立一支爱岗敬业、业务精湛、团结务实、廉洁高效、为民服务的不动产登记工作人员队伍，是不动产登记工作的组织保障，是确保各项制度实施的先决条件。要求各地结合实际，加强人员融合和队伍建设，不断提高不动产登记工作人员的法治观念、产权保护意识以及综合素质和能力水平，确保原来从事各类不动产登记的业务骨干人员落实到岗，继续从事不动产登记工作，并持续提升业务水平，成为不动产登记工作的中坚力量，形成不动产登记工作的最大合力。

2. 实现划转人员有效融合，积极拓宽综合保障渠道

不动产登记工作人员来自不同部门，在队伍磨合过渡、规范管理过程中，要求各地充分考虑划转人员的原有岗位、业务能力、薪资水平等客观情况，注重吸收多元文化，注意凝聚各方力量，实现划转人员的有效融合，逐步形成团结协作、相互学习、积极向上、比学赶帮的团队氛围。

（1）充分发挥划转人员专业技术优势。各部门划转人员都是原来从事登记工作的骨干力量，要求将技术水平高、业务能力强、工作经验丰富的人员，通过合理的专业搭配配置到不动产登记重要岗位上。在业务磨合过渡期，根据划转人员的技术特点和专业特长，安排骨干力量牵头组织解决工作过程中的重点、难点问题，创造条件不断提升综合素质和业务水平，促进划转人员的全面发展，尽快成为不动产登记工作的中坚力量。

（2）切实保障划转人员薪酬福利待遇。各部门划转人员从原来熟悉的工作环境积极投身于不动产登记事业，体现了高度的政治意识、大局意识，彰显了强烈的责任感和使命感。要求各地加强与本地区人力资源社会保障部门沟通协调，认真落实划转人员的工作福利和工资待遇水平。努力创造条件，创新完善与岗位职责、工作业绩、实际贡献紧密联系的收入分配制度，按照多劳多得、优绩优酬的原则，收入分配应重点向业务骨干和业绩突出的工作人员倾斜。

（3）积极拓宽划转人员的晋升渠道。各部门划转人员身份性质不同，专业领域有差异，要求各地根据相应的技术类型、岗位特点统筹谋划，建立科学合理的激励机制，积极拓宽晋升渠道。对于行政人员，及时纳入本单位职务、职级晋升体系，按照有关规定给予充分保障；对于事业人员，在承认原有职称基础上，同等条件下适当将中高级职称评定和聘任向划转人员倾斜，畅通职称评聘渠道；对于聘用人员，建立科学有效的考核聘用制度，划转的聘用人员中，经验丰富、业务能力突出的应优先聘用。

3. 全面加强不动产登记工作人员管理和培训

原有各类不动产登记工作人员都是不动产登记工作的宝贵财富，是实现事业长远发展的重要条件。要求各地主动适应新形势、新要求，结合地方实际，切实加强不动产登记机构和人员的思想、组织、廉政、文化建设，持续推动不动产登记工作人员思想政治水平和业务能力素质双提升，强化服务群众的政治意识、维护权益的法治意识、办事成事的业务能力，不断增强登记人员的职业认同感，切实做到管理有抓手、考评有标准、培训有计划、待遇有保障、风险有管控。

（1）创新完善日常管理制度规范，增强服务群众的政治意识。加强不动产登记工作人员日常规范管理，是确保登记质量、提升服务效率的重要基础。要求各地牢固树立以人民为中心的发展思想，不断提高服务群众的政治意识，重点抓好为民服务的建章立制工作，不断创新完善不动产登记工作人员管理制度。制定不动产登记工作人员行为规范，站在办事群众的立场换位思考，重点从是否方便群众办事、是否做到群众满意、是否减少群众"跑腿"等方面制定具体细化标准，明确审核、登簿等关键岗位的职责权限，完善不动产登记机构内部管理制度和工作机制，综合运用电子政务平台等信息技术手段，确保不动产登记工作人员依法依规履职尽责。定期考核检查登记事项办理中是否存在不必要的证明，登记程序是否方便群众，建立办事群众打分制度，确保不动产登记工作人员为群众提供优质、高效、规范服务。有条件的地方，可以探索建立不动产登记责任保险制度，分散登记风险，保障不动产登记工作人员合法权益不受损。

（2）建立健全考核管理机制，提高维护群众利益的法治意识。不动产登记工作业务类型多样，岗位设置多元，不同岗位的工作职责、任务要求、工作强度等各有差异。建立健全科学、公平、合理的不动产登记工作人员考核管理机制，是不动产登记机构和人员管理的重要举措。要求各地结合不同岗位特点，以是否依法维护群众的合法权益为核心评价指标，以办事程序、依据文件、审核内容是否合法为重点，建立健全科学的不动产登记工作人员考核评价指标体系，探索建立第三方评估机制，强化考核评价力度。可结合事业单位人事管理制度改革，探索建立不动产登记工作人员岗位管理制度、绩效考核制度，创造条件实现编制内、编制外"同工同酬"，充分调动不动产登记工作人员的积极性、主动性和创造性。可结合实际探索建立不动产登记工作人员信用档案，将其作为不动产登记工作人员职称评聘、岗位晋升等重要依据。探索建立不动产登记工作人员容错、纠错机制，鼓励工作人员对不动产登记新情况、新问题，在符合法律政策规定和改革方向的前提下进行有益探索。不动产登记一线窗口人员的精神风貌和业务素质事关不动产登记机构的社会形象，在过渡期，一线窗口工作人员工作任务多、强度大、责任重，在为群众提供优质、高效、规范服务的同时，采取相关措施充分保障窗口人员工作待遇，保证窗口工作人员正常休息时间，缓解工作压力。

（3）全面加强业务培训力度，提高登记人员的业务能力。原有的各类不动产登记工作人员业务范围各有侧重、专业领域各有所长，要求各地全面加强不动产登记工作人员培训，提升不动产登记工作人员业务素质和能力水平，主动适应全流程业务工作的新形势、新要求。努力建立健全常态化和多元化的不动产登记业务培训机制，探索建立覆盖全国各市县的不动产登记骨干人才库，统筹做好全国不动产登记骨干人才培训，组织做好全国不动产登记工作人员培训教材、题库编制等培训考核及信息维护、诚信体系建设等动态管理工作。要求各地各负其责，加强人员培训，科学设置培训内容，创新培训方式，积极运用现场授课、网络课堂、研讨交流等方式，做好不动产登记日常培训，切实增强培训工作针对性和实效性。不动产登记工作人员每年接受培训不得少于40学时，培训考核合格的，进入省级不动产登记骨干人才团队，可以优先安排从事审核、登簿等关键岗位的工作。不动产登记人员培训考核结果应作为职级职称晋升的重要指标。

（4）突出廉政风险防范和保密意识，树立廉洁高效的良好形象。要求各地切实提高风险防范意识和保密意识，动态分析梳理不动产登记各工作环节，尤其是审核、登簿等关键岗位的廉政风险点，制定廉政风险防范制度，持续开展党风廉政教育，打造一支清正廉洁的不动产登记工作队伍，树立不动产登记机构廉洁高效的良好形象。强化不动产登记工作人员保密教育，通过完善保密制度，借助技术手段等有效防范不动产权利人登记信息泄露风险。

（二）开展窗口作风问题专项整治，提升服务水平

针对服务意识不强、便民利民不够、服务效率低、业务建设不到位、不公正廉政等突出问题，2018年5月，自然资源部党组印发《关于开展不动产登记窗口作风问题专项整治工作的通知》（自然资党发〔2018〕7号），在全国开展为期3个月的不动产登记窗口纠正形式主义、官僚主义等作风问题专项整治工作。要求各地深入排查，聚焦不动产登记窗口作风、业务、廉政等方面的问题，坚持问题导向、便民利民、依法依规、标本兼治的原则，综合采取教育引导、完善制度、充实人员、创新服务、监督问责等措施。特别是要针对形式主义、官僚主义的新表现，结合本单位实际，制定约束力强、可操作、管用有效的举措并通过各种方式向社会公开，坚决从制度上纠正"无为""乱为"的问题。

1. 为民服务意识淡薄等作风问题方面

坚决杜绝限号倒号、凌晨排队的现象，努力做到当日申请当日全部受理；严格落实首问负责和一次性告知制度，避免让群众反复跑路；把群众的事当自己的事，改善服务态度；全面清理违法违规收费，减轻群众不必要的负担；推动政府出台解决分散登记历史遗留问题的政策，满足群众正常办证需求。

2. 为民服务水平不足等业务问题方面

增加窗口数量、规范窗口设置，让群众舒适办事；充实人员队伍、提高业务水平，提供优质高效的登记服务；严格落实"放管服"改革、"大幅精简审批、压缩办理时间"等要求，全面清理、坚决砍掉没有法律法规依据的前置环节、程序和"奇葩"证明，严禁在法定申请材料之外增加材料或限制性要求，只要符合登记条件的，就要直接办理登记，切实便民利民；完整统一履行不动产登记和资料查询职责，切实保护群众合法财产权。

3. 整治收取好处费等违反廉政纪律问题方面

紧盯不正之风，持之以恒正风肃纪，采取"零容忍"态度严厉打击内外勾结，通过倒号卖号、加急办证等方式，收取好处费谋取私利等不廉洁的行为；严厉打击滥用职权伪造材料虚假登记，故意错误登记，为融资违法登记，恶意串通违规登记和泄露登记信息的行为。

截至2018年底，各项任务如期完成，整治成效明显。不动产登记窗口作风、业务、廉政持续向好，"推绕拖"等问题得到有效解决。一是服务意识进一步增强。解决限号倒号、群众反复跑路、服务态度生硬、违法违规收费等问题，进一步提高为民服务意识，把群众的事当自己的事，想方设法为群众办成事。二是服务水平不断提升。强化窗口和人员配备、取消前置、优化流程、加强依法履职和信息共享等，不断夯实工作基础，全面提升为民服务水平和能力。三是廉政意识切实强化。通过建立信息预警系统、全流程日志管理制度等，严格防范收取好处费办"快件"及违规登记、虚假登记，每件登记均可倒查追溯。登记人员遵纪守法、严守底线的意识明显增强。

（三）进一步加强作风建设，促进不动产登记人员廉洁履职

2021年媒体报道了两起不动产登记工作人员与中介、"黄牛"勾结，违规收取"代办费""加急费"等严重违反廉洁纪律的问题，在全国引起广泛关注，给不动产登记工作造成不良影响，侵犯了群众利益，损害了党和政府的形象。个别地方还发生了不动产登记人员违规操作，与中介机构、社会人员恶意串通泄露登记信息的案件。这反映出部分地方不动产登记机构政治站位不高，制度建设不够健全，监管不到位，作风建设松懈，工作人员以权谋私，为民服务意识淡薄。为深刻吸取教训，引以为戒，举一反三，自然资源部办公厅分别印发《关于进一步加强不动产登记人员作风建设的通知》《关于不动产登记信息泄露典型案件的通报》《进一步加强不动产登记信息安全保护工作的通知》等文件，进一步加强作风建设，牢固树立以人民为中心的发展思想，巩固不动产登记窗口作风问题专项整治成效，防范廉洁风险，促进不动产登记人员廉洁履职。

1. 建立健全廉洁风险防控制度

建立人员队伍日常管理制度，制定不动产登记人员服务行为规范，加强全业务流程廉洁风险防控，聚焦预约、受理、审核、登簿、收费和领证等关键环节、关键岗位的权责及廉洁风险点，细化风险防范措施，健全风险防控体系，杜绝登记人员寻租空间。通过作风建设、案例警示、约谈问责等多种形式，定期集中对不动产登记人员开展廉洁纪律教育警示，对苗头性、倾向性问题，通过自查自纠、教育提醒、廉洁谈话等方式，及时进行预警提示和纠正，严明政治纪律和政治规矩，牢固树立"四个意识"，坚决做到"两个维护"，践行以人民为中心的发展思想，筑牢不动产登记人员拒腐防变的思想道德防线。结合作风建设，进一步促进登记资料移交到位，强化信息互通共享，优化业务流程，深入实施不动产登记、交易和缴税"一窗受理、并行办理"，巩固优化服务压缩办理时间等改革成果。

2. 采取各种方式及时发现和处理基层运行中的问题

完善各级信息平台功能，健全登记日志和痕迹管理制度，聚焦超期办理等异常业务，县级定期开展调查，市级和省级不定期开展检查，动态发现问题，及时处理问题，自然资源部对国家级信息平台记录的异常业务进行动态预警、通报和核查。要求各地在每个办事大厅、办理窗口和各级门户网站公开办事流程、办理时限和投诉电话（投诉电话建议纳入属地"12345"政务服务便民热线），主动接受群众监督；对各类投诉，要建立台账、逐件处理、一一反馈、挂账销号；积极利用信访问题、媒体曝光、评价信息和举报投诉等各方面线索，及时发现和处理工作中的问题。

3. 加强不动产登记信息安全保护

不动产登记涉及企业、群众重大财产权益和公民个人信息。要求各地高度重视不动产登记信息安全工作，逐级落实部门监督责任，层层传导压力，把不动产登记信息安全纳入不动产登记工作全过程，进一步落实"谁主管谁负责，谁使用谁负责"的原则，加强业务培训和保密教育，健全流程登记信息安全制度，依法严格规范查询登记信息，强化敏感登记信息的技术防护，积极应用系统权限管理、日志审计等技术手段，推进不动产登记领域诚信体系建设，严防不动产登记信息泄露，确保不动产登记信息绝对安全。

二、各地积极实践，努力提高不动产登记业务能力和服务水平

（一）规范工作制度，强化制度约束

各地不动产登记机构一般按照《暂行条例》等相关规定开展工作，确保各项工作有章可循、有法可依，并注意不断规范各项工作制度。普遍制定不动产登记中心《科室职责》《工作岗位职责》《登记大厅工作人员管理规范》《纪律作风巡查工作制度》《保密制度及信息资料安全保密制度》《便民服务监督管理制度》《奖励性绩效工资分配方案》《廉政风险防范制度》《登记大厅突发事件应急预案》和不动产登记《服务承诺制度》《一次性告知制度》《首问责任制度》《窗口规范化建设规定》《规范化建设考核工作办法》等一系列工作制度，明确工作职责、强化风险意识、保障服务质量、接受社会各界监督、强化绩效激励。例如，黄山市自然资源和规划局印发《不动产登记正面清单"十做到"负面清单"十严禁"》，从正反两方面明确不动产登记服务标准和要求，进一步提升不动产登记服务水平，切实改进工作作风。"十做到"要求：做到登记服务"始于群众需求，终于群众满意"；做到"一窗受理、并行办理"；做到登记全业务类型"一网通办"；做到涉企服务全面优化；做到工程建设项目"一次委托，多测合一"；做到税费"一次支付"；做到公众信息查询服务方便快捷；做到登记费减

免政策严格落实;做到登记服务公开透明、标准规范;做到登记业务依法合规、质量优先、兼顾效率。"十严禁"要求严禁登记服务不担当、不作为,慢作为、乱作为;严禁文明办公制度不落实;严禁违反法定程序登记;严禁信息共享集成要求不落实;严禁违规办理查询业务;严禁违规开展"互联网+不动产登记";严禁违规收取登记费;严禁亲而不清、清而不亲;严禁滥用职权、以权谋私;严禁违反保密规定。

(二)统一不动产登记服务标准,加强窗口规范化建设

各地积极推动不动产登记服务标准统一,在窗口设置、服务标准、监管考核等方面进行了积极探索。天津市制定《不动产登记窗口服务规范化建设实施意见》,压实经办机构主体责任,推进窗口服务建设规范化、制度化、常态化,形成不动产登记提质增效、便民利企长效机制。内蒙古自治区制定《不动产登记办事指南》,统一申请材料、统一办理时限、统一收费标准,进一步规范全区不动产登记业务。上海市制定不动产登记《窗口建设管理规定》《服务场所公开公示设施和统一标识》《行业行为规范和社会承诺》,加强窗口的规范化建设,规范提升不动产登记窗口服务效能和管理水平,切实增强登记工作人员的责任感和服务,确保不动产登记机构各项工作的规范、高效运行。江苏省创新联动司法部门、银行便民点开展"同市同标"建设,实现同一不动产登记事项在全市范围内无差别受理、同标准办理。福建省印发《不动产登记事项标准化目录清单》,实现同一事项在全省范围内无差别受理、同标准办理。广东省印发《不动产登记窗口建设规范(试行)》,对全省不动产登记实体窗口、网络虚拟窗口、便民服务点、人员管理、工作制度建设五个方面标准予以明确,切实规范不动产登记窗口建设;印发《不动产登记业务全员通办指导意见》,在全省范围全面实施不动产登记"全员通办"制度,提高登记质量和效率,强化廉政风险防控。湖南省编制形成全省统一的《不动产登记业务标准》《不动产登记数据库标准》,以规范的业务和数据标准,杜绝登记不规范导致收件资料不一致、过度审查申请人资料等情形;统一各地不动产登记业务类型、收件资料、办理流程等业务标准,为全程监管、全省通办提供了业务支撑,减少了人为操作的廉政风险。四川省印发《不动产登记服务指南(试行)》《关于规范不动产登记服务大厅管

理的指导意见（试行）》等文件，进一步规范全省不动产登记业务办理，提升不动产登记工作人员综合素质。甘肃省印发《甘肃省不动产登记窗口标准化建设指南（试行）》，要求打造"规范、透明、高效、清廉"的不动产登记窗口，引导全省工作人员树立廉洁高效的形象。

（三）加强党建引领，深化党建与业务融合

不动产登记涉及广大人民群众的财产权益，必须本着为人民服务的宗旨、以人民为中心的发展思想，优化工作流程，提升服务质量，深化党建与业务工作融合，切实做到以党建促业务、以党建引领不动产登记改革创新。江苏省重点打造"苏小登党员先锋岗"党建品牌，构建了覆盖市、县、乡镇三级的架构，并组织推动全省"党员先锋岗"开展结对共建，打造"1+1>2"结对共建传帮带机制，实现先进理念、优秀人才、优势资源、惠农服务等要素资源互联互通，擦亮更多服务窗口。在"苏小登党员先锋岗"统一品牌下，各地窗口通过支部结对共建，结合"不忘初心、牢记使命"主题教育、"我为群众办实事"实践活动，全力打造自身"党建+不动产登记"品牌，涌现出如南京市江宁区"96510"品牌党建模式、连云港市"云证达"不动产登记服务品牌、泰州市"泰顺畅"等党建品牌；以争创"全国百佳示范窗口""党员先锋岗""红旗窗口"，争当"服务标兵""岗位能手""巾帼文明岗"等评比活动为契机，推行党员"亮牌"上岗活动，引领广大窗口党员冲锋一线，既当业务能手，又当服务标兵，为全体登记人员做表率、当先锋、立标杆，以先进模范带动不动产登记服务窗口追求高质量服务的良好氛围，树立不动产登记良好服务形象。河南省以党建活动引领作风建设，着眼党建与登记业务有机融合，精心设计题目，一年一个主题，部署开展不动产登记窗口作风问题专项整治、不动产登记领域"三个一"活动（"唱响一首歌、讲好一个故事、每天做一件好事"）、不动产登记业务技能大练兵等活动，不断夯实改进作风、更好服务企业和群众的思想根基，强化心贴心服务群众、保姆式服务企业的优良作风。湖南省打造登记窗口品牌，以党建为引领，推进窗口标准化建设，在窗口设置、服务标准、视听形象、人员着装、示范窗口等方面建立登记窗口服务标准和不动产登记人员行为规范；逐级建立培训、竞赛、考核、委培等制度方式锻造登记队伍，提升登记队伍法律、登记

专业能力和窗口服务水平。广西壮族自治区以"创党建品牌、促作风提升"为抓手,按照"一支队伍就是一面旗帜""一个窗口就是一张名片"的要求,大力开展不动产登记行风、行规、行业和业务能力建设,大力推动党建与不动产登记业务深度融合,全力打造"党建+登记先锋"党建品牌,促进不动产登记质量和行业作风提升,其典型经验在全国第三届党建创新成果展示交流活动中荣获"十佳百优"案例"服务群众"组优秀案例,并入编《第三届党建创新成果展示交流活动十佳百优案例》书刊。

（四）健全问题发现处理机制,加强监督管理

各地充分利用技术手段发现问题,完善系统平台登记日志和痕迹管理制度,聚焦异常业务,对超期业务进行警示和督办,引入第三方评价机制,综合信访问题、媒体曝光、评价信息和举报投诉等各方面线索,及时发现和处理基层运行中的问题。北京市为及时了解不动产登记工作中是否存在损害企业群众利益、降低服务质量等行为,建立多项工作机制：一是建立不动产登记好差评工作机制,办事群众可通过手机短信、网上服务大厅、窗口评价器等多种渠道,对登记服务质量进行满意度评价,评价结果为不满意的,将直接纳入北京市12345接诉即办机制进行整改和反馈；二是建立登记回访制度,各区登记中心按比例对办事企业和群众进行电话回访,了解业务办理中存在的问题,及时进行整改完善,在各区登记中心回访基础上,市登记中心进行一定比例的二次回访,多方听取群众意见；三是持续开展政风行风测评工作,委托第三方评价机构采用明察暗访方式,对各登记中心服务质量进行测评,并对服务对象进行访谈,多角度了解企业群众的办事体验,及时发现工作中可能存在的风险隐患；四是继续加强信息化建设,联通各登记大厅视频监控,实现远程可视化调度监督,实现对登记效能评价类数据的量化智能检测分析,提升监督考核工作能力。辽宁省印发《关于加强不动产登记窗口作风建设进一步做好便民服务工作的通知》,全面规范全省不动产登记窗口作风建设；制定《不动产窗口作风整治评价指标体系》,从廉政建设、队伍建设、登记大厅管理、信息化建设、安全防控、创新服务等方面全面规范不动产登记窗口；建立了全省不动产登记专家库,遴选全省优秀不动产登记工作人员,每季度开展全省不动产登记质量及窗口作风互检,

对全省不动产登记窗口评比打分，书面反馈存在问题通报限时整改，多渠道宣传先进经验做法，年底对优秀不动产登记窗口予以表彰，使不动产登记质量及作风建设得到了极大的提升。安徽省以不动产登记提升行动为抓手，委托第三方机构对全省各地不动产登记提升行动77项任务清单逐项开展评价，重点对严格内部管控、加强队伍建设、组织保障、廉政风险防控等方面进行检查。河南省以有力监管促进作风建设，加大明察暗访力度，协调省纪委驻厅纪检组，定期深入基层一线窗口查作风、查纪律、查业务；建立作风纪律提醒机制，紧盯节假日前后敏感时段，专门发文提醒，防止纪律松弛、作风松散问题发生；建立企业回访机制，对不动产登记政策落实、服务满意度、业务办理质量等定期跟踪回访，积极利用信访问题、媒体曝光、评价信息和举报投诉等各方面线索，及时发现和处理问题，以企业和群众监督促廉洁、促整改、促规范，不断提升全省不动产登记领域作风建设水平。湖北省结合优化营商环境、提升不动产登记服务质效的契机，制定《不动产登记工作评估办法》，按季度开展不动产登记第三方评估，通过填写问卷、调阅资料、问询经办人、访谈申请人等多种方式，综合考评各地的不动产登记工作水平，督促各地登记机构和主管部门不断提升服务质效、按时完成各项重点工作，同时将廉政建设作为其中的重要指标，分别在作风廉政制度建设、负面舆情一票否决等方面发挥良好的监督作用。广东省始终坚持将明察暗访工作落实在日常，持续加强服务作风建设，继2018年、2019年对不动产登记窗口作风建设开展明察暗访后，2021年制定《基层不动产登记机构作风建设问题明察暗访工作方案》，会同驻厅纪检监察组、厅机关纪委对部分地市不动产登记领域作风建设问题开展明察暗访，并将明察暗访发现问题进行全省通报，提出相关整改要求，不断提升不动产登记作风建设。

（五）加强学习培训，提高不动产登记人员素质

北京市针对社会关注度或办理频次较高的登记业务或改革举措，采用多种方式开展业务培训：一是全面梳理近年来不动产登记优化营商环境改革政策，结合排查工作发现的薄弱环节，制定有针对性的培训教材，组织全体不动产登记人员参加业务政策培训；二是要求工作人员全面掌握各项改革措施，不将政策停留在纸面上，要对每项改革措施和具体业务从办理条件、收缴材料和系统

操作等方面进行实际操作，真正掌握办理要求；三是开展领导走流程工作，亲自参与各项业务流程，全面审视检查业务办理中存在的问题并组织整改。上海市通过"早晚课"复盘业务的形式，引导职工针对特殊案例进行深入思考，共同探讨解决的方案；定期邀请业务骨干开展各类业务培训，如新进人员培训、优化营商环境政策培训、应诉代理人培训等；定期对件袋进行抽查，及时通报反馈抽查结果，并将业务办理质量与个人考核相结合。江苏省积极组织学习培训，自2018年以来，省自然资源厅联合省委省级机关工委、省人力资源社会保障厅、省总工会在全国率先连续举办三届江苏省"苏小登杯"不动产登记业务技能竞赛，在全省自然资源系统掀起了"人人学知识、个个练技术、处处比服务"的热潮；开设"苏小登大讲堂"，每月围绕热点、难点工作邀请部领导、专家、业务骨干开展培训授课。安徽省黄山市制定并严格落实年度、季度、月、周培训计划，引导全体工作人员树立"上班时间决定现在，下班时间决定未来"的学习理念，营造学业务、比本领的浓厚学习氛围；举办多种类型的业务知识培训班，通过集中授课、个人自学、手写做题、模拟操作等方式，构建符合登记实际需求、登记业务特点和登记人员发展的能力提升机制，强化登记人员业务素质。山东省自然资源厅组织开展"不动产登记技能竞赛"，大力弘扬劳模精神、劳动精神、工匠精神，充分发挥劳动竞赛"比学赶超"正向激励作用。广西壮族自治区有针对性地通过现场教学、网络培训、视频会议直播等方式开展不动产登记法律法规培训、登记业务大讲堂系列课程和登记系统使用培训；建立不动产登记专家库和业务骨干人才库，统筹做好全区不动产登记骨干人才培训，增加市、县基层登记机构培训名额，组织全区不动产登记工作人员开展线下线上业务交流活动；选派业务骨干学习先进地区的先进做法和先进经验；自主汇编不动产登记法律法规及政策文件自学资料，发放给工作人员，并组织研讨互学，撰写学习体会，提升登记队伍的法律和业务知识水平。

第四节　以作风建设为抓手加强不动产人员队伍建设

不动产登记涉及千家万户，直接面向企业和群众，是自然资源部门对外服务的重要窗口，登记人员队伍是自然资源领域与群众联系最为密切的力量，作风问题事关群众的获得感、幸福感和安全感，责任十分重大。工作中，要切实践行以人民为中心的发展思想，以社会经济发展需要为工作目标导向，加强不动产登记人员队伍建设，强作风、提效能、倡廉洁，打造忠诚于党和人民、主动作为、敢于担当、懂业务、善服务、守规矩的高素质专业化不动产登记人员队伍，全力支撑不动产登记提质增效、便民利民，不断把新时代确权登记事业推向前进。

一、落实主体责任，将登记作风作为党风廉政建设的重要内容一体推进

《关于实行党风廉政建设责任制的规定》第七条规定，领导班子、领导干部在党风廉政建设中承担"加强作风建设，纠正损害群众利益的不正之风，切实解决党风政风方面存在的突出问题"的领导责任。不动产登记作风是各地自然资源主管部门党风廉政建设的重要内容，要坚持集体领导与个人分工负责相结合，谁主管，谁负责，一级抓一级，层层抓落实。各地自然资源主管部门领导班子对不动产登记作风建设负全面领导责任，领导班子主要负责人是第一责任人，分管负责人负主要领导责任。领导班子主要负责人、分管负责人以及不动产登记中心班子成员、相关科（股）室负责人要"一岗双责"，既要抓业务管理，又要抓作风建设。要加强不动产登记作风建设的检查考核，可与领导班子、领导干部工作目标考核、年度考核等工作结合进行，每年至少一次。

二、加强党建业务融合，发挥基层党组织战斗堡垒与党员先锋模范作用

不动产登记从政治角度看，涉及广大人民群众的重要财产权益，毫无疑问是重大的政治问题，必须加强政治统领，深化党建业务融合。各级不动产登记机构要坚持"业务开展到哪里、党建就延伸到哪里"的原则，大力推进党建与登记业务深度融合，以"创党建品牌、促作风提升"为抓手，按照"一支队伍就是一面旗帜""一个窗口就是一张名片"的总要求，因地制宜打造"党建+不动产登记"品牌，促进不动产登记质量和作风双提升。要坚持以人民为中心的

发展思想，加强服务型基层党组织建设，增强联系群众、服务群众、凝聚群众、造福群众的功能，真正发挥基层党组织战斗堡垒作用。要在引导咨询、受理审核、收费发证、信访投诉等直接联系服务群众的环节，积极设立党员先锋岗，充分发挥党员先锋模范作用。要结合实际，积极组建以党员干部为主的便民服务队，深入社会、上门入户，在加快化解历史遗留问题导致的"登记难"、为老弱病残特殊群体上门服务和帮办代办服务等方面发挥模范引领作用，切实解决群众"急难愁盼"问题。

三、加快不动产登记职业化建设，培养职业化专门人才

将不动产登记申请为国家新职业，推动不动产登记专业人员进入国家职业分类专业技术人才序列，并科学设置各职业等级，通过全国统一考试和认定的人员须持证上岗，按等级从事不同级别的岗位工作并核发工资待遇，保障不动产登记业务工作高效开展和不动产登记事业长远发展，着力促进登记队伍的管理更加科学化、规范化、标准化。对已经持有《土地登记上岗资格证》《房屋登记官考核合格证书》的人员重点补齐业务知识结构；对不同岗位工作人员，采取不同的模块化培训，切实提高登记工作人员整体素质。建立不动产登记人员持证上岗制度，通过考试选拔培养登记工作人员。结合人事制度改革，建立完善的登记人员职级晋升体系，根据登记人员业务水平、工作经验和业绩进行资格认定，能使其以后的工作中逐级考取更高一级的登记官，拓宽职业空间，稳定登记队伍。

四、加强人员培训管理，进一步规范不动产登记窗口服务

各地要坚持常态化开展全员全业务培训，先培训，再上岗，每年不少于40学时；重点围绕不动产登记相关法律法规政策、优化营商环境和化解历史遗留问题先进做法和典型案例、登记信息安全、示范窗口和先进榜样，采取专家授课、案例教学、视频培训、跨区域交流等多种方式进行培训。要进一步加强不动产登记人员日常规范管理，建立人员管理台账，及时掌握人员数量、动态变

化、培训、奖惩等情况；建立聘用人员管理制度，规范招录、待遇、考核、辞职与辞退、惩戒等各方面；通过开展技能大赛、轮岗锻炼、跨区域业务交流、人才交流等方式提升人员素质，鼓励继续学习提高学历，支持参加职业资格考试，畅通职称晋升渠道，保持人员稳定。探索建立不动产登记工作人员信用档案，将其作为不动产登记工作人员职称评聘、岗位晋升的重要依据。各地要积极争取当地党委政府支持，合理充实人员，保障薪酬福利，在正式编制招录时优先考虑表现优异的编制外人员，并创造条件实现编制内、编制外"同工同酬"，创新完善与岗位职责、工作业绩、实际贡献紧密联系的收入分配制度。

要根据业务办理需求和业务流程，加强登记大厅建设，优化咨询区、等候区、业务办理区等布局，合理规划和配置窗口数量和类型，最大化满足企业和群众对高效不动产登记服务的需求，做好无障碍设施建设和改造，便利老年人、残疾人等特殊群体。有条件的地方，可探索逐步实现本地不动产登记大厅名称、外观、窗口设置等同标准同样式。严格依法依规开展不动产登记，明确受理、审核、登簿等全流程、关键岗位的职责权限。建立领导带班和值班长工作制，严格执行首问负责制、一次性告知制度，按承诺时限办结业务。建立窗口快速反应机制，增强应对疫情、业务激增、火灾、停电、群众上访、言语或肢体冲突等突发事件的能力。积极向基层、金融机构延伸登记服务，开展上门服务、帮办代办服务。

五、健全问题发现处理机制，以案为鉴开展常态化警示教育

各地要主动接受社会监督，在办公场所和门户网站公开申请登记所需材料目录、示范文本、办理时限、收费标准、办理登记纪律要求、投诉服务监督电话和电子邮箱；通过"好差评"、电话回访、与企业群众座谈，聘请行风监督员等方式，积极利用政府服务便民热线、信访问题、媒体曝光、留言和举报投诉、行政诉讼、意见簿（箱）等各方面线索，主动发现及时处理工作中存在的各种问题。要加强内部监管，完善各级信息平台功能，健全登记日志和痕迹管理制度，及时发现插队、超期办理等异常问题并予以处理；设置质量监管部门或岗位，将业务办理质量与个人考核相结合；以省（自治区、直辖市）为单位，按

照县级自查、市级检查、省级抽查的方式，每年至少组织开展一次作风建设全面排查。自然资源部定期组织第三方对地方不动产登记人员队伍管理和作风建设情况明察暗访，并通报有关情况，纳入相关评价考核，重点围绕作风、业务、廉政等方面，针对限号倒号、群众反复跑路、服务态度生硬、违法违规收费、前置环节多、收取好处费、违规登记等具体问题，建立县、市、省、国家四级联动的不动产登记人员警示案例库。要以警示案例作为反面教材，定期集中对不动产登记人员，特别是窗口聘用人员和年轻干部，开展警示教育，用"身边的事"教育"身边的人"，充分发挥警示、震慑和教育作用，保持警钟长鸣。要完善抓早抓小机制，着力发现党员干部作风方面的苗头性、倾向性问题，通过提醒、函询和诫勉谈话方式，及时进行预警提示和纠正，守牢拒腐防变防线。

六、加强全业务流程廉政风险防控，严格执行不动产登记纪律要求

加强全业务流程廉政风险防控，聚焦预约、受理、审核、登簿、收费和领证等关键环节、关键岗位的权责及廉洁风险点，细化风险防范措施，健全风险防控体系。建立作风纪律提醒机制，紧盯节假日前后敏感时段和关键岗位，专门提醒，防止纪律松弛、作风松散问题发生，以严明纪律整饬作风，牢固树立底线意识。

（一）不准滥用职权、谋取私利

不得滥用职权虚假登记，不得故意错误登记，不得恶意串通违规登记，不得为融资违法登记；不得办理人情件收取好处费谋取私利；不得利用不动产登记职权，以权谋私，吃拿卡要，不得默许或授意配偶、子女和身边工作人员打着自己的旗号以权谋私；不得内外勾结，违规收取"代办费""加急费"等。

（二）不准违法违规收费

不得随意扩大登记收费范围、提高收费标准；不得违法违规增加落宗费、配图费、查询费、测量费、档案入库费等各种收费项目；不得借不动产登记"搭

车"收取交易手续费、价格评估费、房产配图费、出图费等费用。

（三）不准指定或推荐中介服务

不得为当事人办理不动产登记业务指定或推荐中介服务，不得以便民为由在不动产登记大厅张贴中介机构名单；不得与中介从业人员内外勾结、为中介人员开展业务违规提供便利或谋取利益。

（四）不准超期办理

不得超过向社会公开承诺的办结时限；不得缓办、拖延、滞压各类案卷，影响工作效率；不得因人员配备不足导致登记业务大量积压，群众在大厅等待时间过长。

（五）不准随意增加登记环节和材料

不得随意突破规定增加登记申请材料；不得要求申请人提交竣工决算书、房屋维修基等与不动产登记无关的各类证明；不得设置要求群众申请落宗、申请配号、强制换证、强制公证等环节和程序；不得让群众重复填表、重复接受询问、重复提交材料，特别是登记所需的材料能够通过信息共享获取的，不得要求申请人自行收集、自我举证、重复提交。

（六）不准限号倒号

不得以人员不足、窗口不足等理由采取限号的方式限制群众办理登记；不得要求必须网上预约才可以办理业务；不得内外勾结倒号；不得没下班就停止业务办理；不得优亲厚友，插队办理业务。

（七）不准"推绕拖"刁难群众

不得懒政、怠政；不得对群众的合理诉求敷衍、推诿，应办事项故意拖着不办；不得对群众咨询模棱两可、答非所问；不得擅自脱岗、空岗，不得工作时间接打手机、上网、聊天。

（八）不准违反保密规定

不得违规查询，不得私自进行"以人查房"，不得泄露不动产登记资料、登记信息，或者利用不动产登记资料、登记信息进行不正当活动；不得违规涂改、撤除、伪造不动产档案资料，不得修改、删除、添加电子系统信息数据。

七、坚持"零容忍"，严格执纪问责

对于违法违规行为，各地要以"零容忍"态度，严格查办违法违纪案件，加大通报曝光力度，发现一起，查处一起，通报一起。违法违纪问题发现以后要第一时间逐级上报，整改处理到位后要及时上报处理结果，自然资源部将其纳入警示案例库并挂账销号。对于当地未及时上报，部通过其他途径发现，或处理不到位造成恶劣影响的案件，部层面将进行通报。建立责任追究制度，对于问题严重、屡治不改、造成恶劣影响的，要严肃处理并予以通报批评，并根据情节轻重，依纪依法严肃追究当事人、有关领导和单位的责任。构成违法犯罪的，依法移交司法部门。

参 考 文 献

常鹏翱：《不动产登记法》，社会科学文献出版社，2011年，第235～236页。
常鹏翱："限制抵押财产转让约定的法律效果"，《中外法学》，2021年第3期。
程啸：《不动产登记法研究（第2版）》，法律出版社，2018年，第68页。
程啸："我国民法典中的抵押财产转让"，《检察日报》，2020年11月16日03版。
程啸、尹飞、常鹏翱：《不动产登记暂行条例及其实施细则的理解与适用》，法律出版社，2016年。
程啸、尹飞、常鹏翱等：《不动产登记暂行条例及其实施细则的理解与适用（第二版）》，法律出版社，2017年，第25页。
崔建远：《物权规范与学说——以中国物权法的解释为中心（上册）》，清华大学出版社，2011年，第194～195页。
崔建远：《中国民法典释评·物权编·下卷》，中国人民大学出版社，2020年，第264页。
弗兰克（德）、海尔姆斯（德）著，王葆莳、林佳业译：《德国继承法》，中国政法大学出版社，2015年，第100页。
高圣平："民法典担保从属性规则的适用及其限度"，《法学》，2020年第7期。
耿卓："我国地役权现代发展的体系解读"，《中国法学》，2013年第3期。
国土资源部不动产登记中心（国土资源部法律事务中心）：《不动产登记暂行条例实施细则释义》，北京大学出版社，2016年，第77页。
国土资源部地籍管理司：《地籍管理手册》，中国大地出版社，2002年，第103～104页。
贺爽、康金娉："遗产管理人制度适用问题研究"，《法制与社会》，2021年第6期。
黄薇：《中华人民共和国民法典物权编释义》，法律出版社，2020a，第26、28页。
黄薇：《中华人民共和国民法典继承篇释义》，法律出版社，2020b，第112页。
黄薇：《中华人民共和国民法典释义及适用指南》（中册），中国民主法制出版社，2020c，第1361页。
黄薇：《中华人民共和国民法典释义》，法律出版社，2020d，第443页。
黄志凌、姜栋、严金明："瑞典不动产登记法律制度研究与借鉴"，《中国土地科学》，2013

年第 2 期。

江必新、刘贵祥：《最高人民法院关于人民法院办理执行异议和复议案件若干问题的规定理解与适用》，人民法院出版社，2015 年，第 439～440 页。

江平、米健：《罗马法基础（修订本第三版）》，中国政法大学出版社，2004 年，第 180 页。

靳昊："各地各部门取消 1.3 万余项证明"，《光明日报》，2019 年 5 月 15 日 16 版。

Kaufmann, J., Steudler, D.："2014 年的地籍——今后地籍制度展望"，《国土资源情报》，2002 年第 3 期。

李文婧："日本不动产交易安全非典型保障机制及启示"，《大连海事大学学报（社会科学版）》，2021 年第 4 期。

李玉林："《民法典》预告登记制度的司法适用——以效力问题为中心"，《法律适用》，2021 年第 8 期。

梁慧星：《中国民法典草案建议稿附理由（总则篇）》，法律出版社，2004 年，第 125 页。

梁圆圆："行政视野下行政调解制度的定位与价值分析"（硕士论文），西北大学，2011 年。

林万泉："论行政调解的法律效力"，中国法院网，2003 年 12 月 8 日，https://www.chinacourt.org/article/detail/2003/12/id/95059.shtml。

刘经靖：《托伦斯登记制度研究》，法律出版社，2013 年，第 95 页。

牟元军："试论我国民事纠纷的行政处理制度"，《成都行政学院学报》，2009 年第 4 期。

施蒂尔纳（德）著，张双根译：《德国物权法（上册）》，法律出版社，2004 年，第 438～439 页。

孙明："试论行政处理"，《云南财经大学学报》，2010 年第 1 期。

孙宪忠：《论物权法》，法律出版社，2001 年，第 323 页。

孙宪忠：《论物权法（修订版）》，法律出版社，2008 年，第 302 页。

王葆莳、吴云煐："《民法典》遗产管理人制度适用问题研究"，《财经法学》，2020 年第 6 期。

王洪亮："不动产物权登记立法研究"，《法律科学》，2000 年第 2 期。

王利明：《民法》，中国人民大学出版社，2000 年，第 141 页。

王利明：《中国民法典学者建议稿即立法理由（总则篇）》，法律出版社，2005 年，第 243 页。

王利明：《中国物权法教程》，人民法院出版社，2007 年，第 90 页。

王利明：《物权法研究（第三版上卷）》，中国人民大学出版社，2013 年，第 360 页。

王荣珍：《不动产预告登记制度研究》，人民出版社，2015 年，第 203 页。

王志成："德国不动产登记制度管理发展现状（三）"，《资源与人居环境》，2017 年第 1 期。

魏莉华：《新土地管理法实施条例释义》，中国大地出版社，2021 年，第 109 页。

魏莉华等：《新〈土地管理法〉学习读本》，中国大地出版社，2019 年，第 127 页。

肖攀："《民法典》视野下的预告登记效力"，载陈品禄主编：《全国不动产登记实务研究（2021）》，天津科学技术出版社，2021 年，第 9 页。

肖攀、郭威：《不动产登记原因体系》，北京大学出版社，2018 年，第 241 页。

谢在全：《民法物权论（修订五版·中册）》，中国政法大学出版社，2011 年，第 515 页。

营刚、郭晓川等："草原退化的价值视角与治理"，《中国草地学报》，2014 年第 5 期。

于海涌:"法国不动产登记对抗主义中的利益平衡",《法学》,2006年第2期。
中国土地矿产法律实务中心(国土资源部土地争议调处事务中心):《土地矿产争议典型案例与处理依据》(第一辑),中国法制出版社,2006年,第150页。
中国土地矿产法律实务中心(国土资源部土地争议调处事务中心):《土地矿产争议典型案例与处理依据》(第二辑),中国法制出版社,2007年,第76页。
中国土地矿产法律实务中心(国土资源部土地争议调处事务中心):《土地矿产争议典型案例评析与法律实务操作指南》,中国法制出版社,2012年,第22页。
周立、董小瑜:"'三牧'问题和草原生态治理",《行政管理改革》,2013年第3期。
自然资源部自然资源确权登记局:"加快自然资源统一确权登记,为生态文明建设夯实产权根基",《旗帜》,2019年第10期。

后　　记

《自然资源和不动产统一确权登记理论与实践》一书由自然资源部自然资源确权登记局组织编写，各章作者及统稿人员如下：

第一章作者：王亦白等

第二章作者：尚宇等

第三章作者：姜武汉等

第四章作者：刘喜韬等

第五章作者：张国庆等

第六章作者：刘喜韬等

第七章作者：姜武汉等

各章参与撰稿人员（按姓氏笔画排序）：于林竹、万孝红、王月红、王先军、王雨辰、王玺、方昱杰、曲歌、朱宏、刘如顺、刘唱、刘超、刘聚海、祁峰、许培、李彦、杨飞、杨建宇、杨琛、肖寒、肖攀、吴成科、吴凯轩、何欢乐、张亚楠、张垚垚、张莹光、张菲菲、张敬波、张富刚、陈川南、陈永鑑、陈红兵、林瑞瑞、季峰、周吕铎、郑子敬、郑美珍、孟峰、孟德车、查秋生、钟京涛、禹慧琼、姜志清、姜栋、贺李帆、袁居瑾、贾文珏、陶密、黄志凌、黄亮、韩爱青、詹长根、谭静、翟国徽、霍淼

统稿：王亦白、于林竹、翟国徽